Itinéraire d'un enfant
des Trente Glorieuses

*Du même auteur*

*Manifeste intemporel des Arts de la Préhistoire.* Flammarion, 2022.
*Comment la Modernité ostracisa les Femmes. Histoire d'un combat anthropologique sans fin.* Odile Jacob, 2022.
*Les Chimpanzés et le Télétravail.* Eyrolles, 2021.
*Et l'Evolution créa la Femme.* Odile Jacob, 2020.
*S'adapter ou périr. Covid-19 : faire Front.* Editions de l'Aube, 2020.
*Chez les Chimpanzés, il n'y a pas besoin d'arbitre, Un regard évolutionniste sur le Sport.* Le Cherche-Midi/INSEP, 2020.
*Sapiens face à Sapiens. La splendide et tragique histoire de l'humanité.* Flammarion, 2019.
*Une Epoque formidable. Vers un nouvel humanisme.* Editions de l'Aube, 2019.
*L'Intelligence artificielle et les chimpanzés du futur : pour une anthropologie des intelligences.* Odile Jacob, 2019.
*Le Nouvel Age de l'Humanité.* Allary, 2018.
*Qui va prendre le Pouvoir ? Les grands singes, les hommes politiques ou les robots.* Odile Jacob, 2017.
*Premiers hommes,* Flammarion, 2017.
*La Marche. Retrouver le Nomade qui est en nous.* Autrement, 2015.
*Le Retour de Madame Neandertal : comment être sapiens.* Odile Jacob, 2015.
*De Darwin à Lévi-Strauss : L'Homme et la diversité en Danger,* Odile Jacob, 2013.
*L'Homme est-il un grand Singe politique ?* Odile Jacob, 2011.
*Un Paléoanthropologue dans l'Entreprise.* Eyrolles, 2011.
*Il était une fois la paléoanthropologie.* Odile Jacob, 2010.
*Les Origines de l'Homme expliquées à nos petits-enfants.* Seuil, 2010.
*Le Monde a-t-il été créé en sept jours ?* Perrin, 2009.
*100 000 ans de Beauté.* Vol. I (Dir.) : *Préhistoire/Fondations,* Gallimard, 2009.
*Le Sexe, l'Homme et l'Évolution. De la nature à la culture du sexe.* Avec Brenot Philippe. Odile Jacob, 2009.
*Darwin et l'Évolution expliqués à nos petits enfants.* Seuil, 2009.
*La plus belle Histoire du Langage.* Le Seuil, 2008.
*Les Animaux amoureux.* Le Chêne, 2007
Avec Michel Hallet-Eghayan. *Danser avec l'Évolution.* Le Pommier, 2007.
*Lucy et l'Obscurantisme.* Odile Jacob, 2007.
*Nouvelle Histoire de l'Homme.* Perrin. Grand Prix Moron de Philosophie et d'Éthique de l'Académie Française, 2006
*Les Grands Singes : l'humanité au Fond des Yeux.* Avec Lestel Dominique, Desprêt Vinciane et Herzsfeld Chris. Odile Jacob, 2005.
Avec Hélène Roche. *Les premiers outils et origines de la Culture.* Le Pommier, 2004.
*Au commencement était l'homme.* Odile Jacob, 2003.
*Qu'est-ce que l'humain ?* Avec Michel Serres et Jean-Didier Vincent. Le Pommier, 2003.
*Aux Origines de l'humanité.* Avec Coppens Yves (dirs.) 2 vol. Fayard, 2001.

Pascal Picq

# Itinéraire d'un enfant des Trente Glorieuses

Flammarion

© Flammarion, 2023.
ISBN : 978-2-0804-3283-4

*À ma mère,
une combattante
de la vie.*

# Introduction

Cet essai retrace l'évolution de l'humanité et tout particulièrement de la France des années 1950 à aujourd'hui. Depuis quelque temps, la génération des babyboomers fait autant l'objet de critiques que de fascination. Paradoxe apparent d'un point de vue évolutionniste et anthropologique. Toute évolution est un compromis, avec ses avantages et ses inconvénients. Plus encore, le succès démographique, à la fois quantitatif et qualitatif – une population mondiale multipliée par trois depuis ma naissance et un gain de longévité de plus de vingt ans –, bouscule les réalités sociales et environnementales. Si on comprend qu'une espèce doit s'adapter à des facteurs extrinsèques d'ordre écologique ou climatique, on ignore souvent la principale raison, intrinsèque, qui conduit à s'adapter : le succès. Et quel succès depuis trois quarts de siècle, du babyboom au papyboom !

N'ayant connu ni guerre, ni catastrophe naturelle, ni épidémie majeure jusqu'à 2020, cette génération a tardé à prendre conscience des conséquences négatives de son succès pour l'avenir des générations futures. Nombre de défis actuels sont reconnus, identifiés, analysés depuis les années 1970 (premier Sommet de la Terre de Rio 1972). Ils commencent seulement à entrer dans les agendas politiques nationaux – pas toutes les nations, tant s'en faut – et internationaux. Il reste peu de temps pour agir.

Le fait que nous soyons brutalement confrontés à la guerre en Ukraine, à une pandémie et aux défis climatiques et écologiques exacerbe les critiques et les questionnements. Et pourtant, est-ce que la génération des babyboomers a failli en tout ? Certainement pas. Si les jeunes babyboomers avaient consommé comme les jeunes d'aujourd'hui, la Terre serait encore plus dévastée. Depuis quelques années se multiplient les livres sur l'évolution de nos sociétés depuis plus d'un demi-siècle. On navigue entre le bon vieux temps, la nostalgie et aussi le rappel d'une période pas si facile à vivre. La différence entre ces deux générations, celle des seniors et celle des juniors, séparées par la génération active actuelle, est que les premiers ne doutaient pas de l'avenir quand les seconds le perçoivent avec la plus vive inquiétude.

Ce livre est né d'une conférence donnée dans le cadre de l'ouverture des Rendez-vous de l'histoire à Blois, dont le thème était « Partir ». Par ailleurs, depuis quelques années, des amis, voire des personnes du monde économique et social plus ou moins au fait de mon parcours de vie, m'ont incité à le raconter. J'ai longtemps hésité, inquiet de succomber au syndrome français des « Ce que je crois » ou à cette inclination à se raconter, comme en témoignent les tristes polémiques autour d'Annie Ernaux. Il est vrai que la tradition de la littérature naturaliste française inonde les librairies de nombre de récits introspectifs souvent ennuyeux. Pour cet essai, je voulais m'inspirer de l'autobiographie de Charles Darwin, un texte écrit pour témoigner et destiné à ses enfants, aux jeunes générations, non pas pour justifier quoi que ce soit, mais pour évoquer ce qui balisa l'évolution d'*une* vie comme l'évolution de *la* vie.

Ce livre suit ainsi l'itinéraire d'un enfant ni gâté ni défavorisé qui a traversé les décennies et la société depuis les années 1950. Un itinéraire d'abord contraint, parfois violemment, qui s'affranchira de nombreuses barrières en les ignorant, les évitant ou les bousculant, une trajectoire jamais balisée, guidée par une farouche volonté de liberté.

*INTRODUCTION*

Ontogenèse et phylogenèse, tels sont les deux socles de toute histoire évolutionniste, des sciences de l'évolution. Ce récit s'appuie sur mon parcours de vie, mon ontogenèse. Comment, littéralement, je suis ce que je suis devenu. Une trame en partie autobiographique. La dimension phylogénétique s'appuie, quant à elle, sur les changements vécus et observés de nos sociétés depuis la seconde moitié du XX$^e$ siècle – un recul historique très court – tout en suivant un « grand récit » selon l'expression de Michel Serres, celui de l'extraordinaire révolution scientifique autour des origines et de l'évolution de la lignée humaine.

Jamais l'humanité n'a connu en effet de tels changements, qui ont trait à la fois aux vies des personnes et aux changements de société, à l'environnement, au climat et à la Terre. Comment se sont déployés ces changements ? Un témoignage.

# Préambule

*Partir*

Il y a presque deux siècles, il était une fois un jeune homme fort intelligent mais trop dilettante, selon l'avis de son père. Il était passionné par les choses de la nature, un engouement naturaliste partagé par tous les jeunes hommes de bonne famille depuis le début du XIX$^e$ siècle. Tous rêvaient de connaître des aventures scientifiques à l'instar d'Alexander von Humboldt et d'Aimé Bonpland. Notre jeune homme échoue dans ses études de médecine à l'université d'Édimbourg. Son père, un père victorien dans toute sa prestance, lui dit : « Tu ne t'occupes que de chiens et de chasse. Tu seras la honte de ta famille. » Le père se résout à l'envoyer à Cambridge pour devenir pasteur, une position sociale honorable pour s'adonner aux sciences naturelles, ce qu'on appelle la théologie naturelle. D'ailleurs, pour être admis à Cambridge, il doit passer un examen sur les *Preuves de l'existence et des attributs de la divinité tirées des apparences de la Nature* de William Paley. Tout un programme scientifique d'une nature pensée comme un temple de la Création depuis Charles Linné. Buffon aimait dire : « Dieu a créé, Linné a classé. »

Notre jeune homme ressort diplômé, et le voilà prêt à endosser la charge de pasteur. De retour dans la maison paternelle, il reçoit une lettre qui va changer son destin et, bientôt, l'histoire du monde et de l'humanité. John Henslow, son ancien professeur de botanique et de géologie de

Cambridge, lui écrit que la *Royal Navy* envoie une expédition scientifique et hydrographique dans l'hémisphère Sud. On lui propose d'être le naturaliste de bord, mais il se sent trop âgé. Il a proposé son nom. Le jeune homme exulte, mais pas son père, d'autant que ce serait à ses frais. Néanmoins, il lui dit ce que tous les pères devraient dirent à leur enfant : « Je refuse. Cependant, si tu trouves un honnête homme qui soutiendrait un tel projet, je pourrai reconsidérer ma décision. »

Le jeune homme prend son cheval et galope vers la maison de son cher oncle Jos – Josiah Wedgwood, deuxième du nom, celui de son grand-père maternel. L'oncle Jos défend le projet de son neveu, et le père consent à cette entreprise. Ce jeune homme s'appelle Charles Darwin, fils d'une illustre famille qui, on le sait maintenant, s'est fait une spécialité de changer le monde, comme le grand-père, Erasmus, certainement un des hommes les plus importants de la fin du XVIII$^e$ siècle – qui pourtant n'en manquait pas à cette époque – et ami des plus grands esprits : Condorcet, Benjamin Franklin, Adam Smith... Erasmus, immense médecin, édifia la révolution industrielle ; Charles se chargera de l'évolution.

Charles Darwin, alors âgé de 22 ans, rejoint le *HMS Beagle* et son capitaine Fitzroy en septembre 1831. Les problèmes d'intendance et les tempêtes retardent le départ jusqu'à la veille de Noël. Le voyage va durer cinq ans ; un voyage au long cours, assurément. Darwin travaille avec passion. Il observe, collecte, note, annote... Il dépose ses herbiers, ses animaux naturalisés, ses roches et ses fossiles collectés dans des caisses déposées dans divers ports et transportées au gré des passages des bateaux de la *Royal Navy*. Mais fait-il du bon travail ? Il s'interroge, comme dans une lettre écrite à ses sœurs. La réponse finit par le rattraper un an plus tard, au Cap-Vert, alors que le voyage se termine ; enfin ! Et ses sœurs lui disent : « Très cher frère, sachez que vous êtes désormais un homme célèbre. » Temps épistolaire perdu quand on prenait le temps d'écrire et d'attendre une lettre sans impatience.

Est-ce un hasard si tous les plus grands protagonistes des théories de l'évolution et amis de Darwin firent tous un grand voyage : Thomas Huxley, John Hooker, Russel Wallace...

Un siècle plus tard, un autre jeune homme hésite sur son avenir. Jeune agrégé de philosophie, mais pas normalien, il ne peut prétendre à une grande carrière universitaire, surtout à partir de son poste de professeur de philosophie au lycée de Mont-de-Marsan. Cette fois, ce n'est pas une lettre, mais un coup de téléphone de son ancien directeur de thèse. Comme il l'écrit lui-même dans *Tristes Tropiques* : « Mon destin s'est joué un dimanche de l'automne 1934 sur un coup de téléphone. » Son interlocuteur lui dit sur un ton qu'on imagine : « Avez-vous toujours le désir de faire de l'ethnographie ? – Certes ! – Alors, posez votre candidature comme professeur de sociologie à l'université de São Paulo. Les faubourgs sont remplis d'Indiens... donnez votre réponse avant demain midi ! » C'est ainsi que Claude Lévi-Strauss embarqua sur un navire poussif à la rencontre des Amérindiens, disparus depuis longtemps des faubourgs de São Paulo ; déjà ! Eux aussi, les Amérindiens, étaient partis, reculant devant les avancées du progrès. Chateaubriand disait que « les forêts reculent devant les civilisations ». Lévi-Strauss ne tarde pas à comprendre que ce processus menace aussi l'avenir de toute l'humanité.

Cette lettre adressée à Darwin, ce coup de téléphone passé à Lévi-Strauss les ont fait partir. Leurs observations et leurs travaux vont changer l'histoire de la vie et de l'homme. Une lettre, un coup de téléphone... *Alea jacta est*. Hasard, chance, contingence, opportunité... « Un coup de dés jamais n'abolira le hasard », pour citer ce titre magnifique d'un poème de Stéphane Mallarmé.

Charles Darwin et Claude Lévi-Strauss sont les deux piliers de mes recherches en paléoanthropologie. J'ai croisé leurs biographies dans mon essai *De Darwin à Lévi-Strauss : l'homme et la diversité en danger*. Déjà, en leurs époques respectives, et parce qu'ils étaient partis, ils avaient pris conscience que les diversités naturelles et culturelles étaient menacées. Aujourd'hui, ceux qui sont partis par le monde, comme Nicolas Hulot ou Yann Arthus-Bertrand, en reviennent avec des images d'un désastre qui, d'annoncé, se concrétise dramatiquement.

Je ne suis qu'un nain sur les épaules de ces deux géants, mais cela m'autorise à mieux percevoir nos origines communes comme notre avenir à tous. Mon aventure scientifique est bien plus modeste. Moi aussi, j'ai dû partir. Alors que j'étais major de mon DEA, le directeur du laboratoire où j'engageais ma thèse me dit que je n'aurais pas de bourse, alors que j'étais sans ressources. Et ce personnage peu sympathique de me lancer : « Picq, vous devez aller aux États-Unis. » Si je lisais l'anglais scientifique, je ne le parlais pas. Heureusement, j'avais remarqué les travaux d'un jeune professeur, William Hylander de l'université Duke, en Caroline du Nord. J'ai obtenu toutes les bourses possibles, dont celle de la vocation. Comment ai-je fait pour passer la barrière de la langue pour mes dossiers ? En me faisant aider par un étudiant du laboratoire qui venait de Harvard. Inutile de préciser que cela a été une autre histoire quand j'ai posé le pied en Caroline du Nord, moi qui n'avais jamais voyagé. Hylander me donnera trois mois. Une façon de faire très américaine : on donne une chance à ceux qui sont partis, mais, s'ils échouent, ils repartent.

Ce coup de dés a décidé de mon avenir. Je n'avais pas le sou ; ma chère femme – présente ici – était enceinte de notre premier enfant ; elle perdait son emploi… Alors, avons-nous discuté de la décision à prendre ? Nullement. Nous nous

*PRÉAMBULE*

sommes regardés, nous savions que ce projet était tout sauf raisonnable, mais que, si nous ne partions pas, nous le regretterions toute notre vie. Nous sommes donc partis, et c'est ainsi que s'est ouvert le chemin scientifique jusque-là évité, comme tabou depuis Darwin : celui de nos origines communes avec les grands singes. Car, pendant que je me formais, d'autres scientifiques partis dans les déserts et les forêts d'Afrique depuis deux décennies publiaient leurs découvertes parmi les fossiles, tandis que d'autres décrivaient les mœurs humaines des grands singes.

Les théories de l'évolution comme l'évolution de l'homme n'auraient jamais donné les récits scientifiques qui nous sont offerts aujourd'hui si des hommes et des femmes n'étaient pas partis à l'aventure, soit comme explorateurs, soit comme scientifiques. Tous les protagonistes des théories de l'évolution ont fait de grands voyages : Darwin, bien sûr, mais aussi John Hooker, immense botaniste, et le grand Thomas Huxley, grand-père d'Aldous et de Julian Huxley. Pour la paléoanthropologie, on rencontre Louis et Mary Leakey, Camille Arambourg, Yves Coppens, Michel Brunet... Et, dans le domaine de l'éthologie, l'étude du comportement des sociétés de grands singes, les trois anges de Leakey que sont Jane Goodall, Dian Fossey, Biruté Galdikas et d'autres parmi les singes comme Shirley Strum, Pascale Sicotte, Sarah Hrdy, Alison Joly, toutes ces femmes éthologues qui ont dévoilé l'humanité partagée avec nos frères et cousins d'évolution, et décrit nos origines si humaines depuis la fin de l'ère tertiaire. Des chemins vers les origines qui passent par *Voyage au cœur des ténèbres* de Joseph Conrad, du temps d'un imaginaire mystérieux, obscur et sombre de l'Afrique. Telle est la beauté retrouvée de nos origines qui sera au cœur de mes travaux.

Notre espèce *Homo sapiens* émerge en Afrique il y a plus de 300 000 ans sur une planète peuplée de plusieurs espèces d'hommes et tout aussi humaine. Mais un évènement inouï se met en place vers 100 000 ans. Les hommes modernes, la version récente d'*Homo sapiens*, autrement dit vous et moi, entament leur expansion hors d'Afrique. Ces hommes et ces femmes savent aussi naviguer, comme en témoignent les sites archéologiques d'Afrique du Sud. Ils vont partir et se répandre comme une traînée d'ocre sur tous les continents. Ils partent à pied et en bateau et, là où ils arrivent, déposent les empreintes de leurs mains sur les parois des grottes. Pourquoi ? Pour prendre possession de la Terre ?

Partis d'Afrique via le Proche-Orient et la péninsule arabique, ils atteignent l'Australie avant de s'implanter en Europe. Pourquoi ? Parce que les populations néandertaliennes leur barrent le chemin pendant 50 000 ans. Mais toutes ces autres espèces d'hommes, tout aussi humaines que nous, disparaissent, non sans nous laisser quelques souvenirs de nos amours avec elles car, sur les populations actuelles, on retrouve des traces génétiques de Néandertal ou de Denisova, comme pour la peau claire des populations d'Eurasie ou la capacité de respirer en haute altitude pour les populations d'Asie orientale. Mais ces autres hommes et femmes ne résistent pas à la pression écologique imposée par le dynamisme de nos ancêtres immédiats.

*Homo sapiens* semble animé d'une pensée qui le porte par-delà les déserts, les chaînes de montagnes et les mers. Des paléoanthropologues l'attribuent à une sorte de « révolution cognitive ». Difficile à définir, mais il y a plus de 50 000 ans des hommes, des femmes et des enfants ont construit des bateaux et décidé d'aller au-delà de l'horizon. Ils ont quitté les côtes d'Asie orientale et ont franchi la ligne de Wallace, du nom de Russel Wallace. Cette ligne délimite, à l'ouest, le monde des mammifères placentaires et, à l'est, celui des mammifères marsupiaux. Elle passe entre les îles de Timor et les côtes australiennes. Elle n'a jamais été franchie par les mammifères placentaires, sauf *Homo sapiens*. Car, quel que soit le niveau des mers, il faut parcourir au moins 80 kilomètres, donc aller de l'autre côté de l'horizon – l'inconnu absolu. Et il y a eu plusieurs vagues sapiennes, comme en témoignent les langues, les mythes et les gènes embarqués avec elles.

Puis viendront les Amériques, les îles dispersées d'Océanie et du Pacifique. La dernière terre conquise étant la grande île de Madagascar, il y a seulement 2 000 ans, par des populations venant de l'est. *Homo sapiens* a posé partout le pied sur la Terre.

Aujourd'hui, nous rêvons d'aller sur Mars comme on l'a fait pour la Lune. Mais nous savons où se trouvent la Lune, Mars et les autres planètes. Ce n'est qu'une question de temps et de technique. Mais fermez les yeux et imaginez que vous êtes sur une plage de Timor et que vous décidez de partir vers l'inconnu de terres non promises de l'autre côté de l'horizon… Quel est ce « chemin du rêve » des mythes des Aborigènes australiens ? Le propre d'*Homo sapiens* est bien cette étrange injonction primale : « Partir ! »

# I

## Gennevilliers
## Le temps des radis

*D'une terre l'autre*

Je suis né au mois de janvier 1954, l'un des plus froids du XX<sup>e</sup> siècle, une semaine avant l'appel de l'abbé Pierre. Mes parents aimaient à me dire : « Il faisait si froid que le lait gelait dans la casserole le temps de faire le chemin entre l'épicerie et la maison. » En ce temps-là, la banlieue n'existait pas, et encore moins les supérettes et les supermarchés. Il y avait la ville, puis la dispersion des faubourgs, avant de céder l'horizon aux champs et aux vergers. C'est là, à Gennevilliers, que mes grands-parents et mes parents exerçaient le métier de maraîchers, comme toute ma famille : oncles, tantes, cousins germains. Nos ancêtres étaient partis de leurs provinces au début du XX<sup>e</sup> siècle pour « monter à Paris », non pas avec des ambitions à la Rastignac, mais tout simplement pour trouver du travail et tenter leur chance autour des grandes villes.

Ma grand-mère paternelle me racontait qu'orpheline née fille illégitime, elle avait quitté la campagne miséreuse du Limousin pour être placée dans une exploitation familiale près de Paris. Elle, comme des milliers d'autres à peine entrés dans l'adolescence, marchait chaussée de lourds sabots, portant la seule paire de précieux souliers en cuir autour du cou, reliés par les lacets. Dans ma famille, elles et ils venaient d'Auvergne, du Morvan, du Limousin, de Bretagne. Toutes et tous étaient partis entre l'âge de douze et seize ans, « placés » comme on disait, pour « gagner leur croûte ».

Comme des millions d'autres enfants issus du monde de la terre et des champs, ils sont devenus des déracinés avant même d'être adultes ; des déracinés d'une terre ne pouvant plus les nourrir. On parle d'exode rural, bien que migration soit un terme plus pertinent. Hier comme aujourd'hui, les principales migrations se font entre régions ou pays voisins.

Quand ma grand-mère a migré depuis le Limousin pour rejoindre la région parisienne au début du XX$^e$ siècle, la population française comptait 39 millions d'individus, dont un peu plus de la moitié – 56 % – relevaient du secteur agricole. Un demi-siècle plus tard, quand ma mère migra à son tour depuis son Cantal natal, la France comptait 43 millions de personnes, dont 19 millions au statut agricole, soit 44 % des Français. En 1966, quand nous avons été expropriés de Gennevilliers, chassés par les immeubles, il y avait 50 millions de Français, dont 17 millions dans le monde agricole, soit 35 %. Une tendance régulière, inexorable, pas une hémorragie brutale mais une longue saignée des campagnes vers les villes.

Plus que la révolution industrielle, ce sont la mécanisation de l'agriculture et les augmentations fulgurantes de la productivité qui vident alors les campagnes. De 1970 à aujourd'hui, le nombre d'exploitations agricoles a été divisé par quatre : de 1,6 million à 400 000. Au-delà des chiffres, c'est aussi dû à une profonde transformation des métiers agricoles : les fermiers, les éleveurs, les producteurs se trouvent dépossédés de leurs savoirs ancestraux et empiriques pour exécuter les programmes imposés désormais par l'industrie agroalimentaire. Un monde agricole en voie d'extinction, professionnellement et culturellement, réduit de nos jours à 1,5 % de la population française. Les romans poignants *Règne animal*, de Jean-Baptiste Del Amo, ou *Nature humaine*, de Serge Joncour, décrivent cette descente aux enfers du monde agricole. Je n'ai jamais pu achever la lecture du premier, tant les souvenirs me meurtrissaient. Une immense tristesse à l'aulne de la détresse actuelle du monde agricole. On pourrait presque dire que ma grand-mère, ma mère et des millions d'autres au cours du XX$^e$ siècle l'ont échappé belle. Effroyable ! Longue agonie ! Je suis né dans un milieu en voie de disparition.

*Les gens sans terre*
Jusque dans les années 1950, la grande majorité des enfants quittait l'école dès la fin de l'âge obligatoire de scolarisation, qu'ils soient issus de familles d'artisans, de commerçants, d'agriculteurs, d'ouvriers ou de mineurs. On ne se préoccupait pas des métiers d'avenir ; il n'y avait pas l'angoisse de « Parcoursup », la voie était toute tracée. La scolarité était courte, avec la fierté d'obtenir le certificat d'études. Alors brillait l'espoir de décrocher un poste de fonctionnaire, aux PTT, à EDF ou, mieux, à la SNCF pour les garçons, de secrétaire pour les filles. Passer de la ferme ou de l'usine à un travail de bureau ; il n'y avait pas place pour une ambition, une échappatoire, un rêve. Des horaires fixes, des vacances, bien s'habiller, porter un uniforme…

Un jour, maman a quitté Aurillac pour devenir employée chez mes grands-parents Picq à Gennevilliers. Une migration du Cantal verdoyant à la proche banlieue de Paris, verdoyante elle aussi. Avant la ceinture rouge des villes communistes autour de la capitale, il y avait la ceinture verte des maraîchers, hérissée de quelques fermes. Elle avait seize ans, comme sa sœur jumelle, qui se retrouva de l'autre côté de Paris, à Créteil. Je peine à imaginer son état d'esprit. Aller dans une famille inconnue pour y devenir ce qu'on appelait une « bonniche », sans aucune idée de ce qui l'attendait, ni des conditions de logement ou de travail ; en un mot, de vie.

Et comment aurait-elle pu le savoir, si ce n'est via quelques informations arrivées par courrier ; quant au téléphone...

Je sais très peu de choses sur ce qu'a été sa vie avant « ses vingt ans ». Un temps que les gens de moins de vingt ans – disons cinquante – ne peuvent pas connaître. Ce n'était pas la bohème, comme dans la chanson de Charles Aznavour, ni la misère, mais l'espoir pour les jeunes femmes de s'échapper soit de la famille, soit des dures conditions de travail et de vie dans les fermes en se mariant à un bon parti. Pour les jeunes hommes, aller au service militaire et voir du pays, en espérant que ce soit entre deux guerres, puis se marier. Le mariage et un enfant dans l'année avant que ne suive l'arrivée des frères et des sœurs. Même si on fait moins d'enfants à partir de cette période d'après la Seconde Guerre mondiale, les progrès de la médecine assurent déjà leur survie ; c'est le début du babyboom, bientôt démographiquement amplifié par l'augmentation de l'espérance de vie, pour les mêmes raisons. On passera de 43 millions de Français à 68 millions aujourd'hui. Pendant ce temps, et depuis que je suis né, la population mondiale aura été multipliée par trois. Le babyboom de l'Europe vient moins d'une frénésie sexuelle et nataliste de la génération de mes parents que d'une formidable évolution sociale, portée par le programme du Conseil national de la Résistance (CNR) rédigé pendant la Seconde Guerre mondiale. Depuis, la natalité ne cesse de décroître en Europe, maintenue tout juste en France grâce, justement, à une politique autour de la jeune enfance.

Mon père a fait son service militaire dans un régiment de chars à Cherchell, en Algérie, entre 1945 et la guerre – pardon, l'opération de maintien de l'ordre – en Algérie. Certainement la plus belle période de sa vie, à l'inverse de l'un des frères de maman – un oncle – qui en reviendra traumatisé et miné jusqu'à la fin de sa vie. Mon père a vécu pendant dix-huit mois une parenthèse enchantée et ensoleillée. Une période où les hommes occidentaux réaffirment leur domination sur les femmes et plus encore sur les hommes et les femmes des colonies françaises. Le sentiment d'une toute-puissance portée par la conviction d'apporter le bonheur et le progrès aux indigènes. La parodie d'OSS 117 avec Jean Dujardin ridiculise à cet égard les attitudes des hommes qui se projetaient dans les personnages des romans de Jean Bruce en 1949 ou encore de SAS, la série de Gérard de Villiers , une littérature abjecte, reflet de la misogynie et du racisme colonial de l'époque. Heureusement, il y avait l'inspecteur San Antonio de Frédéric Dard, non exempt d'une misogynie « bon enfant » et rabelaisienne.

Mon père rentra heureux et nourrit le désir d'épouser une cousine. En ce temps-là, la vie d'un homme suit des rituels de passage comme dans toute société humaine : naissance, baptême, communion, certificat d'études, service militaire, mariage dans les premières années de la vingtaine, les « vingt ans » idéalisés des chansons. Sa famille lui oppose un refus net. C'est alors qu'il se tourne vers ma mère et la demande en mariage. Je crois savoir que la famille de ma mère et celle de mon père se connaissaient, des liens anciens venant du Limousin. Mon grand-père maternel est alors parti s'installer dans le Cantal, ma grand-mère paternelle, comme évoqué, vers la région parisienne, placée très jeune, à onze ans, chez les Picq ou les Saules, autre branche de ces migrants du début du XX$^e$ siècle, issus du Morvan avant la Première Guerre mondiale. Pas vraiment un mariage d'amour.

Maman accepte, d'autant que mon père est plutôt bel homme. Mais elle pose une condition : leurs enfants iront à l'école et feront des études. Très peu instruite, elle est formidablement courageuse, dure à la tâche et dotée d'une volonté de combattre toutes les épreuves de la vie – elle en aura plus qu'à son tour –, à commencer par mon père. Du genre taiseux. Elle finira par me confier, après le décès de ce dernier, qu'elle aura eu une vie de chien. Maligne comme le sont parfois les gens des campagnes, animés d'une puissante pugnacité, cette boule d'énergie de 1,55 m était plutôt jolie selon les canons de l'époque, genre Gina Lollobrigida ou Elizabeth Taylor. Une belle carapace tannée par les vacheries de la vie.

Elle avait reçu très peu d'instruction, lisait mal et écrivait encore plus mal. Sa prime enfance avec sa sœur jumelle s'était déroulée chez une nourrice, à la campagne. Leurs parents venaient rarement les voir. Elle m'a toujours raconté cette enfance sans façons, le « cul à l'air », mal habillée, mais d'une liberté totale digne d'un rêve d'enfant sauvage à la Rousseau. Une hygiène aléatoire, des tartines tranchées dans des grosses miches de pain avec de la confiture volée, des animaux tout aussi libres, des baignades dans le ruisseau, des nuits d'un profond sommeil pour dissiper les fatigues des cavalcades incessantes ; et recommencer le lendemain au rythme des jours et des saisons. Alors, aller à l'école…

Un triste jour, ses parents arrivent en voiture. Ils la ramènent, avec sa jumelle, à leur domicile à peine connu d'Aurillac. L'heure d'aller à l'école a sonné comme un tocsin. Ma mère ne s'est jamais remise de cette rupture, lisible dans son écriture torturée, celle d'une enfant sortie brutalement de l'innocence. J'écris « ses parents », car je n'ai pas connu ma grand-mère maternelle et très peu son mari, un être bourru qui avait réussi dans le commerce du bois, mais aussi homme des bois à ses heures. Un jour, il nous a emmenés, mon cousin et moi, cueillir des champignons dans les bois. « Suivez-moi ! » dit-il. Jamais il ne s'assura de notre présence, filant à grandes enjambées au travers des fougères plus hautes que nous. Il est revenu avec des champignons, mais sans nous. Nous avons fini par retrouver le chemin, jamais apeurés, même dans la nuit tombante. Quelle aventure ! Une parmi d'autres lors de ces vacances de rêve et de liberté. Évidemment, on s'était fait enguirlander ; c'était comme ça.

Fort de son succès, ce grand-père a fait construire un hôtel imposant à Vic-sur-Cère, charmante petite ville traversée par une belle rivière descendant la vallée vers Aurillac. Une ville de loisirs et de cure, avec ses terrains de tennis et son petit casino. C'est là que je passais ces merveilleuses vacances comme le jeune Pagnol dans ses collines de Provence. Nous arrivions un beau matin par la micheline qui traversait ce pays verdoyant, sa fière couleur rouge annoncée par la sirène et un panache de fumée noire. Ça sentait bon les vacances.

Une famille désormais relativement aisée, possédant voiture et téléphone. Les habitants du quartier savent la porte toujours ouverte pour accéder à ce téléphone en cas d'urgence. La situation ordinaire d'un notable conscient de ses obligations d'entraide dans la communauté. Ma grand-mère maternelle, une très jolie femme aux origines anglaises, décéda trop jeune. Mon grand-père se remit, comme on disait, « en ménage » avec une autre femme, et avec tous les enfants – ils étaient sept, encouragés à « gagner leur croûte », sauf l'aînée, déjà partie avant cette rupture : une femme libre, très jolie, baroudeuse qui faisait vibrer d'envie par le récit de ses voyages et de ses rencontres ; les pays du Sud, la Méditerranée, l'Afrique du Nord, des amants à peine suggérés. Quand elle faisait escale dans la famille, les yeux de ses sœurs brillaient, ceux des frères un peu moins devant cette figure de la femme fatale qu'enviaient leurs femmes.

Pour autant que je m'en souvienne, cette tante s'intéressait peu à ses filleuls ou à ses filleules, si ce n'est à ma sœur, dont elle était la marraine, mais de façon très sporadique, de temps en temps, jamais d'ailleurs très longtemps. À peine arrivée, elle reprenait l'avion. La conduire à Orly pour son vol entraînait une procession que personne n'aurait manquée. Après les embrassades dans le hall d'embarquement, on grimpait vite sur la terrasse de l'aérogare – aujourd'hui Orly 4, après avoir été Orly Sud pendant des décennies : notre époque n'a plus de rêve. La voir monter la passerelle depuis le tarmac, lui adresser un dernier signe de sa main avant son entrée dans la cabine et attendre le décollage. Nos rêves poussaient plus l'avion que les réacteurs pour l'emporter dans les cieux. Un jour peut-être, ce serait notre tour.

### Rue des Agnettes

Retour à la terre. Après le mariage, mes grands-parents Picq installent mes parents sur un terrain maraîcher d'un hectare, non loin du leur, à Gennevilliers, rue des Agnettes. C'est là que je fus conçu avant de naître à Bois-Colombes, lieu de naissance de mon père. Comme ma sœur, venue dix-huit mois après moi, en avril. Il n'y a pas plus différents de caractère qu'elle et moi ; naître en janvier au cœur d'un hiver glacial ou au printemps doit y faire.

J'ai conservé quelques photographies de mes toutes premières années, dont une que je projette parfois dans mes conférences. Elle me montre juché sur une chaise haute pour enfant devant les carrés de légumes – on dit planches –, des radis, des choux-fleurs, des salades, des blettes... Je souris. Derrière moi, le ciel est ouvert, pas un immeuble qui ne bouche l'horizon. Une période que les moins de soixante ans n'ont pas connue, avant que ne poussent les immeubles comme d'immenses champignons. Quand je riais sur ma chaise haute, la verticalité bétonnière n'avait pas encore prise sur l'horizontalité des champs.

L'histoire de l'humanité a connu la longue préhistoire, avant l'émergence des cités et de l'écriture durant le néolithique. Ce n'est que très récemment à l'échelle de l'histoire que les villes se transforment lors de la révolution industrielle, avec ses taudis et ses habitats de misère. Dans les années 1960, s'amorce la formidable expansion des banlieues, qui conduit aux mégalopoles actuelles. Demain, sept milliards d'humains vivront dans des conurbanisations gigantesques où, sauf pendant la pandémie de Covid-19, l'on ne voit plus jamais le soleil dans un ciel qui corresponde au jour. Je suis attristé, et inquiet en tant qu'anthropologue, par tous ces jeunes enfants souffrant de nos jours de bronchiolites et autres affections respiratoires. Personne, même les médecins et les prospectivistes de mon enfance, ne pouvait imaginer une telle dégradation de nos atmosphères alors même que je riais sur ma chaise haute.

J'ai toujours cette chaise, petit trône de bois poli aussi par les fesses de mes petits-enfants. Eux aussi subissent ces pathologies du progrès qu'on appelle des maladies civilisationnelles. J'adore deux merveilleuses chansons évoquant ces profonds changements, « La maison près de la Fontaine » de Nino Ferrer, l'immigrant, et « Que la montagne est belle » de Jean Ferrat, l'Auvergnat ; nostalgies enchantées.

Je montre parfois cette photographie en noir et blanc lors de mes conférences pour souligner comment nos sociétés et le monde ont changé en un demi-siècle. Je me présente comme l'*homunculus* de Léonard de Vinci, connu aussi comme l'*Homme de Vitruve*. Une ontologie que les anthropologues appellent l'analogisme : une figure ou une entité censée représenter le cosmos. De cette chaise pour enfant au fauteuil qui me cale alors que je rédige ces lignes, je suis cet homoncule, microcosme qui exprime une évolution comme jamais de l'humanité. Un homoncule, certainement pas le nombril du monde ; plutôt la belle insouciance d'un enfant qui, plus tard, comprendra que, sur cette chaise haute, il siégeait dans l'œil d'un cyclone social en formation.

L'école primaire était juste de l'autre côté du mur. École primaire pour les garçons Pierre-Joliot ; école primaire pour les filles Marie-Curie : elles existent toujours, mixtes depuis longtemps. Les garçons avaient des maîtres ; les filles des maîtresses. Je ne me souviens que d'un seul instituteur, M. Prade. Une force de la nature dotée d'une grande autorité. En ce temps-là, on ne plaisantait pas avec le sujet. Lorsqu'une sanction tombait, comme un coup de règle sur les doigts, on encaissait sans rien manifester pour ne pas perdre la face devant les autres garçons. Et personne ne serait allé se plaindre aux parents, car gifles et fessées doublaient alors les coups du maître pour toute complainte. Chacun se tenait sagement dans la classe. En revanche, une fois dans la cour de récréation, quels défoulements, non sans donner ou prendre de vilains coups. Et si on rentrait amoché, la faute en était à une chute en courant. Tant pis si nos tristes vêtements étaient déchirés ou nos chaussures abîmées, il n'y en aurait pas d'autres ; tout cela était bien trop cher. Nous portions des blouses grises, qui limitaient les dégâts et les désagréments.

Il y a une dizaine d'années, alors que mes deux fils étaient dans leur vingtaine, nous regardâmes *La Guerre des boutons* d'Yves Robert, sorti en 1962, j'avais alors huit ans. Le film était adapté d'un roman de Louis Pergaud publié en 1912 et correspondait en tout point à la jeunesse que les garçons de ma génération connaissaient bien : bagarres, volées de bâtons, lance-pierres pour projeter des cailloux, des boulons et même des cavaliers. Dans le roman comme dans le film, le but de chaque bande était d'attraper un gars de l'autre bande pour lui prendre les boutons de ses vêtements, arrachés ou coupés. Autant de brimades, quelques coups parfois, et le retour assuré à la maison qui augurait d'une correction : les boutons qui coûtaient trop cher, le temps qui manque pour faire les reprises… « Fallait pas se faire prendre – t'en veux une autre ? » en guise de commentaires. Des scènes de piraterie juvénile avec de précieux boutons en guise de doublons d'or.

À la fin du film, je vois mes deux fils se regarder tout en échangeant des propos très sérieux. Interrogateur, je veux

savoir s'ils ont aimé, avant d'ajouter : « Il est vrai que c'est un vieux film. » « Non, ce n'est pas ça », me rétorquent-ils, étonnés par mes jeux d'enfants. Et un dialogue s'ensuit :
– Absolument. On avait aussi des jeux plus posés, comme les osselets.
– Les quoi ? Encore un truc de paléoanthropologue, s'amusa l'un de mes fils.
– Je vais vous montrer. Je crois que j'en ai encore un dans le tiroir de mon bureau. Au passage, un jeu digital plus habile que vos appareils numériques ou vos manettes de jeu.
– Alors, tu jouais vraiment avec des bâtons et des lance-pierres ?
– Une fois encore, oui.
– Tu sais qu'aujourd'hui, nous ferions un dixième de tes jeux d'enfance, nous aurions immédiatement droit aux psychologues de l'école et aux policiers à la sortie ; sans oublier les réactions des autres parents…

La façon d'éduquer les enfants a tellement changé en deux générations. Les pédagogues, les psychologues, les adeptes de l'éducation « positive » ajoutés au manque de respect envers les adultes et, en particulier, les enseignants – de la part des enfants comme des parents – ont profondément modifié les relations sociales. Aujourd'hui, ce ne sont plus les enfants qui doivent apprendre à vivre dans une société, mais les parents, les enseignants et la société qui doivent répondre à leurs désirs. Il était impensable au temps de mon enfance d'imaginer l'érosion à venir de toutes les formes d'autorité. Et, à bien y regarder, jeunes, nous avions beaucoup plus de liberté avec la possibilité de contourner les règles grâce à la devise « pas vu, pas pris ».

## *De classes en classes*

J'étais un bon élève. Maman insistait sur l'importance de réussir à l'école pour ne pas avoir une vie de labeur. Je me souviens des remises de prix de fin d'année, alors que j'étais classé régulièrement troisième ou quatrième. Un temps où le mérite était reconnu, même par ceux qui étaient moins bien placés. Aujourd'hui, si l'on est bien classé, on peut frustrer les autres. On recevait des livres, de beaux livres avant de rejoindre la fête. Hélas, mes parents n'y sont jamais venus. Le travail, bien sûr, mais aussi un sentiment de honte sociale. Ils porteront ce fardeau toute leur vie, bien plus de leur propre chef que de la part de la société. Quand, quelques décennies plus tard, je suis devenu connu et reconnu – le passage à la télévision –, ils me répétaient : « Tu ne devrais pas dire que tes parents étaient maraîchers ni, plus tard, après l'expropriation, qu'ils travaillaient à l'usine ou dans les transports de poids lourd. » Je n'ai jamais ressenti ni honte ni fierté particulière quant à mon parcours, non sans connaître certes les lazzis et autres remarques désobligeantes, éprouvant pas mal de frustrations. Mais, tout de même, j'étais fier de mes réussites.

Au moment où je rédige ces lignes, une controverse agite les médias, qui met en scène Annie Ernaux, prix Nobel de littérature 2022, et Gérald Bronner, sociologue réputé et récompensé d'une belle carrière. On parle désormais de « transfuges de classe » ou de « transclasses ». D'un point de vue anthropologique, pourtant, il n'y a pas de classes immuables, comme celles que l'on ne pourrait jamais quitter ou celles qu'il faudrait escalader pour les atteindre. Il n'existe pas non plus de « discrimination positive » en matière d'égalité de genre. Comme il n'existe pas un état platonique des classes et des sexes dans l'ordre du cosmos dont, en promouvant l'accès, on ferait tomber les barrières, et où l'on discriminerait un ordre immuable dont on peine à déceler la légitimité. Les sociétés changent comme leurs « classes », et ce même au sein de chaque classe. Les paysans et les ouvriers d'hier ne sont pas ceux d'aujourd'hui ; ce qui vaut pour toutes les catégories sociales, anciennes comme celles de mes parents et nouvelles comme celles que je fréquente dans la diversité croissante du monde économique et social. Petite leçon évolutionniste : ne jamais croire qu'on est enchaîné à une inertie de classe ou qu'on est « arrivé » dans une classe fantasmée. Telle est la devise de la Reine rouge dans *De l'autre côté du miroir*, de Lewis Carroll : « Il faut courir pour rester à sa place. » Plus pertinemment, la remarque pleine de nostalgie du prince de Salina dans *Le Guépard* de Luchino Visconti ; conscient du crépuscule de son monde, il fait cet aveu : « Il faut que tout change pour que rien ne change. » Le film sort sur les écrans en 1963 ; trois ans plus tard, nous allions perdre non pas nos terres comme les nobles, mais notre terre.

La France, comme on le sait, est redevenue la championne de la reproduction sociale. Mais il y a eu une période exceptionnelle, justement celle de ma génération. L'ascenseur social s'est mis en marche, avant de se bloquer à nouveau au cours de ces dernières décennies. L'école républicaine du mérite a fait des méritantes et des méritants qui ont accaparé et sclérosé l'école qui les avait promus. Une évolution sociologique suivant le ruban de Möbius, avec une surface qui finit par se retourner sur elle-même. Cette évolution sociologique a été anticipée dans les années 1930, puis stigmatisée en 1964 par Pierre Bourdieu dans son livre *Les Héritiers*. Méritantes et méritants ont voué aux gémonies cette parenthèse de l'ouverture sociale. Ils ont accaparé ce que leur a offert la société pour en faire un patrimoine réservé.

Rousseau fustigea en son temps la propriété de la terre comme source des inégalités. Les maraîchers et les paysans ont bien ressenti ces inégalités, au fur et à mesure qu'ils ont été dépossédés de leurs terres, M. Rousseau. Mais ils ont espéré que leurs enfants pourraient être libérés de ces entraves séculaires, ignorant alors l'avènement d'une société où l'instruction et la culture produiraient bien d'autres exclusions. Je n'aime pas Rousseau, penseur vivant au crochet des autres, permanent insatisfait, se fâchant avec tous ses soutiens, avare de sa fausse amitié, raciste, misogyne, incapable même de donner de sa précieuse personne à ses enfants ou à leur mère – ou à quiconque. Il personnifie la philosophie du « moi » suprême, source du malaise de notre civilisation postmoderne.

## *Tu garderas les vaches*

La famille conservait des liens avec ses provinces d'origine. Nous leur rendions visite. Il me semblait que partout en France j'avais une tante Jeanne ou un oncle Jean. L'été, pas tous les étés, nous allions en voiture dans le Limousin ou en Auvergne, jamais certes dans le Morvan de la branche paternelle. Je n'ai jamais su pourquoi.

Une quarantaine d'années plus tard, je donnais un séminaire de management et d'innovation comme expert de l'APM – Association du progrès du management – dans le Morvan. Arrivé dans la salle où les tables étaient disposées en U, j'avisai les noms des personnes présentes inscrits sur des chevalets. Tous portaient le même nom : Picq. Pensant à un gag, je fis mine de n'avoir rien vu. Arrivé à la pause, je n'y tins plus et demandai si vraiment toutes et tous s'appelaient bien Picq. La réponse fut affirmative et unanime. Dans la foulée, on m'entraîna vers le cimetière. Mon nom figurait là aussi sur presque toutes les tombes. De quoi éveiller une vocation de paléoanthropologue, si ce n'était déjà fait ! Je n'en appris pas plus ce jour-là sur l'histoire de ma famille du côté paternel ; toujours cette étrange honte d'avoir migré à cause de la misère et d'être des gens de la terre ; à moins qu'un terrible secret ne lie cette famille.

L'étymologie de nom viendrait justement du pic, un outil agraire utilisé par les paysans. Pourtant, ma famille de maraîchers avait réussi. Ils travaillaient dur, gagnaient bien leur vie, possédaient des terrains avec des maisons assez vastes assorties de dépendances – forcément – et, ce qui était un luxe à l'époque, circulaient à bord d'une belle voiture, avaient un camion (lui n'était pas du luxe) et le téléphone. Malgré cela, la « terre » collait sous les ongles, la peau prenait la couleur des saisons, les enserrant dans une vision péjorative de leurs origines que n'ont jamais manqué de leur renvoyer les élites. Aujourd'hui, à Gennevilliers, près des Agnettes, là où arrive le métro, existe un quartier avec de petits pavillons, îlot ayant échappé aux immeubles. Les noms des rues sont, pour la plupart, des prénoms, ceux de mes aïeux installés là il y a un siècle. Quelles circonstances les ont un jour conduits à quitter le Morvan et à ne jamais y revenir ou même en parler ? Je ne le saurai jamais. Je connais les origines de l'humanité, pas de mon ascendance paternelle.

Maman voulait que ma sœur et moi opérions, grâce à l'école, la coupure radicale avec nos racines et avec la terre. Rien n'est moins certain pour mon père. Arrivé à la fin de l'école primaire, j'étais heureux d'obtenir mon passage en classe de sixième. Accéder au collège – une banalité de nos jours pour des élèves – était alors une véritable Graal. À cette époque, l'Éducation nationale entamait une profonde révolution qui transformerait toute la société : favoriser l'accès au lycée des enfants de toutes les classes sociales avec en outre la création de classes de sections dites « modernes » : on n'y trouvait pas d'enseignement du latin ou du grec, et l'on y donnait aussi, désormais, des cours d'éducation physique. Mais les plus grandes réformes sociales et humanistes n'aboliront pas les réflexes de classe. Je n'ai pas tardé à comprendre que les filles et les garçons des sections modernes représentaient une sorte de sous-classe, notamment pour trop d'enseignants, en particulier pour ceux qui étaient en charge des matières classiques, des humanités, sicaires de la reproduction sociale.

Le sport entrait donc dans l'enseignement scolaire, avec de vrais professeurs en éducation physique. Seulement, la doxa cartésienne creusa un fossé entre les filles et les garçons des sections classiques grec-latin-allemand et les autres, les modernes. Faire du sport, aimer le sport était marqué de l'opprobre d'une certaine animalité. Les parents des futures élites grec-latin-allemand fournissaient des dispenses médicales de sport. Les efforts physiques nuisaient à leur épanouissement éducatif, intellectuel et, c'était non dit, social. J'adorais le sport, on me le fera payer en fin de troisième.

Comme celles et ceux de ma génération, j'ai bénéficié de la réforme de l'enseignement secondaire engagée en 1959. Le lycée en France a une longue histoire qui remonte à Napoléon Bonaparte, en 1802, avant qu'il ne se sacre empereur. Sa scolarité à la fois classique et technique – il a reçu une formation d'artilleur – conduit le futur empereur à créer des lycées pour former des élites aptes à répondre aux évolutions imposées par les technologies. Ce que, deux siècles plus tard, trop de nos présidents récents n'ont pas compris en raison de leur mépris de l'enseignement scientifique et technique. Le lycée traversera diverses réformes au fil des républiques, avec des variantes entre grands et petits lycées et toutes sortes de collèges. La réforme de 1959-1963 réunit et simplifie les structures de ce qui deviendra l'enseignement secondaire dans un lycée unique, dont les sections modernes. Le collège et ses cortèges de problèmes reviendront plus tard, comme la controverse du collège unique.

Avant ces réformes, les enfants intégraient les professions de leurs parents dès la fin de la scolarité obligatoire. Pour autant, ce n'était pas un système d'exclusion. L'école de la IIIe et de la IVe République compte nombre d'hommes et de femmes tirés de l'inertie familiale par des instituteurs ou des prêtres défendant leur scolarité auprès de leurs parents. Georges Pompidou illustre le triptyque générationnel : un grand-père paysan (de classe très modeste), un père instituteur qui lui ouvre l'accès aux plus hautes fonctions intellectuelles, institutionnelles ou politiques. Quelques femmes parmi ces méritants, trop rares non pas par manque de talent, mais du fait d'un système éducatif qui leur est fermé en même temps que la société est centrée sur la réussite et la domination masculines. Elles sont beaucoup plus nombreuses cependant que l'histoire contemporaine ne veut le reconnaître, ces femmes qui ont réussi à s'imposer dans un monde d'hommes. Plus encore que dans les métiers manuels, les professions intellectuelles cultivent une misogynie pathologique toujours vivace.

En ce mois de juin de 1964, je rentre heureux de l'école avec en main l'attestation de mon passage en sixième, véritable passeport vers l'avenir. Mais lequel ? Je revois notre grand terrain où mon père accroupi, est occupé à réparer une portion de rail. La pièce de terre était quadrillée par un réseau de rails sur lesquels on poussait des wagons – plateaux transportant les caisses de légumes ou le matériel, formidable terrain de jeu où j'ai bien failli avoir la jambe coupée par la roue d'un de ces wagons. J'arrive vers lui en courant et très fier : « Papa, j'ai mon passage en sixième. » Ne relevant ni la tête ni le corps, il lâche alors d'un ton glacial : « Tant mieux, sinon tu iras garder les vaches. » Ma mère dormait, récupérant de sa nuit aux Halles de Paris. Ni l'un ni l'autre ne m'ont jamais félicité, sinon bien plus tard, après des interventions télévisées ; trop tard, bien trop tard.

J'ai gardé les vaches, et je crains que mes parents n'aient eu ce projet pour moi. Depuis que je suis grand-père me reviennent de plus en plus des souvenirs d'un été passé dans une ferme du Limousin, peut-être deux. Même si par moments je me demande s'il ne s'agit pas de songes d'un séjour estival aux champs, ces souvenirs sont trop précis pour ne pas avoir été vécus. J'avais quel âge ? Certainement entre six et huit ans.

C'était une petite ferme. Une première sensation, puissante, une odeur de cheminée emplissant l'air, imprégnant toute l'atmosphère depuis des générations. Je n'ai jamais oublié ce parfum épais, âcre, aussi chaud que profond qui nous enveloppait comme une brume de bienvenue. Un sol en terre battue, une grande table avec des bancs ; une cheminée avec un âtre qui me semblait immense et son chaudron suspendu. Je crois que ma sœur était avec moi. Nous dormions sur une sorte de mezzanine – terme peu usité à l'époque et surtout pas dans ce genre de maison. L'ambiance est chaleureuse, évidemment sans télévision, sans téléphone, sans livres, les heures s'écoulant au rythme du parcours du soleil. Le sommeil arrivait vite, la nuit bruissant des cavalcades des petites bêtes courant partout dans leur quête frénétique de nos reliefs de repas, car nous ne laissions rien dans nos assiettes. Soupe, fromage, un bout de pain, un fruit ; ces petites bêtes devaient vraiment chercher leur pitance. Dehors, les cris des oiseaux de nuit. Une ambiance à la Harry Potter, mais sans sorcière ni sorcier ou loup-garou, la vie à la campagne. Dans la journée, les gros crapauds et les perfides vipères vivaient cachés, alors même que bien trop d'innocentes couleuvres subissent des misères, souvent confondues avec leurs consœurs venimeuses. Pas de quartiers, nous ne laissions rien aux sorcières qui, de toute façon, ne nous faisaient pas peur.

L'étable se trouvait face à la porte d'entrée de la maison. J'ai toujours aimé l'odeur des vaches, qui revient parfois avec un morceau de brie ou de langres. Les poules, les canards et les oies se baladaient comme bon leur semblait. On allait chercher les œufs, ceux des cannes étant réservés à la pâtisserie. Puis un jour manquait une poule ou un coq, invité à partager le repas du dimanche. Idem pour les lapins. On les chérissait et on les dévorait. On ne mangeait pas de viande rouge, si ce n'est, parfois, la viande d'une vieille vache en ragoût. Les steaks et autres côtes de bœuf nous étaient inconnus. Un agneau à Pâques. Pendant ce temps, le gros cochon, dont il fallait tout de même se méfier, surtout quand on est petit, s'ébattait dans son auge, profitant d'un dernier été et du bel automne avant son sacrifice festif. L'animal était égorgé, suspendu par les pattes arrière. Le sang giclait violemment, vite récupéré dans une grande bassine ; mêlé à quantité d'oignons, assaisonné de sel, il cuirait patiemment jusqu'à devenir du boudin. Tout le monde s'activait, les gens de la ferme, les voisins, on riait, on mangeait dans une joueuse catharsis.

Une poésie paysanne qui effraie désormais les bonnes âmes pseudo-écolo de notre époque alors même qu'on n'a jamais mangé autant de viande, de piètre qualité, surtout de la viande de bœuf, avec des bêtes élevées et tuées dans des conditions dantesques. Le mouvement L241 et les végans dénoncent ces horreurs, avec raison. De telles dérives barbares étaient impensables en ce temps-là. La rupture anthropologique avec le sacrifice et les rituels collectifs, la réification des animaux, les nouvelles habitudes alimentaires autour de la viande importée des États-Unis comme on importe aujourd'hui le bœuf élevé aux OGM et aux hormones de croissance, gavé d'antibiotiques au prix de dégradations irréversibles des écosystèmes, comme en Amazonie, en Indonésie et partout dans le monde : voilà bien l'horreur, barbarie moderne dissimulée derrière les façades clownesques aux couleurs acidulées des *fast-foods*.

Les champs n'étaient pas encore remembrés et présentaient des haies fourmillant d'animaux, qui s'étendaient par-delà l'étable. Cet été-là, les hommes fauchaient encore les blés à la faux. Les femmes et les enfants, j'en étais, confectionnaient des ballots, jetés sur des charrettes tirées par de patients bœufs. De retour à la ferme, on nourrissait la grande batteuse de ces fagots. Il n'y avait pas encore de moissonneuses-batteuses, seulement des batteuses, louées pour quelques jours. Il fallait faire vite et bien, sous la menace parfois d'orages destructeurs. Les fléaux ont été remisés, avant de se retrouver sur le marché des antiquaires ou dans les musées des traditions agricoles.

J'ai gardé les vaches, pas plus d'une dizaine de têtes. J'étais si fier d'une telle responsabilité, de ces grosses bêtes qui m'obéissaient. Belle illusion. Elles connaissaient parfaitement le chemin, un chemin creux arboré et bordé de hautes haies. Elles savaient où se trouvait la prairie à la bonne herbe comme elles connaissaient l'heure du retour à l'étable. Et ce lait, tiré chaud des pis emplis étirés dans nos mains fermes. Quel goût ! un goût à jamais perdu. Du brut de mamelle qui, sans aucun doute, a fait que ma génération, nourrie directement de ces produits de la terre et des animaux, conserve un fabuleux microbiote. Trop d'asepsies, trop d'hygiène ruinent les systèmes immunitaires des jeunes générations.

La terrible menace de mon père ne s'est jamais réalisée. Non pas parce que ce monde paysan entrait dans un déclin qui n'en finit pas, encore de nos jours. Mais nous aussi allions être emportés par le torrent de la modernité.

## *Le temps de la colonie*

La ville de Gennevilliers, comme presque toutes les villes de la petite couronne, était alors dirigée par une municipalité communiste. Ce n'était pas la tasse de thé de ma famille, qui d'ailleurs détestait aussi les Anglais (la perfide Albion). En fait, ils n'aimaient pas tout ce qui était hors du monde des maraîchers, des artisans et des commerçants. Mon grand-père fricotait avec l'extrême droite. Une fois, paraît-il, une balle de fusil ne siffla pas loin de sa tête. Un temps, il avait fait partie du conseil municipal, pas sous la bannière rouge…

Un jour de 1961, juste avant sa mort, il y eut une drôle d'assemblée dans le pavillon de mes grands-parents, rue Poisson. Les hommes étaient énervés, animés de comportements troubles que je ne leur avais jamais vus auparavant. Je m'effraie de penser qu'ils aient pu commettre des violences en ces terribles jours de ratonnades à Paris et un peu partout en France. Peut-être avaient-ils été agressés par je ne sais qui ? En plusieurs endroits de Gennevilliers, comme derrière chez nous ou pas loin de l'école, de pauvres familles algériennes survivaient dans des conditions miséreuses. Nous avions interdiction d'aller les voir, ce que je ne manquais pas de faire plusieurs fois pour jouer avec de petits copains, sans jamais rien en dire. Pas très loin, à Nanterre, il y avait un vaste bidonville que ne laisse pas soupçonner aujourd'hui le plus grand quartier d'affaires d'Europe. Je ne saurai jamais ce qui s'est passé – ai-je envie de savoir ? –, il est trop tard. L'histoire de France comme celle des familles écrasent les mémoires dérangeantes de même que les lourdes tours de la Défense implantées sur un ancien camp de misère dont j'ai vu, passant parfois par là en voiture ou en camion, les dernières baraques délabrées.

Pendant mon enfance, la ceinture verte des maraîchers sise autour de Paris s'est colorée en rouge. Le Parti communiste dominait alors la gauche. Il accompagna les profondes transformations sociales des « Trente Glorieuses », avant de se faire rouler dans la farine du programme commun et les socialistes après le congrès d'Épinay en 1973, la revanche du congrès de Tours en 1921. Le moins qu'on puisse dire, c'est que ces villes communistes de la ceinture rouge étaient bien gérées. Les écoles, les nouveaux lycées, les théâtres comme les grandes scènes de Bobigny, Saint-Denis ou Nanterre, les centres sportifs, les piscines et toutes les infrastructures, notamment médicales, ont fleuri comme des coquelicots et autant de promesses d'une société radieuse.

De grandes fêtes populaires, comme le 1ᵉʳ Mai, mobilisent les écoles et toutes les structures de la ville avec, en point d'orgue, la Fête de l'Humanité. Une grande procession à la gloire des travailleurs, des avancées sociales et de l'URSS. Youri Gagarine, le premier cosmonaute, scintille dans nos yeux comme une étoile du futur prolétarien. Les films *Taras Boulba* (1962) de J. Lee Thompson, avec le formidable Yul Brynner, ou *Quand passent les Cigognes* de Mikhaïl Kalatozov sont visionnés par les classes des écoles au cinéma municipal...

Je me souviens jouer un pirate sur un superbe char reproduisant un navire de la flibuste. Un magnifique carnaval qui se terminait dans un grand stade où tous les enfants des écoles se concentraient dans des carrés et des rangées impeccables. Pas une tête ne dépassait ; du collectif massif sur une musique russe de circonstance – il y a d'excellents compositeurs russes. Les communistes déployaient toute une puissance sociale, politique et idéologique qu'on imagine difficilement de nos jours ; plus encore parmi les derniers carrés communistes d'aujourd'hui. Il reste la profonde nostalgie d'un rendez-vous manqué avec l'histoire, quand on se rappelle ces belles réussites sociales et culturelles anéanties par les sinistres dérives staliniennes.

Je collabore parfois avec un chorégraphe de Lyon, Michel Hallet Eghayan, qui s'est réfugié dans cette utopie, celle d'une culture exigeante offerte au plus grand nombre – ce qu'il fait. Et je l'admire. Récemment, nous avons repris la conférence dansée « Danser avec l'évolution » (je rassure, je ne danse pas, évitant la polka des vieux os – je parle), qui a été donnée au musée de l'Homme en hommage à Yves Coppens. Dans une discussion survolant l'actualité, comme la guerre en Ukraine, il me confie, doucement, sans me regarder : « On ne peut pas faire la guerre à la Russie, tout de même. » L'URSS s'est sabordée et avec elle, son grand rêve qui anima la société de mon enfance. Trop d'intellectuels et de politiques auront du mal à se réveiller ; tous n'en sont pas sortis. Et pourtant, il aurait pu en être autrement au regard de mes souvenirs d'enfance.

Parmi ces actions sociales, il y avait les colonies de vacances, les jolies colonies de vacances chantées par Pierre Perret. Des paroles aussi drôles qu'exagérées sans l'être complètement. La commune de Gennevilliers possédait le château de Grandville, dans la Manche. Les garçons étaient logés dans le château, les filles dans des constructions modernes. Les uns avaient le privilège illusoire de petits châtelains, les filles le confort. Un immense parc – en tout cas, dans mes souvenirs d'enfance –, avec un minigolf et bien d'autres aménagements de jeux, dont une petite rivière avec ses cascades. La mer n'était pas loin, mais on allait très peu se baigner ; il semble que cela fût compliqué à organiser, même quand la météo se faisait ensoleillée.

On préparait de grandes fêtes, avec des scènes de théâtre, de danse, de chant ; en un mot oublié, du music-hall. En 1964, Hugues Auffray nous offrait une chanson que, depuis, tous les enfants de France ont entonnée pour les fêtes des écoles ou des colonies de vacances : *Santiano* (hissez haut, Santiano !). J'ai été parmi les premiers enfants à la chanter dans des chorales festives, comme mon dernier petit-fils cette année. Succès intemporel d'une chanson qui navigue au long cours des jeunes de toutes les générations.

Les parents étaient conviés à cette grande fête organisée dans les colonies de vacances. Mon père avait acheté une caméra Super 8. Sans le savoir, pas plus nous que la future grande star, je me retrouve devant l'objectif avec ma sœur et sa copine, Isabelle Adjani, enfant elle aussi de Gennevilliers. Elle n'était pas mon amie, non plus que les autres filles, tant les jeux étaient différenciés selon le genre et se faisaient dans des univers connexes, comme pour l'école. Je n'ai jamais plus rencontré Isabelle Adjani, bien qu'elle ait été ma figurante dans son premier film...

## Le ventre de Paris

Un de mes souvenirs les plus forts est quand ma mère m'emmenait aux Halles de Paris, ce « ventre de Paris » que je retrouverai plus tard en lisant Émile Zola, resté inchangé pendant un siècle et vibrant d'une profusion d'activités populaires mêlant toutes les classes sociales.

L'emplacement où ma mère vendait sa récolte du jour – ce qu'on appelle aujourd'hui les circuits courts – se trouvait à côté d'un café qui existe toujours sous le même nom : Au Père tranquille. Il y a quelque temps déjà, je présidais le « Bar des Sciences » de Paris dans ce même café. Les séances se tenaient dans la salle à l'étage. Un jour, je regardais par la baie vitrée ce bout de trottoir où, en culotte courte dans le froid de la nuit, j'assistais maman comme je le pouvais. En fait, je n'étais d'aucune aide. Mes yeux d'enfant contemplaient ce spectacle perdu à jamais, avec les forts des halles, les maraîchers, les beurres-et-œufs, les clochards, les putes, les mondains, les maquereaux (pas les poissons), les artistes, les paumés, les carabins. Quel carnaval ! Kaléidoscope d'instantanés sociaux hétéroclites. Quelle sensation de se retrouver devant l'antique zinc du comptoir pour avaler un œuf dur (interdit aujourd'hui par les hygiénistes et les nutritionnistes...), passer à table pour engloutir une soupe à l'oignon ou, plus impressionnant, dévorer une entrecôte à 5 heures du matin entouré de ces forts des halles, portant fièrement leurs grandes blouses blanches maculées de sang, parlant entre eux le louchébem, la langue de leur profession. Je me remémorais tous ces souvenirs, ces saveurs, ces bruits, jusqu'à ce qu'un ami me dise : « Pascal, on t'attend. Dis-moi, c'est étrange, tu étais parti on ne sait où. Que s'est-il passé ? » J'ai en réalité toujours été là, de l'autre côté de cette baie vitrée, dans un monde à jamais disparu.

L'ami me regarda un peu circonspect, imaginant peut-être une lubie de paléoanthropologue. Je n'avais pas envie d'en parler. Qui, dans cette assemblée, pouvait imaginer un saut quantique d'un trottoir encombré de légumes à un Bar des Sciences ?

Récemment, de passage à Paris, nous retrouvons une partie de la famille dans un restaurant près du Châtelet, du côté des Halles. Sur une étagère se trouvaient quelques beaux livres proposés à la curiosité des convives, dont l'un portait sur les Halles de mon enfance. Je me mis à le feuilleter frénétiquement, espérant y voir maman, en vain. Ma petite-fille, qui regardait les photographies avec moi, me fit cette remarque : « Papy, c'est incroyable comme tout est gris. » Paris était tout gris avant le décapage organisé par le ministre de la Culture André Malraux, les adultes habillés de noir et de gris, comme les enfants. Nous avions en effet peu de vêtements – solides, faits d'un épais tissu, pas très bien coupés, de bons godillots portés à l'école ou au travail. Un gris qui dissimulait une société perdue où se côtoyaient toutes les diversités sociales, comme je le lui expliquais : « Aujourd'hui, on parle de circuits courts pour l'alimentation et de mixité sociale, mais ce monde gris n'était pas si gris ; il avait tellement de couleurs humaines. Cela devrait te parler, toi qui as des origines brésiliennes. »

Le modèle économique des maraîchers tenait de la préhistoire à l'aulne des standards actuels. J'interviens dans le monde économique et social depuis plus de deux décennies. Je n'ose imaginer la stupeur des dirigeantes et des dirigeants d'entreprise formatés aux canons des *business schools*. Même nos maraîchers actuels, qui subissent tant de difficultés, en seraient surpris, eux qui comptent tant désormais sur les circuits courts, comme après la pandémie. Espoir d'un retour aux sources ? Hélas, l'évolution comme l'histoire ne font jamais marche arrière.

Les radis étaient la grande affaire de la famille, roses à pointe blanche chez mes parents ; rouges, ronds et piquants chez mes oncles. Semés sur de grands rectangles de quelques centaines de mètres carrés, ils devaient être arrachés à la terre et mis en bottes liées avec du raphia. C'était le travail des femmes, à genoux sur des toiles de jute, avançant décimètre par décimètre. Les bottes de radis s'entassaient dans des caisses qui, une fois pleines, étaient montées sur un wagon, direction le hangar. Là, une machine munie de grosses brosses faites de racines de chiendent ôtait la terre par un brossage mécanique et liquide. Épatant aussi pour se laver les bras et les mains. Puis les bottes étaient remisées dans d'autres caisses acheminées dans le camion, prêt pour le départ qui se ferait à 2 heures du matin.

Maman avait passé son permis poids lourd ; chose plutôt rare, puisque la grande majorité des femmes n'avaient même par le permis voiture. Le trajet de Gennevilliers aux Halles de Paris se faisait en à peine une demi-heure. Pas un feu ne le ralentissait, si ce n'est les feux synchronisés, déjà, du boulevard Saint-Germain, où les existentialistes et autres germano-pratins sortaient à peine des boîtes de jazz. Saoulés d'alcool, de danse, emportés par la trompette de Miles Davis ou de Boris Vian, ou bien étaient-ce les discussions sur l'avenir du prolétariat, ils ne voyaient pas passer maman au volant du camion chargé du labeur de la journée.

Paris s'éveille comme dans la chanson de Jacques Dutronc, accompagné de la flûte envoûtante comme une aube naissante du musicien Roger Bourdin. La route et la nuit semblaient à nous, avec l'espoir, pour maman, des bonnes ventes à venir. Le déchargement se faisait sur le plateau de Rambuteau, où des charretiers nous attendaient avec de grands chariots pour transporter les caisses du camion à la place de vente. Alors le spectacle commençait.

Si l'on excepte ces rares nuits aux Halles avec maman, inutile de préciser que toutes les autres se passaient sans elle, y compris avant le départ à l'école. Parfois, en de courts instants, quand les ventes avaient été bonnes, et avant qu'elle n'aille dormir quelques heures, elle se joignait à nous. Avec ma sœur, nous attendions le week-end pour nous précipiter dans son lit, le dimanche matin. On ne risquait pas de gêner mon père, que je voyais peu en semaine, encore plus rarement le dimanche, parti à la chasse, et qui part à la chasse...

Le monde des Halles avait ses règles. Il nous est difficile d'imaginer autant de femmes conduisant des camions, dans la nuit, puis au milieu d'une foule aussi disparate. Debout à côté des caisses de légumes, elles portaient chacune un tablier aux poches remplies de l'argent des ventes (tout se réglait en liquide), comme en portent encore de nos jours les serveurs et les serveuses des grands cafés. Une tentation dont se gardaient bien les voyous. Avenantes, certes, elles avaient le bras et la main fermes. Maman m'a raconté qu'un jour un type l'avait harcelée. Une nuit, alors qu'elle était à peine arrivée sur le plateau de Rambuteau, un type avait ouvert brutalement la porte du camion, tentant de monter dans la cabine. Mal lui en avait pris : il n'eut pas le temps de respirer qu'il se trouva saisi par le col de la main solide de maman, le menton écrasé sur le garde-boue et un nerf de bœuf oscillant devant ses yeux effarés. Le pauvre gars s'en sortit bien, car il en aurait été autrement si un fort des halles avait vu la scène... Il ne fallait jamais s'aviser de toucher à ces femmes, au risque de se retrouver rossé ou, pire, suspendu entre deux carcasses de bœuf. Même les petits truands se tenaient à carreau sur le carreau des Halles.

Le lieu était envahi par les fêtards, les carabins, les uns en goguette, les autres gagnant quelques pièces en aidant par de petites tâches ; on y croisait des artistes, des acteurs, des touristes étonnés, des bourgeois qui venaient s'encanailler, des prostituées, leurs souteneurs jamais trop loin, les mendiants, toute une faune interlope comme sortie des *Mystères de Paris*.

Ainsi filaient les saisons au rythme de la culture des choux-fleurs, poireaux, blettes, salades – laitues, scaroles, batavias – ou carottes... Pour les cultures d'hiver, on utilisait des châssis, des panneaux avec de grandes plaques de verre montées sur une structure en bois d'un peu moins de deux mètres sur deux. Le soleil d'hiver câlinait de sa douce chaleur les futures récoltes de printemps, attendues et rentables. Les plantes respirant, on prenait des cales en bois, sur la tranche pour soulever un peu le châssis, verticalement pour une plus ample aération. On les enlevait le soir, par crainte du froid de la nuit ou du gel du petit matin. Un travail pour les gosses, comme on disait. C'était très beau, ces étendues recouvertes de châssis scintillant sous le soleil froid de l'hiver, comme nos champs moins poétiques alignant des panneaux solaires. Capter le soleil, encore et toujours depuis les origines de la vie.

Encore plus beau, le spectacle des cloches pour protéger les salades. De superbes cloches d'un verre transparent mais impur, avec des bulles d'air qui, traversées par les rayons solaires, créaient une féerie de diffractions lumineuses. Haute de plus d'une cinquantaine de centimètres, d'un diamètre équivalent, chaque cloche recouvrait une salade. Comme pour les châssis, il fallait les aérer, cette fois avec des tuteurs crantés. Ces alignements de cloches, protégeant un cœur vert, scintillaient de tous les feux du ciel. Tout ça pour des salades ! Mais cela valait le coup.

Les sinistres négociateurs à l'œuvre pour les grandes surfaces, feignant d'ignorer le prix du labeur et qui font crever les paysans et les éleveurs, devraient faire un séjour dans les dernières exploitations qui ont encore échappé à leurs règles d'airain. Le dogme du prix le plus bas nous propose des légumes et des fruits qui ont perdu plus de la moitié de leur saveur et de leur qualité nutritive, sans oublier toutes les tonnes d'invendus. Du temps des Halles, rien n'était jeté. À la fin de la nuit, les pauvres récupéraient les invendus, ils donnaient un coup de main et recevaient une pièce. Aujourd'hui, après la canicule de l'été 2022 et la sécheresse de l'hiver 2023, on prend à peine conscience de cet incroyable gâchis, les agriculteurs et les éleveurs ne parvenant plus à survivre. Un désespoir qui cause en moyenne un suicide par jour, alors même qu'on continue d'importer la moitié de nos fruits et de nos légumes. Comment en est-on arrivé là ?

## *En attendant le confort*

La voiture (une Frégate qu'on démarrait à la manivelle – il y en a eu des retours de manivelle et des bras cassés ! –, plus tard une DS Citroën avec un démarreur), la télévision, le téléphone, une caméra Super 8, une maison plutôt grande, un terrain de jeux offert à toutes les fantaisies… Pour autant, mon enfance est très solitaire. Jamais de camarade à la maison, si ce n'est un pour quelque temps, fils d'une employée. Quelques rares parties d'osselets au bout de la rue. Car le terrain de mes parents avait une particularité : la rue des Agnettes butait sur notre portail ; une autre rue, disparue aujourd'hui, butait sur un second portail à l'opposé dans la diagonale du terrain. Peu d'habitations alentour, si ce n'est derrière la maison, où nous n'avions pas le droit d'aller. Une injonction teintée de cette stupide honte d'être des paysans, la peur des voisins et un repli identitaire sur la seule communauté des maraîchers, ressentant peut-être la chape de la modernité qui allait s'abattre sur elle.

Avant que la glaciation de la modernité ne s'abatte sur les faubourgs de Paris, il faisait froid dans les maisons, surtout en ce terrible hiver 1954. Chaque pièce avait sa cheminée, avec un foyer alimenté au charbon. C'était le temps des charbonniers et des bougnats comme celui des ramoneurs. Un beau charbon moulé comme un beau crottin de cheval (que les plus pauvres brûlaient dans les campagnes), qui était livré par camion ou par charrette à bras. Je n'ai pas le souvenir de ces cheminées alimentées de telles braises, plus certainement d'un ou de plusieurs poêles. Le pain grillé sur ces poêles a un goût à nul autre pareil. Mais je me souviens des gros, très gros travaux pour l'installation du chauffage central. Nos espaces de vie commune commençaient à l'étage et cessaient au troisième, où nous n'avions pas le droit d'aller, là où logeaient des employées. La chaudière se trouvait au rez-de-chaussée. Il fallait l'alimenter constamment, surtout bien la remplir avant la nuit. Pas à la pelle comme pour les grandes gueules avides des locomotives, mais avec des sauts, hauts, étroits, munis d'un bec verseur. On allait les remplir d'un geste vigoureux directement dans le grand tas disposé dans une pièce voisine.

Un lieu de travail en hiver prenait place autour de la chaudière doucement rugissante. Là, maman et une ou deux employées traitaient les rares légumes de cette saison, poireaux et pissenlits. Mes parents, comme les autres maraîchers, possédaient quelques terrains de peu de valeur du côté d'Épinay-sur-Seine et de la Plaine Saint-Denis. Un paysage plat hérissé des grandes cuves de dépôt de carburant autour du port de Gennevilliers – on a les pyramides qu'on peut. Dans une ambiance digne d'un tableau de Gustave Courbet, nous allions couper les pissenlits avec des couteaux, moins grands que ceux utilisés pour les choux-fleurs, tenus dans nos mains glacées. Je me dois de préciser que mes parents, contrairement à ce qui se pratiquait traditionnellement dans le monde paysan, ne nous obligèrent jamais, ma sœur et moi, à accomplir ces tâches. Nous étions tous ensemble, c'est tout, alors autant aider pour remplir les caisses de pissenlits fraîchement coupés. Transportés par camion, ils étaient déversés dans la pièce du rez-de-chaussée pour y être préparés avant la vente aux Halles dans la nuit qui suivait – le circuit frais. J'aimais ces moments chaleureux de labeur autour de la chaudière, les discussions des femmes évoquant des choses intimes qui m'échappaient complètement, non sans railler leurs hommes.

Un demi-siècle plus tard, mes amis de la *Harvard Business Review* m'invitèrent un jour à déjeuner pour discuter d'un projet. Alors que nous étions installés dans le restaurant de l'entreprise, le rédacteur en chef de la revue me demanda si je connaissais Gennevilliers. « Mon cher Gabriel, ma chère Caroline, il y a cinquante ans, sous nos pieds, un petit garçon récoltait les pissenlits dans une plaine glacée par l'hiver. Il est devant vous. Et vous savez quoi, c'était un très bon *business model* ». Un ange – pas un *business angel* – traversa la pièce.

Évidemment, nous n'avions pas l'eau chaude, pas de toilettes et encore moins de salle de bains. Pour la toilette, une grande bassine remplie d'eau chaude, chauffée sur la grande cuisinière à charbon, comme la toilette de la délicate danseuse de Degas. On se « débarbouillait ». Une fois par semaine, un grand bain dans une baignoire installée, elle aussi, devant la grande cuisinière diffusant sa douce chaleur. Sortir du bain était le plus dur. L'eau finissait par refroidir. Alors, vite, on se précipitait dans une grande serviette, un gros câlin en prime. On adorait, et tout ça au vu de maman et des femmes entraînées dans leurs chorégraphies ménagères.

La première fois que j'ai pris une douche, c'était dans un bassin entouré d'un rideau disposé dans une pièce à peine chauffée, chez un de mes oncles. On m'expliqua longuement comment faire, en oubliant la précaution de placer les pans du rideau à l'intérieur du bassin, pas autour. Quel délice, je pris tout mon temps, jusqu'à ce que j'entende des cris : « Quel est le crétin qui inonde la maison ? » Je me souviens de l'engueulade qui s'ensuivit, véritable douche froide. La pédagogie n'existait pas, en ce temps-là ; malgré tout, j'observai un progrès toutefois notable : j'échappai à la baffe grâce à l'intervention de ma tante M., qui m'aimait bien.

Beaucoup moins charmant était le voyage aux toilettes ; on disait « aller aux cabinets ». J'ai toujours un petit rire discret quand des gens me disent aujourd'hui « Venez au cabinet », un reste de vigilance. Car, dans la journée, l'affaire n'était pas trop compliquée, surtout pour les hommes et les garçons. Les cabinets – pourquoi au pluriel ? – consistaient en une cabine en bois, dressée au bout du hangar. Une porte en bois avec une jolie petite ouverture, le plus souvent en forme de cœur (pourquoi en cœur ?) donnait – attention ! – sur un trou circulaire ouvert sur la fosse. Il fallait alors s'accroupir. Chez mes grands-parents, le siège, pour ne pas dire le trône, était relevé au niveau d'une chaise d'aisance. Quel luxe ! Ce qui ne changeait rien aux odeurs. Pour la nuit, il y avait un cabinet – au singulier, une petite pièce placée entre la chambre de mes parents et celle des enfants, avec, en son centre, un pot de chambre ou d'aisance. Pour prolonger ce morceau de poésie scatologique, pas de papier hygiénique, du papier journal. Au petit matin s'activait la procession des pots de chambre à vider dans les cabinets au bout du hangar. Rinçage, un trait d'eau de javel, on ne plaisante pas avec les microbes sous les auspices du bon professeur Louis Pasteur. L'eau de Javel aura été la grande fée de l'hygiène pendant plus d'un siècle, une habitude tenace qui, jusqu'à récemment, endommageait encore les machines à laver le linge, et ce malgré les recommandations insistantes des fabricants.

Aussi surprenant que cela puisse paraître de nos jours, nous ne manquions de rien. Les frustrations de la société de consommation ne nous traumatisaient pas encore. J'avais conscience de notre bon niveau de vie ; ce qui ne veut pas dire que j'avais une conscience sociale – ce qui ne tarderait pas à venir par des voies peu amènes.

## *Au bonheur des femmes*

Ma vocation d'anthropologue est peut-être née de ces grandes transformations technologiques, bientôt sociales, qui se succédèrent dans la maison et sur notre terrain. Au bout de la cour, il y avait la buanderie. Ma mère et les employées faisaient bouillir le linge dans de grandes lessiveuses posées sur des brûleurs à gaz ; mieux qu'un feu de bois, comme on le voyait encore dans les campagnes. Un gros bâton servait à tourner le linge. Puis il fallait rincer à grande eau avant l'étendage sur les cordes à linge. Petit garçon, à une époque où on ne parlait pas de ces choses honteuses, j'étais intrigué par les alignements de serviettes dont je ne voyais jamais l'usage. Bizarre. J'en connus bien plus tard l'utilité. La révolution intime du corps des femmes n'avait pas commencé. Ce qu'on sait encore moins de nos jours, c'est que les progrès permis par l'électricité – qui coûtait aussi très cher, malgré la construction frénétique des barrages, puis des centrales à charbon et à fioul, jusqu'à l'apparition des centrales nucléaires et leurs immenses champignons de vapeur – allaient confiner les femmes chez elles tout en leur offrant l'illusion de la libération par la division sexuelle des tâches.

Les arts ménagers rayonnent dans l'imaginaire des femmes au foyer de cette époque. Comme au lendemain de chaque guerre, il fallait faire des enfants. L'enjeu n'était plus d'avoir de futurs soldats pour défendre la nation ou régenter le reste du monde, ce qu'allaient comprendre à leurs dépens la France et l'Angleterre après l'échec cuisant du canal de Suez en 1956. Il fallait reconstruire la France et bâtir l'avenir avec des enfants en meilleure santé et mieux éduqués pour édifier la société de demain. La mise en place du financement de la retraite par répartition appelait d'autres mobilisations des jeunes générations.

Les structures familiales évoluent alors vers le standard de la famille nucléaire : maman, papa et, idéalement, un garçon et une fille. Le babyboom se caractérisera par de moins en moins d'enfants dans les familles. Les anciens seront cantonnés à leurs fermes décrépies ou dans leurs tristes cités ouvrières des faubourgs, en attendant les Ehpad. Pour l'heure, la retraite ne dure d'ailleurs pas longtemps. La famille moderne se caractérise par l'homme au travail et sa femme au foyer – une réalité qui n'était pas celle des classes laborieuses, les femmes ayant toujours travaillé dur dans les milieux traditionnels. Mais dans ces années-là s'installe le modèle qualifié de « petit-bourgeois », qui finira par s'imposer dans toutes les classes sociales, y compris dans une partie de la classe ouvrière. Si les « Trente Glorieuses » restent perçues comme une période de progrès bercée par un mode de vie moderne, américain, c'est moins évident pour le statut économique, social et politique des femmes ; en France comme dans tous les pays occidentaux. Ce fut l'une des périodes les plus genrées de l'expression de la domination masculine dans l'histoire anthropologique de l'Occident, les femmes subissant de multiples interdits concernant leurs tenues ou l'accès à beaucoup de métiers.

Peu de femmes passaient le permis de conduire – c'était là une première épreuve. La deuxième, plus difficile encore, était d'utiliser la voiture de Monsieur. Au regard des autres hommes, prendre place à côté d'une femme au volant n'avait rien de viril. Un cortège d'expressions misogynes du genre « femme au volant, la mort au tournant » ou, plus sinistre encore, « la place du mort » circulait encore. L'image d'une Françoise Sagan roulant à tombeau ouvert n'effleurait pas les machistes. De telles attitudes persistent, comme on peut encore l'observer sur des parkings de supermarchés. Si des hommes accompagnent leur femme pour faire les courses, il n'est pas question pour autant qu'elles conduisent « leur » véhicule. Alors, ils restent à côté, patientent dans la chère voiture, écoutant la radio ou fumant une cigarette, car ils n'entrent pas dans l'univers dédié aux femmes, le magasin. Mon père, non immunisé contre les standards sexistes – c'est l'époque –, se montre plus avancé sur son temps que ses coreligionnaires, tous engoncés dans leur triste carcan de conventions viriles.

Aux hommes, les machines et la conduite des engins dans les villes comme dans les champs ou les usines, dont les petits garçons reçoivent des répliques miniatures à Noël. Aux filles, l'organisation future de la vie de la maison, fillettes à qui l'on offre poupées et dînettes... Les mêmes cadeaux offerts à leur maman pour la « fête des Mères ». Les films, les feuilletons, la réclame vont alors saturer l'imaginaire féminin des bienfaits des progrès des arts ménagers pour alléger leur labeur domestique. L'heure n'est pas à la remise en question de ce modèle genré, et l'invention des nouvelles petites machines par de braves ingénieurs hommes n'a pas pour vocation de libérer les femmes mais d'améliorer leurs tâches. Sans les hommes, que serait encore la condition des femmes ? La meilleure preuve, comme on l'apprend à l'école, est qu'il en était ainsi du temps de Cro-Magnon : les hommes à la chasse et les femmes affairées dans les grottes. De l'âge de glace aux Trente Glorieuses, ce sont les hommes qui maîtrisent les techniques, inventent des outils, conçoivent des machines, pour le plus grand bonheur des femmes qui finissent par en bénéficier : vive le progrès, vive la modernité ! Malgré tout, l'ambiance était au bonheur. D'un film de Jacques Tati à l'autre, on glisse des derniers moments de la vie à la campagne dans *Jour de fête* aux congés populaires et petits-bourgeois des *Vacances de monsieur Hulot* et aux mirages du progrès dans *Trafic* ; une anthologie drôle, acerbe, d'un délicieux charme édulcoré.

Mon père adorait les technologies. Un technophile à la Gaston Lagaffe, sans les gaffes, frôlant parfois des situations dangereuses. Il démontait, remontait, changeait des pièces ou des connexions. Un côté Géo Trouvetou – en fait Jo Trouvetout, le diminutif de mon père Georges – ou, pour les plus jeunes, MacGyver. Quand les merveilleuses DS Citroën fusaient encore sur les routes de France comme dans l'imaginaire de tous les hommes, les garagistes venaient chercher de l'aide chez mon père. La mécanique et l'électricité, sans oublier le gaz, n'avaient aucun secret pour lui. Plus tard, l'électronique aura raison de son génie de bricoleur. Aussi, sans plus attendre, les nouvelles machines arrivaient à la maison, comme le lave-linge. Un soulagement pour maman et les femmes de la maison. Mais elles devront encore attendre presque trois décennies pour avoir des lave-vaisselle – celles-ci se trouvant dans la cuisine et non au lavoir, l'urgence était en effet moindre pour la domination masculine. Le lavoir, lieu féminin, a en effet toujours été redouté par les sociétés d'hommes.

Il en fut de même pour le tracteur. La sortie de la guerre s'accompagna d'une grave crise économique. Les maraîchers comme mes parents embauchèrent plusieurs employés qu'il fallait loger et nourrir. La France ne manquait pas de bras, et on les utilisait dans un pays en reconstruction.

Mes plus anciens souvenirs de ma très jeune enfance me renvoient l'image de ces rangées d'hommes, dont mon père, une bêche en main, labourant la terre sur des centaines de mètres carrés. En rythme, pas trop rapide, régulier, soutenu : enfoncer la bêche à une égale profondeur d'un coup de pied énergique et précis, soulever la terre, la retourner, casser les grosses mottes, reculer de quelques centimètres et recommencer pendant des heures. Ensuite, avec les griffes, on brise les mottes avant d'affiner avec des râteaux. Un beau jour arrive le premier tracteur. Un Ferguson, pas très gros, de couleur bleue. Ses rotors creusaient la terre, brisaient les mottes, et de sa mastication mécanique qui soulevait ses joues en tôle sortait une terre griffée et ratissée. De ce jour, nous avons eu moins d'employés. Comme on en eut moins besoin aussi pour les semences. Les graines jetées à grands gestes appartiennent à l'imagerie virgilienne du geste noble. La modernité réclamait de l'efficacité et des rangées de plantes bien alignées.

Mais il n'existait pas de machine pour repiquer. Les plants de salades, après leurs premières pousses sous châssis, étaient repiqués à espace régulier par les femmes à l'aide de plantoirs. Quant aux mauvaises herbes, que rien n'arrêtait encore, il fallait les biner ou sarcler. Les insecticides éradiquant les diversités d'insectes viendront plus tard. Je n'ai jamais vu les femmes debout sur les planches, on n'est pas au music-hall, avant que n'arrivent d'autres machines.

Il n'était donc pas question de piétiner la terre durement travaillée. Malheur à celui qui laissait une empreinte de chaussure… Pour éviter ce genre d'impair, on utilisait de longues planches en bois d'une trentaine de centimètres de large sur lesquelles il fallait marcher avec adresse. Évidemment, je m'amusais à courir le plus vite possible, fier de ne laisser aucune trace dénonciatrice. Plus périlleux pour moi était de courir sur les rebords des châssis. Je ne trouvais rien de mieux que de cavaler sur cette bande étroite, sautant d'une rangée à l'autre, sur plusieurs dizaines de mètres, au risque de traverser une plaque de verre. Habile, vif et concentré au point de ne pas voir mon père qui, un jour, m'attendait à l'autre bout. Je tombai tout surpris dans ses bras, ce ne fut pas pour un câlin. La chute de cette petite aventure est évidente : je n'ai jamais recommencé. Une idiotie parmi d'autres tout aussi périlleuses qui me poussent à me demander parfois comment les garçons de ma génération sont arrivés indemnes au terme de l'adolescence (d'autant que la nation comptait sur nous pour le service militaire ; nous n'arrivions pas sans expérience) : oublions le wagon qui faillit me couper une jambe, les clous traversant la chaussure jusqu'au pied, la bouteille égarée avec un fond d'acide sulfurique qui coule sur ma cuisse, le tunnel creusé dans la terre sans étais, les sauts d'une meule de paille à l'autre avec réception juste à côté d'un gros tesson de bouteille... Je me garde bien de raconter ces exploits stupides à mes petits-fils. Ce serait irresponsable, sans penser aux regards de ma femme et de notre fille, oubliant elle aussi que, dans le genre intrépide, elle nous a offert de sacrées frousses : si des grands singes ont donné des hommes, les chiens ne font toujours pas des chats !

*Le monde des ondes*

Très tôt, aussi, nous avions eu la télévision, la radio restant le média – terme inconnu à l'époque – de loin le plus présent dans les maisons. Comment oublier le feuilleton radiophonique *Signé Furax* de Pierre Dac et Francis Blanche, diffusé à partir de 1951 ? En 1954, année de ma naissance, seul 1 % de la population possédait un téléviseur. Quand nous avons quitté Gennevilliers, en 1966, 40 % des Français en possédaient un, juste avant la création de la deuxième chaîne. Au cours de ces années, quand les enfants se rencontraient, les premières questions étaient « Tu as une voiture ? » ou « Tu as le téléphone ? », ou encore « Tu as une télévision ? ». C'était la triade du progrès et d'une certaine réussite sociale. Même si quelques catégories du monde agricole captèrent alors plusieurs de ces avancées du progrès, ces épiphénomènes ne changeaient en réalité rien à leur position sociale, qu'elle soit ou non stigmatisée par la société. Il n'y avait pas moyen d'en sortir ; cela durait depuis des siècles et des siècles.

Un petit tour sur Wikipédia livre la liste des émissions de l'ORTF des années 1950-1960. Une seule chaîne diffusant en fin d'après-midi et en soirée des émissions de grande qualité et en noir et blanc, comme sont toujours imprimées les pages de nos livres. Pendant un siècle, les journaux, puis la radio et la télévision informaient sur les nouvelles du monde, la politique, les débats, la vie artistique et littéraire, la cuisine et diffusaient des feuilletons. Dès ses débuts, la télévision propose tous les registres, sauf ceux de la téléréalité et les pseudo-débats à invectives. Il y eut une réalité du monde en noir et blanc et de vrais débats. Aujourd'hui, c'est en couleur et tellement médiocre. Comment eût-il été possible d'imaginer ces émissions où le seul but est de faire du « buzz » sur des réseaux, ces derniers alors tout aussi inconcevables ?

J'adorais particulièrement les fins d'après-midi des dimanches d'hiver à regarder les westerns. Les jeudis, *Rintintin* et *Zorro*. Plus tard, j'ai appris que le chien acteur était enterré au cimetière pour chiens de Clichy, à côté de Gennevilliers. Bientôt, ce fut la découverte des dessins animés américains. Tous les enfants – ceux qui avaient la télévision, pas la majorité – regardaient les mêmes émissions, impatients du lendemain pour en parler avec les copains (pas encore les copines).

Soixante ans plus tard, quand mes petits-enfants me demandent de voir un film ou un dessin animé, il me faut compter une bonne demi-heure avant d'en trouver un qu'ils n'ont pas vu. Je me rappelle combien, sans frustration aucune, nous attendions un nouveau dessin animé de Walt Disney – parfois plusieurs années – ou, pour la bande dessinée, les nouvelles aventures de Tintin. Nos enfants sont frustrés de trop de nouveautés, consommées si vite qu'ils n'ont pas eu le temps de les désirer.

Aller au cinéma était alors la grande sortie. Nous allions au Gaumont Palace de la place Clichy, à Paris, avant de dîner au Weber, la brasserie. On s'habillait comme pour un dimanche. Des hôtesses nous indiquaient nos places. D'abord étaient diffusées les informations du monde – en couleurs – avant la réclame annoncée par un petit garçon lançant un pic de mineur, Jean Mineur. Venait alors le premier entracte. Puis le film avec un nouvel entracte, comme à l'Opéra. Les hôtesses passaient avec force gourmandises qu'on ne trouvait pas chez nos petits épiciers, comme les Eskimos. Quelle fête ! Est-il besoin de gloser sur les comportements des spectateurs et des spectatrices d'aujourd'hui, au cinéma comme à l'Opéra ? Reste le théâtre.

Dans un célèbre entretien de Federico Fellini qui date maintenant de quelques décennies, le maestro du cinéma italien distinguait le comportement des gens dans leur salon devant la télévision et celui des spectateurs au cinéma. Chez eux, les gens bougent, se lèvent, vont chercher un verre ou une friandise, discutent, sont interrompus par le téléphone ou autre. Tandis qu'au cinéma, l'écran capte l'attention des spectateurs, emportés par les scènes qui défilent. S'il revenait de nos jours dans une salle de spectacle, Fellini se croirait maudit, plongé dans un des cercles de l'enfer de Dante, le grand écran sans cesse pollué par les petits écrans parasites des spectateurs, si le terme est encore approprié. À la télévision, la publicité a remplacé *Bonne nuit les petits*. Nous adorions. On attendait Nounours et Pimprenelle sur leur gros nuage avant d'aller au lit, sans rechigner. Ces années-là apparaît le carré blanc pour signaler des films ou des émissions avec des contenus violents ou érotiques qui, de nos jours, semblent bien innocents. Le pouvoir exerce encore une censure explicite, mais c'est une autre histoire. Il n'est pas question de la contester, cela ne nous viendrait pas du tout à l'esprit.

Désormais, bien plus que les cloches des églises, plus que les sirènes d'usine hurlant l'embauche comme la fin du travail, la télévision rassemble la France dans une communion cathodique. La grande messe du journal de 20 heures retentit dans tous les foyers. Aujourd'hui, les cloches ne sonnent plus, devenues nuisance, les usines ont disparu, les écrans numériques diffractent les derniers moments du vivre ensemble ou du partage comme les repas. Un véritable changement anthropologique qui, déjà, produit tant de désastres familiaux, sociétaux et cognitifs : une « apocalypse cognitive »

annoncée par Gérald Bronner et qui nous précipite dans la
« civilisation du poisson rouge » de Bruno Patino. *Bonne nuit
les petits* semble définitivement hors sujet. Nous regardions et
nous allions nous coucher, contents... Aujourd'hui, dans les
cours de récréation, les enfants jouent à « Squid Game ».
Comment comprendre que de jeunes enfants regardent de
telles séries ? Vive *La Guerre des boutons*. Carton rouge pour
trop de parents.

### *Fernand Raynaud*

Nous avions le téléphone. L'avoir n'était pas une mince
affaire. Gennevilliers a pour voisine la ville d'Asnières, ce qui
renvoie au superbe sketch de Fernand Raynaud, le « 22 à
Asnières ». Des situations reprises aussi par Hergé mettant en
scène le capitaine Haddock, dont les appels depuis le château
de Moulinsart aboutissent invariablement à la boucherie
Sanzot. On appelait peu et on recevait peu d'appels ; cela
coûtait cher, très cher. Comment prendre ces coups de fil,
le plus souvent importants, quand on était occupé entre les
« planches » ? Mon père, en bon bricoleur, avait installé une
alarme reliée au téléphone sur la grande cuve à eau, genre
corne de brume. Ces cuves à eau étaient comme celles que
l'on voit dans les films pour remplir les locomotives du temps
des merveilleuses machines à vapeur. Là, elles étaient dédiées
à l'arrosage des plantations. Alors, chaque sonnerie se faisait
entendre à plus d'une cinquantaine de mètres à la ronde.
Parfois, suivant les caprices du vent, je pouvais même
l'entendre depuis l'école... Il fallait alors courir vite, car il
n'existait pas de dispositif technique pour savoir d'où venait
cet appel, à moins de rappeler le bureau des postes, ce qui
n'était pas gratuit. L'époque, on l'a compris, n'était pas
saturée de nos appareils portables dont le mot dit d'ailleurs
peu de la réalité qu'ils engendrent : ils nous dispensent de
courir, de marcher normalement dans les rues, de regarder

les paysages, etc. Un vortex numérique qui nous extrait du monde ; des portables qui nous aspirent dans le néant ontologique. On est passé de la communion cathodique à la fragmentation digitale de la société.

Les chansons d'une époque réveillent nos souvenirs comme des coups de baguette musicale. Il en va de même avec l'humour d'une époque. Fernand Raynaud a inventé des sketchs irrésistibles qui raillent les travers de nos sociétés. Le « 22 à Asnières » décrivait l'incroyable démarche pour donner un simple appel téléphonique – de la préhistoire. Autre sketch, celui du paysan qui, décrivant son patrimoine et son cheptel, scande après chaque énonciation : « Ça eût payé, mais ça ne paye plus » – prémonitoire. Et puis, en ces temps de grande crainte apocalyptiques des migrations, son sketch du douanier accusant les étrangers de « manger le pain des Français » – toujours d'actualité. Notre société a beaucoup changé depuis mon enfance, mais non sans conserver ses démons, bien moins comiques.

*Les dernières communions*

J'ai fait ma communion sociologique en même temps que ma sœur, pourtant plus jeune. Non pas qu'elle fût en avance, c'est moi qui étais en retard. L'année d'avant, je pratiquais le judo chaque jeudi matin, remplacé depuis par le mercredi des enfants. Il me fallut troquer le kimono pour l'aube. D'un catéchisme à l'autre, j'ai reçu une bonne éducation pour le respect d'un adversaire et la tolérance envers les autres – théoriquement.

J'écoutais M. le curé dans la salle de catéchisme d'une jolie petite chapelle moderne de Gennevilliers, toujours là. Je m'efforçais de comprendre la sainte Trinité ou de visualiser les miracles. Rien à faire. Il n'y avait de ma part aucune hostilité ou un quelconque esprit de contradiction matérialiste : je n'ai jamais eu la foi. Blocage synaptique total.

Un jour, ma sœur et moi sortions du catéchisme. Pour retourner chez nous, il fallait traverser la cité des Agnettes. Là, au pied d'une tour, nous attendait un groupe de garçons. Les insultes pleuvent sur nous : « culs-terreux », « pécores » et autres insultes terre à terre. Une grosse bagarre s'ensuit, ma sœur ayant hérité comme moi d'une solide morphologie. Elle était même plus grande que moi, bien que plus jeune ; c'est fou comme une fille change à cet âge-là ! Nous avons étalé les quatre ou cinq garçons. Moralité, faites du judo avant le catéchisme ! Nous nous sommes confessés avant la communion. Pour célébrer l'évènement, une belle fête de famille avait été organisée avec à la clé des cadeaux pour les communiants. Il n'est pas sûr que nous ayons tout compris du message du Christ ce jour-là. Nous n'avons jamais cherché la bagarre, mais il n'était pas question pour nous de tendre l'autre joue. Je garde à jamais un beau souvenir de la tolérance du curé, qui m'a cependant autorisé à faire ma communion. Je suis toujours non croyant, non par hostilité vis-à-vis de la religion ; je n'ai pas la foi. Plus tard, je rencontrerai nombre hommes d'Église qui m'ont beaucoup apporté comme aussi des représentants de diverses obédiences monothéistes. M. le curé de Gennevilliers et les autres m'ont appris le plus important : il n'y a pas qu'un seul chemin qui mène à l'Homme dans le cadre de la laïcité.

En ce temps-là, les femmes n'entraient pas dans les cafés, et cela ne concernait pas que les villages ou les villes en région. Le dimanche matin, elles allaient à la messe alors que les hommes communiaient au café de la place de l'Église. Pour les grandes messes, les plus importantes de l'année, et quand les hommes étaient présents, les femmes portaient un foulard couvrant la tête, occupant les rangées de la nef du côté gauche ; les hommes siégeaient de l'autre côté. Vus de mon enfance, le voile et la séparation des femmes et des hommes dans les lieux de culte aujourd'hui reprochés aux musulmans ne lassent pas de me faire sourire, ce qui est d'ailleurs le cas aussi à la synagogue. Quant au mystère de la liturgie énoncé en latin avant Vatican II, m'était alors aussi étranger que l'arabe ou l'hébreu.

Depuis plusieurs années, je fais une conférence pour l'ouverture des séminaires de l'IHEMR (l'Institut des hautes études des mondes religieux). La religion est un fait anthropologique fondamental qui n'a pas manqué de s'inviter dans les problématiques de l'évolution humaine. Quand, en 1908, on découvrit un squelette qui semblait très ancien à la Chapelle-aux-Saints, en Corrèze, la préhistoire, jeune science encore, dut établir la preuve de la très grande ancienneté de l'humanité. En ce temps-là, juristes, curés et instituteurs se passionnaient pour l'archéologie préhistorique. Voilà qu'on découvrait un homme de Néandertal en position fléchie dans ce qui ressemblait bien à une tombe. La fouille de la petite grotte fut dirigée par les frères Bouyssonie et le père Bardon, tous hommes d'Église, bientôt rejoints par l'abbé Henri Breuil, premier professeur de préhistoire au Collège de France, nommé en 1929. Qu'un Néandertalien de 60 000 ans soit ressuscité à la Chapelle-aux-Saints par un tel aréopage ecclésiastique et savant tient du miracle ! 1908, soit trois ans après la grande loi sur la laïcité. Cela plongea nombre de savants laïcards dans le plus grand scepticisme, curieux de savoir si les découvreurs, au demeurant fort satisfaits, ne fomentaient pas là un bon coup pour prétendre que la religion accompagnait l'humanité depuis ses origines.

On peine à imaginer la teneur d'une telle controverse scientifique de nos jours. On sait, un siècle plus tard, que les sociétés préhistoriques, et pas seulement les seules sapiennes, ont des pratiques funéraires depuis un demi-million d'années… Quand je décris la très grande ancienneté et diversité des croyances de *Sapiens* et d'autres espèces humaines disparues, ces femmes et ces hommes de différentes obédiences de l'IHEMR écoutent religieusement, découvrant l'amplitude anthropologique des croyances ; une belle communion fille de la laïcité.

*Le crépuscule agricole*

À la fin de mon enfance, le monde agricole entrait dans une phase darwinienne qui, depuis, n'a jamais cessé d'éliminer les petites exploitations. Il fallait nourrir la France, faire de beaux bébés et avoir des filles et des garçons solides. Tous les matins, les élèves de l'école primaire buvaient un verre de lait avant que les cours ne commencent ; merci M. Mendès France pour la solidité des squelettes des babyboomers. On avait droit aussi à une cuillerée d'huile de foie de morue avant d'aller à l'école – heureusement, pas juste après le lait. Et on s'étonne de la longévité des babyboomers.

La France se dote d'une politique sanitaire qu'aujourd'hui le monde nous envie et qui a fait ses preuves face à la crise de la Covid-19. Et pourtant, nos politiques et les gouvernements récents successifs sont loin d'être à la hauteur de ce précieux héritage des Trente Glorieuses. Rendre l'hôpital malade, quelle démence, métastase d'une maladie auto-immune de la gestion et du management paperassier ! Vers la fin de mon enfance, je me souviens de curieuses épidémies. Tous les enfants subissent l'ablation des amygdales et tous les adultes celle de l'appendice. Encore de nos jours, on se demande comment se propagèrent de telles contagions. Les fondations de beaucoup de cliniques et d'hôpitaux, poussant comme des champignons à cette époque, reposent sur les bases que sont nos amygdales et nos appendices.

Je saurai bien plus tard que Charles Darwin a bâti ses travaux à partir des informations tirées du monde agricole. La sélection naturelle – qui n'a jamais été la loi du plus fort – est une transposition des processus de sélection artificielle pratiqués depuis le néolithique par les agriculteurs et les éleveurs. Problème : personne n'exerce de choix dans la nature. La solution viendra de sa lecture de Thomas Malthus : quand tout va bien, les populations augmentent. Mais que vienne le moment où les ressources, surexploitées ou limitées par d'autres circonstances, ne suffisent plus, et alors s'enclenche un processus de sélection favorisant des individus par rapport à d'autres. La sélection naturelle, comme la main invisible d'Adam Smith, ne décrit en rien une sorte de loi immanente. Il s'agit de processus ou de mécanismes matérialistes, des algorithmes, qui n'ont rien à voir avec des lois, comme il y a des lois en physique. Je n'allais pas tarder à subir la fausse compréhension de la sélection naturelle appliquée aux affaires sociales, confondant sélection des plus aptes avec élimination de celles et ceux qui ne possèdent pas les bons atouts sociologiques ou de classe. La France déteste Darwin, alors que son système scolaire se distingue comme le plus efficace pour la reproduction sociale. Il y aura cependant une période plus démocratique et méritocratique pour ma génération, trop vite refermée.

Nous avons été expropriés en 1966. Les immeubles, promesses de confort, ceux-là mêmes qui sont tant décriés aujourd'hui, inscrits dans le sol de la banlieue, avançaient de leur puissance verticale en barrant l'horizon : ils devaient résoudre la crise du logement en engloutissant le monde de mon enfance. Je ne me sens jamais à l'aise à New York, à la Défense ou ailleurs. Montréal et Québec, j'adore, pas Toronto.

L'injonction de notre mère « lisez et réussissez à l'école » revêtait une réalité monumentale. Parmi les livres qu'elle m'a offerts, il y avait une biographie – traduite de l'anglais – sur la naissance de la préhistoire avec Jacques Boucher de Perthes. Évidemment, mon chemin était loin d'être tracé. J'étais encore plus loin d'imaginer que je deviendrais paléoanthropologue. Non seulement parce que j'ignorais ce qu'était ce métier, mais, quand on est issu d'un milieu social comme le mien, faire des études était orienté vers des métiers dits sérieux : instituteur ou professeur au mieux, infirmier ou docteur, technicien ou ingénieur... Les métiers au suffixe en « logue » ne faisaient pas partie de nos cultures. Les enfants des milieux populaires ne sont pas moins intelligents que les autres – réalité anthropologique trop ignorée des élites –, mais ils ne connaissent tout simplement pas ces métiers ou la façon d'y accéder, ou, comme cela fut mon cas comme pour tant d'autres, se voient imposer des choix par des conseillers d'orientation qui ne sont en fait que des aiguilleurs garants de la reproduction sociale. À cela s'ajoutent les autolimitations personnelles, familiales ou du milieu social ; un cortège de handicaps.

Ce petit livre vert trône toujours devant les quelque cinquante livres que j'ai écrits rangés dans la bibliothèque de mon bureau, juste derrière moi. Au fil des décennies, l'expérience m'a enseigné cette grande vérité anthropologique : il ne faut pas grand-chose pour favoriser les vocations, même celles qui paraissent irréalisables. Marcel Bleustein-Blanchet, le fondateur de Publicis et père d'Élisabeth Badinter, avait cette conviction chevillée au corps et au cœur. Je fais partie de ce magnifique jury de la Fondation Marcel Bleustein-Blanchet de la vocation, dont j'ai été lauréat et, plus tard, parrain d'une promotion.

En 1966, l'horizon se bouche brutalement pour nous, physiquement et socialement. L'intégralité de notre matériel agricole est dispersée au fil des ventes par lots. Puis, un jour, je vois arriver des bulldozers. Ils raclent la terre, en font des tumulus avant de la charger dans des camions bennes. Je resterai tétanisé devant cette terre écorchée vive. Quand on sait que les sols contiennent une très grande biodiversité et que, comme l'a démontré Darwin dans son dernier livre sur le rôle des vers de terre, la fertilité des sols provient du travail incessant des vers de terre depuis la fin de la dernière glaciation, on comprend que j'aie ressenti, sans vraiment l'expliquer, devant ce terrible spectacle, un profond malaise. La destruction des terres arables rendues fertiles par les actions de millions de micro-organismes invisibles et d'une multitude de petits animaux dont le seul tort était de vivre sous nos pieds serait le terreau stérile de notre déclin.

Je croisai le regard de mon père qui, les yeux embués de larmes, me dit : « Tu vois, même la terre s'en va. »

# II

## ARGENTEUIL
## LE TEMPS DES COQUELICOTS

*Effondrement*

Mes parents avaient compris que leur monde allait disparaître. Les Halles de Paris allaient fermer pour le « Marché d'intérêt national de Rungis ». Que faire de ce ventre vide de Paris ? Se succédèrent des folies d'aménagement qui alimentèrent des controverses aussi profondes que le trou des Halles. Les atermoiements laissèrent bientôt place aux reportages sur le tournage d'un western, *Touche pas à la femme blanche !* de Marco Ferreri sur la victoire des Sioux contre le général Coster à Little Big Horn. Dernière victoire avant le déclin des peuples amérindiens chassés de leurs terres. Les maraîchers disparaissent, eux, sans coup d'éclat, au fond d'un trou creusé par la modernité.

Abattre les pavillons Baltard pour édifier un furoncle commercial reflète les délires modernistes de la fin des années 1960. Le succès du Centre Pompidou, du nom de ce président grand orchestrateur de la capitale livrée aux voitures, fut à la hauteur des polémiques architecturales qui accompagnèrent sa construction. On ne peut pas en dire autant du centre commercial. Il en alla de même dans toutes les villes de France, grandes, moyennes ou petites. La modernité motorisée et bientôt polluante l'exigeait.

En vagabondant dans le quartier des Halles, on voit que les rues ont conservé les noms de vieux et petits métiers disparus comme autant de plaques tombales du labeur des petites gens (couteliers, lavandières, faisanderie…). Pour les maraîchers qui ont nourri Paris pendant plus d'un siècle, c'est le grand oubli. Il manque une stèle avec cette inscription : *ci-gît, au fond de ce trou, les maraîchers des faubourgs.*

La majorité d'entre eux tentèrent de survivre dans les plaines d'Herblay ou de Montesson pour l'ouest parisien ; mêmes migrations centrifuges et fragmentées pour les autres autour de Paris. La banlieue phagocyta les ultimes refuges de plantations anciennes ; adieux les cerises de Montmorency, les asperges d'Argenteuil, les petits pois de Clamart, le cresson de Méréville, les poires de Groslay, les pêches de Montreuil… On traversait la douce vallée de Montmorency sur de petites routes bordées de cerisiers en fleur parmi d'autres vergers ; le temps de cerises. L'urbanisation rugissante déroula comme un tsunami poussé par la fureur des travaux, des automobiles et sous le vacarme assourdissant du Concorde.

Maman, comme toutes les femmes laborieuses de cette époque, envisageait sérieusement de vivre dans ces nouveaux immeubles, modernes, avec tout le confort sanitaire. Mais quand on a vécu dans l'horizontalité, entouré de grands terrains, il est bien difficile de s'adapter à la verticalité barrée de murs et aux façades bétonnées, de sortir par la même porte, de prendre le même escalier ou l'ascenseur… d'entendre les voisins.

## *Réclusion*

Contraints de quitter notre maison, dont j'ai vu la destruction, nous avons emménagé dans un pavillon de la rue Calmette, à Gennevilliers, que possédait ma grand-mère. C'était un petit trois-pièces, avec une cuisine minuscule, la douche au sous-sol ouvrant sur une petite cour bétonnée avec, tout au fond, deux pièces servant de débarras. Un rétrécissement d'un facteur cinquante, sans jardin, gris, ceint de murs, le regard butant sur les autres maisons, si proches – la prison de la fin de mon enfance, l'année même de mon entrée au collège, qui se sanctionnera par un redoublement.

J'allais désormais au lycée Auguste-Renoir à Asnières-sur-Seine, que je détestais. Un trajet d'une vingtaine de minutes à pied qui, dans mon souvenir, me semblait bien plus long. Il n'y a pas si longtemps, revenant sur mes pas de petit collégien, je fus surpris par ce quartier des Agnettes et sa périphérie tant de fois parcourus en culotte courte, comme si un vilain thaumaturge avait lancé un maléfice pour en réduire le souvenir, prélude d'un autre choc, plus violent.

Au début des années 2000, je présidais le prix de la Science se livre soutenu par le conseil général des Hauts-de-Seine. Au cours de la cérémonie de remise des prix, j'évoquais ma jeunesse à Gennevilliers. Patrick Devedjian, le président du département, me demanda si j'autoriserais leur service de communication à tourner un petit film sur le fils de maraîcher devenu chercheur au Collège de France. J'acceptai volontiers, et rendez-vous fut pris. Pour les repérages, nous tournions en voiture dans les Agnettes avant de nous arrêter devant le petit pavillon de la rue Calmette. J'en restai pétrifié : si petit, si gris, si triste. Les habitants avisèrent la voiture qui stationnait et ces gens, nous, qui scrutaient la façade de leur maison. Un homme sortit alors vivement à notre rencontre, courroucé, interrogateur. « Pardonnez-nous, nous sommes une petite équipe de reportage. Nous nous sommes trompés d'adresse. » Tous les souvenirs de cette période sombre de la fin de mon enfance, enfouis dans mon subconscient, ont alors ressurgi brutalement comme un flot de scories – je broyais du noir.

Je n'étais jamais retourné dans ce quartier, même si je passais souvent à proximité en voiture ou à moto lors de mes trajets entre Paris et notre maison aux confins de la Picardie. Morceaux de vie brisée tels des fossiles de nos ancêtres qui sont emprisonnés dans la mémoire géologique de la Terre comme dans les strates profondes de mon cortex cérébral. Trouver un fossile récompense de longues recherches destinées à reconstituer l'immense puzzle de l'évolution humaine. Fouiller dans les couches synaptiques de la mémoire ne garantit pas forcément les mêmes satisfactions. Heureusement, nous allions connaître de belles années à Argenteuil.

## La dernière scène

Notre grande famille des maraîchers éclate, se disperse façon puzzle pour reprendre une réplique célèbre des *Tontons flingueurs*, le film sorti en 1963. Et ça va flinguer entre les tontons et mon père ! Ce dernier avait pris en main les dossiers d'expropriation de la famille. De procès en procès, il avait fini par convaincre ses frères de faire appel des premières décisions d'indemnisation vexantes au nom de l'intérêt public. Seulement, cela engendrait des frais pour financer un avocat parisien, plutôt connu, et il nous faudrait être aussi patients que combatifs – ce qui est normalement une vertu de paysan. Après bien des tergiversations de ses frères, la pugnacité de mon père leur vaudra de belles indemnisations, à défaut de la reconnaissance éternelle de sa famille. Après ce jour, les rancœurs se radicaliseront. La tectonique des plaques des tensions familiales cédera jusqu'à la grande secousse.

Mes parents, malgré nos conditions de vie exiguës au sein du pavillon de la rue Calmette, avaient tenu à organiser un grand repas de famille dans le débarras du fond de la cour, la seule pièce assez grande il est vrai pour une telle réunion. Très vite, les anciennes et nouvelles rancœurs vont sourdre dans les échanges. La tension monte. Vers la fin du repas, les trois frères décideront de faire un tour dans l'un des derniers champs qu'ils possédaient encore au prétexte de travaux ne pouvant attendre. Ils reviendront silencieux après avoir eu des mots terribles et définitifs, jamais dissipés dans le vent de la plaine. Il n'y aura plus de ces grandes messes paysannes et rabelaisiennes – la dernière scène.

Nous nous reverrons parfois les uns les autres. Comme dans l'évolution des espèces, les divergences adaptatives et sociales nous éloigneront irrémédiablement de la communauté ancestrale. Ne survivront que les souvenirs, d'abord tristes, parfois honteux, puis, au fil du temps, idéalisés : le bon vieux temps. Chez les *Sapiens* et les Néandertaliens, les lignées divergent depuis un ancêtre commun, *Homo erectus*, sous la pression des changements d'environnement. Il arrive que, bien plus tard, des populations se retrouvent, s'affrontent, plus souvent se réconcilient pour un temps, échangeant des gènes, des outils, des récits ; autant d'hybridations éphémères ponctuant des processus inéluctables de séparation.

Un oncle, le frère aîné de mon père, un homme adorable sous la coupe de sa femme, emménagea à Deuil-la-Barre dans une grande bâtisse en meulière sise sur un terrain de quelques milliers de mètres carrés. Il choisit de se reconvertir dans la vente sur les marchés, tout en produisant une partie de ses légumes, dont les délicieux radis rouges ; les fruits, il irait les « cueillir » dans les hangars de Rungis. Un autre oncle, le benjamin, acheta un terrain à Herblay et reprit le métier familial. Seulement, la banlieue poussait plus vite que le chiendent. Les embouteillages pour aller à Rungis devinrent de plus en plus dantesques... Les derniers maraîchers, éloignés des villes un temps, étaient sans cesse rattrapés par l'urbanisation qui dévorait les terres agricoles, démembrées, exploitations isolées dans d'ultimes refuges.

Mes parents, quant à eux, avaient compris que leur monde était en voie de disparition. Ma mère refusa de continuer dans le dur labeur de la terre, plus encore chez d'autres maraîchers, non sans subir quelques pressions. Elle choisit d'aller à l'usine pour de meilleures conditions de travail, un salaire assuré et une certaine indépendance financière. Qui pourrait imaginer de nos jours qu'on puisse s'émanciper en allant à l'usine ?

Mon père opta pour l'indépendance et choisit le métier de chauffeur poids lourds artisan. Il acheta un camion-citerne. Il se lança dans les livraisons d'hydrocarbures, avec comme viatique son génie et sa passion de la mécanique. Nos années sombres, à peine deux ans qui nous semblèrent interminables, touchaient à leur fin. La durée n'est pas le temps mécanique qui passe, tic-tac, tic-tac. C'est le temps ressenti des moments de la vie, entre le temps retrouvé de Marcel Proust, l'élan vital d'Henri Bergson et le temps relatif d'Albert Einstein. Ces immenses esprits appréhendent ces questions du temps alors que les espoirs du progrès se brisent dans l'horreur de la Première Guerre mondiale, anéantissant des millions de jeunes qui n'eurent pas le temps de vivre. Définitivement sortis de Gennevilliers, l'espoir et le progrès revinrent.

*Les coteaux*

Mes parents ont fait construire un pavillon moderne, plutôt élégant, avec son toit à quatre pans, son chien-assis, sa belle terrasse et ses grandes baies vitrées, sis rue de la Folie à Argenteuil. Le rêve des classes moyennes. Nous avions franchi la Seine comme le Rubicon de la modernité vers les promesses d'une nouvelle vie.

Nous arrivâmes sur les coteaux encore couverts de coquelicots, fragiles avatars de ceux peints par Claude Monet alors que *Les Canotiers* des bords de Seine et du pont d'Argenteuil d'Édouard Manet avaient déjà disparu depuis longtemps. Une ambiance champêtre imprégnait cet autre refuge dont la Seine faisait encore barrage à la banlieue. Il fallut débroussailler le jardin encore sauvage, à l'image de ces pieds d'asperges qui persistaient à pousser, sacrifice expiatoire d'une rupture définitive avec notre passé. Nous avions gardé le grand cerisier qui allait accueillir mes escalades, nous offrir l'ombrage pour nos repas de famille et entre amis et des fruits succulents après l'enchantement sublime de la floraison de printemps.

Nous avons pris rapidement nos marques. Le terrain n'était pas très grand, huit cents mètres carrés, entouré de terrains voisins potagers ou de grands jardins peu entretenus – pour un temps. Les parcelles de la rue de la Folie conserveront longtemps leur part de sauvagerie, petits potagers, arbres fruitiers plus ou moins à l'abandon, avant l'ère monotone et bruyante des pelouses tondues. Notre jardin comprenait deux espaces, un en pelouse autour du magnifique cerisier, l'autre dévolu au potager. Dans les premières années, un poulailler fut créé avec coq, poules et canards, ce que nous n'avions pas, curieusement, à Gennevilliers. Le potager et les volailles ont au fil du temps fini par disparaître. La pelouse s'imposa en maître, tandis que d'autres pavillons commençaient à sortir de terre comme autant de mauvaises herbes. De nos jours, et depuis le confinement sanitaire, se manifeste un nouvel engouement pour les circuits courts, le compost, les petits potagers, les poules... Le retour aux sources est un mythe éternel des temps qui changent. On ne se baigne jamais deux fois dans le même fleuve ; nous avions franchi le fleuve.

J'entrai alors en cinquième en section moderne. Ni grec ni latin, mais allemand en première langue. Un choix stupide recommandé à mes parents pour ma scolarité. Mais l'apprentissage de cette langue suppose des savoirs culturels et littéraires qui me manquaient cruellement. Je n'étais pas très bon non plus en français. Je me sentais en revanche beaucoup plus à l'aise en histoire, géographie et dans le domaine des sciences naturelles. Quant au sport, j'étais au paradis. Le tout nouveau Lycée Romain-Rolland, aussi neuf que notre pavillon, se trouvait de l'autre côté de la grande route de Cormeilles. Deux gymnases, un grand et un petit, un plateau de sports collectifs et un vrai stade intra-muros avec piste de course, sautoir pour le saut à la perche, une fosse pour le saut en longueur, une cage pour les lancers... Des infrastructures comme on les trouve toujours dans une université américaine, mais ici, dans une ville communiste rouge coquelicot, fleur éphémère qui se fane si vite, la peste idéologique étant pire que les insecticides.

La ville d'Argenteuil se développera comme une adolescente pressée de s'offrir à la vie. L'avenue Gabriel-Péri remonte depuis le pont d'Argenteuil vers la mairie, bordée d'immeubles récents et de boutiques tout le long. On parlait alors de Champs-Élysées modernes ! Perpendiculairement, l'ancienne grande rue, qui allait de la gare à l'église, ne cessait de s'embellir avec toujours plus de magasins. La société de consommation nous offrira toutes ses promesses illuminées de nouvelles devantures. Le film *Dernier domicile connu* de José Giovanni suit, au prétexte d'une enquête policière, les bouleversements et les promesses qu'engendrèrent les profondes transformations des banlieues de la fin de mon enfance ; c'est un film ethnographique.

Sur les coteaux, près du lycée, se déployaient d'autres immeubles, un peu plus hauts, autour d'une dalle – la Dalle. On y accède encore aujourd'hui depuis la chaussée par des escalators ; les escaliers du bonheur consumériste. Les édiles vantaient le plus grand centre commercial d'Europe. Formidable, cette dalle qui accueille les jeux des enfants, les mères avec les poussettes, les vélos et les patins à roulettes, et tous les chalands. On y trouvait aussi le Pub. Pas le bistrot, le bar, le rade ou le troquet, mais un pub avec ses longs sofas en skaï installés devant de grandes baies vitrées d'où on voyait les voitures circuler sur une vaste avenue à quatre voies séparées par un terre-plein. On y venait en famille pour déguster des cocktails – le légendaire et immonde whisky-coca – et de grandes glaces, les premiers banana splits ; cela faisait « fureur de vivre », américain, en un mot moderne. Une ambiance en complète rupture avec les traditions des générations précédentes en musique, avec le rock'n'roll qui finit par avoir raison des rengaines accompagnées des flonflons à l'accordéon, à Vesoul et ailleurs – même si Yvette Horner faisait de la résistance. Un accordéon qui revint des années plus tard entre les bras du président Valéry Giscard d'Estaing, qui ne trouva cependant jamais la petite musique du peuple.

## *La jeunesse qui fait boom*

La jeunesse ne se tenait plus. Elle captait désormais les vibrations du monde et de la société grâce au transistor, cet appareil radio transportable. Europe 1 s'imposait alors comme la radio des jeunes Français avec une émission qui serait mythique, *Salut les copains*. La nuit, on commençait d'écouter les radios pirates émises depuis des bateaux cargos, hors des eaux territoriales du Royaume-Uni ; transgressions bien innocentes alors que le monde allait connaître de grands évènements. Le Film *Good Morning England* réalisé par Richard Curtis en 2009 évoque merveilleusement, non sans nostalgie, cette révolution douce de la musique et des mœurs avant l'embrasement de Mai 1968. L'un des protagonistes du film donne cette dernière réplique : « Ça ne sera jamais plus comme ça. » En effet, dans les sociétés occidentales mais aussi ailleurs, une chape de plomb va s'abattre sur toutes les velléités de liberté, comme à Prague. J'avais quatorze ans et j'étais excité par le mouvement général sans avoir la moindre conscience politique. Mon désir de rejoindre les manifestations à Paris se heurte à un interdit, évidemment. Que c'est idiot de demander la permission de protester contre l'ordre établi ! Je n'eus pas d'autre choix que de me lever tôt le matin pour aller faire les tournées de livraison dans le camion de mon père.

Maman affirme sa volonté de rompre avec son passé lourd du labeur de la terre. Elle veut qu'il en soit ainsi pour ses enfants. Nous avons chacun notre chambre avec des meubles tout neufs : un grand lit double, une armoire assortie avec un petit bureau à tablette amovible et ses grands tiroirs. Du neuf, du moderne, du brillant ; marre des vieux lits grinçants, des matelas aussi épais que mous, des armoires aux portes lourdes cachant de longues étagères sans aménagement. Idem pour la salle à manger et le petit salon.

Un pavillon neuf, mais à l'agencement cloisonné. Les familles françaises se pâment devant le rêve américain, mais maintiennent leurs archaïsmes. Pas question d'avoir des cuisines ouvertes sur le monde des femmes. Un constructeur immobilier américain célèbre outre-Atlantique arrive sur le marché français de la maison individuelle. Pour les maisons assez grandes, il propose plusieurs salles de bains, des cabinets de toilette et une cuisine ouverte. Là, il se heurte aux habitudes. L'hygiène des Français se contente encore d'une seule salle de bains et d'une seule toilette, y compris dans les familles nombreuses. Quant à la cuisine, le lieu des femmes, qu'elle reste close.

L'évolution est assez lente aussi pour ce qu'on n'appelle pas encore le living-room. Les salons avec canapés et fauteuils, la table basse, la télévision et la chaîne hi-fi s'imposeront très lentement dans les habitats français. On prend les repas dans la cuisine, où on regarde la télévision. Pour nous, c'est dans le petit salon. Notre vaste salle à manger, avec son sol en marbre et ses trois grandes baies vitrées donnant sur une grande terrasse en L ne sera utilisée que lors des grandes occasions – et encore faut-il prendre les patins. Passeront quelques années avant que cette belle pièce ne devienne un véritable espace de vie dédié à la famille. L'évolution prend du temps, celui d'abandonner de vieilles habitudes, même pour mes parents qui, on l'aura compris, ne sont pas en retard sur leur temps et très en avance sur leur milieu social originel.

Maman travaillait toujours dur, se rendant à l'usine en voiture, ce qui heurtait les représentations des autres ouvrières et ouvriers – surtout les hommes. Une femme indépendante, au volant et vivant dans un pavillon... Montent l'hostilité contre notre foyer et la méfiance des milieux populaires sans savoir ce qu'a été sa vie. Les canons de la société genrée et de la domination masculine ont infecté la classe ouvrière. Telle est la fierté d'un ouvrier, de ces hommes travaillant avec des machines, afin d'offrir un niveau de vie confortable à sa famille : un pavillon coquet avec un petit jardin et une femme au foyer pour élever les enfants. Le modèle idéalisé sera projeté dans tous les films, les magazines et les réclames. Un modèle encore plus idéalisé en Amérique du Nord, où la puissance des syndicats octroie salaires et bonnes conditions de vie aux classes moyennes, ce qui ne sera jamais le cas en Europe. Outre-Atlantique, les syndicats agissent pour de meilleures conditions matérielles et non sur la promesse d'une utopie prolétarienne. Ce mythe du *way of life* américain perdurera jusqu'au début du XXI$^e$ siècle avant de se déliter brutalement, comme dans le superbe *Gran Torino* de Clint Eastwood. Le temps est fini des travailleurs hardis à la tâche subvenant aux besoins de leur famille, mais sans implication personnelle dans l'éducation des enfants ou dans les affaires de la maison. Nos sociétés les ont remisés dans les oubliettes de l'histoire récente, en même temps que leurs enfants les méprisent. Aujourd'hui, les sociologues parlent du *weaker sex*, du « sexe devenant faible », de ces jeunes hommes espérant reproduire le modèle viril de leurs pères, sortis plus tôt de l'école, et qui connaissent une profonde détresse. Ce moment éphémère de la condition ouvrière aura à peine existé en France et duré moins d'un demi-siècle outre-Atlantique.

Après la fin des maraîchers s'amorce bientôt le déclin du monde ouvrier. Maman ne se fera pas avoir deux fois, ressentant dans son être cette tendance sociale implacable de la dégradation des classes laborieuses. Ayant trouvé un poste dans une grande entreprise américaine de photographie, elle découvre un mode d'encadrement qui n'a rien à voir avec les petits chefs hargneux et misogynes des entreprises françaises. Seulement, la désindustrialisation s'amorce, comme les délocalisations. Elle négocie habilement une préretraite amplement méritée, une situation tellement enviable comparée à celles des femmes travaillant dans le monde agricole ou dans les milieux artisanaux. Qui pourrait, là aussi, croire de nos jours qu'une telle évolution puisse paraître comme une sorte de réussite ?

La société change vite. Nous le percevons au travers de la télévision. La réalité sociale traverse alors les émissions et les films, bien plus qu'aujourd'hui avec l'abjecte téléréalité. La deuxième chaîne arrive, mais nous sommes encore loin des affres du choix des programmes actuels, saturés d'abondance et de trop de médiocrité. On découvre aussi les évènements du monde en direct avec la mondovision. La télévision se connecte soudainement aux drames de la planète, comme l'assassinat du président John F. Kennedy, l'horreur américaine avec la guerre du Vietnam, la terrible guerre du Biafra en Afrique, avec ses enfants aux ventres gonflés de malnutrition mourant comme des mouches... Sans oublier l'émerveillement des premiers pas sur la Lune et, peut-être bien plus qu'un grand pas pour l'humanité, les premières photographies de la Terre, la « planète bleue ». Le génial Hergé nous avait préparés à ce renversement photographique copernicien dans *On a marché sur la Lune*. Cette image du capitaine Haddock sifflant au « clair de la Terre », l'air de rien… Que n'a-t-on embarqué des poètes dans cette odyssée sélène ?

Dans la fiction réaliste d'Hergé, on s'amuse de Milou et de son scaphandre. C'est oublier que le premier être vivant à avoir fait le tour de la Terre en orbite spatiale est la chienne russe Laïka. Après les bips-bips lancinants du premier Spoutnik, après Laïka qui disparaîtra dans la froide nuit spatiale, vient Youri Gagarine, de retour sur Terre. Stupéfait d'une telle avancée céleste des Soviétiques, le président Kennedy lancera le formidable projet d'aller sur la Lune dans un climat de guerre froide. Les projets actuels des gourous milliardaires et libertariens de Californie voulant se rendre sur Mars aboutiront peut-être, mais le rêve a disparu. La planète rouge hante désormais les projets technologiques et politiques les plus fous depuis la fin du XIX$^e$ siècle – pas forcément pour le bien de l'humanité. À faire pleurer la Lune de Méliès.

Nous vivons de mieux en mieux, mais il y a toujours cette honte d'être paysans ou maintenant ouvriers, voire artisans. Regardant le défilé du 14 Juillet, j'admire les rangs des saint-cyriens et des polytechniciens. « Comment devient-on polytechnicien ? » demandé-je. « Ce n'est pas pour toi » sera la réponse. Étrange paradoxe que celui de désirer que les enfants aient un avenir meilleur notamment via les études, tout en ayant ce sentiment d'appartenir à une classe sociale dévalorisée ; ce qui est une réalité subie par l'évolution de la société, mais perçu aussi comme une condition personnelle. Mes parents ne m'ont jamais accompagné à l'école, craignant le regard des enseignants ; ce en quoi ils n'avaient pas complètement tort, comme j'aurais à le vérifier. Je n'avais pas fini d'entendre ces vilaines rengaines de « Ce n'est pas pour toi » ou « Ce n'est pas pour vous » ; traité trop souvent de « bon à rien » au moindre écart. Il est vrai que mes résultats scolaires n'étaient pas encourageants depuis quelque temps. J'aurais du mal à exorciser la fatalité du syndrome de Pygmalion.

## *Le grand saut*

Je ne vivais alors que pour le sport. Mes professeurs d'éducation physique étaient sympathiques, non sans exigences. À moi et à mon groupe de copains, ils nous laissaient l'accès au petit gymnase, où nous abusions de tous les matériels : les barres fixes et parallèles, les anneaux, les tremplins, les cordes, le handball, le basket... Nous ne respections pas les règles académiques, et nous nous risquions à utiliser les trampolines pour marquer des paniers de basket – ce qu'on appelle aux États-Unis les *dunks*, expression inconnue en France à cette époque. Un jour, un copain sauta si fort qu'il alla se coincer dans l'anneau du panier de basket. Il ne fut pas facile de le sortir de là, entre deux fous rires.

Comme il n'y avait pas de filles, on se risquait à la poutre et aux barres asymétriques. Des engins périlleux comme tant d'inventions tout droit sorties d'esprits tortueux masculins, telle la selle amazone. J'eus ma première jouissance au grimper à la corde : pour monter, je la serrai très fort du haut de mes cuisses ; puis il fallait redescendre, forcément plus vite. Un délicieux frottement, une émotion inconnue, je lâchai tout et me retrouvai béat au tapis. Cette scène aurait pu être la première du film *Les saisons et les amours* de Pierre Mocky. J'aimais la gymnastique, plus encore l'athlétisme. J'avais la possibilité de découvrir toutes les disciplines. Bon à la perche, excellent en saut en hauteur, nul au saut en longueur, très bon pour les lancers. Pour le saut en hauteur, je pratiquais la technique en ciseaux. On passait au-dessus de la barre en position assise, les jambes actionnées comme les branches d'une paire de ciseaux pour éviter la barre. L'autre technique, celle pratiquée par les champions, était en rouleau dit ventral. Le sauteur s'élève, place son corps à l'horizontale et enveloppe la barre ; je n'y parvins jamais.

Par une belle nuit d'automne 1968, alors même que je dormais, un athlète sauta 2,24 m en passant la barre sur le dos, remportant ainsi la médaille d'or des jeux Olympiques d'été à Mexico. Dick Fosbury venait de révolutionner le saut en hauteur, technique désormais connue comme le Fosbury-flop. Il n'est pas l'inventeur de cette façon de sauter en passant sur le dos ou rouleau dorsal. Quelques athlètes universitaires s'y essayaient depuis une décennie, notamment une jeune femme canadienne qui avait impressionné Fosbury. Les campus américains sont toujours si propices aux audaces et aux innovations ! Chez nous, tu dois faire comme on le dit ; chez eux, tu essaies, tu verras bien. Le lendemain de ce saut qui réveilla le monde, mon professeur d'éducation physique, Pierre T., me dit : « Essaie. » Je suis le premier Français qui a adopté cette technique. Je m'envolai littéralement, passant de 1,55 m ciseau à bientôt plus de 2 mètres quelques années plus tard (avec un gabarit de 1,78 m, qui finira par me limiter). La technique du rouleau dorsal me plaisait, n'ayant pas oublié l'expérience de la corde que me rappelait le rouleau ventral…

Ces formidables professeurs d'éducation physique montèrent une équipe d'athlétisme pour les compétitions scolaires ; un groupe féminin fut aussi constitué. Garçons et filles remporteront les championnats de France en catégorie cadette au stade Charléty en juin 1969. Un copain, très grand, dominait la course du 100 et du 200 mètres comme Usain Bolt (qui n'était pas né). Un jour, il me demanda de lui prêter ma perche pour faire un saut. Mon handicap tenait à ce que j'étais long à la détente. Il me fallait du temps pour prendre ma vitesse, d'où mes médiocres sauts en longueur et l'angoisse devant la dernière haie aux 100 mètres haies, avec ses dents blanches et rouges. Notre sprinteur, lui, avait une formidable envergure grâce à sa hauteur. Ma perche, qui était calibrée pour moi, plus lent, plus petit, ne l'était pas du tout pour lui. Je le vois encore partir, accélérer dans une vitesse folle, assurer de larges prises avec ses mains et planter le bout de la perche dans le butoir... Il ne vit jamais la barre ! La perche se plia au point de casser et le renvoya violemment loin et haut en arrière. Il en perdit même ses chaussures ! Du Tex Avery.

Que nous étions heureux, que j'étais heureux après cette magnifique victoire ! Arriva alors le dernier conseil de classe de l'année de troisième. Plutôt turbulent, le regard perdu sur les terrains de sport que j'apercevais par la fenêtre tant je m'ennuyais en cours, je multipliais les heures de colle que le proviseur faisait sauter, non par favoritisme, mais pour assurer ma participation aux compétitions sportives. Il ne l'a jamais regretté ; ce serait une autre affaire pour moi.

Ce que les cours de français étaient ennuyeux ! Le microcosme intellectuel des années 1960 se pâmait de structuralisme ou de déconstruction. Un jeune professeur de français disséquait Fénelon ou Baudelaire, nous livrant les poèmes en pièces détachées. La pédagogie française s'entrave dans des mécanismes au lieu de livrer la plénitude des poésies ou des beautés de la nature ; la manie désespérante des moyens annihilant les buts. Plus amusante, une dictée me revient de cette époque. Structuralisme oblige, nous avions droit à « La moyenne, déesse du Français moyen » de Roland Barthes. Texte célèbre du grand sémiologue que nous serons plusieurs à ne pas comprendre. Pour nous, la déesse était la DS des usines Citroën, qui nous semblait bien loin d'être la voiture du Français moyen... En nous rendant les dictées, le professeur avait l'air profondément dépité. Me donnant la mienne, il me dit : « Picq, vous avez plein d'idées, mais pour le style et l'écriture, c'est une autre affaire. » J'ai pris cela pour un encouragement malgré une mauvaise note.

Au dernier conseil de classe, ce fut la curée. Les professeurs de langues et de français sonnèrent l'hallali. Et leur jugement tomba : l'élève Picq n'avait aucune aptitude pour des études longues, surtout pas en sciences et encore moins dans les humanités. Orientation en lycée technique. Fermez le ban !

*Le sursaut*
Je me retrouvai élève au lycée technique et professionnel Jean-Jaurès d'Argenteuil. Il ne m'en fallut pas plus pour me forger une conscience sociale du système éducatif – sous l'égide du grand homme politique – aux côtés des autres jeunes exclus de la filière des élites.

J'y allais chaque jour à mobylette, une Motobécane de couleur orange, la classe ! Les bleues étaient celles des ouvriers matinaux qui commençaient à pas d'heure. Je ne pourrais pas compter les kilomètres que j'ai faits avec elle. D'autres avaient des Solex, sorte de grand vélo avec un moteur fixé sur le guidon. On actionnait un levier pour placer le galet du moteur directement sur la roue avant. Grandes roues, centre de gravité en hauteur, tout le poids sur la roue avant, aucun n'a passé le premier virage sans gamelle initiatique. L'antithèse des scooters actuels. Tous ces engins n'étaient pas assez puissants pour qu'on soit cependant dispensé de pédaler. On rêvait alors de moto, surtout après l'arrivée fulgurante des japonaises, qui vrombissaient dans les imaginaires des garçons et des filles. Curieusement, on passa complètement à côté des Vespa, faute de ne pas avoir vu les virées romaines de *La Dolce Vita* !

La classe de seconde décidait des orientations futures ; pour moi, ce serait le « Bac E », une série scientifique pour ingénieurs et techniciens supérieurs. J'avais compris la leçon. Plus de quarante heures de cours par semaine, les disciplines du bac C classique auxquelles s'ajoutaient des enseignements techniques et une présence en atelier. Mon père était ravi, je réalisais son grand rêve mécanique et, qui sait, l'apothéose vers les Arts et Métiers. Le Bac E conduisait aux classes préparatoires spéciales pour les métiers d'ingénieurs de production. Nous étions l'élite de l'enseignement technique. Ce serait fini, pour un temps, les « Ce n'est pas pour toi » et les « Bon à rien ».

Nous vivions très bien dans notre beau pavillon. Maman travaillait dur, comme toujours, mais dans les meilleures conditions qu'elle ait jamais eues. Mon père aussi, avec des horaires déments six jours par semaine, mais de bons revenus. En ce temps-là, les livreurs recevaient toujours un pourboire. (Quel terme quand on y pense !) Le soir, il nous gratifiait parfois, ma sœur et moi, de petits billets – pas toujours petits. Nous achetions les vêtements et les chaussures à la mode dans les magasins de la grande rue ou de l'avenue Gabriel-Péri. Nos parents étaient heureux de nous offrir une jeunesse qu'ils n'auraient jamais imaginée ni pour eux ni pour quiconque de leur génération, encore moins celles d'avant.

Les années pop s'offraient à moi. Tourne-disque haut de gamme, radio, je dépensais mon argent en vinyles 33 tours chez le disquaire d'Argenteuil. Le premier fut le double album mythique *Chicago Transit Authority* (1971), du groupe Chicago. La Fnac, fondée l'année de ma naissance avec l'ambition d'apporter la culture au plus grand nombre, émanation de la pensée communiste humaniste de l'époque, mais de fait ciblant les classes moyennes émergentes, ne s'était pas encore installée de ce côté de la Seine. Mes camarades étaient soit Beatles, soit Rolling Stones ; ce qui ouvrait des débats aussi récurrents que stupides autour de toutes les musiques. Alors, pourquoi cette préférence pour Chicago, qui donnera lieu plus tard à une véritable passion pour le jazz ? En fait, j'adorais tous les groupes du mythique festival de Woodstock (où Chicago n'était pas). Un demi-siècle plus tard, je rachèterai ces vinyles au festival de jazz de Marciac, ma femme et mes enfants m'ayant offert une superbe platine pour mes soixante ans. Quand la musique est là, *Don't stop the music*.

J'écoutais le *Pop-Club*, une émission créée par José Artur sur France Inter et annoncée par le saxophone chaud, envoûtant de Gato Barbieri dans son interprétation d'*Europa* de Carlos Santana, véritable invitation planante à la torpeur de la nuit. Les émissions nocturnes animées par Gonzague Saint Bris, aussi. Notamment une où il racontait le mouvement Dada. Au début, surpris, j'avais cru à un canular, ce qui n'était pourtant pas son genre. Wikipédia n'existant pas, je m'étais jeté sur une encyclopédie que nous possédions, ce qui n'était pas si courant. Je découvris alors ce fascinant mouvement de révolte et de créativité né en réaction à l'horreur de la Première Guerre mondiale. Mais l'important n'est pas là. Je compris d'un coup que, sans culture, la vie ne valait pas grand-chose. De ce jour – de cette nuit, plus exactement –, je me mis à dévorer tous les livres que je trouvais – la fièvre de l'autodidacte. Ni honte ni fierté. Cela me vaudrait le plaisir d'évoquer, bien plus tard, le souvenir de ce petit frémissement personnel autour d'un verre avec Gonzague Saint Bris dans le cadre du beau salon des Écrivains de Sud, sous la houlette de la gracieuse Paule Constant, à Aix-en-Provence, délicieuse confession. Il disparut tragiquement peu de temps après, dans sa grande nuit.

Je devins un bon élève. Beaucoup de matières, hélas, sans ces chères sciences naturelles, mais libéré de l'allemand et de ses professeurs honnis. Mes proches amis avaient fait de l'anglais en première langue et, années rock'n'roll obligent, se plaisaient à converser en franglais. Je n'y entendais rien, frustré. Fort heureusement, une professeure d'anglais que j'avais eue en cours au collège enseignait désormais dans notre lycée technique. Bien que n'étant pas dans sa classe, j'obtins de suivre son enseignement. Il est vrai que son charme féminin avait opéré sur moi et, comme mes camarades, je ne résistais pas à la longueur de ses jambes. Une vision aux antipodes des souvenirs de mes professeurs d'allemand. Aucun de nous n'aura jamais un billet de retard pour ses cours. À quoi tient la mondialisation d'une langue !

*Une nymphe*
L'expérience du grimper à la corde ne m'avait pas refroidi. On donnait désormais des cours d'éducation sexuelle en troisième. Ils n'allaient pas plus loin que ce que les filles et les garçons des campagnes connaissaient fort bien. Pauvres petits citadins ! On y apprenait bien la course des spermatozoïdes sur les ovules, mais rien sur ce qui les amène à passer d'un corps à l'autre : immaculées conceptions ! Hier comme aujourd'hui, l'éducation sexuelle, son enseignement comme son acceptation ou pas par les parents, décrit bien la maturité d'une société. Mes années de lycée se situent aux temps de la loi Neuwirth sur la contraception – la pilule – et de la loi Veil pour le droit à l'avortement. Nous sommes en pleine révolution sexuelle, avec les images qui circulent des hippies aux amours libres, des corps échangés lors des immenses festivals de rock à Woodstock ou sur l'île de Wight. Une petite musique aux sons du rock nous pressait de trouver des copines. Nos sexualités s'éveillaient comme la sexologie, qui n'a toujours rien compris aux amours dans la nature.

Au cours de ces années de lycée, mes parents firent preuve d'une formidable tolérance. J'avais investi le garage du sous-sol, transformé véritablement en boîte de nuit – je n'avais pas connu le temps des booms, j'allais me rattraper. J'orchestrais une fête presque tous les samedis, mes parents « dormant » juste au-dessus, songeant peut-être à cette jeunesse qu'ils n'avaient jamais eue.

Un soir, un ami me dit : « J'ai rencontré deux filles, superbes. Je les ai invitées. Alors, je me réserve la grande brune. Tu verras, elle est canon. Quand elle arrive, tu mets un slow, celui de Gainsbourg et Birkin. » Les deux sœurs arrivent. La première n'est pas du tout mon genre ; en revanche, la brune élancée à la magnifique chevelure me plaît complètement. Je dis à mon copain : « Je te laisse une heure, je mets tous les slows que tu veux. Si tu te plantes, j'y vais. » Il n'a pas réussi... Cinquante ans et quelque plus tard, nous sommes toujours ensemble, pas avec le copain mais bien avec la jolie fille !

Son entrée dans le garage-boîte de nuit s'annonça par une fine silhouette à contre-jour. L'allure était prometteuse, sans que je distingue encore ses traits. En bon hôte des lieux, je l'accueillis sur ces mots : « Bonjour, moi c'est Pascal et toi ? » « Christine. » À ce moment-là, un flash lumineux des spots balaya son visage : je la revoyais ! L'été précédent, je me trouvais par un bel après-midi d'été à la piscine Youri-Gagarine à Argenteuil, qui possède un grand bassin olympique extérieur. J'y avais croisé une très jolie adolescente, au seuil de la maturité, qui s'ébattait alors dans un bikini bleu ciel. À ce souvenir, il me revient aujourd'hui les paroles de Claude Nougaro en train de chanter : « Comment les filles peuvent cacher autant de choses sous si peu de tissu. » Elle s'amusait à dériver sur une grosse bouée de pneu, balancée par les vagues provoquées par des ballots de garçons ne cessant de faire des bombes. Des garçons idiots et frénétiques comme les spermatozoïdes autour d'un ovule ou comme dans le film hilarant de Woody Allen *Tout ce que vous avez toujours voulu savoir sur le sexe (sans jamais oser le demander)*.

Une nymphe, certes sur une chambre à air de camion, mais une nymphe. Pour l'ambiance, on est loin de Botticelli, mais n'oublions pas que nous sommes dans une piscine d'une municipalité communiste sous la bonne étoile de Gagarine. Après ces ébats aquatiques bien innocents, je ne l'avais plus jamais revue. Pas faute de retourner régulièrement à la piscine. Et la voilà qui resurgissait dans ma nuit ; des milliers de nuits viendront ; en amour, on ne compte pas. Et Johnny chantait : « Retiens la nuit... »

*Encore du sport*

Ayant quitté le collège Romain-Roland pour le lycée Jean-Jaurès, je fus invité par mon professeur d'éducation physique à m'inscrire dans son club d'athlétisme à Colombes. Je préparais activement la saison en participant à des cross pendant l'hiver et en pratiquant de la musculation chez moi. J'avais installé une salle de sport dans le grenier, juste à côté de ma chambre à l'étage. Les résultats ne tardèrent pas à être au rendez-vous. Toujours médiocre au sprint, aux haies – j'en frémis encore – et au saut en longueur, j'obtins quand même des résultats corrects au saut à la perche. Je n'étais pas mauvais non plus en demi-fond, diesel plutôt que turbocompressé. J'étais très bon aux lancers – disque, poids et surtout javelot – et excellent au saut en hauteur. Débutant junior, je tutoyai rapidement la barre des 2 mètres ; 2,05 m en compétition, plus haut par deux fois lors des entraînements, d'autant que je n'avais pas d'entraîneur.

D'une certaine façon, tant mieux. Régnait alors un amateurisme affligeant dans le monde des entraîneurs autoproclamés. Des conseils du genre « Mange du cheval ! », « Ne bois pas, cela coupe les jambes ! », « Surtout ne mange rien la veille ! »... Alors, quand je découvris les premiers tournois du tennis moderne à la télévision, je fus sidéré de voir des champions ayant des performances étonnantes boire de l'eau et manger des bananes entre les sets. De l'amateurisme qui avait fait beaucoup de dégâts.

Toutes ces disciplines mises ensemble me permirent de figurer parmi les dix meilleurs athlètes français en octathlon : huit épreuves, deux de moins que pour le décathlon. Lors de la finale des championnats de France à Poissy, je terminerais dixième et dernier. C'est une chose que de devenir l'un des meilleurs, c'en est une autre d'être champion. Les derniers kilomètres, les derniers mètres, les derniers centimètres à gagner exigent les plus grands efforts, comme les dernières secondes ou dixièmes, voire centièmes de seconde. La couleur des médailles se transmue dans ces infimes interstices qui font la grandeur des championnes et des champions. Sauter plus de 2 mètres avec mon gabarit, quelques pas d'élan avec une impulsion médiocre au démarrage reste une énigme biomécanique. (Je suis un spécialiste de biomécanique.) Quelques pas d'élan, donc, mais une grande détente verticale qui, un temps, intéressa un entraîneur national – mais, dure réalité, ma stature était rédhibitoire.

Excellent au saut en hauteur, très bon aux lancers, telle est la recette d'un bon handballeur. Un copain de lycée m'invita à rejoindre son entraînement de handball du COMA d'Argenteuil, en deuxième division senior. Séduit, galvanisé, j'intégrai l'équipe cadette. Ils étaient bons, soudés, mais âgés d'un an de moins que moi. J'avais ma place dans l'équipe principale, qu'on appelle le sept majeur (il y a sept jours sur le terrain au handball). Cependant, sans être totalement bienvenu. Je les retrouverai deux ans plus tard en junior, toujours à cause de la différence d'âge. Nous compterons parmi les meilleurs des équipes juniors de France. Une belle épopée sans que je ne parvienne jamais à faire groupe avec eux. J'occupais le poste d'arrière central, plus défensif qu'offensif, ce qui ne m'empêchait pas de planter des buts. Après mes années de lycée, je ne rejouerai plus au handball. Cela restera une de mes grandes frustrations tant j'adore ce sport, puissant, collectif, le plus rapide dans les déplacements des joueurs. Un regret atténué par l'arrivée d'éléments du gabarit de Nikola Karabatic. Le temps était venu de penser à d'autres sports.

Plus tard, bien plus tard, ayant pris un peu de poids, je me suis remis à sauter des barres, mais avec un cheval. Question d'adaptation. Un point commun hormis passer au-dessus d'une barre : ne jamais la regarder, accident garanti.

Sonne la fin du lycée avec le baccalauréat. J'appartiens à la première session comptant des épreuves sportives. Évidemment, j'opte pour l'athlétisme, mais j'ai l'obligation de choisir en outre un autre sport, gymnastique ou natation. Piètre nageur, il me faut me lancer. J'apprendrai la brasse coulée – un terme pas forcément rassurant pour la nage –, une question de respiration. Je deviens plutôt bon, ce qui me permettra d'obtenir une bonne note le jour de l'examen. Arrivent les épreuves d'athlétisme. Moyen au sprint, mais bien meilleur que mes camarades, j'obtiens une note correcte. L'affaire est plus drôle au saut en hauteur. Les élèves sautaient majoritairement en ciseaux, d'autres en rouleau ventral, personne ne dépassant le 1,60 m, hauteur assortie de la note de 20 sur 20. L'examinateur me regarde, étonné, interrogateur :

– Et vous, vous ne sautez pas ?

– Si, mais placez la barre à 1,80 m, mon saut de calage.

Il me regarde, circonspect. Je passe aisément la barre, encore en survêtement. À ceci près que la réception se fait dans un bac à sable, ce qui n'est pas bon pour le dos en chutant d'aussi haut. J'enlève alors mon survêtement et lui demande une barre placée à 1,95 m. Je franchis l'obstacle avec succès. J'arrêterai là, avec une note de 40 sur 20, mais le dos bien éprouvé. Une dernière épreuve, le lancer du poids. Un élève se chargera de mesurer les longueurs des lancers et de renvoyer le poids. Il se place à 12 mètres, 2 mètres de précaution par rapport aux jets de mes camarades. Je lui conseille amicalement de reculer. Moqueur, il me nargue : « Tu sautes en hauteur, tu ne vas pas frimer au poids ! » J'ai rarement vu quelqu'un reculer aussi vite : il lui manquait 3 mètres !

On l'aura compris, les barèmes de points pour ces premières épreuves sportives du bac étaient sous-évalués. Avec les mêmes performances aujourd'hui, une telle moisson serait impossible. J'avais accumulé des points ; ils compteraient pour l'obtention du bac E avec mention.

J'ai le souvenir de ces belles années. En terminale, nous avions un formidable professeur de philosophie. Il avait compris que des élèves de technique avaient peu d'inclination pour la métaphysique et les finasseries platoniciennes. Mais la « question technique » selon Martin Heidegger nous intéressait. C'est évidemment une grande affaire, en particulier dans le domaine de la préhistoire, que celle de l'homme et de l'outil ; en philosophie aussi avec l'*Homo faber*. Le professeur nous épargnait ces « brutalités latines », et nous l'écoutions. Plus tard, je découvrirai les travaux de cette époque, ceux d'André Leroi-Gourhan, Gilbert Simondon, Jacques Ellul, Étienne Gilson... Un jour, nous sommes alors en 1973, notre professeur nous parle des macaques de l'île de Koshima. Les éthologues japonais décrivaient des traditions culturelles autour du nettoyage et de la consommation de patates douces – quoi de plus prosaïque, pourtant une révolution anthropologique. Comment a-t-il eu connaissance de ces travaux qui ne seront reconnus que des décennies plus tard ? Merveilleux homme qui ignorait faire germer dans mon subconscient la graine de la paléoanthropologie, un métier parfaitement ignoré de moi en ce temps-là.

Un autre professeur, une stature, nous impressionnait. Légende de l'Éducation nationale, il enseignait le dessin industriel. La classe était d'un excellent niveau, parmi les meilleures en France. Il voulait me présenter au Concours général, ce que je n'ai pas fait, bêtement, encore affligé du syndrome de Pygmalion. Dix-huit ans plus tard, devenu paléoanthropologue au Collège de France, je voulus retrouver cet homme pour lui affirmer ma reconnaissance. Il enseignait toujours au lycée Jean-Jaurès, où je le retrouvai. J'étais sûr évidemment qu'il ne se souviendrait pas de moi. Je voulais lui raconter mon parcours, lui dire combien je lui étais redevable de toute la confiance qu'il m'avait donnée. Alors j'égrainai mes études de physique théorique, mes recherches au Duke University Medical Center et finalement le Collège de France. Il me regarda, le visage impénétrable, et poliment me remercia de ma visite avant de me quitter. Je crois que cet homme admiré ne m'a jamais cru...

Je n'ai en revanche jamais retrouvé mon professeur de philosophie, alors que j'ai reçu le Grand Prix Moron de philosophie et d'éthique de l'Académie française, en 2006. Je dois tant à ces deux professeurs, de la philosophie, de la technique et des singes, je ne savais pas alors combien ces disciplines allaient me nourrir. Cela viendrait plus tard, après bien des pérégrinations universitaires. Pour l'heure, ces rendez-vous manqués avec ces deux hommes allaient m'enseigner une grande leçon de la vie et de l'évolution : ne jamais revenir en arrière.

*Rencontre avec les héritiers*

Qu'allais-je donc faire après le bac ? Ma voie était tracée en direction d'une grande école d'ingénieur de production, les toutes jeunes INSA et, en ligne de mire, les Arts et Métiers. Il fallait choisir une classe préparatoire. Je reçus deux conseils : l'un concernait celle du lycée Chaptal à Paris, l'autre, un lycée à Reims avec internat. Pensant que je travaillerais mieux en internat, j'optai pour Reims.

L'accueil n'augura rien de bon. Le premier jour de la rentrée, chaque étudiant se présentait – nom, prénom, âge –, et quel choc pour moi de découvrir que toutes et tous étaient bien plus jeunes que moi, d'un à deux ans, voire trois (j'avais redoublé ma cinquième), toutes et tous avaient obtenu un bac C avec de belles mentions. Une étudiante poussa même un cri d'étonnement – la plus jeune, choquée de partager une classe avec un étudiant nanti d'un bac technique et âgé de 19 ans. Très vite, les affinités électives dessinèrent deux groupes qui ne communiquaient pas ; les égarés sociaux et les héritiers. J'appris à connaître ces derniers, bien avant de lire l'essai de Pierre Bourdieu et, plus tard, de le rencontrer au Collège de France.

Je m'accrochais, mais peine perdue. L'ambiance ne me convenait pas. Je réagis mal, ce fut un sabordage. À l'exception du professeur de français qui nous fit découvrir Tchekhov, les autres furent abjectes, à l'image du jeune professeur de mathématiques, frais émoulu de l'École normale de Lyon et arrogant, ou celui de physique, qui jouait le dandy amateur de jazz. J'étais paumé, d'autant plus que j'ignorais tout de ces grandes écoles, Normale sup ou Centrale. *Lost in education.*

L'un de ces héritiers était en difficulté. Ses parents avaient voulu rencontrer le proviseur et les enseignants. Le père ne pouvait admettre l'échec de son fils. Les choses s'arrangèrent. Il n'en fut pas de même avec mon père. J'ai été admissible pour l'École des Mines à Douai. Cette fois, ce fut moi qui refusai, autre sabordage car je ne m'imaginais pas vivre dans cet univers.

De cette époque, il me restera le souvenir délirant d'un bizutage d'anthologie. Les étudiants de Spéciale, la deuxième année, nous avaient gâtés. En guise de tenue de carnaval, nous étions en slip de bain, avec des collants rouges ou jaunes, une blouse blanche maculée de peinture et de graffitis à caractère sexuel, maquillés au pot de peinture, farinés, attifés de coiffes de clown et d'une grosse paire de chaussettes en guise de pénis. Nous étions en plein hiver rémois. Pour l'occasion, la municipalité accepta de remettre quelques fontaines en marche. On nous disposa sur deux rangées, chacune tirant une longue corde attelée à une 2CV, la mythique voiture Citroën de ma jeunesse, avec la Coccinelle

Volkswagen et la 4L Renault. Tels des forçats des traditions estudiantines, nous avons tiré la dodoche à travers les rues de Reims avec force chants peu poétiques. Nous finirons devant la fontaine pour un sacre façon baptême de Clovis. Immersion et déversement d'un yaourt sur la tête en guise de saint Chrême. Quel baptême de bouffons digne des Monty Python !

Deux mois plus tard, les bizuts tinrent leur revanche. Les spé, comme on les appelait, nous attendaient de pied ferme. Action commando armée de polochons bien tassés dont un bon coup vous plonge dans un doux sommeil. La première ligne, dont je faisais partie, fut redoutable. Puis vint une gigantesque bataille d'eau. L'un de nous, un fayot, nous avait vendus auprès des spé. Repéré, il fut suspendu aux douches, condamné à alimenter en continu nos sauts transportés à la chaîne. Les plumes échappées des édredons s'accumulaient sur le sol, emportées par les flots d'eau. Ce fut la bataille de Reims ! Le grand escalier de l'école restera gelé quelques jours, impraticable. La convocation chez le proviseur fut immédiate. Entre les fayots et les révoltés, les responsables furent vite désignés.

## Le retour du bon à rien

Échecs et sabordages... Mon père ne me pardonnera pas. J'avais anéanti son rêve par délégation alors que nos relations commençaient à se dégrader, par sa faute. Pour je ne sais quelle raison, alors que nous vivions si bien au début des années 1970, il décide d'acheter un hôtel à Vic-sur-Cère, dans le Cantal, celui de mon grand-père maternel. Il nous obligera désormais à passer toutes nos vacances à travailler à son service, sans rémunération. Maman à la cuisine, ma sœur à la lingerie et au service, moi au bar, de 6 heures du matin à tard le soir. Avec un petit répit dans l'après-midi. Et lui ? Il se prétend absorbé dans les comptes ou aux affaires ; en réalité, il est le plus souvent dans un bar à Aurillac, non loin. Jamais un sourire, le visage fermé, constamment.

On en bavera ainsi pendant trois étés. La première année, je venais d'avoir le baccalauréat et j'arrivais fier et heureux à l'hôtel. On n'allait plus me proposer de garder les vaches, du moins j'en étais sûr ! Non, cette fois, ce fut le service au bar ! Moi qui avais sacrifié un stage de handball dans le nord de l'Europe !

L'été d'après, celui qui suivait mon échec en classe préparatoire, fut épouvantable. Christine, devenue plus qu'une petite amie, nous avait rejoints. Seul moyen d'être ensemble pendant l'été. Elle fit une esclave de plus. Le clash vint un jour, alors qu'un de mes oncles – l'un des frères aînés de ma mère – s'invita à déjeuner après le service. Je refusai de le servir, nous étions fatigués et avions besoin de notre repos. Mon père nous somma de nous exécuter. Devant mon entêtement, il me gifla en public. Je ne lui pardonnerais jamais cet affront. Il refusa même de nous donner un peu d'argent après deux mois de labeur, sinon un vague pourboire sur la forte insistance de maman – un pourboire. Il me fallait leur rembourser les frais de ma scolarité échouée. Il tenait sa revanche.

## *Sous les drapeaux*

Comme tous les appelés de la région parisienne, je passai les tests d'aptitude au château de Vincennes. Si j'en avais eu l'envie, il m'était impossible de me faire réformer avec mes résultats scolaires et sportifs. De toute façon, je voulais prendre l'air. Se faire réformer restait à mes yeux un sport social des milieux favorisés. Je reste perplexe, un demi-siècle plus tard, face aux discours des élites conservatrices vantant l'obligation du service militaire pour le bien de la nation, tout en cherchant de l'autre main à en dispenser leurs enfants, futures élites de la même nation.

Je suis admissible à l'examen pour intégrer les EOR, les élèves officiers de réserve. Je m'en réjouis. Une nouvelle injonction de la famille m'encourage à n'en rien faire : « ce n'est pas pour toi. » Pourquoi lui ai-je cédé ? De guerre lasse peut-être, et toujours ce maudit syndrome de Pygmalion qui m'entrave.

Je suis finalement affecté au 43ᵉ RT, régiment de transmission de corps d'armée à Nancy, que j'incorpore en décembre, la 12. J'apprends le morse et je deviens instructeur en morse ; je passe mon permis poids lourd, je deviens instructeur poids lourd avec le grade de sergent. Ce permis me sera un jour utile, mais que de temps perdu !

Nous sommes en 1974. Un jeune président vient d'être élu, Valéry Giscard d'Estaing, et, hormis l'accordéon, un vent de modernité emporte la jeunesse. L'obtention du vote à 18 ans change l'atmosphère dans les casernes : nous sommes des soldats, des citoyens et des électeurs. Personne n'accepte plus les mois sans permission avec une solde médiocre. Des manifestations d'appelés éclatent à Perpignan et dans l'est de la France, dont Nancy. Tenus par l'interdiction de sortir de la caserne sans être en uniforme, nous sommes interdits de manifestation, sinon à être considérés comme fomentant une mutinerie, passible d'une condamnation en forteresse. On y va quand même, héritiers de 68 !

L'armée réagira avec intelligence. Dans chaque régiment sont désignés, à la fois par les appelés et par les officiers, deux représentants chargés de recueillir les doléances des troupes et invités à participer aux discussions avec les officiers supérieurs et des membres du ministère. Je suis retenu avec un camarade d'origine martiniquaise, qui deviendra avocat. Nous obtiendrons des permissions chaque semaine, sauf en cas de mission, des billets de train gratuits – la SNCF nous gratifiera de quasi-wagons à bestiaux – et des soldes plus conséquentes.

Cependant, les choses ne se passeront pas si facilement avec le renseignement militaire, qui veille à ne pas se faire dépasser par des tentatives de récupération politique, surtout du Parti communiste, alors en pleine tempête. Alexandre Soljenitsyne vient de publier *L'Archipel du goulag*, que j'emporte avec moi à la caserne. Le livre inspire des discussions serrées avec mes camarades de chambrée. Et, contrairement à une sorte de croyance commune, l'armée est loin d'être constituée d'éléments stupides. Sachant que notre incorporation de la 12 compte un grand nombre d'étudiants, ordre est donné de nous faire passer de chambrées de dix à un seul dortoir d'une quarantaine de lits superposés, en un mot toute la compagnie. Selon un principe dominant en psychologie, favoriser une forte concentration d'individus induit forcément des conflits. Erreur de jugement : que n'ont-ils alors connu les chimpanzés ? En fait, ainsi rassemblés, nous n'avions plus besoin de nous faufiler la nuit pour rejoindre telle ou telle chambrée et formuler nos doléances.

Ce souvenir me reviendra lors de la réalisation de mon premier film, qui porte sur la vie sociale et politique des chimpanzés : *Du rififi chez les chimpanzés*, clin d'œil à un autre film, *Du rififi à Paname*, avec Jean Gabin, sorti sur les écrans en 1966. En cet été 1997, le producteur Daniel Leconte m'a confié la réalisation d'un documentaire sur la vie sociale des chimpanzés. J'avais lu *Sexe et politique chez les chimpanzés*, le livre de Frans de Waal, et je voulais en faire une reconstitution. Connaissant l'agitation et parfois la violence des chimpanzés, j'étais allé demander à mes collègues du Burgers' Zoo de Arnhem, en Hollande, comment se réglaient les conflits dans leur grande volière lorsqu'ils sont confinés au chaud ou protégés des rigueurs de l'hiver batave. J'y apprendrai notamment que nos cousins de l'évolution évitent les conflits, ce qui ne les dispense pas de petites provocations, vexations et autres intrigues. Une bagarre dans un milieu fermé tourne vite au désastre. Pas fous, les chimpanzés. Ils savent que de tels conflits dans un espace clos peuvent mener à de mortelles tragédies. Les psychologues parlent eux du syndrome de l'ascenseur. Quand nous entrons dans un ascenseur, nous évitons les contacts et les regards directs. Chacun scrute le bout de ses chaussures, réajuste ses lunettes, consulte sa montre ou son portable, arrange sa pochette, plonge dans son sac à main ou sa serviette… Il en est de même dans les transports en commun, même aux heures d'affluence, où les altercations sont très rares.

Cependant, à notre commandement se trouvait un capitaine de la coloniale souvent aviné et inapte à saisir les enjeux de cette évolution. Un jour, alors que nous étions en rang en route vers le réfectoire, il exigea que nous fassions un tour de la caserne en entonnant un chant de guerre immonde. Tout en échangeant des regards complices, comme un seul homme, nous exécutâmes tous ensemble un demi-tour impeccable, comme à la parade, et fîmes le tour de la caserne en silence et en sens inverse. Nous avions eu le temps de lire le règlement militaire et nous savions que l'armée n'inflige jamais de punition collective. Nous étions très soudés. Nous avions remporté une victoire avec ce nouveau règlement, l'armée aussi.

Rappelons que cela n'avait rien d'évident dans le contexte international de l'époque. Le monde était encore en pleine guerre froide, l'OTAN et la France indépendante opposées à la toute-puissance de l'Union soviétique et au pacte de Varsovie. Après une décennie de détente entre les deux blocs, celle de la coexistence pacifique, l'année de mon service fut marquée par le durcissement de la deuxième guerre froide après le retrait peu glorieux des troupes américaines du Vietnam. Le contexte n'était donc pas très serein quand on portait l'uniforme. Ce service militaire ne fut ni un bon ni un mauvais souvenir. Que de temps perdu pour nous, souvent une chance pour tant de jeunes hommes issus de conditions sociales misérables, sans métier, sans formation, qui, pour la première fois, se retrouvaient loin de leur lieu de naissance. L'opportunité d'une vraie mixité sociale. En 1997, il sera supprimé par le président Jacques Chirac. Depuis, on cherche à établir un service civil. Pour les plus favorisés, rencontrer et apprendre à connaître des jeunes de tous milieux sociaux contribuerait sans nul doute à leur apporter de réelles compétences en « ressources humaines » ; pour les moins favorisés, une telle expérience ouvrant sur un monde différent permet d'acquérir des compétences sociales, les exigences de la vie collective et, parfois, des compétences techniques, comme le permis de conduire.

J'en ressortirai avec le permis poids lourd, possédé par très peu d'étudiants, qui me servira pour mes jobs d'été, bien mieux payés que tous les petits boulots saisonniers. Instructeur durant mon service, je formais des soldats aux pratiques de la conduite des gros camions Berliet, de ceux que l'on voit encore dans les convois militaires sur nos routes. On ne courait aucun risque sur le plateau de manœuvre dominant Nancy. Mais j'ai eu quelques frayeurs. Je me souviens de ce jeune conscrit, de très petite taille et pas très doué. Il lui restait à prouver sa maîtrise dans la circulation. Un jour, nous avions emprunté la route qui descend vers Nancy. Le camion prit de la vitesse, le bruit des roues tournant et sifflant de plus en plus. Le soldat fut pris de panique. Le camion n'avait pas de doubles commandes. Je l'engageai à rétrograder et à appuyer du pied droit sur un bouton spécial au plancher qui coupait les gaz – le frein moteur produit alors un bruit d'enfer. Crispé sur le levier de vitesse, il n'arrivait pas à passer de vitesse, les engrenages hurlaient de douleur. Pas de frein moteur, car le levier restait sur le point mort, la transmission complément libre. Mais le jeune conducteur était trop petit pour atteindre ce bouton au plancher et, alors qu'il tentait de débrayer, sa tête passait littéralement sous le tableau de bord, ne voyant plus la route que nous dévalions. La descente s'accentuait, et l'engin s'emballait, vociférant de tous ses organes mécaniques. Finalement, je réussis à le calmer, il parvint à débrayer, je passai la vitesse, m'occupant du frein moteur et, au premier arrêt, je repris le volant pour entrer en ville. Une version involontaire du « salaire de la peur » ou plutôt la « solde de la peur » ...

*La rupture*
Je suis démobilisé en décembre 1975. Retour à Argenteuil, bien décidé à reprendre mes études. Je m'inscris en première année de physique et sciences des matériaux à l'université Paris-XIII Villetaneuse. Le campus est moderne, bâti sur d'anciennes terres maraîchères de Seine-Saint-Denis. L'une de ces petites universités dynamiques ayant poussé sur le terreau agité de Mai 1968, comme celle de Vincennes, d'où sortiront nombre de grands intellectuels qui marqueront l'évolution de notre société dans ce qui reste de la fin du XX$^e$ siècle. Je suis retenu dans l'excellent centre de physique des matériaux, affichant encore deux à trois ans de décalage avec les autres étudiants. Mais l'université donne sa chance sans se préoccuper des stupides questions de critères d'âge comme dans les classes préparatoires, pratique propre au système éducatif français. On peut y côtoyer toutes les diversités et y cultiver l'indépendance, ce qui fait tant défaut encore à nos institutions et nos grandes entreprises, même si les choses ont beaucoup évolué depuis entre les universités et les grandes écoles.

Chez mes parents, l'ambiance s'est encore dégradée. Je récolte plus de railleries que d'encouragements. Ma mobylette orange commence à rendre l'âme. Et il m'est bien difficile de me rendre d'Argenteuil à Villetaneuse par les transports en commun. J'ose finalement demander une nouvelle mobylette à mon père. En guise de réponse, il déplie une carte des réseaux routiers et ferrés de la région Ile-de-France pour me démonter qu'il existe bien des voies de chemin de fer entre Argenteuil et Villetaneuse. En fait, ce qu'il me montre n'est autre que le réseau du fret, des trains de marchandise, trains des vagabonds, des bons à rien.

Pendant mon service militaire, Christine s'est inscrite en droit dans la même université. Elle s'y rend avec sa mobylette rouge, un Cady, qui commence lui aussi à fatiguer. Pour son argent de poche, elle assure quelques heures de surveillance à l'école Notre-Dame d'Enghien, qu'elle connaît bien. Bientôt, on lui propose un poste de surveillante des classes de sixième avant celui de conseillère d'éducation. Passionnée par ce métier – elle adore les enfants –, elle abandonnera ses études de droit après son diplôme de deuxième année. Elle préférerait suivre une filière en histoire pour la licence, mais des contraintes financières la conduisent bientôt à emprunter une autre voie. Elle est depuis peu en délicatesse avec sa famille. Ses parents lui demandent en effet de participer aux dépenses de la maison en leur payant une pension. Ce qui pourrait se comprendre si un frère n'avait, lui, un statut privilégié de fils prodigue, qui ne l'oblige à rien. Cette situation devient intenable, insupportable au vrai pour elle comme pour moi.

La France de Valéry Giscard d'Estaing continue de se moderniser. Les lois autorisent les unions libres et le concubinage, à condition de « vivre bourgeoisement » – c'est-à-dire avec des mœurs convenables. Nous décidons alors de nous émanciper de ce poids familial et de nous « mettre en ménage », comme on disait alors. Ma sœur et son futur mari sont en train de quitter une petite maison au fond d'un jardin à Enghien-les-Bains et nous recommandent à leur propriétaire. Le salaire de Christine est modeste, mais l'homme, un boulanger de son état, choisira de nous faire confiance.

Là aussi, que de changements depuis cette époque ! Avant, il fallait éviter d'avoir des relations sexuelles avant le mariage, des fiançailles sous contrôle, on se mariait et on faisait des enfants. Pour nous, à cette époque, il s'agissait de pouvoir vivre ensemble, faire l'amour grâce à la contraception – ce qui remplaçait les fiançailles de manière plus engagée –, avant le mariage et les enfants. Aux générations suivantes, on vivra ensemble, on fera des enfants et finalement on se mariera, histoire de faire une bonne fête avec les copains et les copines ; les parents seront tolérés. Le mariage de mes parents n'a rien à voir avec le nôtre, qui, à son tour, ne ressemble pas du tout à ceux de mes enfants, qui étaient déjà parents. Je me souviens de l'un de mes neveux qui, découvrant les photos du mariage de ses géniteurs, s'exclamera, scandalisé : « Pourquoi je n'ai pas été invité ? C'est méchant ! » Cela devient compliqué !

Nous n'avions pas grand-chose à emporter, jamais n'y eut plus simple emménagement. Légers, comme les peuples nomades, et libres comme eux, n'étant redevables de rien, sans savoir ce que serait cette nouvelle vie.

À Argenteuil, les coquelicots avaient disparu depuis longtemps, écrasés par l'urbanisation des coteaux. Nous partions heureux et bien incertains de la suite de nos vingt ans. À l'image de ces coquelicots, la fleur qui symbolise une volonté ardente sous une belle et apparente fragilité.

# III

## Enghien-les-Bains
## La bohème

*Les printemps des étudiants*
La ville d'Enghien se distingue en ce qu'elle est la plus petite de France en superficie. Un lac, un casino – où nous n'allions jamais –, de belles rues coquettes, un superbe marché et une gare. Pour nous, celle de La Barre-Ormesson, située entre celles d'Enghien et de Deuil, sur une ligne de la gare du Nord. Tous nos déplacements pourront se faire à pied, à vélo ou par les transports en commun. Idéal !

Comme la majorité des banlieusards, nous jouissons des nouvelles interconnections entre les réseaux du métro, des trains de banlieue qui se modernisent et le tout nouveau RER. La France et la région parisienne se félicitent alors de ses infrastructures, parmi les meilleures du monde – un monde pris dans la fièvre du développement de ses banlieues. Révolue l'ère du « contrôleur des Lilas qui fait des p'tits trous, encore des p'tits trous », comme dans la chanson de Serge Gainsbourg ! Hélas, les wagons sont encore ouverts aux fumeurs, la plaie de toutes les atmosphères de cette époque.

Nous vivions chichement, très chichement. Un temps, et sous la pression de maman, mon père finança une partie de notre modeste loyer. Cela ne dura pas longtemps : il interrompi les versements au premier prétexte. Sans télévision, sans téléphone, on appelait de la cabine publique, comme bien d'autres foyers au milieu des années 1970. On écoutait la radio, surtout France Inter, on dévorait les journaux, surtout *Libération* et quelques magazines comme *L'Histoire, Pour la Science,* moins souvent *La Recherche, Le Magazine littéraire, Positif...* Tout était bon.

Des amis du côté de Christine, des copains du côté de la fac. Un groupe turbulent se forma sur le campus de Villetaneuse. À l'époque, la grande affaire portait sur la réforme des universités emmenée par la ministre des Universités Alice Saunier-Seïté. Certainement de bonnes raisons pour manifester, bien qu'en ce temps-là, dans l'ambiance post-68, tous les prétextes sont bons pour contester sous le soleil de printemps. Il faut que jeunesse se passe. Cela nous vaudra de belles échauffourées. Avoir les voltigeurs aux fesses, un CRS à moto et son acolyte assis derrière, muni d'une matraque, améliora mes performances à la course de haies. Moins drôle, à la sortie du métro où nous allons rejoindre une manif interdite, l'accueil direct dans le panier à salade des CRS direction château de Vincennes pour une nuit « au calme », en réalité une partie de la nuit, car nous serons libérés après minuit. Quelle galère ce sera pour rentrer chez nous en traversant la région parisienne... Les printemps des étudiants des années 1970.

Engagé dans ces mouvements, je participe au comité de grève de Villetaneuse et au service d'ordre des manifestations. Je reçois à ces occasions deux petites leçons de politique que je n'oublierai pas. Nous avions en majorité une sensibilité de gauche et étions alors encadrés par de jeunes professionnels de la politique sur fond de rivalités entre trotskistes et UNEF, dominée par les communistes. Ce qui motivait la plupart d'entre nous à se mobiliser contre certaines réformes tenait à la perception que nous avions des études et de notre possible avenir, ce qui constituait autant de prétextes pour alimenter des enjeux politiques plus affûtés du côté des organisations politisées. Ces syndicats étudiants seront la seule et véritable université des futurs caciques de la gauche française, qui y fera ses classes. Quelques décennies plus tard, j'en croiserai certains au hasard des plateaux de radio ou de télévision. Ils occuperont des fonctions politiques importantes, non sans avoir occulté tout passé trotskiste, devenu encombrant. Désormais trop occupés pour l'un à se faire astiquer les chaussures dans son bureau ou pour tel autre à collectionner les montres de luxe... Je n'ai jamais éprouvé autant de mépris que ces fois où, les croisant dans ces circonstances, j'avais voulu les saluer par simple courtoisie : là, pas un regard ! Étrangement, je n'eus jamais à essuyer de telles déconvenues venant des membres de la droite – question de civilité, peut-être.

Les étudiants de droite avaient eux aussi leurs organisations syndicales – basées à Paris, pas en banlieue –, comme le GUD. Au cours d'une manifestation alors que le cortège défilait sur le quai de Seine, nous avons vu arriver un groupe de casseurs habillés en noir et munis de barres. Ils arrivaient vers nous depuis une petite rue perpendiculaire. De notre côté, nous les attendions de pied ferme. Mais au lieu de se diriger vers vous, comme on pouvait s'y attendre, voilà qu'ils commençaient à casser les vitrines de quelques boutiques d'antiquaires. Sans plus attendre, nous nous sommes dirigés sur eux, d'autant plus qu'un cordon de CRS barrait leur fuite. Alors même que nous pensions les avoir stoppés, quelle ne fut pas notre surprise de voir le cordon de CRS s'ouvrir pour les laisser passer avant de se retourner contre nous ! Pourtant, ils avaient bien vu qui avait cassé ces vitrines. Cela nous mit fort en colère, l'idée d'être confondus avec des casseurs, d'être tenus pour les responsables des dégâts. J'en sortirai pour un temps dégoûté de la politique, ce mal nécessaire des démocraties.

Une des principales casernes de CRS se trouve à Deuil-la-Barre, juste à côté de l'université de Villetaneuse. Il n'est pas rare qu'étudiants et CRS se retrouvent dans le même train de banlieue après une manif. Étrange paix des braves, si l'on excepte quelques excités de chaque côté, vite calmés par leurs camarades. Je serais bien tenté d'évoquer à nouveau ici les chimpanzés en lieux clos…

Étudiants en majorité issus de milieux modestes, nous sommes conscients des origines souvent plus difficiles encore des jeunes hommes engagés dans les forces de l'ordre. J'ai donc toujours honni ce slogan bourgeois « CRS/SS ». Quelle insulte pour les résistants et toutes les victimes du nazisme ! En France, les évènements de Mai 1968 n'auront fait qu'une victime de trop. Les bilans seront bien plus dramatiques dans les manifestations de rue et sur les campus nord-américains ; sans parler des évènements du printemps de Prague, écrasés dans le sang avec l'assentiment d'une partie de la gauche française. Le temps n'est plus aux ratonnades des années 1960, des rafles du Vel' d'Hiv' ou des manifestations ouvrières dispersées sous les balles, sur ordre de gouvernants de droite ou de gauche, souvenirs encore vifs dans la mémoire ouvrière.

Le 11 janvier 2015, Christine et moi manifestons parmi 1,5 million de personnes dans les rues de Paris contre les meurtres odieux des journalistes de *Charlie Hebdo*. Est-ce que « nous sommes tous Charlie » ? Certainement pas. Nous défendons la liberté et la démocratie. Dans cette foule compacte, nous avançons pas à pas, difficilement. Une des manifestations les plus importantes de l'histoire récente et, qui plus est, non politique, même si quelques partis se sont montrés critiques au prétexte de manipulations, de récupération. La foule chante *La Marseillaise* ; profonde révolte et communion d'un peuple. À un moment passe un convoi de CRS. Un silence couvre les rues et les places bondées. D'un coup, la foule les applaudit. Que c'est beau, la démocratie !

*LA BOHÈME*

Du grand Charles à *Charlie*, la V$^e$ République, du suffrage universel à toutes les nouvelles formes de participation démocratique, a profondément enraciné notre sentiment démocratique, un instinct réactif à ses atteintes. On connaît l'aphorisme de Winston Churchill : « La démocratie est le pire des systèmes à l'exclusion de tous les autres. » Seulement, dans l'évolution comme dans l'histoire de l'humanité, rien n'est jamais définitivement acquis. Je regarde cette époque de Villetaneuse et ces manifestations avec une certaine nostalgie, temps des petites utopies sous un soleil de printemps. Des prétextes pas toujours très sérieux, d'autres vraiment importants et, quoi qu'on en dise, un apprentissage carnavalesque de la citoyenneté. Personne n'imaginait alors ce qui adviendrait au début du XXI$^e$ siècle.

Profondément laïc, je ne pouvais imaginer que, quarante ans plus tard, j'écrirais un livre sur les menaces venues d'Amérique qui pèsent sur l'enseignement, nées dans le cadre de la révolution conservatrice des années 1980 et portées par le retour des conservatismes religieux de la mouvance évangéliste. Comment pouvais-je imaginer, après Mai 1968 et l'obtention du droit de vote à 18 ans, que des régimes illibéraux – terme inconnu à mon époque – verraient le jour, des régimes dans lesquels une majorité vote pour des despotes qui restreignent les libertés et s'efforcent par la suite de modifier les Constitutions pour se maintenir au pouvoir – non sans revenir sur des principes de laïcité ? Nous avons cru que nos modèles de démocratie allaient féconder d'autres démocraties sur tous les continents, comme d'un coup de baguette magique dispersant ses bonnes étoiles ; il se passera exactement l'inverse. Est-ce que la parenthèse si courte des démocraties se referme devant nous ? Quand Michel Houellebecq a lâché ce propos glaçant, on a voulu l'entendre comme une saillie coutumière de son cynisme. Sa vigilance misanthropique annonce-t-elle le glas de la démocratie ? On ne tardera pas à le savoir. Houellebecq qui connaît bien les théories de l'évolution, cela semble une évidence à la lecture des *Particules élémentaires*... Notre pays baigne dans une culture lamarckienne naïve, la croyance que l'évolution comme l'histoire procèdent par étapes, accumulant les acquis, jamais reconsidérés, pavant le chemin immanent d'une finalité idéalisée et de lendemains qui chantent. Si l'évolution comme l'histoire ne reviennent jamais en arrière, il y a aussi des extinctions et des bouleversements drastiques.

Je n'ai pas vu une foule de jeunes dans les manifestations pour *Charlie*. C'était en janvier, mais cela n'explique pas tout. Un vent froid, venu de l'est, glace nos démocraties. Quand on voit ce qu'est devenue la glasnost.

Avant de devenir anthropologue, j'ai appris une vérité de l'histoire (et de la politique) : il faut toujours se méfier des gens qui affirment vouloir faire votre bonheur comme celui du peuple. Les pires dictatures, les pires épurations se font au nom de ce bonheur imposé, de Saint-Just le mal nommé à nos despotes populistes actuels. Qu'ils commencent à être heureux et cela ira mieux pour tout le monde, non sans préciser que les promesses n'engagent que celles et ceux qui y croient.

## La Halle aux vins

J'étais en fin de deuxième année à l'université Villetaneuse, avec en poche un DEUG en sciences des matériaux. S'ouvrait le moment des choix pour la maîtrise. Plusieurs d'entre nous furent acceptés en physique théorique à l'université Pierre-et-Marie-Curie, Paris VI. Les cours se tenaient sur le campus de Jussieu, un ensemble neuf de grands immeubles gorgés d'amiante et sis sur l'ancienne Halle aux vins située dans le V$^e$ arrondissement de Paris. Encore des immeubles sur des lieux de métiers disparus. Pour ma part, je retrouvais surtout les latin-grec-allemand-dispensés-de-sport, des normaliens et normaliennes – au demeurant excellents – qui partageraient une partie de nos cours ; un contexte stimulant.

Je ne m'en sortais pas trop mal, même si cela me semblait assez laborieux. J'adorais la physique atomique et la physique nucléaire, j'étais passable en mathématiques, avec des difficultés en thermodynamique et plus encore en optique. Je passerai sans éclat en quatrième année alors qu'une petite sirène sortie des sédiments d'Afrique commence à murmurer dans le creux de l'oreille : viens, viens... Je suivais assidûment dans les magazines scientifiques la révolution naissante de la paléoanthropologie, avec des approches nouvelles sur les hommes de Néandertal, les éternels mal-aimés de notre famille humaine, si proches et si différents, et la révélation des australopithèques d'Afrique portée par la gracile Lucy de Hadar.

*Le choix difficile*

Ma situation à Enghien avait elle aussi changé. Je me mariai en novembre 1979. Les pères maristes possédaient un immeuble en meulière rue de la Barre, une rue parallèle à la rue Georges-Sand, toujours à Enghien. Nous louions un beau trois-pièces à loyer modéré et sans confort sanitaire, dont nous nous amusâmes aussi à refaire toute la décoration. Les amis de Notre-Dame étaient aussi de sacrés bricoleurs... Une situation plutôt enviable pour un étudiant dans le besoin. Je prenais peu de vacances, seulement une ou deux semaines fin août, le plus souvent dans des maisons de campagne d'amis de Notre-Dame, ou encore dans un appartement à Menton.

En villégiature à Menton, Christine se remet de sa jambe cassée au cours d'une descente à ski. Le petit appartement se trouve dans le vieux centre, juste à côté de la plage. Je suis résolument engagé dans ma vocation anthropologique ; mes lectures vagabondent dans les livres d'ethnographie, ceux de la magnifique collection « Terre humaine ». D'autres aussi, comme le collectif édité sous la direction d'Edgar Morin et Massimo Piattelli-Palmarini intitulé *Pour une science de l'homme*, m'impressionnent. Les contributions reprennent les communications et les échanges des célèbres colloques de l'abbaye de Royaumont, dans l'Oise. C'est alors une période légendaire, offrant des rencontres entre les chercheurs de nombreuses disciplines qui, dans les décennies à venir, domineront le monde scientifique et intellectuel.

C'est ainsi que je vais découvrir deux textes de psychologie comparée à partir de recherches américaines sur les chimpanzés. Je suis captivé : voici donc ces grands singes dont nous descendrions ! Jusqu'à présent, on clamait que l'homme descendait du singe, avec en tête cette phrase fameuse d'une femme d'archevêque anglais, lady Worcester : « Ainsi, nous descendrions d'un singe. Espérons que cela ne soit pas vrai. Mais si ça devait l'être, prions pour que cela ne sache jamais ! » Pourtant, les singes et les grands singes commencent à sortir des limbes de l'arrogance humaine. Au moment de la parution de ce livre collectif pour une nouvelle approche interdisciplinaire des sciences de l'homme, suivi de quelques autres issus du creuset de Royaumont, Lucy n'est pas encore connue, pas plus que les bonobos. Comme Yves Coppens d'ailleurs, le chapitre consacré à l'évolution humaine étant rédigé par le professeur Jacques Ruffié. Une décennie plus tard, il sera mon rapporteur pour mon admission au Collège de France dans le laboratoire du professeur Yves Coppens. La paléoanthropologie entre dans son âge moderne, captant bientôt, au fil des années, des avancées de toutes les sciences qui touchent à l'homme, comme la génétique et l'éthologie, plus récemment la paléogénétique. je suis fasciné par ce sujet encore inexploré : nos origines communes avec les grands singes.

Quelle orientation prendre ? Je m'interrogeais toujours. Il nous fallait choisir un certificat dans une discipline de spécialité qui nous engagerait, si tout allait bien, vers le DEA (diplôme d'études approfondies) et la thèse de doctorat. Parallèlement, et encouragé par quelques copains, je m'inscrivis en licence d'art et d'archéologie à la Sorbonne. Diplômé en physique, j'avais le droit à une équivalence. Les cours étaient donnés à l'Institut Michelet à Paris, un bâtiment babylonien bordant le Jardin du Luxembourg. Aurais-je enfin trouvé ma vocation ?

D'emblée, je fus passionné par la préhistoire et la protohistoire qu'enseignaient deux professeurs formidables, respectivement Yvette Taborin et Jean-Paul Demoule. J'adorais les Antiquités romaine et byzantine, mais ce qui se passait avant l'histoire me fascinait plus encore, sans oublier l'ethnographie – ces peuples prétendument sans histoire. En ces années 1970, l'archéologie se déployait dans le monde universitaire et aussi dans le contexte d'une politique patrimoniale volontariste visant à préserver les vestiges du passé, et mobilisait des méthodes de fouilles plus modernes, avec des techniques pour obtenir des datations, des moyens de prospection comme l'archéologie aérienne – la sécheresse de 1976 révélant bientôt depuis le ciel des milliers de sites inconnus jusque-là – et portait également aux périodes historiques, comme le Moyen Âge... Les humanités, l'histoire, la philologie étaient déjà bousculées par la révolution archéologique – bien que cette expression, nullement exagérée, n'ait jamais été utilisée.

Mon orientation se précisait avec logique : j'allais me tourner vers les méthodes de datation, en plein essor et, qui sait, devenir chercheur au CEA (Commissariat à l'énergie atomique). Mes compétences en physique atomique et nucléaire sur le terrain de l'archéologie : parfait. J'avisai la liste des certificats optionnels, dont certains me parurent exotiques, à l'instar des paléontologie humaine et paléontologie des vertébrés. Je n'en croyais d'ailleurs pas mes yeux. Je me rendis à l'administration, interloqué. La réponse fusa, implacable : « Vous savez lire ? C'est sur la liste. » Évidemment !

Je me rendis au laboratoire en question, qui faisait partie aussi de l'université de Paris-VI, sur le même campus, pour prendre rendez-vous et, comme cela me semblait nécessaire, expliquer mon cas. Ce sera à cette occasion ma première rencontre avec le professeur Bernard Vandermeersch, celui qui allait révolutionner la question Néandertal. Le chercheur me reçut avec beaucoup de courtoisie. Alors que je n'y connaissais rien en anatomie, à peine la différence entre un fémur et une omoplate, ignorant encore plus l'anatomie comparée et la paléoanthropologie, il fut décidé qu'en cas de réussite au certificat, il me prendrait sous sa direction pour un DEA et, qui sait, une thèse. C'est précisément ce qui se passa ; j'obtins en outre un certificat d'anthropologie à l'université voisine Denis-Diderot (Paris-VII) et une maîtrise d'art et d'archéologie (non validée, car il manquait une note de stage). Mon contrat était rempli pour le certificat et la maîtrise de physique théorique, obtenue de justesse.

J'étais désormais en thèse. Bernard Vandermeersch me donna comme promis mon sujet : l'articulation temporo-mandibulaire des hominidés. Sur le moment, je ne sus quoi dire, ni déçu ni enthousiaste, le regard peut-être un peu perdu. Pour les non-initiés aux origines des mammifères, ces articulations à la base du crâne qui permettent tous les mouvements des mandibules, comme pour mastiquer ou faire des vocalises, connaissent une évolution fascinante, très complexe, que l'on suit aussi bien dans la série des fossiles (phylogenèse) qu'au cours des premiers stades de notre vie d'embryon (embryogenèse). Mais, comme tout jeune étudiant en thèse, je m'attends à un grand sujet fondamental sur Néandertal ou autre, du genre à tout bouleverser. Me voilà avec ces petites articulations, non sans marquer ma surprise, presque à m'en décrocher les mâchoires.

Il me regarda alors avec un air amusé et me dit : « Lisez ! » Derrière l'intitulé assez peu sexy il est vrai s'ouvrait un sujet génial, qui mobilisait toutes mes compétences en physique et qui emmenait au-delà des sciences dentaires, comme la reconstitution du régime alimentaire de nos ancêtres lointains. Non seulement j'avais trouvé ma voie, mais je comprenais que beaucoup d'autres allaient s'ouvrir. Le commun des mortels n'a pas idée de tout ce que les paléoanthropologues peuvent raconter à partir de fragments d'os. À faire pâlir Sherlock Holmes ! Ce n'est pas un hasard si Conan Doyle a écrit *Les Mondes perdus*. À ce propos, quand la police scientifique se mettra en place, les policiers et les gendarmes viendront se former en partie dans les laboratoires d'anthropologie et de paléoanthropologie. Très vite, bien sûr, ils développeront leurs propres méthodes, comme la recherche des traces d'ADN sur les scènes de crimes. On n'a pas affaire aux mêmes types de corps ni aux mêmes circonstances pour leur mort. Puis, retour de courtoisie scientifique, les archéologues et les paléoanthropologues utiliseront leurs méthodes, traitant tout nouveau site paléoanthropologique comme une scène de crime, avec toutes les découvertes des dernières décennies qui ont bouleversé nos relations génétiques avec les Néandertaliens et d'autres ; rappelant toutefois que ces relations s'esquissaient déjà dans les travaux de Bernard Vandermeersch au moment où je le rencontrerai. Je désirai aller vers les fossiles et le terrain ; va pour l'ATM.

Il me faudrait encore surmonter l'antipathie à mon encontre du directeur du laboratoire, qui ne m'appréciait guère. Normalien, il méprisait les étudiants issus des rangs de l'Université et encore plus un étudiant venant de physique (avec deux à trois ans de retard sur ses coreligionnaires). À part Vandermeersch, la plupart des enseignants étaient peu amènes, même les plus jeunes. Une situation aggravée par le fait que je n'avais pas le temps de sociabiliser. Je retrouvais l'ambiance de la classe préparatoire mais, cette fois, il n'était pas question pour moi de me saborder.

Bien classé au DEA, j'espérais obtenir une bourse pour financer ma thèse. En vain, le directeur y avait mis son veto. Alors, je me débrouillerai sans cela. Des cours particuliers en physique et en mathématiques à la maison chaque mercredi et samedi, et, l'été, un remplacement dans le transport/livraison (ce qui explique que je ne pourrai jamais faire le stage de terrain pour valider ma maîtrise d'art et d'archéologie).

Ainsi se passent ces années de bohème, avec ses difficultés et ses joies, et surtout une complète liberté. Avec peu de moyens mais habitués à bien manger, nous adorons le charmant marché d'Enghien. Et pour bien manger quand on n'a pas d'argent, il faut cuisiner. Nous baignons alors dans les années Gault et Millau de la nouvelle cuisine. Nous achetons leurs livres de recettes, souvent assez simples, en tout cas simplifiées, au plus près des produits, avec moins de transformations sophistiquées et plutôt lourdes, surtout pour les sauces. S'instaure une petite compétition d'ordre culinaire au sein du couple, pour notre plus grand bonheur et celui de nos amis. Cela continue aujourd'hui.

Un demi-siècle plus tard, je suis scandalisé par les immenses difficultés de nos étudiantes et étudiants. Tout ce qui était abordable avec des efforts est devenu inaccessible : le logement, la viande, le poisson, les légumes frais, les fruits. De surcroît, ce sont des générations sans grande connaissance de l'alimentation et des bases de la cuisine, ce qui n'est pas que leur faute. Ces difficultés des étudiantes et des étudiants seront manifestes alors même que mes enfants entameront leurs études supérieures. Nous pouvions financer leurs logements et leurs véhicules, non sans être conscients de ces crises qui frappent la jeunesse dans la vingtaine. Nos enfants, ayant eux-mêmes conscience de la tension que leurs études impliquaient sur nos finances, prirent quelques emprunts et des petits boulots. Leurs conditions d'études étaient nettement meilleures que les miennes, mais dans une tout autre ambiance. Nous avons visité des studios grands comme des placards et dénués de tout confort, avec une hygiène douteuse. Malgré cela, des files d'attente de dizaines de mètres dans les escaliers pour espérer se loger à des prix exorbitants auprès de sinistres marchands de sommeil…

Le modèle de l'école républicaine auquel ma génération doit tant s'est délité au cours des années 1980, celles de la génération X, frappée du sentiment d'un *no future*. En fait, il règne une règle empirique dans nos sociétés modernes : dès que les enfants des classes modestes réussissent au niveau des études supérieures, davantage encore s'il s'agit des femmes, plus les compétences augmentent, plus leur statut social et leur rémunération se détériorent. La démocratisation comme la féminisation des professions s'accompagnent d'une dégradation relative à la fois en termes de représentation sociale et de rémunération. Pour être plus précis, leurs conditions sociales s'améliorent, mais se dégradent relativement à ce qu'elles étaient précédemment.

Je ne tarderai pas à le découvrir dans le milieu de la recherche. Durant mes études, les professeurs étaient très majoritairement issus de milieux aisés, instruits et cultivés. Il arrivait même qu'ils obtiennent des postes d'assistant avant d'avoir soutenu leur thèse. Quand des étudiants tels que moi, issus de classe modeste, ignorant des mœurs universitaires, arriveront massivement, l'espoir sera déjà devenu ténu d'obtenir un poste après la soutenance. Bientôt, quelques années plus tard, le système universitaire mettra en place des années d'études postdoctorales, décalant encore le processus d'une intégration rendue de plus en plus difficile.

## *Mariage pluvieux, mariage heureux*

Nous nous sommes mariés le 24 novembre 1979. Nous espérions une réconciliation avec nos familles respectives.

Douche froide. Mes parents avaient bien rencontré mes beaux-parents, mais ce fut un choc social entre le stupide sentiment de honte des uns et l'arrogance du cadre supérieur, cette aristocratie des entreprises, de l'autre. Charles Darwin disait : « Ne dites jamais inférieur ou supérieur. » Comme il a raison. Les vins d'origine contrôlée (AOC) sont bien meilleurs que ceux de dénomination de qualité supérieure (VDQS). Une arrogance très marquée en cette période de tertiarisation de l'économie avec des cadres dits d'autorité. En réalité, des adjudants-chefs promus commandants et se prenant pour des généraux. Un travers de l'autoritarisme national obnubilé par la figure des grands hommes, misogynes et pollués par l'esprit de la supériorité de statut et de classe. Un trait de notre société, la quête frénétique des honneurs et des distinctions, finement analysé par l'anthropologue Philippe d'Iribarne.

Mes rapports n'étaient pas simples avec mes beaux-parents. J'avais des relations plus conflictuelles mais constructives avec mon beau-père, un homme intelligent, grand travailleur, mais prisonnier de ses représentations sociales. Il en était d'ailleurs de même du côté de mes parents, qui s'étonnaient de cette famille aussi nombreuse. Sans les connaître, mon père les appelait les « romanos », toujours sous les auspices malveillants de ma grand-mère.

La première fois que je fus invité chez eux, ce fut pour prendre le thé en fin d'après-midi. L'anglophobie de mon père a fait que je n'avais jamais bu de thé. S'il arrivait que maman se prépare une tisane, elle ne prenait néanmoins jamais de thé. L'appartement des parents de Christine se trouvait au sixième étage d'un immeuble : je passais ainsi de l'horizontalité sociale des maraîchers buveurs de café à la verticalité de l'ascension sociale pour prendre le thé. Par-delà leurs défauts, mes beaux-parents en avaient réellement bavé pour en arriver là. Une situation plus qu'amplement méritée.

## LA BOHÈME

J'arrivai pour le thé, habillé comme on aimait l'être alors, dans un style *rockabilly*, les cheveux longs frôlant mes épaules. Ce n'était certes pas pour plaire au père de Christine, qui imposait à ses fils la coupe en brosse. Pourtant, quelques années s'étaient écoulées depuis que le chanteur Antoine fredonnait « Maman m'a dit Antoine, va te faire couper les cheveux » ! Passé les présentations de chacun et quelques échanges de courtoisie, le père de Christine ouvrit le ban avec cette remarque : « Je n'aime pas l'anarchie, à commencer par les cheveux. » Il poursuivit : « Vous allez au lycée, lequel ? » « Au lycée technique Jean-Jaurès. » « Ah, ce lycée de voyous ! » Arriva le thé. Lors du service, on me demanda si je voulais « du lait ou du citron ». Pour ne vexer personne, je dis les deux. S'ensuivit un beau phénomène de précipitation dans ma tasse, connu par mes cours de chimie, qui se transmute en phénomène social. J'ai bu poliment. Instant thé glacé.

Au fil des années de lycée, je me familiarisai avec cette famille parfois déjantée et qui me fascinait – trois garçons, cinq filles – et, comme chez moi, bousculée par l'arrivée du rock'n'roll, musique échevelée ébouriffant les coupes en brosse. Bon gré, mal gré, les parents évoluaient comme jamais au cours de ces belles années, les miens comme ceux de Christine. Vint la première invitation au déjeuner dominical – un passage initiatique. Ma belle-mère était une magnifique cuisinière, ce qui compensait la moindre saveur de nos relations. S'ensuivirent les séjours dans leur maison de famille d'Armentières, du côté de Meaux, en Seine-et-Marne. J'adorais ces grandes tablées à l'image des films de Claude Sautet ; franches rigolades, franches engueulades. Le jardin, la pelouse, le barbecue, les repas du soir, le ping-pong et bien d'autres jeux – la pétanque, bien sûr – qui entraient dans les mœurs des Français. Le jardin devient lieu de vie et de convivialité, enfumé par l'arrivée des BBQ, et que s'approprient les hommes. Non pas qu'ils soient pris d'une soudaine volonté de participer à la préparation des repas, mais la viande, le feu, les outils sont une affaire d'hommes ; la preuve, il en est ainsi depuis la préhistoire – à ce que l'on dit.

Côté mœurs, justement, cette famille était marquée par un profond sentiment de supériorité et très genrée. Le père allait au travail, il était secrétaire général d'une grande caisse d'assurance, et sa femme restait au foyer, très occupée par sa progéniture. Sentiment élitiste oblige, tous les enfants avaient été inscrits en écoles privées – il fallait éviter les voyous des écoles publiques. D'un côté, les garçons ; de l'autre, les filles. Le fils aîné recevait tous les égards, toujours plus au fil de ses échecs mais pas de ses prétentions. Les deux autres frères, quant à eux, avaient décroché. Pour les filles, elles finiraient bien par trouver un bon parti, comme la sœur aînée. À défaut, un travail convenable, mais on ne nourrissait pas d'ambition pour elles, ainsi pour Christine. Leur père clamait comme un bon mot : « Pourquoi acheter un lave-vaisselle alors que j'ai plusieurs filles ? »

Il était de ces hommes qui devisent sur tout, considérant que ce qu'ils savent et que vous ne vous savez pas fait de vous un crétin et, dans le cas contraire, un prétentieux. Il n'était pas facile avec une telle devise de réussir à l'école pour apprendre. Plus tard, après la publication de mes premiers articles et ouvrages, il me dira un jour, grandiloquent : « Moi, je ne peux pas écrire, mes idées viennent trop vite. » Cet homme intelligent, non dénué d'humour, était rongé, comme tant d'autres, par l'image du *pater familias*, l'esprit de classe, la misogynie instituée. Pour lui, la mixité à l'école s'imposera comme la première responsable des échecs des garçons ; pseudo-vérité qui, des décennies plus tard, fera la couverture des revues quand les filles, en moyenne, s'avéreront meilleures que les garçons, même dans les sciences ; alors les journaux et autres magazines titreront : « il faut sauver les garçons. » En des termes plus anthropologiques, l'idéologie de la domination masculine conçoit qu'il est dans l'ordre du cosmos que les garçons et les hommes occupent les plus hautes fonctions et positions. Que des filles et des femmes y accèdent ou, pire encore, y excellent plus que leurs coreligionnaires masculins, voilà que s'instaure le désordre dans le cosmos. D'où l'expression « discrimination positive », qu'il faut comprendre comme une discrimination à ce qui revient de droit aux garçons et aux hommes. Selon l'expression de Bruno Latour, avons-nous jamais été des modernes ?

Le père de Christine ne lui a jamais demandé ce qu'elle faisait, quels étaient son travail ou ses relations. Seuls les garçons importent à ses yeux, les filles, les femmes et les mères étant au service de leur épanouissement. Sur ces questions, mon père se montra bien plus évolué, bien qu'il partageât quelques-uns de ces travers trop communs des hommes de cette époque, pétris de ces obsessions patriarcales. Des hommes désirant tout dominer de leur autorité, au travail, dans leur famille ou dans les rares autres lieux qui leur étaient habituels – comme le café –, qui rechignaient à partir en vacances, en voyage ou à se rendre dans des endroits échappant à leur petit royaume.

Avec le recul sur notre siècle, on gardera le souvenir de belles années d'une France baignant dans l'idéal de la modernité, du consumérisme (pas encore envahissant) et la conviction d'un avenir meilleur pour les enfants. Pourtant, tout n'est pas si rose avant l'élection de François Mitterrand. Des attentats éclatent alors presque chaque jour en France et en Europe : les Brigades rouges, les fascistes italiens, la bande à Bader, Action directe, l'IRA, l'ETA, les Palestiniens... « les années de plomb ». Pas de quoi angoisser nos parents, ces enfants de la guerre ; ils en avaient vu d'autres, résilients. Étrange tout de même, quand on y repense. Beaucoup d'attentats, assez peu de victimes, mais nous n'avions pas l'impression de vivre sous une menace constante, en tout cas dans mon souvenir. Une ambiance très différente de celle, très sécuritaire, de notre époque.

Il en est alors de même sur les routes. Quand j'obtiens le permis de conduire en 1972, la France s'endeuille encore de plus de 17 000 morts par an ; une véritable hécatombe. En trois ans, autant que de soldats américains tués au Vietnam. Un soir de 1976, le célèbre journaliste René Gicquel ouvre le journal télévisé par cette phrase : « La France a peur ! » Rien à voir avec la réalité des évènements ou la guerre froide, mais elle marque le début d'une culture de la présentation des informations centrées sur les mauvaises nouvelles. Quand ma génération entre dans sa maturité, alors que s'estompent les souvenirs de guerre, les médias, comme on finira par les appeler, ouvrent une nouvelle ère de logique de dé-hiérarchisation des informations.

Ces belles années se termineront avec nos noces. Après le mariage civil à la mairie d'Enghien, nous nous rendons en cortège à l'école Notre-Dame sous une pluie de novembre. On s'efforcera de protéger la belle robe de la si jolie mariée. Entrée dans l'école, traversée de la cour avant de pénétrer dans la chapelle, où nous attendent les enfants, les amis enseignants, les copains, la famille et nos deux amis prêtres. Cérémonie religieuse à laquelle je me prête de bonne grâce – sans communier cependant – pour l'amour de Christine et dans le respect des croyances de la majorité de nos amis et des enfants. Sortie de la chapelle entre deux rangées de gamins qui adorent Christine, et nous aspergent de grains de riz et de pétales de fleurs. Notre plus beau souvenir.

L'assemblée se retrouve dans un restaurant de club de sport pour finir la soirée. L'endroit n'est pas terrible. Mes parents et ceux de Christine seront d'accord au moins sur une chose : que ce mariage coûte le moins cher possible, consigne relayée aux invités pour la liste de mariage. Heureusement, il y a les amis, car aucun de nos parents ne viendra nous féliciter ou manifester quelque geste aimant. Mon père est occupé à s'amuser avec ses copains, dont pas un n'est venu nous saluer. Le lendemain, en guise de voyage de noces, il nous faudra ranger ce triste restaurant. Et puis rien. Les familles n'aiment pas le bonheur des enfants auprès desquels elles veulent s'imposer. Qu'importe, nous étions si heureux.

# IV

# L'Amérique
## *Lost in translation*

Alors que je discutais de mes difficultés financières avec le directeur de mon laboratoire, dans l'espoir de son soutien pour une bourse quelconque, il me regarda avec sa morgue habituelle et me dit : « Picq, vous devez aller aux États-Unis. » J'en restai interloqué. Je demandai alors : « Où ? » « Tu trouveras » fut sa seule réponse. Un tel projet ne m'était pas du tout venu à l'esprit ; il était même complètement hors du champ de mes possibles – encore Pygmalion.

Je lisais alors avec une grande assiduité les travaux du professeur William Hylander, de l'université Duke, une université pas ou peu connue en France et en Europe. On se souvient de mes médiocres compétences en langues. Heureusement, grâce à Guillaume le Conquérant, l'anglais universitaire s'écrivait encore avec une dominante de mots français. Je n'avais pas trop de difficultés pour déchiffrer la littérature scientifique. Hylander, formé dans une faculté de sciences dentaires de l'université de Chicago, avait conçu une chaîne expérimentale pour analyser en phase dynamique les régimes de déformation des os. C'était en réalité une véritable révolution dans la biomécanique. Jusqu'à la fin des années 1970, les travaux s'appuyaient sur les modèles aussi statiques que théoriques, impossibles à tester expérimentalement, assortis d'un cortège de controverses, dont certaines remontaient même à Johann von Goethe, l'inventeur du terme « morphologie ».

Les articulations temporo-mandibulaires, ou ATM, nourrissent de telles controverses, à savoir si elles subissent des contraintes pendant l'incision ou la mastication. Pour faire simple : est-ce que notre mandibule fonctionne comme un levier ou pas ? La question n'avait rien de trivial, car il y avait des bons arguments dans les deux cas. Véritables querelles byzantines des années 1980, mais, tant que l'on ne pouvait pas tester, c'était comme de réfuter ou pas l'existence de Dieu.

La chaîne expérimentale mise au point par Hylander utilisait la cinéradiographie : des films avec des images à rayons X. L'arrivée de l'informatique et de nouvelles caméras permettait de renouer avec les travaux géniaux d'Eadweard Muybridge aux États-Unis et d'Étienne-Jules Marey du Collège de France, un siècle plus tôt, vrais inventeurs du cinéma. Des capteurs collés sur la région anatomique étudiée enregistraient les déformations. Avec des macaques habitués à collaborer – je ne plaisante pas, car, s'ils s'énervent dans le laboratoire, cela peut tourner vilain, d'autant que leurs canines effilées vous incitent à la politesse –, Hylander démontra qu'il y avait bien des contraintes dans les ATM, en tout cas chez les macaques, où elles fonctionnaient comme un levier qui se balade en trois dimensions. Restait à savoir si cela était vrai pour les humains. Si les macaques sont omnivores comme nous, ils possèdent en effet une mandibule longue et étroite, la nôtre étant courte et large. Mon projet de thèse consisterait dès lors à proposer un modèle applicable aux différentes espèces de singes, de grands singes et aux humains. Il fallait pour cela que j'aille à Duke.

Nous sommes alors en 1981, François Mitterrand vient d'être élu. Un grand souffle balaie la France ; un profond soupir d'inquiétude pour les gens de droite, une euphorie haletante pour ceux de gauche. Celles et ceux de ma génération se souviennent de la tête d'Alain Duhamel et de Jean-Pierre Elkabbach à la télévision, les deux journalistes politiques vedettes de l'époque, à l'annonce de la victoire de la gauche unie, pour un temps. En fait, tout le monde restera surpris de la victoire du sphynx socialiste. Toutes les angoisses grises et les espoirs roses retomberont rapidement comme un soufflé.

J'en étais à trouver des bourses, d'autant qu'intégrer une université américaine était encore loin d'être dans le cursus des thésards de cette époque. De ce fait, je rencontrai peu de difficultés pour financer ce premier séjour grâce à la Fondation Fyssen et à d'autres. Je contournai les problèmes administratifs des dossiers en anglais grâce à un thésard de Harvard qui travaillait dans notre laboratoire. Curieusement, on ne me fit faire aucun test de langue – le TOEFL –, tandis que Hylander, lisant les courriers rédigés par mon ami de Harvard – Internet arrivera seulement dix ans plus tard –, ne s'en inquiétait pas non plus. Le grand départ fut arrêté en avril 1982.

Il n'y eut pas de soucis non plus pour obtenir nos visas. L'école de Christine acceptait en outre de lui donner un congé sans solde de six mois, le temps prévu pour ce séjour en Caroline du Nord. Pour l'argent, nous aurions des *traveller's cheques* pour tout le séjour, en l'absence de carte bancaire internationale – si ce n'est l'American Express, peu accessible à des étudiants. Restait à trouver les vols. Le monopole élitiste d'Air France imposait des tarifs exorbitants. On organisa un voyage en voiture direction le Luxembourg, où on allait prendre un premier charter via Icelander – la compagnie islandaise, avec une escale à Reykjavik dans le frimas d'une nuit de printemps circumpolaire –, puis Kennedy Airport avec une correspondance à La Guardia, avant une traversée d'une partie de New York pour attraper notre troisième vol sur American Airlines.

Notre destination finale était l'aéroport de Raleigh/Durham en Caroline du Nord. Nous n'avions jamais pris l'avion et nous n'étions jamais sortis de l'Hexagone. De grands bonds en avant d'aéroport en aéroport.

Pour je ne sais quelle raison, si ce n'est peut-être une vilaine inclination à procrastiner, Hylander n'avait pas reçu le courrier annonçant notre date d'arrivée. Je décidai d'appeler et là : catastrophe, je ne comprenais pas un mot à ce qu'il me disait au téléphone, mais lui non plus à ce que je tentais de lui expliquer. Il décida de s'enquérir auprès d'un collègue, le professeur Matt Cartmill, qui avait fait des recherches en France. « Vous arrivez quand ? » me demanda-t-il ? « Dans trois jours », lui répondis-je. « Pardone me ? » « In three days », dis-je, sans prononcer le « th » qui bute obstinément sur les incisives des francophones. Un moment de silence s'écoula avant que je ne l'entende : « OK, see you. »

## Rencontre avec Washington Duke

On a tous en tête ces images des grandes villes américaines hérissées de gratte-ciel. Alors que notre avion est sur le point d'atterrir, nos yeux sont attirés par une vaste forêt qui s'étend à perte de vue sur la Caroline du Nord. L'aéroport n'a alors qu'une seule piste et un bâtiment d'accueil bien modeste, un côté *middle of nowhere*, comme on dit pour les grands espaces. Dans quelle Amérique avons-nous atterri ?

Les formalités douanières accomplies et la police des frontières franchie comme une lettre à la poste – expression devenue obsolète –, époque bien révolue où prendre l'avion n'était pas plus compliqué qu'emprunter un train (ce qui vient de changer avec les nouveaux accès au TGV dans nos gares), nous retrouvons dans la foulée William Hylander qui nous attend : « Hello, I'm Bill Hylander ; call me Bill ! » Le ton était donné.

Coquetterie postestudiantine, le grand professeur roulait dans une vieille Volkswagen bleue, sûrement pas la voiture de l'*American way of life*. Sur le trajet, cet homme originaire de Chicago nous vante la Caroline du Nord et son délicieux climat de printemps dans un anglais le plus basique possible. Tout enjoué, il fait même un crochet par Chapell Hill, le fief de l'université de Caroline du Nord (North Carolina University). Toute la ville est alors pavoisée de drapeaux et d'oriflammes bleu ciel comme pour une fête nationale ou une grande kermesse. Il nous explique que l'équipe de basket de North Carolina, dont la couleur du maillot est le bleu, vient de gagner le championnat universitaire. À l'époque, le basket tout comme le handball que je jouais ne mobilisaient en Europe ni les foules ni les médias, mais, en découvrant l'euphorie communicative, nous commencions à comprendre ce qu'était l'ambiance d'une université américaine. En quittant cette charmante petite ville du Sud ondoyant de bleu ciel, William Hylander nous glissa : « You know, they have a marvellous player. He's going to be a big basketball star as professional, Michael Jordan. You should remenber this name. » (En gros : « Vous devez savoir une chose importante. Ils viennent de gagner le championnat universitaire de basket avec un joueur fabuleux, Michael Jordan. Rappelez-vous son nom. ») Nous ne tarderons pas à être pris par cette fièvre du basket. Nous étions bel et bien arrivés sur une planète bleue dominée par le superbe Blue Ridge, les Appalaches. Imaginer un professeur d'université français venir chercher un étudiant à l'aéroport, lui proposer une balade bucolique et évoquer un sportif d'une université concurrente, nous étions vraiment sur une autre planète. Nous entrions au paradis des étudiants.

Les universités américaines coûtent cher. Il faut étudier avec acharnement, mais en échange tout y est organisé pour faciliter le logement, les sports, les loisirs et même les petits boulots. Hylander nous avait trouvé un petit appartement à quelques centaines de mètres du laboratoire, qui fut facile à meubler puisque même les meubles pouvaient être loués, une pratique courante outre-Atlantique. Les formalités administratives se déroulaient gentiment, avec bienveillance et sans tracasseries inutiles – carte d'identité étudiante, cartes d'accès aux bibliothèques et aux autres services. Idem pour l'ouverture d'un (modeste) compte en banque – la Wachovia Bank avait une agence sur le campus –, où nous déposerons nos traveller's cheques. Même administrativement, c'était pour nous un autre monde ; et quel campus !

Le laboratoire d'anatomie se trouvait dans le Duke University Medical Center, l'une des écoles de médecine les plus réputées. Un bâtiment neuf parmi beaucoup d'autres, entourant le magnifique écrin néogothique avec sa grande chapelle. Nous étions dans la ville de Durham, qui s'inspirait de l'université anglaise du même nom. Un style un peu kitch pour un Européen, dicté par un souci de modernité et d'efficacité, pas Disney World pour autant. Traverser le campus était en soi une magnifique promenade, plus encore quand celle-ci vous menait au sublime Sarah Duke Garden, avec ses grands espaces fleuris, ses immenses magnolias et ses écureuils filant entre nos jambes et se chamaillant avec les oiseaux sur les pelouses comme sur les branches.

Le campus gothique était destiné aux sciences, un autre l'était aux humanités, qui vous plongeaient dans l'imaginaire du sud des États-Unis, celui d'*Autant en emporte le vent* d'avant la Guerre civile – on ne disait pas « guerre de Sécession ». De grands bâtiments blancs de style colonial, entourés de pergolas. On s'y engageait par une longue allée bordée de ces grands chênes déployant leurs voiles blancs, fantômes cotonneux recouvrant un passé pas encore digéré des peines noires des esclaves.

Du temps de la Guerre civile – première grande guerre moderne, avec des armes produites par ce qui deviendra le complexe militaro-industriel avec canons, mitrailleuses et ces boucheries insensées qui annoncent celles de la Première Guerre mondiale –, Washington Duke était un modeste fermier du Sud qui vivait de polycultures. Conscient de sa proche mobilisation bien que âgé de quarante ans, il avait vendu sa ferme et ses biens avant de rejoindre la marine confédérée puis d'être fait prisonnier, interné un temps, puis libéré. À la fin de la Guerre civile, Durham figurait dans un des trois centres de reddition des armées confédérées. Des milliers de soldats attendaient leur libération dans des conditions difficiles. Le tabac, produit dans la région et tout particulièrement en Caroline du Nord, leur apportait bien quelque réconfort. Il en alla de même pour les soldats venus du nord qui, une fois démobilisés, repartirent chez eux avec cette nouvelle habitude. Les demandes allèrent croissant, au point qu'un grand marché du tabac se développa, exigeant une production plus efficace et un commerce plus organisé. Duke et d'autres s'y investirent et les affaires prospérèrent. Avec d'autres petits industriels du tabac, ils fondèrent l'*American Tabacco Cie* en 1890, émergence de la puissante industrie américaine du tabac. Tellement puissante que le Congrès américain vote la loi antitrust pour ouvrir la concurrence.

Washington Duke commença, lui, avec le tabac à pipe, ses fils avec les cigarettes. Arrivé à la soixantaine, il vendit ses parts et passa la main à ses fils et à sa fille, partenaires en affaires depuis le début de leur aventure industrielle. Philanthrope, il soutint l'Église méthodiste et le Trinity College, la petite université locale. La petite ville de Durham se développa rapidement, emportée par la fièvre du tabac. La ville voisine s'appelait Raleigh, d'après le nom de Sir Walter Raleigh, noble anglais et navigateur dont les expéditions avaient exploré les côtes d'une région bientôt nommée Virginie en l'honneur de la reine Élisabeth I$^{re}$. Non pas que cette grande monarque soit vierge, mais elle ne s'était jamais mariée, et Sir Raleigh comptait parmi ses amants. De ses excursions en Virginie, il rapportera le tabac de plus en plus fumé par une partie de la noblesse anglaise, puis européenne. Trois siècles plus tard, cette habitude culturelle des Amérindiens se répandra comme une malédiction toxique sur les peuples envahisseurs, avant celle, un siècle plus tard, de la cocaïne.

Après la Guerre civile, les États du Nord développèrent leur puissance industrielle. Le Sud s'enfonça dans un long déclin, à l'exception de l'industrie du tabac. Le Trinity College, ancêtre du campus des humanités, prit de l'ampleur, exigeant plus de subsides. Washington Duke, au crépuscule de sa vie, assura un riche fonds d'investissement. Il exigea cependant que les femmes soient autorisées à poursuivre leurs études dans cette université : « Open doors to Women offering them equal footing with Men » (« Ouvrir les portes aux femmes pour qu'elles aient les mêmes chances que les hommes »). Le Trinity College deviendra ainsi la Duke University en 1924.

À notre arrivée, nous ignorions tout de cette histoire si typiquement américaine ; les controverses et les procès sur la nocivité du tabac faisaient alors rage, avec tous les scandales sanitaires que l'on sait. La famille Duke, sevrée de sa dépendance historique et économique au tabac, s'était engagée dans la production d'électricité à travers une nouvelle compagnie, la Duke Power. Duke, Durham et la Caroline du Nord se développèrent à un rythme ahurissant à partir des années 1970, en particulier par une nouvelle destination de l'électricité employée pour la régulation de la température dans les bâtiments : l'air conditionné. Nous n'allions d'ailleurs pas tarder à savoir ce qu'est un été dans le sud des États-Unis. Aujourd'hui, Duke University est l'une des plus importantes d'Amérique du Nord, et Duke Power, l'énergéticien le plus engagé dans les énergies renouvelables. Durant mon séjour, les T-shirts des étudiants affichaient ce slogan : « Duke, the Harvard of the South ». Depuis quelques années, l'inverse est devenu vrai : « Harvard, the Duke of the North ».

Au regard de l'histoire, la ville avait changé. À la fin des années 1980, son aéroport était devenu un hub international d'American Airlines avec plusieurs aérogares, des pistes et des vols directs pour Paris. À l'atterrissage comme au décollage, on survole le Research Triangle Park, avec les laboratoires de recherche et de développement des plus grandes entreprises. Un triangle de la recherche dont les sommets se composent de Duke University à Durham, University of North Carolina à Chapell Hill et State University of North Carolina à Raleigh, ces dernières étant très fréquentées par des étudiantes et des étudiants noirs. Duke est plus « blanche », ce qui n'est pas sa politique, car elle est fortement engagée dans les *positive actions* pour les femmes et les diversités, à commencer par les populations afro-américaines, selon le terme convenu depuis cette époque. Il n'en reste pas moins qu'elle cultive une excellence et un élitisme qui la rendent moins attractive que ses voisines pour les populations modestes – ce qui n'est pas qu'une question de moyens financiers, comme on le croit de notre côté de l'Atlantique. Contrairement aux clichés, le système universitaire américain est plus accessible aux enfants des familles très modestes, plus difficile pour les enfants des classes moyennes en raison de régimes d'aides et de bourses très différents des nôtres.

Des restaurants universitaires partout – de la restauration rapide aux restaurants plus gastronomiques où tout le monde fait la queue, du simple élève aux professeurs. Ces derniers disposent aussi d'un restaurant et d'un club réservé. J'avais notamment été frappé par les marques de gentillesse accordées aux étudiants ou étudiantes qui paient leurs études en faisant le service.

Des bibliothèques grandioses et ouvertes vingt-quatre heures sur vingt-quatre, avec des systèmes de référencement modernes pour un étudiant français. À Paris, pour obtenir un livre, il fallait une carte d'abonnement pour chaque bibliothèque, faire attention aux jours et aux heures d'ouverture et prendre garde, au comptoir, que le livre soit disponible. Des détails qui comptent et nous empêchent, parmi d'autres bien sûr, de figurer dans les meilleurs classements mondiaux pour lesquels comptent ces critères prosaïques.

Notre université actuelle n'a plus rien à voir avec celle que j'ai connue, alors même que dans ces années-là se concrétisaient des avancées majeures via des passerelles avec les grandes écoles. La vieille Sorbonne, pionnière des grandes universités européennes avec celles de Bologne et d'Oxford, avait manqué le virage de la Renaissance et presque toutes les grandes révolutions intellectuelles et surtout scientifiques qui allaient suivre. Bologne s'en sortirait un peu mieux, Renaissance italienne oblige, mais rien à voir avec Oxford.

Le Collège royal, notre actuel Collège de France, se fonda, lui, sur la nécessité d'enseigner les nouveaux savoirs émergeant dans le creuset de la Renaissance. Il en fut de même en Italie et en Angleterre où, néanmoins, les nouvelles disciplines comme les mathématiques, l'astronomie ou la philologie s'appuyant sur les textes originaux s'intégrèrent dans les départements des universités ou s'ajoutèrent aux autres *colleges*, comme à Oxford et Cambridge. Mais la Sorbonne, engluée dans la scholastique puis dans ses humanités élitistes, rechigna à cette ouverture. Cette réticence explique l'existence du Collège de France encore de nos jours, même si cette vieille histoire est révolue depuis les réformes des dernières décennies.

La situation fut pire encore pour les enseignements techniques, pour lesquels il fallut créer ce tissu très particulier des grandes écoles et des écoles supérieures propres à la France. Il en ira de même pour les disciplines émergentes dans les sciences humaines ou proches, avec l'EHESS (École des hautes études en sciences sociales) ou l'EPHE (École pratique des hautes études). Une parcellisation qui a fait que nos universités et encore plus nos grandes écoles ne répondent pas aux critères des classements internationaux des universités dans le monde, à commencer par celui du nombre d'étudiants, des investissements, des prestations sur les campus et de la diversité disciplinaire. Il est de bon ton de fustiger nos grandes écoles et leurs parcours élitistes, mais à qui la faute ? La situation a évolué ici de façon satisfaisante depuis quelques décennies, non sans d'antiques réticences, comme ces relations erratiques avec le monde économique et social. Aujourd'hui, les universités anglo-saxonnes sont devenues si chères que les diplômés rencontrent d'énormes difficultés pour rembourser leurs prêts d'études, ce qui est un véritable problème social encore inconnu lors de mon séjour à Duke. La question de la dette étudiante est ainsi devenue un poids pour la société américaine. Après les universités canadiennes, les nôtres sont désormais plus attractives, à condition qu'elles confirment leur progression.

Récemment, s'agissant du serpent de mer qu'est l'hypothétique réforme de l'ENA, de sa transformation ou de sa dissolution, un représentant des anciens élèves déclara dans les médias que supprimer l'ENA s'apparentait par exemple à vouloir rayer d'un trait de plume Harvard ou Oxford ! Comme si à peine deux cents étudiantes et étudiants, aussi brillants soient-ils, d'un établissement même pas centenaire pouvaient être comparés aux dizaines de milliers d'étudiantes et d'étudiants d'institutions multicentenaires, tous aussi excellents dans des dizaines de disciplines de ces grandes universités. Pas sûr que ce genre d'élitisme soit de bon aloi dans le cadre de la mondialisation des universités.

## Le Virginien

Arriva mon premier jour au laboratoire, qui s'ouvrit avec une tournée dans les différents bureaux. Je me souviendrai de rencontres chaleureuses avec toutes les professeures et tous les professeurs, beaucoup ayant des noms connus dans mon domaine étendu de recherche. Ce fut un accueil franc et courtois par le doyen autour d'une petite collation, avec l'élégance d'échanges faits en français. Encore à cette époque, être français suscite une curiosité teintée d'une certaine admiration, un mélange savoureux entre l'aventure La Fayette, notre mode de vie, notre gastronomie, notre culture et la réputation du *french lover*. « Enchanté ! » comme ils aiment à le dire pour se présenter, avec une sincérité non feinte et un fort accent. Souvenirs édulcorés et charmants de Maurice Chevalier, Edith Piaf, Yves Montand… Cette image naïve, tellement agréable, s'est bien fanée depuis notre refus à participer à la guerre en Irak et les vulgarités de Donald Trump. Aujourd'hui, des universités américaines louent encore les *French studies*, ce qu'on n'a pas produit de mieux depuis.

Bill me montre mon bureau, que je vais partager avec d'autres étudiants. Les discussions s'ouvrent sur mon projet de recherche durant les quelques mois de mon séjour, dans le cadre de ma thèse de doctorat : développer un modèle des travaux de William Hylander applicable aux autres espèces actuelles de singes et plus encore aux espèces fossiles de la lignée humaine. Nos premières discussions sont plutôt laborieuses, à cause de mon anglais. Bill m'encourage à progresser rapidement. Comprendre : je suis heureux de ta venue, comme l'ensemble du laboratoire. Tu as trois mois pour atteindre un niveau correct d'anglais, sinon tu repars. C'est la méthode américaine : qui que vous soyez et quel que soit votre niveau, vous avez une chance ; il faut la saisir rapidement. Si vous échouez, ce n'est pas grave, au moins vous aurez essayé et appris quelque chose, à commencer sur vous-même. Dans notre système éducatif et universitaire, si vous avez une note de 15 sur une échelle de 20, on vous dit que c'est insuffisant, non sans quelque dédain. Aux États-Unis, on vous félicite pour le travail accompli assorti d'un encouragement à progresser, tout cela avec le sourire ; mais il est toujours avisé de comprendre ce que cela signifie, au risque d'une grave erreur d'appréciation. Les deux faces du syndrome de Pygmalion.

Avec Christine, nous nous gavons de télévision, nous qui la regardions si peu… faute d'en avoir une. Les présentatrices et les présentateurs des magazines d'information des grandes chaînes nationales parlent un américain très accessible. On oublie la téléréalité qui émerge à cette époque et est déjà à vomir. Des films avec des actrices et des acteurs connus seulement dans leurs versions doublées en français, dont les prestations originales pour certaines et certains nous ravissent par la compréhension de leurs anglais ; d'autres qui, appréciés jusque-là, deviennent subitement insupportables. Plus difficile pour nous quand il s'agit des émissions de chaînes locales, à cause de l'accent du Sud. On s'en inquiète un peu, rassurés cependant par nos amis universitaires qui, venant du Nord pour la plupart, comprennent à peine mieux. Ce sera pour nous une belle aventure linguistique, en particulier quand nous ferons un grand tour du Sud-Est en *mobil home*, au cœur du Deep South.

Bill est un enfant de Chicago, et il s'est rapidement imprégné de la culture du Sud et du mythe du *rancher*. Avec son épouse Linda, professeur de biologie à North Carolina, ils ont acquis un ranch dans les Blue Mountains de Virginie, les Appalaches. Ils nous inviteront quelquefois dans cette partie de l'Amérique profonde si peu connue des Européens, même de nos jours. *The farm*, comme l'appellent les Hylander, se love dans un magnifique paysage de douces collines, de prairies et de forêts. Elle n'est pas très loin de

Durham, à quelques heures, mais que la route est longue ! En ce début des années 1980, nous conduisions encore très vite sur les routes françaises, alors que les Américains roulent très lentement depuis longtemps : la limite est de 90 km/h sur l'autoroute, avec des paysages qui n'en finissent pas. Nous voilà partis, enchantés, dans la vieille Volvo de Bill. Sans doute pour nous imprégner de l'ambiance, Bill a mis une radio de *bluegrass*, dont il est fan. Pour le dire simplement, le blues est au rock'n'roll ce que le blue grass est à la musique country. C'est lent, très larmoyant, ennuyeux. La route me paraîtra interminable, d'autant que les panneaux annonçant les distances en miles renforceront encore cette impression.

Heureusement, la ferme, le ranch, se dévoile aussi magnifique qu'authentique. Nous sommes en Virginie, ce qui me rappelle la série de ma jeunesse, *Le Virginien*. Sur plus d'une centaine d'hectares d'un seul tenant paissent des dizaines de vaches et quelques taureaux s'adonnant aux libertés de l'élevage extensif. Je l'ai souvent dit, j'adore les vaches et bien plus encore les chevaux. Bill avait deux magnifiques Quarter Horses, ces chevaux de cow-boys aux reins et à la croupe assez courtes, solides, aux hanches très musclées comme leurs muscles masséters, ceux de la joue. Le lendemain, et comme il sait que nous sommes cavaliers, Bill nous invitera à monter ses chevaux et à galoper sur ses terres. Plus qu'un rêve attendu, une petite aventure jamais imaginée.

Seller un Quater Horse n'est pas seller un cheval de selle français, tout comme l'enrênement, la façon de tenir les rênes, les étriers enfoncés à fond, nous l'apprendrons très vite... Rien à voir avec notre équitation d'école et de sport. Je le découvrirai à mes dépens d'ailleurs douloureusement, puisque, chevauchant d'abord au pas, je passai très vite au trot enlevé. Comme on le sait, il n'y a pas de pommeau sur les selles françaises, en revanche un très gros sur les selles

de cow-boy. Et cela peut faire très mal ! Bill me regardait, consterné :
– What do you do ?
– Sorry Bill, that's the way to ride in France.
– That's not a way to ride in this country.

J'assimilai vite la leçon. Bons cavaliers, nous n'avions pas mis longtemps à savourer cette équitation dédiée aux grands espaces. Une expérience au vrai en osmose avec la mentalité américaine : il faut ici faire confiance à son cheval, alors que, selon les normes de l'équitation française, tout repose et passe par la domination du cheval dans l'idée de l'animal-machine : un rapport qui a bien évolué en France après la sortie du film de Robert Redford, *L'homme qui murmurait à l'oreille des chevaux* et les apports de l'éthologie.

Quelques jours plus tard, nous allions vivre le moment du *round-up*, celui du rassemblement du bétail en vue de le compter et de procéder aux examens vétérinaires. Pour attirer les bêtes, Bill avait parcouru ses prairies et ses collines à bord de son robuste 4 × 4 Ford, sur lequel il avait déposé des ballots de foin. Chemin faisant, vaches, taureaux et veaux avaient formé derrière lui un cortège qui s'achèverait dans les enclos près de sa grande maison et des hangars. Bien sûr, des bêtes manquaient à l'appel, qu'il nous fallut aller chercher là où le 4 × 4 ne pouvait pas passer. Bill nous désigna deux chevaux en nous demandant de lui ramener les dernières bêtes. On ne se fit pas prier, trop heureux d'emprunter le costume des vrais cow-boys et cow-girls ! Cela nous vaudra cependant quelques moments épiques. Les chevaux des cow-boys se comportent avec les vaches comme des chiens de berger avec les moutons. Ils connaissent parfaitement leur job. Mieux vaut être attentif.

Nous avions ainsi escaladé une pente plutôt raide, sachant que des vaches se trouvaient encore de l'autre côté. Au moment de passer la crête, mon cheval avisa les vaches avant même que je ne les voie. Ma monture partit instantanément au galop, ce qui est d'ailleurs la puissante caractéristique des Quater Horses. J'ai d'emblée compris à quoi servait ce fameux pommeau si menaçant, mais qui vous permettait de tenir en selle sur cette puissante monture.

Ces moments merveilleux allaient émailler le travail intense de mes recherches. Ma thèse avançait bien. Bill me félicita pour mes capacités de travail, tout en commençant à esquisser mes recherches postdoctorales ; je voulais revenir après ma soutenance de thèse sur l'ATM pour travailler à la question du développement de la région frontale, juste au-dessus des orbites, la région sus-orbitaire ; la morphologie a sa petite poésie… D'ailleurs, Bill se passionnait pour l'histoire de l'évolution humaine, qu'il ne connaissait pas très bien. En cinq mois, je remplis mes objectifs. Il nous restait un mois encore, et nous voulions le consacrer à un grand tour dans les États du Sud.

## *On the road*

Une partie de la génération de mes parents avait vécu dans les mirages du rêve américain, tandis qu'une autre ne jurait que par l'utopie communiste. Mes parents appartenaient à la première catégorie. Notre séjour aux États-Unis suscitait beaucoup de questions et d'intérêt dans la famille, à tout le moins le sentiment d'une sorte de réussite. À ceci près que la réalité américaine ne correspondait pas du tout aux imaginaires des films sur la société américaine. Avec le recul de quelques décennies, je reste pantois face aux clichés et à toutes les idées reçues des Européens sur l'Amérique comme sur la Russie, certitudes d'autant plus solides que les personnes qui s'y accrochent n'ont souvent jamais vécu dans l'un ou l'autre de ces pays.

Du côté américain, le refus de voir s'instaurer une culture de la consommation, les influences des entreprises géantes, la vulgarité des médias, la seule réussite par l'argent, la violence... l'utopie du *Meilleur des mondes* d'Aldous Huxley. Du côté soviétique, une gérontocratie qui oppresse et contrôle la société, réprime les contestations, ce que décrit l'ancien militant socialiste George Orwell dans *La Ferme des animaux* et *1984*. Huxley et Orwell se connaissent bien. Dans un échange épistolaire, ils se posent la question de savoir lequel des deux systèmes politiques est le plus oppressif, dans les deux grands pays où il y a la plus grande proportion de la population incarcérée – pas pour les mêmes raisons. Orwell a le mot de la fin en écrivant : « Mon cher ami, je préfère un pays où on interdit de lire à un pays où on ne lit plus. » Tristement prémonitoire.

Venez et voyez. Seulement, la réfutation est un concept inconnu des croyances comme des idéologies politiques. Elle est laissée avec un certain dédain aux scientifiques et à leur démarche matérialiste. Pour Jean-Jacques Rousseau, nul fait ne pouvait en réalité prétendre récuser une idéologie.

Nous vivions très chichement, avec cinquante dollars par semaine pour la nourriture, sans voiture mais en privilégiant pour se déplacer la bicyclette – deux engins passés de mode qu'on nous prêta. Un mode de vie enviable pour un couple de Français, étudiants qui jouissaient d'un magnifique campus. Mais ces habitudes françaises, parmi d'autres, nous auront valu quelques scènes surprenantes.

Comme celle-ci : un jour que nous rentrions avec nos cabas du supermarché distant d'un kilomètre, une voiture de police nous dépassa, sirène en marche, avant de s'immobiliser en travers de notre route. Le policier sortit de son véhicule. L'homme n'était pas agressif, mais il avait l'air étonné : que faisions-nous à pied, demanda-t-il ? Nous restâmes interloqués par la question. Il y avait là en effet de quoi être surpris ! Comment lui expliquer une situation aussi banale pour nous ? Notre nationalité française et l'exotisme de notre accent allaient bientôt le rassurer, cependant. L'homme nous salua, puis rejoignit sa voiture, agitant la tête et les bras dans des gestes d'incompréhension. De loin, on l'entendit dire : « Crazy French ! » De nos jours, une telle scène se terminerait sûrement par une violente interpellation, si ce n'est une blessure par balle, voire pire. Le flic bienveillant et autoritaire à la John Wayne a en effet laissé la place à une police qui tue plus de mille personnes par an.

Nous évoquâmes ce petit incident avec nos amis, qui nous firent cette étonnante remarque : ici, soit tu es en voiture, soit tu cours ! Marcher était le fait des seuls vagabonds ou des très pauvres, surtout les Noirs, considérés comme des agents potentiels du trouble social. Nous sommes au début des années 1980, la folie du jogging, du running, des trails et ultratrails émerge à peine. Ce sont alors les premières années de la fièvre du body-building. Le culte du corps musclé acquis en musique pour les femmes et les hommes apparaît sur les écrans, autre cliché d'une Amérique jeune, dynamique, moderne, saine, épanouie… La réalité est tout autre.

Nous observons déjà dans ces années-là une présence massive de gens obèses, un type d'obésité encore inconnu en Europe, comme si les corps avaient été gonflés tels de gros ballons. Au cours d'une discussion, devant notre étonnement, on nous expliquera que ce grand nombre de grosses personnes s'explique en raison du centre de traitement de l'obésité de Durham, très réputé. En fait, l'Amérique commençait à peine à prendre conscience d'un fléau qui serait déclaré cause nationale de la santé en 1999 : l'obésité. Celle-ci concernait moins de 10 % de la population américaine dans les années 1960-1970. Elle passera à 14 % durant notre séjour à Durham. Aujourd'hui, on dénombre 40 % de personnes obèses, quelles que soient les catégories sociales, économiques ou ethniques, auxquelles il faut encore ajouter

30 % de personnes en surpoids. Nous assistions à l'émergence d'un nouvel *American way of life* qui augurait d'une épidémie bien plus grave que celle de la Covid-19 pour la santé, la société et la planète, du fait des modes de production de ces nourritures qui poussaient à toujours plus de déforestations, sans compter leur mauvaise qualité nutritionnelle et le fait qu'autant sont englouties que mises au rebut, dans les poubelles. Une double catastrophe sanitaire et écologique. Quand nous essayions d'évoquer ce sujet, nos amis américains nous opposaient un déni total ; quant à nos familles ou nos amis, ils restaient incrédules... Ce n'était pas alors imaginable.

Pour un temps réconciliés avec mes parents, nous avions insisté pour qu'ils viennent faire avec nous ce grand tour dans les États du Sud. Nous avions loué un beau camping-car et, début août, nous les accueillions à l'aéroport de Raleigh-Durham, eux qui, comme nous quelques mois plus tôt, n'avaient jamais pris l'avion. Nous prîmes la route sans tarder en direction de la ferme des Hylander en Virginie. Nous y restâmes deux jours, partageant une belle convivialité, simple, chaleureuse – à l'américaine, à condition de ne pas séjourner trop longtemps. Les Américains accueillent chaleureusement leurs convives sachant qu'ils repartiront très vite. Nous fîmes aussi nos adieux aux Hylander, car, après ce grand tour, nous rentrions directement en France.

Virginie, Tennessee, Alabama, Mississippi, la Louisiane avec La Nouvelle-Orléans et Bourbon Street, la Floride et Disney World à Orlando, la Géorgie et Savannah, la Caroline du Sud et Charleston, avant notre retour à Durham. Que c'est grand l'Amérique ! Un périple presque qu'aussi vaste qu'un tour de l'Europe. Et nous avions découvert une partie seulement du pays, l'une des moins connues, le Deep South, une région qui ne s'était jamais remise de la Guerre civile, du racisme et, plus récemment, du déclassement des populations blanches les moins favorisées. Ces dernières regardaient d'un mauvais œil ces universités qui accueillaient de plus en plus d'étudiantes et d'étudiants afro-américains. Le temps n'était pas si loin où ces jeunes étudiants devaient être protégés par une garde civile pour franchir les murs des universités du Sud, garde civile qui exécutait sa mission avec mépris. Sans qu'on en eût tout à fait conscience – mais qui en avait conscience à cette époque ? – émergent les premiers ferments des grands problèmes du monde à venir.

Un superbe voyage dans une Amérique peu connue des Européens et encore moins des Français. Le sentiment tout de même que le Sud entre dans une période de progrès social, notamment avec l'essor d'universités comme Duke et le développement impressionnant des infrastructures. C'est le discours qu'on entend autour de nous. Personne ne semble se douter de l'arrivée de la révolution conservatrice. Sans le savoir, notre grand tour a contourné le cœur d'une Amérique pauvre et réactionnaire appelée à se manifester. Nous quittons les États-Unis à la fin du mois d'août 1982 avec l'espoir de vite y revenir, pour un rêve concret.

## *Retour à Jussieu*

Nous avions retrouvé notre appartement à Enghien. Christine reprit son poste de conseillère d'éducation, et je retournai au laboratoire de Jussieu. Passer de Jussieu à Duke avait été un émerveillement, le chemin inverse ne le fut pas.

Je terminai la rédaction de ma thèse tout en préparant mon projet postdoctoral pour retourner à Duke. Mes travaux étant assez avancés, je décidai de faire ma première communication dans le cadre du premier Congrès international de paléontologie humaine organisé à Nice par les professeurs Henri et Marie-Antoinette de Lumley. Mais j'éprouvai alors un choc. Deux ans plus tôt, en effet, j'avais rencontré Henri de Lumley pour lui présenter mon projet de recherche dans l'espoir d'obtenir une bourse. En vain, sinon qu'entre-temps, il avait confié mon sujet à un autre étudiant qui devait justement exposer avant moi ses recherches au congrès de Nice. Blessé, je fis une intervention peu amène. Il n'avait pas vraiment compris mes travaux, expliquai-je au cours de mon intervention, encore moins ceux de Hylander. J'avais imaginé un autre baptême pour entrer dans la communauté des paléoanthropologues, moi qui étais morphologiste, un animal de laboratoire plutôt que de terrain.

Tous les paléoanthropologues les plus en vue du monde vinrent à Nice. Parmi eux, Donald Johanson, le Yves Coppens américain. Ensemble, avec deux autres collègues de leur âge, ils avaient organisé l'expédition internationale de l'Afar qui, en 1973, se concrétisa par la découverte de Lucy, de son vrai nom AL-288, ce qui signifie le fossile numéro 288 de la localité de l'Afar. Au cours d'un déjeuner, je fis part à Johanson de mon séjour à Duke et de mes travaux avec Hylander. Il m'écouta et, sans que je comprenne vraiment, me dit d'un air teinté de fausse surprise et de connivence, qui me déconcerta : « Oh really ? » Étrange. Je comprendrais le jour de ma soutenance de thèse.

Je poursuivis mon travail, précisant encore mon projet postdoctoral avec Hylander tout en pensant à plus long terme à des recherches plus ancrées dans la paléoanthropologie, sachant que je ne ferais jamais de recherches sur le terrain ; il était trop tard pour cela, d'autant plus que je n'avais pas les compétences en sciences de la Terre. Je resterais un animal de laboratoire.

Pourtant, je suis plus que jamais fasciné par la question de nos origines communes avec les grands singes. On scande depuis plus d'un siècle que l'homme descend du singe, mais sans qu'on n'ait de connaissances sur ces singes ou grands singes. À la fin des années 1970, la localisation des origines de la lignée humaine se confirme en Afrique. On y a trouvé les australopithèques et surtout fait les découvertes des plus anciens fossiles rapportés au genre *Homo*, les *Homo habilis*, trouvés avec les plus anciens outils de pierre taillée comme à Olduvai, en Tanzanie. On situe donc les premiers humains vers 2 millions d'années en Afrique et les australopithèques, plus anciens dans le temps, autour de 3 millions d'années et plus, eux aussi en Afrique. Mais avant ?

Pour cela, il faut aller de l'autre côté, celui de Lucy, explorer des périodes plus anciennes. À cette époque, la mascotte des australopithèques est datée de 3,5 millions d'années et, après un petit lifting géologique, rajeunie à 3,1 millions d'années ; ce qui reste très honorable. Seulement même depuis la découverte de Lucy, la gracile Africaine, les paléoanthropologues ne s'accordent toujours pas sur la géographie des origines de la lignée humaine avant Lucy, estimée désormais à plus de 10 millions d'années. Deux régions paléoanthropologiques sont en lice, l'Afrique et l'Asie du Sud-Est.

Au début des années 1980, des chercheurs ont avancé des arguments à partir de fossiles asiatiques appelés les ramapithèques, les grands singes du dieu Rama. Il y a une telle richesse de fossiles de grands singes dans cette partie de l'Asie datés entre 13 et 10 millions d'années que leurs découvreurs puisent dans le panthéon indien pour les nommer, comme les sivapithèques ou grands singes de Siva. Les hindous n'en prirent pas ombrage, vénérant les singes comme le dieu Hanuman. Cependant, je n'imagine pas des paléoanthropologues hindous faire des découvertes de fossiles en Europe et s'amuser à employer des entités sacrées des monothéismes pour nommer des « singes » ; ce qui serait considéré comme du blasphème. Les Occidentaux, à force de ne pas respecter les croyances et les cultures des uns et des autres, nourrissent les ressentiments et les colères.

Un temps, d'autres paléoanthropologues pensent reconnaître une forme d'australopithèque à Java dans des fossiles aux mâchoires puissantes, les méganthropes ou « grands hommes », qui font toujours l'objet de quelques controverses. Problème : si on a des fossiles proches de la lignée humaine avant 10 millions d'années en Asie, plus rien avant l'émergence des vrais humains, les *Homo erectus*, vers 1 million d'années à Java ; un grand vide ouvert à toutes les hypothèses.

L'Afrique offrait une situation un peu différente. On disposait sur l'échelle de l'évolution des australopithèques placés avant les premiers humains, puis, là aussi, d'une grande absence de données pour les périodes plus anciennes. Et, contrairement à ce qu'il en était en Asie, nous n'avions que très peu de fossiles de grands singes entre 14 et 10 millions d'années, sauf un candidat ramapithèque annoncé avec des outils, ce qui fait très humain quelle que soit sa tête.

C'est alors qu'Yves Coppens va résoudre cette question des origines en proposant son *East Side Story*. Il rapprocha les avancées dans des champs scientifiques connexes : la géologie, la systématique, les datations et la biogéographie. Les généticiens, armés de molécules et de nouvelles méthodes de classification, commençaient à démêler les relations de parenté entre les humains et les grands singes actuels : chimpanzés, bonobos, gorilles et orangs-outangs, les trois premiers africains, le dernier asiatique. Ce fut alors un choc : on s'aperçut que parmi les grands singes africains, les chimpanzés étaient plus proches de nous – au vrai, nos frères d'évolution dans la nature actuelle – que des autres grands singes comme les gorilles – nos cousins. Nos affaires de famille se précisaient. La divergence entre notre lignée et celle des chimpanzés était estimée alors par les généticiens à 5-7 millions d'années, ce qu'on appelle l'horloge moléculaire. Cette horloge, au lieu d'égrener le temps en secondes, le fait au gré des mutations.

Les orangs-outangs (des cousins germains des grands singes africains, dont nous) en représentaient la lignée la plus éloignée.

Dans ce contexte vint la découverte de la face d'un sivapithèque dont les traits ne faisaient aucun doute : ces grands singes fossiles d'Asie étaient les ancêtres des orangs-outangs ! La question se focalisait sur l'Afrique, enfin ! En effet, à l'exception de Charles Darwin, une devise tacite hantait les pays occidentaux et bien d'autres depuis plus d'un siècle : s'agissant de nos origines, elles pouvaient être partout, sauf en Afrique ! Le cadre familial était donc désormais planté, on savait où se trouvait le berceau.

De leur côté, les géologues avaient établi que les vallées du rift africain se déformaient vers 6 millions d'années ; cette formidable cicatrice tiraillée par les forces de la tectonique des plaques ne cessait de s'élargir en ouvrant sur nos origines. Pour ce qui est des faunes fossiles, Coppens constata à la fois la présence des australopithèques du côté est du rift comme l'absence de fossiles de grands singes, toujours vers 6 millions d'années. Quant à ces derniers, leurs représentants actuels vivaient maintenant du côté ouest. C'est ainsi que Coppens fit la synthèse de ces données récentes et proposa l'*East Side Story* en 1981.

Ce genre d'approche scientifique s'appelle la *consilience*, soit la convergence non recherchée de connaissances acquises dans différentes disciplines se conjuguant dans un modèle à la fois heuristique et testable. Ce type de raisonnement différent des approches hypothético-déductives et expérimentales, qui requiert de l'interdisciplinarité, n'était guère prisé dans notre culture universitaire. Et pourtant, les paléoanthropologues et les évolutionnistes employaient des méthodes d'analyse basées sur des concepts et des données massives qui, aujourd'hui, sont au cœur des problématiques des intelligences artificielles, ce qu'ignorent les disciplines scientifiques dites dures, pourtant bien molles face à ces modes de raisonnement qui en appellent plus à l'induction qu'à la déduction.

Ces deux modes de raisonnement, indiction et déduction, sont bien différenciés par les philosophes depuis au moins Aristote et, dans le cadre des sciences modernes, rapportés respectivement à Francis Bacon et René Descartes. Les approches déductibles s'appuient sur des lois, souvent renforcées par des modélisations mathématiques, avec une maîtrise des données. Les approches inductives partent d'ensembles de données plus ou moins structurés et s'efforcent d'en extraire des schémas, voir des lois sous-jacentes. La culture française privilégie les approches hypothético-déductibles, la recherche de lois renforcées par des modélisations mathématiques. Les approches inductives ne sont pas favorisées dans notre enseignement ni nos institutions. Et pourtant, la révolution de ce qu'on appelle la « science des données » appartient au domaine des analyses inductives. Ce qui explique en partie, et comme nous le verrons, pourquoi trop de mathématiciens et même des physiciens se montrent hostiles envers les théories de l'évolution. Pas sûr que l'intelligence artificielle, basée sur les analyses de données, et inspirée de la biologie évolutionniste, ne puisse jamais avoir raison de ces positions dogmatiques. Revenons à nos origines.

Les médias s'emparèrent rapidement du modèle de Coppens, beaucoup moins la communauté des paléoanthropologues. Et pourtant : depuis Charles Darwin dans *La Filiation de l'Homme* publié en 1871, où il faisait l'hypothèse de nos origines africaines en raison de notre ressemblance avec les chimpanzés, aucun modèle scientifique rendant compte des connaissances disponibles et testables n'avait encore été proposé jusque-là !

Alors, nous avions donc un ancêtre commun exclusif avec les chimpanzés, celui qu'on appelle aussi le « dernier ancêtre commun » ou DAC, qui avait vécu en Afrique entre 5 à 7 millions d'années. Restait la question : à quoi ressemblait-il ?

## Rencontre avec Yves Coppens

En 1981, l'année de l'*East Side Story*, Coppens dirigeait encore le laboratoire de paléoanthropologie du musée de l'Homme. Une réunion de la société d'anthropologie (SAP) se tint en novembre. C'était une association scientifique créée en 1859, l'année même de la publication de *L'Origine des espèces* par Charles Darwin, l'année aussi de la mission de savants anglais venus valider l'ancienneté des vestiges archéologiques « antédiluviens » des terrasses de la Somme fouillées par Jacques Boucher de Perthes. Ces trois évènements ont fait de 1859 l'année dite des « trois glorieuses » pour la préhistoire et la paléoanthropologie. Quelques années avant la naissance de la préhistoire, dont le terme apparaît en 1865, et les débuts de l'une des plus fabuleuses aventures de la connaissance de l'humanité.

J'assistai pour la première fois à une réunion de la SAP. Je demandai à mon patron, Bernard Vandermeersch, de me présenter au professeur Yves Coppens à l'issue de la réunion, ce qu'il accepta volontiers. La séance cependant s'éternisait. Nous touchions à la fin d'après-midi en ce mois de novembre, déjà sous le voile de la nuit. Une ambiance aussi sombre que ce musée de l'Homme, qui devra encore attendre quelques décennies pour une restauration longtemps désirée. Enfin vint la dernière communication, avec ses échanges et discussions devant un public nombreux. Yves Coppens était accaparé de toutes parts, occupé à répondre à tous ses interlocuteurs. Bernard Vandermeersch m'exprime son regret de devoir partir, non sans me dire : « Tentez votre chance et ne manquez pas de m'excuser auprès du professeur Coppens. »

J'attendais. Le temps s'épaississait alors que la nuit était cette fois tombée. Yves Coppens discutait avec un dernier interlocuteur, doctorant comme moi dans le même laboratoire de Jussieu. Il était tard. Je ressentis une gêne, craignant de me montrer impoli. Mais je me lançai en me présentant simplement à lui : « Bonsoir, professeur. Il est tard, pardonnez-moi et pardonnez au professeur Bernard Vandermeersch de n'être pas resté, il avait une obligation. Je voulais cependant me présenter avant de prendre un rendez-vous auprès de votre secrétariat. »

Yves Coppens me regarda avec une extrême courtoisie et sa bonhomie coutumière, comme je le découvrirais bientôt, puis me proposa, avisant deux fauteuils clubs, de prendre place sur l'un des sièges : « Je vous en prie, asseyez-vous. » Deux jours plus tard, un thésard du laboratoire vint dans mon bureau : « Pascal, ce serait bien que tu prennes ton courrier qui sature nos cases. » Très surpris, je me rendis dans la salle du courrier pour y réceptionner tous les articles et les livres que Coppens m'avait fait livrer. Après le livre offert par ma mère sur Boucher de Perthes, ces cadeaux furent le deuxième évènement qui me conduisit vers la paléoanthropologie, de ceux qui balisent une vie.

Pour l'heure, il me fallait trouver des financements pour repartir à Duke. Ma vocation était bien consolidée. La bonne nouvelle viendra de la Fondation pour la vocation créée par Marcel Bleustein-Blanchet, qui m'octroya la bourse si désirée. Coppens en avait été lui-même lauréat, et il était membre du jury. La marraine de ma promotion était Christiane Desroches-Noblecourt, la grande égyptologue. Plus tard, je rejoindrais à mon tour le jury et deviendrais le parrain de la promotion 2019 présidée par la fille du fondateur, Élisabeth Badinter.

J'ai obtenu beaucoup de bourses, de la Fondation Fyssen déjà citée, de l'OTAN, du ministère des Affaires étrangères, de la Fondation pour la recherche médicale, mais celle de la vocation a une saveur particulière. Son obtention est conditionnée par un projet d'avenir, mais aussi en lien avec un passé : comment s'est construit un projet de vie, dans des circonstances personnelles et sociales pas toujours propices à de telles orientations, et quelles sont les avancées concrètes. Depuis une soixantaine d'années, plus de trois mille lauréats et lauréates ont bénéficié de ce tremplin pour l'avenir. La Vocation, comme on dit, confirme un engagement personnel et s'appuie sur une reconnaissance collective, à la fois par le choix du jury et grâce à une belle cérémonie de remise des bourses en présence des familles et nombre d'anciens récipiendaires, dont beaucoup sont devenus plus ou moins célèbres. Le spectre des vocations s'étend des sciences aux arts en passant par les artisanats, le sport, le droit ou la médecine... Depuis plus de soixante ans, aucune lauréate, aucun lauréat n'a failli dans sa vocation. Le syndrome de Pygmalion dans son acception la plus positive, loin de l'étroitesse d'esprit des conseillers d'éducation de mon adolescence, des ostracismes, des sélections sociales. Un esprit, une philosophie de la confiance avec l'amour du travail et de l'accomplissement sous le sourire bienveillant de Marcel Bleustein-Blanchet.

Nous avons eu le bonheur d'être invités pour ses quatre-vingts ans. Ce fut un grand moment de joie, avec en particulier la présence de Charles Trenet, que j'adore, ce fou chantant. Coppens fit un court et beau discours sur le succès de Publicis. Il ne trouva rien de mieux à dire que Lascaux avait été la première grande réclame ! Marcel Bleustein-Blanchet en fut ravi, quel bel hommage. L'hypothèse n'a cependant jamais été retenue parmi les interprétations de la « chapelle Sixtine de la préhistoire ». Au fil des années, je m'amuse toujours des facéties d'un Coppens qui n'aura cessé de se jouer de telles idées, pour son plaisir mais aussi pour provoquer tous les collègues qui se prenaient au sérieux. Parfois, il y avait quand même de quoi hésiter entre le sérieux et la blague...

Pour l'heure, et en cette fin de l'année 1982, me voilà gonflé à bloc pour achever et soutenir ma thèse.

*Soutenance et incertitude*

Presqu'une année a passé entre l'obtention de la bourse de la vocation et ma soutenance de thèse. Ces petites ATM (articulations temporo-mandibulaires) m'ont progressivement entraîné vers des recherches plus larges sur la biomécanique crâniofaciale et les sciences dentaires, et sur les régimes alimentaires de nos ancêtres.

Parmi les principaux résultats, je parviendrai à résoudre une longue controverse sur le fonctionnement de notre mandibule quand nous incisons ou mastiquons. Le modèle théorique basé sur les données expérimentales de Hylander expliquait toutes les observations connues, dont certaines jusque-là contradictoires. Modèle renforcé par l'anatomie comparée, puisque, par exemple, les descendants de Lucy, les paranthropes ou australopithèques robustes, possèdent des ATM plus grandes que celles des gorilles actuels. Avec une différence de taille : les paranthropes, qui ne pesaient guère plus de 60 kg pour les plus costauds, mangeaient des nourritures coriaces comme des tubercules, des rhizomes, des bulbes, des noix et autres légumineuses, tandis qu'un beau gorille mâle de 200 kilos consomme essentiellement des feuilles agrémentées de quelques fruits. Dans les faits, nos cousins paranthropes disparus disposaient du plus puissant appareil masticateur jamais connu parmi les singes et les grands singes actuels et fossiles. Pourtant, ils marchaient debout, employaient avec grande adresse leurs mains habiles, utilisaient des outils et possédaient un cerveau plus développé que celui des gorilles actuels. Leur devise est « mâche ou crève », aimais-je à répéter... Comme quoi la vie a la dent dure. La taille des articulations répond en effet aux contraintes subies. Prenons l'exemple des vertèbres lombaires, celles du bas de notre dos, clé de voûte de notre bipédie. Comparons une femelle chimpanzé, Lucy et une petite femme pygmée actuelle tout aussi *Sapiens* que nous. Toutes les trois font à peu près le même poids. Seulement, les vertèbres lombaires de la chimpanzé sont plus petites que celles de Lucy, elles-mêmes plus petites que celles de la femme pygmée. Ces différences s'expliquent par le fait que les chimpanzés se suspendent du bout de leurs bras dans les arbres – squelette en tension – ou, une fois au sol, marchent sur leurs quatre membres, rarement de façon bipède. La région lombaire reste peu sollicitée en compression. Lucy et les australopithèques passent moins de temps dans les arbres et marchent volontiers en bipèdes sur le sol des savanes ; plus de contraintes en compression et des vertèbres lombaires plus grosses. Pour la femme pygmée, exclusivement bipède, les vertèbres sont encore plus grandes. Il en va de même pour les ATM en fonction du régime alimentaire, plus graciles chez la femme pygmée, plus larges chez la femelle chimpanzé et impressionnante chez Lucy, dont le gracieux prénom dissimule une face très puissante : on imagine la vigueur du baiser...

Sur le strict plan anatomique, la comparaison des caractères osseux des ATM témoigne des différences propres aux diverses espèces fossiles de notre lignée, chez les australopithèques comme entre les espèces humaines. Les *Homo erectus* de Java, connus anciennement sous le nom de pithécanthropes, me semblaient originaux. Je proposai alors l'hypothèse d'une évolution particulière sur la grande île indonésienne, divergente, comme celle admise à cette époque pour les Néandertaliens européens. L'idée souleva d'abord quelque scepticisme, notamment chez Coppens. Quarante ans plus tard, les découvertes et les études les plus récentes confirmeront une telle évolution, en fait peu surprenante en raison de dérives génétiques propres aux populations plus ou moins isolées comme sur la grande île de Java au gré des variations de niveau des mers dues aux régimes des glaciations.

Le scepticisme de Coppens s'inscrit alors il est vrai dans un contexte particulier, celui d'une grande controverse qui agite la communauté évolutionniste sur les méthodes d'analyse et de classification des espèces, la systématique. Ce terme peu poétique décrit la science des caractères, des données. En fait, les évolutionnistes sourient lorsque les arrogants tenants actuels de l'intelligence artificielle se gorgent de *data analysis*, d'indexation des données et autres – il faut impérativement s'exprimer en anglais pour faire sérieux –, alors même que les théories de l'évolution ont émergé, justement, des comparaisons des caractères entre les espèces et non pas, comme on le croit, grâce à la découverte des fossiles. Les naturalistes puis les évolutionnistes ont ainsi pratiqué l'analyse des données depuis plus de trois siècles. Les pithécanthropes ne sont pas ceux que l'on croyait. Certes, mon hypothèse se basait sur quelques caractères, et elle s'avère bien plus pertinente dans le contexte scientifique actuel.

Jusqu'au début des années 1980, les méthodes de classification des espèces, la systématique ou la recherche d'une organisation intelligible de la nature, reposaient à la fois sur les ressemblances entre les espèces et une certaine idée de leur niveau d'évolution, non sans une conception anthropocentrique d'une organisation du vivant autour de l'humain. Une conception pyramidale avec *Sapiens* au sommet, les pieds reposant sur l'étage inférieur, celui des grands singes avec les chimpanzés, les gorilles et les orangs-outangs. Quant à ces derniers, forcément moins évolués que nous, ils prennent place sur l'étage inférieur, celui des singes. Puis, toujours en descendant, aux étages de plus en plus inférieurs, les primates, les mammifères, etc. Du fait de cette vision hiérarchique, on n'était pas capable de prédire si les origines de la lignée humaine se trouvaient du côté de l'Asie ou de l'Afrique, question résolue justement par Coppens au début des années 1980. Autre biais, l'humain est forcément le plus évolué. L'« Homme » – avec un grand H et de genre masculin – se tient au sommet, tel un naufragé de l'évolution.

Mais ce bel édifice de l'arrogance humaine s'effondre à l'épreuve des travaux scientifiques, d'autant qu'il repose sur une conception complètement fausse de l'évolution ; il est grand temps de passer d'une certaine idée de l'évolution à ce qu'est réellement l'évolution. C'est la grande révolution épistémologique de la paléoanthropologie des années 1980 qui se fait jour avec l'affirmation des origines africaines. Quand Yves Coppens choisit comme intitulé de sa chaire au Collège de France « Paléoanthropologie et préhistoire », c'est pour mieux stipuler que, pour la première fois de l'histoire, la paléontologie avec les sciences de la Terre et la biologie avec les sciences de la vie prennent toute leur part dans les affaires humaines. Néanmoins, quarante ans plus tard, nos sciences humaines – hormis la paléoanthropologie – refusent toujours l'apport de la biologie et de l'anthropologie évolutionnistes, une spécificité française obstinément ancrée sur l'exception anthropocentrique. L'exception, pourtant, c'est formidable quand elle guide l'évolution des sciences, non quand elle s'oppose à leurs avancées.

Une profonde révolution épistémologique touchait alors les sciences de la vie et de l'évolution : on classait d'abord, sans a priori hiérarchique ou anthropocentrique, et l'on reconstituait l'évolution ensuite. En d'autres termes, on organisait ce que l'évolution avait donné avant de reconstituer comment elle l'avait donné. Adieu l'échelle naturelle des espèces héritées d'Aristote ! Et tant pis si cette procession aussi ridicule qu'arrogante de la lignée humaine avec des singes se redressant progressivement de gauche à droite persiste encore à travers bien des ouvrages ou dans les journaux : une image iconique de l'imbécillité de notre place dans l'histoire de la vie qui ne tient là encore que par notre arrogance anthropocentrique. On doit à Stephen Gould cette expression d'« arrogance humaine ». Au cours de ces années, Gould s'engagea dans une croisade contre l'anthropocentrisme, socle des trois fléaux de notre temps : le sexisme, le racisme et le spécisme. Car c'est bien l'homme blanc occidental qui occupait le sommet de la pyramide !

Ma soutenance se passa très bien. Très vite, Yves Coppens et les Éditions du CNRS me proposèrent d'en entreprendre la rédaction pour la publier dans leur collection de Cahiers de paléoanthropologie ; mon premier livre sera vite épuisé sans être jamais réédité. De tels ouvrages, très techniques, intéressent un public restreint. Mais je touchais à un sujet sensible des sciences dentaires, ce qui expliqua sa bonne réception. Conférences et enseignements ne tarderont pas à suivre. Néanmoins, que faire entre la soutenance de la thèse et sa publication et celle de quelques articles ? Après l'obtention du doctorat s'ensuit une crise postpartum. Trouver un poste de chercheur et un laboratoire d'accueil, proposer un programme de recherche... Seulement, il n'existait alors aucune équipe en France offrant de poursuivre les recherches en biomécanique crâniofaciale comme à l'université de Duke ; cela exigeait en outre des investissements conséquents. Un autre problème, typiquement français, venait compliquer la situation : une profonde allergie du monde de la recherche à toute approche interdisciplinaire.

Je me présentai pour un poste de chercheur au CNRS, sans succès. Indépendamment de mes travaux scientifiques, on argua la première année mon grand âge – j'y étais habitué, et la seconde année mon trop jeune âge – c'était nouveau. Pourtant, ces comités de sélection ne s'apparentaient en rien à une quelconque cure de jouvence ; ils étaient plus préoccupés par des questions politiques ou syndicales. Le fait d'avoir osé aller chez l'ennemi idéologique américain ne plaida pas en ma faveur.

### Retour à Duke

Je désirais ardemment retourner à Duke. Hylander accepta mon projet de recherche sur la signification fonctionnelle ou structurelle de la région frontale juste au-dessus des orbites. Comme on le sait grâce à l'imagerie courante, celle-ci se manifestait aussi proéminente que robuste chez nos ancêtres, à l'instar des *Homo erectus*, ce qui leur confère un air de brute épaisse. Les morpho-psychologues s'acharnaient d'ailleurs depuis plus d'un siècle sur ce « délit de sale gueule » préhistorique.

Trouver des financements me prit une année entière. Mais je les obtins. Je me préparais à partir lorsque, mauvaise nouvelle, Hylander me fit repousser d'un an, car il prenait une année sabbatique dans une autre université. Il m'était cependant impossible de reporter d'une année les bourses obtenues. Je décidai de partir pour préparer notre collaboration, ce que Hylander accepta. C'est ainsi que débutèrent mes recherches postdoctorales américaines avec le privilège de disposer du bureau et du laboratoire du professeur Hylander.

Cette décision n'avait pas été simple à prendre. Sans assurance sur la suite, je partis seul, laissant Christine à Enghien. Une séparation d'autant plus douloureuse qu'au cours de cette année de transition et d'incertitude, j'avais pris goût à enseigner la physique et les sciences naturelles à l'école Notre-Dame pour subvenir à nos besoins.

Le programme de sixième proposait aux élèves une initiation à l'anatomie comparée ; j'étais aux anges. Je demandai aux élèves d'apporter des animaux différents ; qui un chat, qui un petit chien, un chinchilla, un perroquet, une tortue…

Un carnaval des petits animaux et de leurs bruitages qui ravit les élèves non sans me valoir un rappel à l'ordre de la part de l'encadrement, à commencer par Christine.

Une autre fois, il s'agissait de faire comprendre la distillation. Cela bouillonna sur les paillasses. J'ouvris la fenêtre de la salle de cours pour dissiper les vapeurs d'alcool. Mais l'évacuation se fit mal, ce dont je ne me rendais pas vraiment compte, étant justement près de la fenêtre. Arrive alors le changement de groupe. Je constatai, effaré, que les élèves traversaient la cour d'un pas mal assuré, sous le regard étonné de leurs camarades et de l'encadrement. Manifestement, j'avais mis en place un mode d'enseignement un peu trop expérimental, certes plébiscité par les élèves, mais beaucoup moins par les cadres éducatifs et les parents. Cette expérience me sera cependant fort utile plus tard pour travailler avec des singes. Je respecterai en cela l'attitude éthique du druide Diagnostix dans l'aventure d'Astérix *Le Bouclier Arverne* sur l'éventualité d'imposer une cure au petit chien Idéfix : « Les recherches sur les humains ne sont pas assez avancées pour envisager de passer aux animaux. »

# V

## POSTDOCTORALE
## DES OS, DES CANINES ET DU SEXE

*Le temps de la transition*
Me voilà de retour à Duke en octobre 1985. Une année propice pour publier ma thèse, rédiger quelques articles et finaliser le projet de recherche avec Hylander. Cette fois, j'allai aller chercher des financements auprès de grandes agences américaines telles que NSF (National Science Foundation) ou NIH (National Instituts of Health). Je découvre le processus très rigoureux de ce qu'on appelle les *grant applications*. Il consiste à décrire dans les moindres détails tous les aspects d'un projet de recherche pour obtenir des subventions. Laborieux, mais efficace, car, lorsque l'argent arrive, le programme s'enclenche sans attendre. Plus surprenante – à cette époque – est la possibilité de rémunérer des chercheurs qui ne sont pas encore en poste ; ce qui est mon cas. Rien à voir avec ce qui se pratique alors en France, pays scientifique parmi les derniers à adopter ce système, comme les rémunérations des recherches postdoctorales. Longtemps, cependant, les jeunes chercheurs effectuant des recherches postdoctorales dans des universités étrangères ne verront pas leurs travaux reconnus pour obtenir un poste à leur retour en France, ce qui sera mon cas, et ce malgré des publications et l'apport de nouvelles approches scientifiques innovantes.

Alors que j'évoque ce système avec un ami marocain chercheur en biochimie aux États-Unis, il aura cette remarque : « Tu sais, à mon arrivée, mon nouveau patron m'a demandé ce que je voulais. Alors je me suis lâché, dressant la liste complète de matériels et de besoins encore difficilement accessibles en France. Deux jours après, j'avais le tout sur mon bureau et ma paillasse ! Sur le moment, cela m'a fait peur ! » En effet, aucune excuse pour ne pas travailler dur et obtenir des résultats.

Très vite se forme un groupe amical de chercheurs francophones : français, belges, suisses, maghrébins, africains, colombiens... Nous sommes tous dans l'émerveillement de nous retrouver dans une université américaine, qui plus est à Duke, alors en plein développement. Un contexte privilégié à tous égards : les conditions de recherche comme celles de vie sur l'un des plus beaux campus qui soit. Plus encore, nos rémunérations nous offrent un excellent niveau de vie, puisque nous sommes dans le sud des États-Unis, bien plus pauvre. De telles conditions auraient été inconcevables dans toute autre grande ville américaine, même en ce début des années 1980 pas encore emportées par les fièvres des *Yuppies* après l'élection de Ronald Reagan et les folles opportunités de la déréglementation financière. Car, très vite, à l'américaine, la société allait changer sous nos yeux, et pas pour le meilleur.

En attendant, j'apprécie une vie d'étudiant que je n'ai jamais eue, dégagée des soucis financiers, même si mes revenus restent modestes. Christine viendra me rejoindre pendant les vacances scolaires. Au cours d'un de ces voyages, fatiguée, elle se réveille lors d'une escale dans un aéroport et sort de l'avion, croyant être arrivée. Pas de chance, c'est l'escale d'avant. À cette époque, il n'y a pas de portables. Je l'attendais avec un bouquet de fleurs à l'aéroport de Raleigh/Durham alors qu'elle s'efforçait de me rejoindre depuis celui de Norfolk, en

Virginie. Angoisse et inquiétude quand elle parvient enfin à entrer en contact avec moi via la compagnie aérienne.

Hylander m'avait vendu à bon prix sa vieille Station Wagon Ford ; un break à la taille américaine qui consomme autant d'huile que d'essence. Heureusement, il n'y avait que trois heures de route, en roulant à l'américaine, pour rejoindre l'aéroport. Je roule à la française. Évidemment, je suis arrêté par la police de la circulation. À cette époque, leurs voitures disposent d'une rampe qui s'illumine en fonction de la vitesse ; à mon passage, toute la rampe s'éclaire, comme à la fête foraine. Je m'arrête. Le policier me demande mes papiers, non sans noter mon accent. Il me croit québécois et m'avoue que le sport favori des policiers de la route consiste à les intercepter car, dit-il, en plus de la langue, ils conduisent encore à la française sur ce chemin du Sud qui mène en Floride. Je lui explique que je suis français et lui raconte la mésaventure de Christine. Il me regarde, non sans avoir avisé le bouquet de fleurs sur la banquette arrière, et éclate de rire, du rire d'un homme heureux d'une telle rencontre. Il me rend mes papiers et me dit :

« It's OK. You make my day. The dream for us is to catch a real French driver. My colleagues will be jealous. You can go, but watch the speed limit ; it's so French and romantic. (C'est bon. Vous avez fait ma journée ! Le rêve d'un policier de la route américain est d'attraper un vrai conducteur français. Mes collègues vont être jaloux. Vous pouvez y aller, mais gare à la vitesse !) »

*So french, so romantic...* Et si délicieusement cliché.

Une autre époque...

## *La vie à pleines dents*

Je profite de mes recherches en cours pour esquisser un autre projet, résolument orienté vers la paléoanthropologie : reconstituer la socioécologie de nos ancêtres, dont Lucy et les australopithèques. La socioécologie est l'étude des relations entre le régime alimentaire et les systèmes sociaux des espèces, en l'occurrence les singes et les grands singes. Ce domaine de recherche est en pleine effervescence au cours des décennies 1970 et 1980 dans le cadre de ce qu'on appelle le « programme adaptationniste ».

Non sans rapport avec l'éveil de la conscience écologique, les évolutionnistes s'intéressaient alors à l'adaptation des espèces en rapport avec leurs habitats naturels, ce qui deviendra plus tard l'écologie évolutionniste. Un contexte stimulant qui s'appuie sur un corpus de plus en plus riche d'études de terrain, notamment chez les primates : lémuriens, singes, grands singes et humains. La primatologie, qui rassemble toutes les recherches en biologie au sens large sur ces espèces, devient un champ de recherche incroyablement dynamique avec la création de multiples sociétés nationales et internationales, stimulées par de plus en plus de rencontres interdisciplinaires – un véritable bouillonnement. Même si on continue à dire que l'homme descend du singe sans plus de précision, on commence à mieux connaître ces singes, ce qui va bouleverser les reconstitutions de nos origines communes ; cela m'occupera dans les années 1990 après mon retour définitif de Duke.

Deux professeurs du département d'anatomie de Duke, qui est aussi celui de Hylander, sont en train de poser les bases méthodologiques et scientifiques de la reconstitution de l'adaptation des espèces fossiles. L'un, Matt Cartmill, est un grand théoricien ; l'autre, Rich Kay, un formidable expérimentateur. À l'aide de la microscopie électronique et de méthodes d'analyses mathématiques – les transformations de Fourrier –, ce dernier distingue les différents types d'usure dentaire due à la consommation de feuilles ou de fruits plus ou moins tendres ou coriaces. Les feuilles des arbres et des arbustes, les fruits avec leurs cosses et leurs noyaux ou leurs graines composent l'essentiel des régimes alimentaires des singes et des grands singes. Selon les espèces, ils mangent aussi des insectes, des fleurs ou parfois de la viande, mais en faible quantité, ce qui ne laisse pas de traces particulières car nécessitant peu d'incisions ou de mastication. En transposant ces observations pour l'analyse des dents de nos ancêtres, on précise leurs régimes alimentaires et, partant, des composantes de leurs vies sociales. Cette approche scientifique se nomme l'actualisme : transposer dans le passé les observations et des résultats d'expérimentations acquis à partir des connaissances sur les espèces actuelles.

Le principe est simple, à condition de connaître les espèces actuelles. Je découvre chemin faisant les travaux d'un certain Claude Marcel Hladik, ce qui me vaut un moment un peu vexant. Je lis ses excellents articles, en anglais, signés C. M. Hladik, sans faire attention à son institution. Et puis, sans sombrer dans un réductionniste à la Zemmour, le nom ne m'évoque pas un nom français. Lors d'une discussion avec Rich Kay, je lui demande en passant à quelle université appartient Hladik. Rich prend un air amusé, s'incline dans son fauteuil et prend une profonde respiration avant de me dire d'un air goguenard : « He belongs to the Museum of Natural History in Paris ». Le jeune étudiant que je suis s'est senti ridicule. Quelques années plus tard, j'aurai le bonheur de collaborer avec Claude Marcel et sa femme pour la première reconstitution cohérente de la vie de Lucy et des australopithèques.

Hylander avait démontré que les espèces mangeuses de feuilles, les folivores comme les colobes, les entelles ou les gorilles, possèdent de petites incisives et des molaires longues, étroites, aux reliefs acérés couverts d'émail mince. La différence de résistance entre l'émail mince et le cément des couronnes des dents crée des crêtes coupantes qui cisaillent les feuilles. Car manger des feuilles n'est pas une sinécure, cela requiert de briser leurs longues chaînes de protéines – action physique liée à la mastication – et ensuite de les digérer soit dans un grand estomac sacculé ou un gros intestin ou colon vraiment gros, véritables chambres de fermentation. Comme il faut en consommer beaucoup pour nourrir son singe en raison de leur faible qualité nutritive, les folivores mastiquent beaucoup, vraiment beaucoup. On les appelle les *banketters*. Répétée des milliers de fois par jour, cette mastication laisse, sous l'œil du microscope de Kay, des traces reconnaissables aux stries fines et facettes polies.

Hladik souligna, pour sa part, les implications socioécologiques. Ce régime alimentaire fait que les groupes de singes folivores recherchent des arbres avec des feuilles comestibles, dans lesquels ils s'installent par petits groupes, posant leur séant sur une branche et passant la journée à mastiquer et la nuit à digérer. Les interactions sociales sont contraintes par ces exigences masticatoires. Ils se déplacent peu, occupent des territoires modestes, et leur cerveau est modérément développé. Une vie qui n'est pas très goûteuse ni stimulante socialement, sans compter les risques d'empoisonnement. Car l'enfer vert n'est pas qu'une expression. Les plantes déploient des stratégies chimiques redoutables destinées à gâcher la vie de leurs consommateurs par le goût, mais aussi par des composants toxiques comme les alcaloïdes, strychnines et autres ingrédients gâtant la digestion. Les jeunes apprennent auprès de leurs mères quelles feuilles voire parties de feuilles ils peuvent manger, ils apprennent aussi à diversifier les variétés et, parfois, à consommer de la terre ou du charbon de bois pour éviter de lourds désagréments (effet tampon). On ne s'improvise pas végétarien du jour au lendemain. Petit avertissement écologique pour les végétariens naïfs : manger des végétaux n'est pas une sinécure ni sans danger. C'est une histoire de coévolution entre les plantes, leurs amis et leurs ennemis. Imaginons que je me trouve dans l'écorce d'un arbre. Première règle pour les amis : je suis content que des insectes, des oiseaux et des chauves-souris viennent butiner mes fleurs, les fécondant. Celles-ci deviennent des fruits qui attirent les oiseaux et surtout les singes frugivores. Ces derniers les consomment, ingérant graines et noyaux, qu'ils dispersent en favorisant ma reproduction.

Deuxième règle : on ne touche pas aux feuilles de l'arbre que je suis, j'en ai besoin pour ma bonne santé. Alors, j'ai développé des produits chimiques dits secondaires pour empoisonner les insectes et la cohorte trop nombreuse des mangeurs de feuilles, surtout ces maudits singes folivores qui, contrairement aux espèces terrestres, hormis les girafes, viennent se servir dans ma couronne. Une défense chimique qui s'organise car, lorsque des insectes ravagent l'un de mes congénères, des signaux passent par les racines pour prévenir les autres, qui déclenchent la riposte chimique.

Les singes frugivores mangent des fruits et se montrent volontiers omnivores, ingérant des insectes et se montrant parfois chasseurs. Ils possèdent des incisives développées pour mordre dans les fruits et des molaires robustes avec des reliefs arrondis couverts d'émail épais. Pulpes, noix et graines subissent une mastication puissante. Seulement, ces nourritures de bonne qualité se présentent de façon discrète dans les milieux arborés. Les singes vivent dans des groupes sociaux importants et exploitent de vastes domaines vitaux. Des sociétés plus nombreuses, des interactions sociales intenses, des déplacements fréquents dans des habitats en trois dimensions et des nourritures gustatives riches en nutriments et en calories : autant de caractéristiques qui s'associent à des cerveaux plus développés. Reste la sexualité : une question de canines que nous aborderons aussi avec Hylander. La vie à pleines dents en quelque sorte, qui m'amènera à dévoiler bien des aspects de la vie de nos ancêtres, à commencer par celle de la jeune presque femme Lucy. Car les dents conservent aussi les marques des âges de la vie comme de la santé.

Mais, pour l'heure, je n'en suis pas là. Je dois me concentrer sur la biomécanique crâniofaciale avec Hylander. Alors qu'il s'intéresse à la vieille question de « pourquoi *Sapiens* a un menton » et pas les autres humains, et encore moins les grands singes, si ce n'est une esquisse chez les graciles gibbons, je me focalise sur la région au-dessus des orbites. En fait, ce sont de très anciennes questions de morphologie et leurs cortèges de controverses qui remontent à Johann von Goethe, moins connu pour avoir inventé le terme « morphologie ». Grâce à Hylander, nous disposons des moyens expérimentaux et conceptuels pour résoudre ces questions au cœur de la paléoanthropologie, comme les relations entre les Néandertaliens et les *Sapiens*, vivement discutées à cette époque. À savoir, est-ce que les Néandertaliens représentent une autre espèce humaine ou une sous-espèce de *Sapiens* appelée *Homo sapiens neanderthalensis* ?

En effet, Bernard Vandermeersch confirmait alors que les Néandertaliens étaient contemporains des *Sapiens* au Proche-Orient. Alors, quelles relations existait-il entre ces deux populations humaines ? Depuis leur découverte au milieu du XIXe siècle, les Néandertaliens ne cessaient d'embarrasser les paléoanthropologues, d'autant plus qu'ils osent avoir un cerveau plus gros, qu'ils possèdent des techniques de taille de la pierre très complexes (technique dite Levallois) et enterrent leurs morts. Difficile pourtant de concevoir une autre espèce aussi « brillante » que la nôtre et qui lui soit contemporaine. Et puis la culture occidentale n'admet qu'un seul homme à l'image de son Créateur. Alors, on en a fait une sous-espèce de *Sapiens* dans tous les sens péjoratifs. La question de la région sus-orbitaire et du menton s'est inscrite dans cette controverse.

## *Le grand départ*

L'année sabbatique de Hylander et ma première année postdoctorale se terminent. Je dois maintenant rentrer en France, et je forme le projet de me présenter à nouveau au CNRS, nanti de mon expérience, d'un livre, d'articles et de beaux projets. Mais rien n'y fait. Les apparatchiks encartés des commissions récusent mon profil. Lors de ma présentation devant la commission d'anthropologie-paléoanthropologie, il m'est argué que je fais de l'expérimentation avec des singes, un programme vulgaire et difficilement acceptable dans ces temples de l'exception humaine réfractaire à toute nouvelle approche, qui plus est comparée et mobilisant les théories de l'évolution, d'autant, comme chacun devrait le savoir, qu'elles s'appliquent aux singes, certainement pas aux humains. Et de me renvoyer vers une section de biologie. Mais, là encore, il me faut affronter la profonde aversion des milieux de la recherche à la fois pour les singes et encore plus pour tout ce qui touche à l'humain. On imagine mal de nos jours la vive allergie qui existe contre les singes et les grands singes dans notre culture en général, qui confine à l'hystérie plus on s'approche des humains. Un dogme, une posture qui persiste dans les sciences humaines en France.

Heureusement, de bonnes nouvelles arrivent de l'université de Duke, mais en partie. Hylander me confirme le financement de la moitié de mon projet, mais cela ne se fera pas avant quelques mois. À charge pour moi de trouver l'autre moitié. La Fondation Fyssen m'accorde une seconde bourse, ce qui est vraiment exceptionnel. Le complément me sera en outre attribué par la Fondation pour la recherche médicale.

Reste à prendre la grande décision : partir tous les deux et demi ; plus précisément tous les deux et un embryon de petite fille. Christine attend notre premier enfant. Bien que les nouvelles soient encourageantes pour le financement de mes recherches, tout n'est pas encore certain. Et il n'est pas question pour moi de repartir seul. Mais tout quitter sans certitude sauf celle de devenir parents paraît déraisonnable. Nous savions comment vivre à Durham comme étudiants, mais comme jeunes parents ? Quelles seront les conditions autour de l'accouchement, de la maternité, de nos possibilités de logement, de vie ?

Christine et moi nous faisons face dans notre charmant appartement d'Enghien. Nous nous regardons sans un mot. Elle a un travail qu'elle adore. Et si je n'arrive pas à obtenir un poste, je peux encore miser sur l'enseignement en physique, voir envisager de devenir ingénieur. Mais la vérité est là et nous le savons : si nous ne partons pas, nous le regretterons toute notre vie. L'amour donne des ailes pour franchir un océan d'incertitudes et d'espoirs.

*Bienvenue en prison*
Nous retrouvons la Caroline du Nord à la fin du mois de juin 1986. Elle ne ressemble déjà plus à celle que nous avions découverte seulement quatre ans auparavant. Le petit aéroport est en passe de devenir un *hub* international. La croissance à l'américaine reste impressionnante pour un Européen, y compris pour celui qui a été chassé dans son enfance par les immeubles.

Nous rejoignons le petit appartement loué à proximité du campus. La première nuit est suivie d'un réveil brutal. On frappe violemment à la porte. J'enfile rapidement un short et un T-shirt avant d'ouvrir. En un rien de temps, me voilà les menottes aux poignets ! Surpris, pour le moins. On me communique l'objet de mon arrestation : je n'ai pas payé une amende pour excès de vitesse.

Avant de repartir en France, notre groupe de francophones, qui avait l'habitude de se retrouver pour un dîner chaque semaine, avait décidé d'organiser un week-end à la mer avant la dispersion estivale. Rich et Matt m'avaient conseillé l'île d'Okracoke, sur la façade atlantique de la Caroline du Nord, une île refuge du pirate Barbe Noire. Tous ensemble, nous avions loué une belle villa avec son ponton donnant directement accès à la plage qui semblait sans limites. Un lieu magnifique ! Seul problème, nous étions dans un *dry country* ; c'est-à-dire un comté où il est interdit de vendre de l'alcool et encore plus de se risquer à en boire en public, même dans son jardin ou sur sa terrasse. Pas de quoi perdre sa francophonie. Une tournée quotidienne se chargerait des approvisionnements vitaux.

Longues baignades, apéritifs interminables sur le ponton, dîners de superbes poissons à la braise... Une seule ombre à ce tableau : les cormorans. Ces fichus volatiles, de grande taille, se délestent de gros paquets de fiente sans discernement, véritables bouses lâchées comme des bombes. Alors, nous décidâmes avec des vigies et autres oriflammes de dévier leurs trajectoires. Étudiants, nous étions venus avec de vieilles guimbardes américaines, à l'exception de l'un d'entre nous, adepte de la frime, qui avait une petite voiture de sport. On la voyait à peine au milieu de nos tanks, sauf les cormorans, qui firent un véritable carnage de fientes séchées sur le toit et le capot brûlant du soleil de Caroline du Nord. Je n'ai jamais trouvé d'article scientifique autour de la conscience sociale des cormorans ! Ce serait pourtant un beau sujet de thèse.

C'est au retour de ce week-end que j'avais commis l'excès de vitesse. Et reçu l'amende. Mais, tout accaparé par mon retour en France, j'avais oublié de la payer. Pourtant, j'avais bien été prévenu : pas trop surpris mais quand même de me retrouver sur le pas de la porte en pyjama d'été, mal réveillé (*jet-lag*), les menottes aux poignets. J'arriverai cependant à négocier pour passer un pantalon, une chemise et mettre des chaussures !

Installés sur la banquette arrière de la voiture de police, les policiers se font plus aimables et bavards. Ils veulent savoir si j'aime l'Amérique et la Caroline du Nord. On pourrait croire qu'ils ont le sens de l'humour, mais ce n'est pas le sujet : quoi qu'il l'arrive, ils habitent le plus grand et le plus beau pays du monde, peu importe si vous êtes menotté dans une voiture sur le chemin du poste de police. Évidemment, je suis enchanté d'une aussi jolie balade, leur répondis-je !

Ces petits échanges me rassurent. Après tout, une amende, ce n'est pas bien grave. Il suffit de payer et, en plus, ils sont courtois. Arrivé au poste, j'attends mon tour derrière un Afro-Américain vraiment costaud accusé d'un larcin aggravé d'une tentative de fuite et suivi d'une bagarre avec les policiers. 300 dollars de caution. En moi, je me dis qu'à l'aune de cette amende, je ne devrais pas avoir à payer une somme folle. Erreur, j'écope du même tarif : 300 dollars ! Et direction la cellule d'incarcération. Pour être libéré, il me faudra payer la caution avant ma parution devant un tribunal. Évidemment, je n'ai pas eu le réflexe ni le temps de prendre avec moi de l'argent. Je découvre à mes dépens que, dans ce pays, on est du bon côté ou du mauvais côté de la loi. Qui vole un œuf vole un bœuf.

N'ayant droit qu'à un seul coup de téléphone, j'appelle Hylander chez lui, car nous sommes un dimanche. Un peu surpris par mon appel matinal, il me souhaite un joyeux retour à Durham et me demande si tout va bien. Je lui explique la situation. Il éclate de rire et me dit « À tout de suite » : « N'oublie pas que nous devons déjeuner tout à l'heure avec Linda et Christine ! » Il paie la caution, encore hilare : Ah ! Encore une bonne histoire à raconter sur ce *crazy Frenchies* !

Deux mois plus tard, me voilà devant le tribunal. Je règle l'amende et récupère en retour ma caution. Selon Bill et les amis de Duke, je m'en suis bien sorti. Ils me racontent alors qu'il arrive que des policiers pénètrent brutalement dans une salle de cours pour appréhender un professeur pour de tels motifs et selon les mêmes procédés. Alors, quand nos médias se sont offusqués de l'arrestation spectaculaire de Dominique Strauss-Kahn à New York, je n'en fus pas pour ma part surpris. Il s'agit de jeter l'opprobre collective avant même tout jugement. Opprobre à laquelle Donald Trump s'efforcera d'échapper dans ses nombreux démêlés avec le procureur de New York, au risque de donner une très mauvaise image pour une éventuelle nouvelle candidature à présidentielle.

Je commence aussi à comprendre que notre vie d'étudiants attardés dans une prestigieuse université et le groupe francophone nous offrent une sorte d'immunité sociale, comme une bulle de tolérance à l'image du *Jardin des délices* de Jérôme Bosch. La société américaine exerce un contrôle aussi diffus que constant non sans rapport avec son puritanisme séculaire et hypocrite. Un jour, Bill me prévient : nous sommes une société de libre entreprise et de travail, pas forcément de liberté individuelle comme en Europe.

Autres contrées, autres mœurs : avant de voyager, il faudrait toujours relire Montaigne. À l'époque, en ce milieu des années 1980, les relations entre étudiants et professeurs dans l'université sont encore assez formelles, même si elles commencent à se détendre. Les étudiants de 1968 sont devenus professeurs, sans avoir abandonné tous les usages des anciens ni leur statut. Aussi, lorsque des professeurs américains nous invitent à les appeler par leur prénom, on a le doux sentiment de s'affranchir des lourdeurs académiques. Erreur anthropologique majeure ! Passer des rigidités institutionnelles imposées aux subtilités éthologiques des règles implicites n'a rien d'évident. Dans un premier temps, une grande tolérance est exercée. Puis, rapidement, fusent quelques remarques du genre « Au fait, il faut dire comme cela » ou « Nous ne faisons pas comme cela », etc. Voir les professeurs travailler dans leur bureau, leur porte ouverte, n'est pas pour autant une invitation à y entrer sans une bonne raison. Pour les relations sociales et ludiques, il y a la cafétéria. On y consomme là un café immonde, à peine plus sombre dans la tasse que du thé et que les Américains boivent à longueur de journée, chacune et chacun utilisant son *mug*. D'ailleurs, il était rare alors de ne pas croiser un Américain ou une Américaine sans un mug ou une canette en main. Comme l'évolution ne nous a donné que deux mains, l'affaire est plus compliquée aujourd'hui avec les téléphones portables, plus encore si vous êtes fumeur.

Les premiers mois sont consacrés à la programmation de nos recherches expérimentales. Au cours de cette période, mes travaux sont financés par les bourses françaises. Je suis formidablement bien installé, disposant cette fois du bureau de Matt Cartmill, parti en année sabbatique. Je dévore sa bibliothèque, riche en livres sur l'histoire de la biologie et de l'évolution. Matt est un admirateur de l'immense Thomas Huxley, jeune et farouche ami de Charles Darwin, que je découvre alors avec jubilation.

Un jour, Bill entre dans le bureau, vêtu de sa blouse blanche et accompagné de deux autres professeurs. Ils veulent que je les rejoigne au « laboratoire ». En fait, il s'agit de la grande salle de cours d'anatomie de l'école de médecine, autrement dit de dissection. Cela n'a rien d'illogique, puisque nous sommes dans un laboratoire d'anatomie. Cependant, je décline l'invitation, j'ai gardé un si mauvais souvenir des dissections faites à l'école de médecine de Paris, rue des Saints-Pères. Est-ce que les germanopratins installés au Café de Flore ou aux Deux Magots ont la moindre idée de qui les observent depuis le septième étage de l'école de médecine ? Pour l'essentiel, des cadavres et des magots, des macaques dits de Barbarie, qui vivent ordinairement au Maghreb ou sur le rocher de Gibraltar. (Leur nom vient du fait qu'ils étaient autrefois dressés pour tourner la manivelle des orgues de Barbarie sur les places publiques.) Dans le cadre de ma thèse, j'avais dû faire des dissections de la tête. N'étant pas étudiant en médecine, j'avais été autorisé par un professeur passionné d'anthropologie de la faculté de médecine à œuvrer en fin de journée. Imaginez l'ambiance, seul, le soir tombant, faisant face à des membres de corps humains dispersés en désordre sur des tables avec, en arrière-fond sonore, quelques cris de macaques, sans oublier l'odeur. L'antichambre de l'épouvante perchée au-dessus des effluves élitistes du quartier Saint-Germain. Un souvenir cauchemardesque que je n'ai pas envie de revivre...

Pourtant, la même scène se reproduit deux mois plus tard. Bill me demande d'un air amusé : « Tu viens ? » Et je m'entends lui répondre : « J'arrive ! » Un changement notable, mais je suis désormais payé sur des fonds de recherche américains, et mon salaire inclut cet enseignement.

À propos de financement, je devais subir chèrement les premiers effets néfastes de la dérégulation financière. J'étais d'abord payé sur des fonds français, mais, le dollar montant à un taux astronomique, cela me fait perdre presque la moitié de mon argent. Une année plus tard, je bascule sur le financement en dollars, ce dernier s'effondre. J'ai perdu plus d'un tiers de mes subventions par le jeu de la spéculation. Premiers indices douloureux et annonciateurs des crises financières à venir.

Me voilà donc dans ce « laboratoire », mais qui n'a plus rien à voir avec ce que j'ai connu. Quatre rangées d'une dizaine de tables de dissection avec, sur chacune d'elles, un corps soigneusement emmailloté comme une momie. C'est propre, aseptisé et surtout respectueux envers les personnes qui ont donné leur corps à la science.

Bill me dit :

— Voilà, tu es promu instructeur en anatomie. Tu as la responsabilité de toute cette rangée.
— Mais, Bill, je ne connais que l'anatomie de la tête. On commence par quelle partie ?
— Le dos.
— Je n'y connais rien !
— C'est ton problème. Au fait, on commence la semaine prochaine.

Les professeurs de ce département venaient de publier un superbe livre sur l'anatomie humaine : *Human Structure*. Enseigner l'anatomie humaine dans une perspective évolutionniste, autrement dit avec intelligence. Un exemple : le nerf récurrent. Ce nerf au cheminement étrange sort de la base du crâne, descend dans l'épaule, passe sous l'aorte et remonte vers le larynx ; c'est le nerf qui nous permet de parler et de déglutir. Mais pourquoi un tel détournement ? Il faut remonter plus de 300 millions d'années en arrière, chez nos ancêtres poissons du Dévonien. En ce temps-là, les nerfs et les artères sortent tout droit, perpendiculairement, de la colonne vertébrale. Certaines lignées s'adaptent à la vie terrestre ; le corps se transforme, notamment avec la formation d'un cou qui sépare la tête du tronc. À ceci près que l'origine du nerf comme son insertion ne changent pas. Ce que l'on appelle une contrainte de structure ou, si l'on préfère, de développement. Alors, notre nerf n'a qu'une solution, s'adapter en s'allongeant à cause de l'aorte qui le tire vers le tronc.

Pour toutes les parties du corps, les étudiants auront une explication rationnelle, évolutionniste. Ainsi encore, par exemple, pour la *cauda equina*, la queue de cheval. C'est la partie de la colonne vertébrale, la région lombaire, dépourvue de moelle épinière. Comment ? Le cerveau et la moelle épinière croissent en premier ; c'est la croissance neurale qui se termine dans l'enfance. En gros, la taille adulte de notre cerveau, de nos yeux et de la moelle épinière sont atteints entre six et huit ans. Quant au reste du corps, il continue sa croissance somatique jusqu'à l'âge adulte. La moelle épinière a cessé sa croissance, tandis que la colonne vertébrale continue la sienne. Conséquence : les nerfs qui innervent la partie inférieure de notre corps s'allongent pour atteindre leurs cibles, d'où la queue de cheval. Autre conséquence : un « vide » se forme dans le corps des vertèbres lombaires, sans moelle épinière, devenu fort utile pour les ponctions lombaires et les anesthésies, comme les péridurales. On verra que le développement de la région au-dessus de l'orbite résulte d'un tel processus différentiel de développement entre le cerveau et la face, ce qui nous vaut, comme à nos ancêtres, de belles sinusites.

Au fait, pourquoi commencer par le dos ? Tout simplement parce que nos corps contiennent moins de structures au-dessus de la colonne vertébrale (en position à plat ventre). Examinez un poisson. Il y a autant de muscles de part et d'autre de l'arête centrale, l'équivalent de notre colonne vertébrale. Par contre, les viscères se trouvent en dessous. Chez les mammifères quadrupèdes, presque toutes les parties du corps se placent sous la colonne vertébrale. Ne restent au-dessus que les muscles assurant la stabilité des vertèbres, les muscles épaxiaux. Pas grand-chose, mais le meilleur. Des muscles très tendres et délicieux, les filets. Il n'est cependant pas question de gastronomie dans la salle de dissection, mais bien plutôt d'une approche progressive de la structure du corps humain au fil de son évolution depuis des centaines de millions d'années. Qui aurait cru qu'il serait autant question de poissons dans une salle d'anatomie ?

Dans les décennies à venir, Duke deviendra l'une des universités les plus en pointe sur ce qu'on appelle la médecine évolutionniste, très présente de nos jours dans les plus grands centres médicaux universitaires, mais encore trop peu développée en France en raison de son allergie darwinienne, à l'exception de trop rares universités, comme à Montpellier. Si un front doté d'un fort bourrelet dénonce stupidement un esprit borné, ce n'est qu'une question d'os et de sinus. Par contre, les phobies antidarwiniennes se fossilisent durablement dans les lobes frontaux des cerveaux de l'Académie nationale de médecine.

Depuis quelques années, on parle d'« une seule santé », *One Heath* en anglais. Il s'agit d'une médecine qui se préoccupe à la fois de la santé des humains, de celle des animaux et de l'environnement. La crise de la pandémie de Covid-19 a redonné une impulsion à cette approche, sachant, par exemple, que les deux tiers de nos maladies, anciennes ou émergentes, proviennent des animaux. L'idée n'est pas récente. On la rencontre chez Rudolf Virchow, immense médecin allemand du XIX$^e$ siècle, l'un des fondateurs de la théorie des pathologies cellulaires. Grand spécialiste d'anatomie pathologique, il s'intéressa à l'anthropologie, tout en étant sceptique quant à la préhistoire de l'humanité. Pour lui, l'homme de Néandertal, trouvé dans la vallée de Neander près de Düsseldorf, en Allemagne, en 1856, n'était autre qu'un *Sapiens* affecté d'une grave pathologie. Progressiste en politique, il ne le fut guère du côté de Darwin et des théories de l'évolution. D'autres affirmèrent aussi que c'était là le crâne d'un cosaque tombé de cheval à la suite d'une poursuite de soldats napoléoniens rescapés de la campagne de Russie ! Et les assertions du même acabit ne manquent pas de nos jours ! Ces pauvres Néandertaliens ne cessent de subir le mépris de leurs frères *Sapiens*.

L'idée d'une seule santé ou médecine revient dans les années 1980 grâce à l'épidémiologiste américain Calvin Schwab. Mais il faut attendre la fin du XX$^e$ siècle, avec l'affirmation des changements climatiques et environnementaux, pour que le concept atteigne les institutions. Sans compter que sont apparus entre-temps Ebola, H5N1, le SRAS, les coronavirus et d'autres encore...

Reste la question de l'évolution. Dans les années 1990 émerge la médecine évolutionniste autour de cette question : pourquoi sommes-nous malades et pourquoi y a-t-il de nouvelles maladies ? Dit autrement, quelles sont les évolutions actuelles, présentes et à venir des pathologies ? Il ne s'agit pas seulement d'interprétations évolutionnistes ou de simples spéculations intellectuelles. Cette approche suscite de nouvelles formes de thérapies pour les cancers, les questions d'immunologie, d'allergie, de microbiote, de maladies civilisationnelles... Normalement, ces deux médecines, la vétérinaire et l'humaine, devraient s'unifier dans le cadre de la médecine évolutionniste, ne devraient en faire qu'une. Mais, encore une fois, comment éradiquer l'allergie antidarwinienne de toutes les sciences qui, dès qu'elles touchent à l'homme, s'obstinent toujours à refuser l'approche évolutionniste ?

Je me retrouve à suivre les cours avec les étudiantes et les étudiants auxquels je dois enseigner. Je passe des nuits entières plongé dans les livres d'anatomie. Finalement, après une première année laborieuse, je deviendrai un bon instructeur en anatomie. Ce qui ne veut pas dire pour autant que j'y sois allé avec joie, non plus que les autres enseignants. Dès la fin des séances, mes vêtements passés au lavage, et, après une longue douche, me poursuivait l'impression durable que l'odeur des corps sans vie s'invitait dans mes nuits. Le cinéma s'amuse souvent à mettre en scène des médecins, notamment légistes, qui ont l'air blasé. En réalité, on ne ressort jamais indemne de la dissection d'un corps humain. À Duke, la tête des morts restait enrubannée pendant de nombreuses séances avant de découvrir un visage et des yeux figés dans l'éternité, sans âme.

## Chaude rencontre avec des babouins

Mon projet autour de la région sus-orbitaire est alors au cœur d'une controverse autour de la morphologie et des activités culturelles de nos ancêtres. D'un côté, des paléoanthropologues qui défendent l'idée que nos ancêtres, à commencer par les Néandertaliens, possèdent un relief frontal puissant car ils utilisent leurs incisives comme des outils, par exemple pour travailler les peaux. Ces actions sollicitent le squelette crânien qui, en réponse adaptative, se développe pour limiter les déformations osseuses. On a imaginé ainsi que nos pauvres Néandertaliens présentaient une telle anatomie à cause de leurs mâchoires employées comme troisième main. Il en va de même pour expliquer leur face projetée en avant, prognathe, à force de tirer dessus. Il suffirait qu'ils abandonnent de telles pratiques pour que disparaisse ce relief disgracieux et que la face recule. Comment ? Grâce à leur rencontre avec les *Sapiens* qui leur procurent d'autres outils et d'autres techniques les affranchissant de ces rudes tâches. D'un point de vue évolutionniste, cela signifierait que les différences anatomiques entre Néandertaliens et *Sapiens* ne sont pas d'ordre génétique mais la conséquence d'activités culturelles ; une question de plasticité. Après tout, si vous faites de la musculation, vous ne devenez pas le robuste *Homo erectus* pour autant. Pour preuve, justement, les *Homo erectus* les plus anciens, aux techniques encore moins élaborées, sont nantis de très puissants reliefs sus-orbitaires, véritables visières (non pas pour se protéger des rayons du soleil ou encore pour dévier l'eau de pluie dégoulinant sur le front, des hypothèses qui ont été proposées !). Conclusion, les Néandertaliens ne diffèrent pas fondamentalement des *Sapiens*. Ils en représentent la sous-espèce *Homo sapiens neanderthalensis*.

En revanche, si l'on démontre qu'une face prognathe surplombée d'un fort relief frontal n'a rien à voir avec

## DES OS, DES CANINES ET DU SEXE

l'emploi des dents antérieures (voire la protection des rayons du soleil ou de la pluie), alors les différences anatomiques s'inscrivent dans divers programmes génétiques de développement, qui justifient une distinction au niveau de l'espèce : *Homo sapiens* et *Homo neanderthalensis* représentent alors deux espèces humaines distinctes et contemporaines.

Pour tester cette question de biomécanique crâniofaciale, il me fallait deux espèces de singes, dont l'une avec une face bien plus longue que l'autre. Nous disposons de macaques, restait à trouver des babouins. Les deux espèces, l'une asiatique, l'autre africaine, ont les mêmes régimes alimentaires de frugivores omnivores. Ils possèdent de belles incisives, dont ils font force usage. Les macaques, à face plus courte, représentent les *Sapiens* ; les babouins, à face plus longue, les Néandertaliens. Il fallait encore habituer ces derniers aux conditions du laboratoire et à nos personnes. Les macaques ne sont pas commodes, certes ; mais c'est une autre affaire avec les babouins, bien plus corpulents et dotés de canines à faire pâlir un doberman. D'ailleurs, nos collègues des autres universités nous souhaitèrent bonne chance dans nos recherches…

Paré pour l'expérience, je me rends à l'animalerie. Condition de sécurité oblige, je dois porter une blouse, une charlotte et un masque. On ne badine pas avec la sécurité. J'entre dans la salle où se trouvent quatre grandes cages : deux abritant chacune une femelle et, plus au fond, deux autres avec un mâle chacune. Je suis venu avec des friandises dans mes poches. Quatre paires d'yeux me scrutent avec intensité. J'aborde d'abord les femelles. Doucement, je leur tends une friandise, en prenant bien soin de ne pas les regarder dans les yeux, ce qui serait perçu comme une agression. Sur leur garde, les mâles se montrent plus réticents, d'autant que j'ai échangé avec les femelles en premier. Tout se passe bien jusque-là : éviter un regard direct et, en même temps, prendre garde à ce qu'ils ne saisissent pas ma main au risque de passer un sale moment contre les barreaux. On n'a pas idée de leur force.

Tranquillement, j'opère un demi-tour pour quitter la salle. Quand, soudain, éclate un déchaînement violent d'aboiements des deux mâles, devenus hystériques. Je comprends ma bévue. Je porte un pantalon rouge alors que la blouse, ouverte dans le dos, laisse voir mon postérieur. Chez les babouins, les femelles manifestent leur réceptivité sexuelle par une vulve hyper-dilatée de couleur rose vif ou rouge. Alors, un tel postérieur, ils n'en avaient jamais vu dans leurs rêves érotiques des savanes africaines...

Je sors à reculons dans ce vacarme assourdissant. Cette fois, ce sont les femelles qui avisent mon postérieur ; un peu jalouses. Je franchis la porte et me retrouve dans le couloir bondé d'agents de sécurité, d'animaliers, de pompiers... C'est l'alerte générale. J'enlève mon masque, riant de ma bévue. Tout le monde me regarde avec insistance et étonnement. Un ange passe. La directrice de l'animalerie me reconnaît. Elle ne me demande pas d'explication et se contente seulement de dire à l'assemblée curieuse : « Don't worry, guys, that's the French guy » (Pas de panique, les gars, c'est le Français). Fin de l'évènement.

Ce pantalon rouge va nourrir bien des commérages. Français, sportif, jeune père, une jolie *French woman*, à moto et en pantalon rouge. Il n'y a là en réalité rien de bien extravagant, mais si loin, hors des représentations sociales et culturelles de l'Amérique, même à Duke. Un pays de « culs serrés », pas de babouins.

## Dream Team, American Dream

À cette époque, le basketball ne m'intéresse pas. Je suis handballeur, un sport à peine connu de ce côté de l'Atlantique où il est appelé *team handball*. Mes collègues du laboratoire m'encouragent à me joindre à eux pour m'essayer au basket. La partie vire à la catastrophe ; un chien fou dans un jeu de quilles. Ce jour-là, j'abandonne, sans imaginer un seul instant que la fièvre du basket va bientôt m'emporter.

L'université de Duke vient de recruter un nouveau coach, Mike Krzyzewski. Les résultats ne se font pas attendre dans une ligue universitaire très compétitive. Michael Jordan a joué dans l'université de North Carolina, voisine et rivale. L'équipe de Duke se nomme les Blue Devils, les diables bleus, d'un superbe bleu marine alors que North Carolina affiche des couleurs bleu ciel. Aujourd'hui, « Coach K » s'illustre comme le plus victorieux coach de l'histoire du basketball universitaire, avec un palmarès universitaire et olympique inégalé.

Avant chaque match, je ressentirai la fièvre qui agite le laboratoire et toute l'université, sans encore me motiver. Un jour, cependant, l'assistant de Bill entre dans mon bureau pour m'offrir un billet à l'occasion d'une rencontre. Instruit de leur côté économe, je me dis qu'il me faut y aller et je ne veux pas les vexer. La vexation sera pour moi.

L'équipe de France fait cette année-là une tournée d'entraînement en vue des jeux Olympiques de 1988. La voilà dans ce chaudron des diables bleus. J'assiste à Bouvines et Waterloo en même temps pour nos bleus. Si nos joueurs français font à peu près la même stature que leurs adversaires, ils n'en ont pas du tout la morphologie. Nos élégants basketteurs du genre Giacometti se heurtent à des colosses de Rhodes qui, individuellement, leur rendent au moins une vingtaine de kilogrammes. Rude défaite, bien difficile d'avaler une telle déconfiture, même si mes collègues, contents, iront jusqu'à m'offrir une pinte de bière, c'est dire. Les Anglo-Saxons ont un sens bien à eux du *fair-play*...

L'université possède son propre journal, le *Duke Chronicle*, qui paraît tous les jeudis. La première chose à lire est le *cartoon* de Gary Larson ; un dessinateur de génie qui, en plus, connaît parfaitement la paléoanthropologie. Comme en témoigne ce dessin montrant un paléoanthropologue à l'air très satisfait qui tient une jeune femme par l'épaule avec, à ses pieds, un squelette fossile. La légende du dessin est : « The dream of any paleoanthropologist. » Les collègues viendront me voir, curieux de savoir de qui il pourrait bien s'agir. C'était une gentille caricature de Donald Johanson, le Coppens américain, codécouvreur de Lucy et séducteur patenté. Je ne dirai pas qui était la jeune scientifique ; quant au fossile, nul doute, il s'agissait bien de Lucy. Elle, je peux la citer, ne risquant aucun désagrément pour dénonciation de la vie privée.

Hylander connaît aussi une partie de cette histoire. On se souvient de la réaction surprenante de Donald Johanson lorsque je lui ai dit avoir travaillé avec Hylander à Duke. En fait, la femme de Bill, Linda, était la meilleure amie de la première femme de Johanson. Les deux hommes se connaissaient bien, évidemment. Et c'est ainsi que je suis arrivé dans ce superbe laboratoire ; une anecdote qui me sera racontée le jour de ma soutenance de thèse. Une belle façon d'entrer dans la famille.

La deuxième rubrique de *Duke Chronicle* que je lisais juste après le *cartoon* de Gary Larson est sa chronique sportive, celle du basket avant tout. La montée en puissance de l'équipe de Coach K est impressionnante. Je décide de nous abonner, Christine et moi. Chaque match est un spectacle hallucinant, avec orchestre et *pom-pom girls*. Si le gymnase est un véritable chaudron, c'est aussi pour cette raison : les premiers rangs de spectateurs sont réservés aux étudiants, qui ne paient pas leur place. Les autres sont dédiés aux enseignants et aux chercheurs, qui se trouvent dans des rangées plus élevées. Ambiance ! Deux années plus tard, Duke remportera le championnat universitaire. Dès lors, Coach K s'imposera comme le sélectionneur et l'entraîneur de ce qui deviendra la célèbre *Dream Team* des jeux Olympiques de Barcelone en 1992.

Duke choie ses étudiants, qui paient très cher leurs études tout en attendant d'eux une forte exigence de résultats. Je me souviens d'une année où deux étudiants en médecine n'étaient pas au niveau, dont un était un pilier de l'équipe de basket. Pourtant, le président de Duke resta intraitable : pas de résultats, pas de match. Un joueur majeur pouvait être interdit de jouer alors même que l'équipe était en demi-finale. Malgré les protestations sur le campus, le président resta intraitable. Il en allait cependant aussi de notre responsabilité. Personne ne devait sortir de Duke sans diplôme et encore moins sans avoir le niveau requis. S'il y avait eu quelques erreurs d'appréciation au moment de la sélection, la faut en revenait à l'université. C'est ainsi que nous avons encadré ces étudiants à l'aide de cours particuliers, sans être rémunérés bien sûr, afin de les mettre au niveau. Un sport et un enseignement d'équipe.

L'université de Charlotte, en Caroline du Nord, faisait partie de la même ligue. J'y découvrirai un joueur fabuleux : Tyrone Bogues, le plus petit joueur du circuit universitaire puis de la NBA du haut de son 1,60 m. Impossible à dribbler et grand meneur d'équipe. Je m'amuse à imaginer un garçon de cette taille désirant jouer au basket en France. On lui recommanderait le ping-pong ou la gymnastique. En Amérique, on laisse à chacun sa chance. Chez nous, il faut entrer dans des normes avant toute chose, alors même qu'un champion ou une championne est forcément exceptionnel-(le). On se souvient de cette étude très savante de nos organismes de sport affirmant qu'aucun coureur du 100 mètres ne pouvait avoir la morphologie d'un Usain Bolt. À ceci près que les champions sont toujours hors normes ! La belle devise de Bogues était : « Qu'importe la taille, du moment que les pieds touchent le ciel. » Que ce soit pour les études ou le sport, notre pays souffre d'une profonde pathologie sélective normée.

Quelques décennies plus tard, je participai à un programme de réflexion sur le sport avec des philosophes, des sociologues et des biologistes. Effaré par cette politique de la norme et de la modélisation, j'écrivis un article cinglant intitulé « La non-fabrique des champions ». La réussite fulgurante des sports collectifs français, masculins et féminins, notamment grâce au succès du handball, dissimule le manque de championnes et de champions dans trop de sports. Un peu rancunier, je n'ai pas oublié avoir été obligé d'abandonner l'athlétisme et le handball pour faire mes études. J'en admire d'autant plus nos championnes et nos champions.

Encore de nos jours, les Européens et surtout les Français conservent l'image d'universités américaines qui ne seraient accessibles qu'aux seules familles fortunées ; ce qui est complètement faux. Si vous êtes riche, il n'y a certes pas de problème pour le financement ; mais si vous êtes pauvre ou très modeste, il n'y en a pas non plus. Les difficultés concernent en réalité les classes moyennes. Alors, les grandes universités envoient des cohortes de recruteurs dans le pays à la recherche des bonnes et bons élèves des classes sociales les plus modestes dans les lycées de tous les États. Ils leur octroient des bourses et les pourvoient de jobs étudiants sur les campus. Il en va de même, bien sûr, pour celles et ceux qui ont de bons niveaux y compris dans tous les sports. Il ne s'agit là aucunement d'une démarche philanthropique : ces jeunes contribuent à la fois à l'excellence scolaire et sportive des universités.

Récemment, Monique Canto-Sperber, ancienne présidente de l'École normale supérieure de Paris (ENS), a commis un rapport comparant les accès aux études supérieures en France et aux États-Unis d'Amérique. Le constat était sans appel : notre système éducatif est devenu au cours des dernières décennies le plus inégalitaire des pays développés. Je me demande si mon parcours comme celui de tant de filles et de garçons de mon époque serait encore possible de nos jours.

Avec les collègues de ma génération, dont beaucoup sont issus de milieux modestes, force nous est de constater les changements sociologiques des étudiantes et des étudiants, issus majoritairement des classes CSP+. Dans un entretien récent, le philosophe André Comte-Sponville évoquait un échange avec un collègue plus jeune que lui, professeur à l'École normale supérieure. Ce dernier lui faisait part de ce changement sociologique depuis le temps d'exercice de son aîné. Et André d'acquiescer : « Je sais, on enseigne à des étudiantes et des étudiants des classes cultivées et aisées. » « C'est encore pire, nous enseignons aux enfants de nos collègues, lui répond son jeune collègue. » André me confia alors : « J'ai cru en pleurer. » Comment en est-on arrivé là ?

Le scénario de cette triste histoire sociologique prend racine dans les années 1950, avec l'apparition du terme « méritocratie » sous la plume de sociologues anglo-saxons. Le rêve américain comme le progrès en Europe se fondent sur l'idée que l'ascension sociale doit reposer sur le talent et le mérite, notamment par les études. Une idée à la fois politique, progressiste et généreuse pour contourner les biais de reproduction sociale des classes économiquement ou culturellement dominantes. Mais des Cassandre avaient anticipé que les méritantes et les méritants formeraient à leur tour une élite méritocratique avec ses propres systèmes de reproduction sociale. Pierre Bourdieu, issu d'un milieu modeste, en dressera le triste constat dans *Les Héritiers*. La méritocratie ne le lui pardonnera pas, moins encore les élites journalistiques sorties de Science Po et se piquant d'être de gauche. Richard Descoings, ancien directeur de Science Po – épaulé par Nicolas Sarkozy qui tenta, en vain, de ramener à une portion raisonnable les évaluations de culture générale dans les modes d'orientation – disons d'élimination – des élèves et des étudiants –, s'est heurté au mur de défense méritocratique. C'est devenu un grand débat qui agite notre société jusqu'à notre prix Nobel de littérature Annie Ernaux. Si je me reconnais dans le parcours de Gérald Bronner, bien qu'un peu plus âgé que lui, je ne suis pas certain qu'il ait la pleine conscience de ce profond changement sociologique. Sa brillante carrière est devenue, hélas, un bel arbre qui cache une forêt en dépérissement méritocratique pour cause de perte de diversité socio-économique.

On parle désormais de « transclasses », un terme inconnu de ma génération. Et d'entendre les héritières et les héritiers affirmer qu'elles et eux aussi proviennent de familles modestes, paysannes ou ouvrières. C'est une tendance dans les dîners en ville. Autant dire que nous descendons tous d'*Homo erectus*, plus encore d'un grand singe africain. De telles déclarations, aussi outrancières que méprisantes, suffisent à dénoncer la morgue de cette revendication d'un certificat de méritocratie ancestrale. Il me revient un dessin de Cabu où l'on voit un jeune diplômé de Polytechnique. On peut lire en frontispice du dessin : « Oui, des enfants d'ouvriers peuvent sortir de Polytechnique. » Avec cette réponse : « En tant qu'arrière-, arrière-, arrière-petit-fils d'ouvrier, c'est vrai ; mais ça peut être long. » Les parcours sociologiques de celles et ceux de ma génération auront cependant été plus rapides ; une époque formidable où nos consciences de classe ne furent perçues ni comme des hontes ni comme des revanches à prendre. Une parenthèse méritocratique trop vie refermée.

Il ne s'agit là aucunement de faire la critique des grandes écoles françaises ou des universités, y compris américaines. Elles pâtissent elles-mêmes de cette sclérose en classes sociales. Le problème est bien plus profond. Ce débat est très vif, et depuis plusieurs décennies, aux États-Unis, dont le credo repose justement sur la réussite individuelle pour toutes et tous. Au cours de mes années à Duke, une majorité d'étudiantes et d'étudiants s'endettaient lourdement pour payer leurs études avec, à la clé, l'assurance de métiers très bien rémunérés. Ce temps est révolu. La question de la « dette étudiante » grève la société américaine ; une bombe sociologique qui n'est même plus à retardement. Des études trop chères, beaucoup trop chères. Alors, on voit de plus en plus d'étudiantes et d'étudiants américains s'orienter vers des universités canadiennes ou européennes. C'est une chance pour notre système éducatif, à condition de corriger l'entrave méritocratique. Quand on pense qu'il est de plus en plus difficile de nommer et conserver des personnes dites « de la société civile » aux postes ministériels, on se doit de s'interroger sur nos bases démocratiques. Le défi est grand, puisque nos élites politiques sont elles-mêmes issues de cette méritocratie pseudo-démocratique. Un vaste projet politique pour l'avenir de la France et de l'Europe.

## Un étrange melting-pot

L'Amérique est alors en pleine révolution conservatrice. Ronald Reagan se présente pour un second mandat en 1985. Nous sommes tous chez le professeur Matt Cartmill pour y suivre les résultats en direct. Énorme déception. Évidemment, tous les universitaires s'affichaient ouvertement démocrates. Les analyses des votes me surprennent. L'électorat afro-américain a choisi massivement la réélection de Reagan. Je m'en étonne, pétri de mes a priori politiques français, entre une gauche pensée moderniste et ouverte face à une droite archaïque et discriminante.

Matt me rappellera qu'Abraham Lincoln appartenait au parti républicain, alors que les démocrates soutenaient, eux, les esclavagistes du Sud. Les enfants des esclaves ne l'ont pas oublié. L'électorat afro-américain changera avec l'arrivée de

Barack Obama, non sans être déçu par la faiblesse de sa politique pour l'égalité, malgré le magnifique discours de Philadelphie et un prix Nobel de la paix, à peine élu. Que d'espoirs envolés.

En France, l'élection de François Mitterrand, la même année que celle de Reagan – tous les deux pour leurs premiers mandats –, porte d'immenses espoirs. Mais ma conscience anthropologique se heurte alors à d'autres réalités au cours des deux dernières décennies du XX$^e$ siècle.

Jusqu'aux années 1980, les gouvernements occidentaux présentent peu de personnalités issues des minorités, à peine une ou deux. Elles apparaissent plus nombreuses d'abord dans les gouvernements conservateurs de Ronald Reagan – pas celui de Margaret Thatcher –, puis des présidents George Bush Senior et Junior, non dans celui intermédiaire de Bill Clinton, un démocrate. En France, la diversité arrivera avec Nicolas Sarkozy. Récemment, le gouvernement démocrate de Joe Biden et de la vice-présidente Kamala Harris a confirmé une prise de conscience tardive chez les démocrates après les deux mandats de Barack Obama. Au Royaume-Uni, c'est le gouvernement conservateur de Rishi Sunak qui en témoigne alors même que les gouvernements travaillistes ne se sont pas distingués sur ce sujet. On ne peut pas dire que les gouvernements français brillent parmi les meilleures nations sur le podium des diversités, qu'ils soient de gauche, de droite ou plus au centre, si l'on excepte très récemment quelques nominations à des ministères importants, comme celle de Christiane Taubira. Le premier quinquennat d'Emmanuel Macron ne se distinguera pas non plus par son ouverture. Mais le gouvernement Borne se rattrapera, lui, sur la qualité avec Pap Ndiaye ministre de l'Éducation nationale éphémère ou encore Ryma Abdul Malak ministre de la Culture. C'est bien mieux que tous les gouvernements de gauche jusqu'à présent.

Peut mieux faire cependant, comme si souvent lu sur les bulletins scolaires.

Depuis 1981, les déceptions ne cessent de s'ajouter aux déceptions du côté de la gauche française. L'aventure de SOS Racisme et la poussée humanitaire dissimulent la détérioration de la classe ouvrière sur fond de désindustrialisation. La gauche socialiste s'embourgeoise et prend les habits de l'exclusion sociale qui se traduit par le filtre de la méritocratie scolaire, dévalant le chemin de la reproduction sociale jusqu'à la situation actuelle. La gauche ostracise, alors que la droite sélectionne. J'exagère ! Récemment, une enquête sur la sexualité des Français a révélé que ceux et celles de gauche privilégient des partenaires de la même sensibilité politique. Autrement dit, la gauche s'entrave dans les catégories sociales, alors que la droite, tout en conservant ses privilèges de classe, se montre plus confiante envers les individus. Dans un cas, les « transclasses » sont des sociotraîtres ; dans l'autre, des méritants qui, quoi qu'il en soit, n'auront jamais tous les codes. Ou l'on appartient à une classe qui s'impose et nous entraîne dans son ascension ; ou l'on traverse des classes sociales, mais sans jamais être pleinement des leurs ; telle est cette réalité anthropologique française. Annie Ernaux et Gérald Bronner représentent ces deux réalités, chacune avec ses désillusions comme ses illusions. Il n'est pas facile de trouver un chemin entre la crainte de ne plus appartenir et celle de vouloir appartenir. Qu'on le veuille ou pas, on reste un nomade social.

Partis en Caroline du Nord au début des années 1980 alors qu'une partie de la France pouvait envisager la vie plus en rose, nous sommes saisis par une tout autre ambiance, plus délavée, à notre retour en 1989. Comment une partie de la gauche en est-elle arrivée à détruire les classes laborieuses et industrieuses, méprisant toutes les forces de production et d'innovation, tout ce qui porte les stigmates de ce qui est matérialiste – les ouvrières, les ouvriers comme les entrepreneuses et entrepreneurs dans l'utopie démente d'une France sans usine ?

*Vive le jazz, hymne anthropologique à la diversité*
À Duke, la diversité des origines de notre groupe francophone facilite la diversité des relations ; un vrai *melting-pot* avec de multiples liens. La Caroline du Nord est un des berceaux du blues et du jazz. Nous allions aussi bien dans des bars et des boîtes avec quasi exclusivement des Afro-Américains ou, les beaux jours, à des concerts en plein air dans la plus pure imagerie du Sud et de la musique country. Je parlerai de nos découvertes avec les collègues du laboratoire, très surpris par nos incursions musicales. Je le serai encore plus : « Et vous, vous n'aimez pas ces musiques, d'autant que nous sommes dans leurs foyers originels ? » Sans oublier nos rencontres aussi diverses qu'inattendues. Leur réponse sera déconcertante : « Toi, tu peux te permettre de faire des choses que nous n'osons pas faire. » Las, l'Amérique n'est pas une terre d'aventuriers sociaux ou ethniques...

Dans le sud du continent, comme à Durham, la ville se distribue en quartiers habités par tel ou tel type de population : les universitaires – majoritairement blancs ; les quartiers populaires, plus pauvres, avec des familles noires ; des quartiers de vieilles familles riches ; et peu de quartiers de Blancs pauvres, lesquels sont plutôt dispersés dans les campagnes – ce sont ceux qu'on appelle aussi les *red necks* (les « cous rouges » exposés au soleil durant le dur labeur des champs). Mais nous n'irons jamais dans les bars glauques et violents appartenant à des Blancs racistes et xénophobes, nostalgiques des sombres heures de l'esclavagisme. À l'époque, le Sud connaît d'ailleurs un développement économique et social tel qu'il nous est impossible d'imaginer que les futurs nouveaux exclus – blancs, racistes et suprémacistes –, hostiles aux valeurs de leurs compatriotes du Nord, formeront un jour le socle de l'électorat populaire de Donald Trump, des décennies plus tard.

Au sein de notre petit groupe, Richard, venu de Boston, excellent musicien, nous entraîna écouter des concerts dans les coins les plus improbables ; ce fut à chaque fois comme de petits voyages ethnographiques en musique dans le cœur profond de la Caroline du Nord, petites musiques se jouant de toutes les notes et de tous les accents du monde. Ces orchestres polyethniques échappaient totalement aux différentes composantes juxtaposées de la population américaine. Le blues et plus encore le jazz avaient hérité des sons et des chants emportés par des femmes et des hommes déracinés ; des musiques inspirées des misères et des espoirs transposés dans le Nouveau Monde. La musique classique semble insensible à ces influences ethnologiques, à quelques exceptions près, populaires pour Béla Bartók, plus anthropologiques pour Antonín Dvořák. En fait, le melting-pot n'a rien d'une symphonie du Nouveau Monde. La société américaine est un patchwork qui affiche ses diversités, mais sans mélange de couleurs.

Nous goûtons sans retenue les programmes culturels proposés par le campus. C'est tout simplement inimaginable. Les sports et les danses révèlent des aptitudes du corps humain exprimées par la créativité. L'évolution nous a livré un corps se mouvant sur deux jambes et ne se déplaçant que d'une seule allure fondamentale, que ce soit pour la marche ou la course. Une simplification, en quelque sorte, riche de potentialités infinies dans la diversité des mouvements inventés par toutes les cultures du monde d'hier et d'aujourd'hui. Pour les sports comme pour les danses, ce sont toujours les mouvements les plus gracieux qui expriment les plus grands accomplissements. Chercher la performance en forçant des parties du corps ne conduit pas à la réussite, personnelle ou collective. Rechercher des mouvements fluides, gracieux, harmonieux offre la performance, qui vient comme une grâce. Il suffit de regarder une finale du 100 mètres et de comparer l'allure du vainqueur à celle de ses suiveurs. Performance encore en équitation quand le cheval et le cavalier se fondent dans une même fluidité.

Nous adorions tout particulièrement l'American Dance Festival, affichant à son programme les meilleures compagnies de danse contemporaine. Pour des Français, regarder un ballet de Roland Petit à Durham est délicieusement snob. Et le jazz ! L'école de musique, riche de son nouveau bâtiment sur le campus virginien, compte plusieurs orchestres, dont un big band dirigé par le fils de Thelonious Monk. Elle a son festival de jazz, avec les plus grandes et les plus grands : Branford Marsalis, George Benson, Pat Metheny, Tânia Maria, John Scofield ou encore Wynton Marsalis. Nous les reverrons quelques décennies plus tard au festival Jazz in Marciac, dont Wynton Marsalis est le parrain. Pour lui, ce festival au cœur de l'été est « fusionnel ». Retrouver les mêmes, des contreforts du Blue Ridge au cœur de l'Occitanie, c'est la magie du jazz qui part des tripes, de la sueur, du labeur, du pays, de l'arrachement et du désir de vivre.

*Transition digitale*

Mes recherches avancent bien. Mais nous sommes handicapés pas la lenteur de l'analyse des résultats. Chaque expérience produit des milliers de données, que nous devons présélectionner à l'œil, à la main, au crayon et à la règle avant de les fournir à l'ordinateur du département d'anatomie. Il nous faut passer au numérique, ce que nous devons faire nous-mêmes. Passer de l'analogique au numérique est du bricolage de haut vol en ces temps pionniers de la micro-informatique.

Tout le monde ne jure alors que par les micro-ordinateurs Apple, les plus performants. À côté, les IBM PC font piètre figure. La Big Blue s'interroge sur la rentabilité de ce marché. Beaucoup d'entreprises se lancent, autant échouent, et déjà l'arrivée des constructeurs asiatiques se profile, d'autant plus que les Japonais, que ce soit pour les voitures ou l'électronique grand public, à l'instar des montres, de la musique enregistrée, de son écoute avec les baladeurs ou l'arrivée des CD, sont en train de bousculer le marché mondial et surtout américain. En fait, c'est un véritable tsunami électronique et informatique, comparable à celui que nous commençons à vivre aujourd'hui avec les intelligences artificielles.

Pour l'heure, nous sommes confrontés à de gros problèmes techniques. Notre premier choix se portera sur les produits Apple. Imaginez ces machines qui nous fascinent alors, comme les Apple IIc avec 254 Ko de mémoire et disques souples de 5 pouces ; par comparaison, un iPhone actuel a une capacité un million de fois supérieure. Nous ne parvenons à rien ; idem avec le Macintosh, mais pire encore bien que plus performant. Alors, nos regards se tourneront vers les IBM PC et affiliés. Là, on peut bricoler.

Les machines Apple nous séduisent cependant pour leur traitement du texte et des images. Mais il nous est quasiment impossible d'entrer dans la machine. C'est du *in-out* ; un système fermé. Pour les expérimentateurs et les chercheurs, il faut pouvoir capter des données et les stocker avant de les analyser ; c'est donc *out-in-out*.

La politique de Steve Jobs d'un système fermé, qui correspond à la manie d'Apple de maîtriser tous leurs environnements techniques, va obérer l'immense marché émergent de la capture et du traitement des données dans les sciences de l'ingénieur, la recherche, la médecine, la conception assistée par ordinateur... Remercié, il se lancera dans l'aventure NeXT. Entre-temps, le conseil d'administration d'Apple en Californie aura fait venir son responsable du marché français. Celui-ci va, pour l'anecdote, acheter le même modèle de

Mercedes que celui de Jobs, mais avec une plaque d'immatriculation marquée du mot *open*. Il est trop tard. Depuis, Apple a conservé une place dominante dans le traitement et la création de textes et d'images, mais ne sera que peu présent dans les laboratoires. Pour autant, la « pomme » se porte fort bien, comme dans la téléphonie, en témoigne sa capitalisation astronomique. Du coup, nous apprécions les modèles dits PC, moins pour leurs performances que pour les facilités de bricolage qu'ils nous offrent.

Voilà un bel exemple de sélection naturelle. Dans la vie comme dans le monde des technologies, il ne suffit pas d'être le meilleur dans l'absolu, pour autant que cela puisse exister en dehors des mondes idéalisés. C'est encore une question de sélection. Si un caractère est sélectionné, même s'il semble moins performant, il n'en reste pas moins qu'il s'impose dans l'environnement qui l'a sélectionné. Tautologique, certes, mais il en va ainsi de la sélection naturelle.

Autre épisode préhistorique au regard de nos visionnages actuels de séries et de films en streaming depuis des plateformes. Dans les années 1980, les Japonais ont décidé de faire bénéficier les publics et les marchés des avancées de l'électronique alors que les pays occidentaux les réservent encore aux activités militaires. Comme dit plus haut, c'est un tsunami dans tous les domaines. Deux standards sont proposés pour visionner des films à partir de cassettes magnétiques : Betamax et VHS. Le premier est de meilleure qualité, mais il exige des appareils de lecture plus onéreux, avec un choix de films limité. VHS propose, pour sa part, des images beaucoup moins nettes, avec des appareils meilleur marché. Et le grand public en demande et en redemande. L'électronique grand public, telle est l'ambition nouvelle : fournir des loisirs au plus grand nombre plutôt que de viser les seuls hauts revenus en attendant que cela se « démocratise ». C'est là une stratégie marketing non élitiste qui correspond à un modèle bien connu des évolutionnistes : les stratégies K et r.

K et r sont les coefficients d'une équation sur l'écologie du peuplement d'un territoire, comme sur une île ravagée par du volcanisme. Dans un environnement ouvert et donc pas ou peu compétitif, les espèces avec des stratégies quantitatives et peu qualitatives dites r pour reproduction prennent l'avantage, comme les rongeurs par exemple. Les femelles mettent au monde des portées nombreuses avec des petits immatures, qui croissent vite et ne tardent pas à se reproduire à leur tour ; ainsi des rongeurs. Leurs prédateurs, comme les chats, adoptent la même stratégie. Puis d'autres espèces investissent ces territoires avec, inévitablement, une compétition plus intense pour l'accès aux ressources. Surgissent alors des espèces plus qualitatives dites K. Cette fois, les femelles ne mettent qu'un seul petit au monde, mature, après une longue gestation. S'ensuit une enfance de plusieurs années avant d'atteindre l'âge adulte. Les espèces les plus K sont les éléphants, quelques dauphins et baleines, mais surtout les singes et les grands singes, dont les humains. (En effet, un nouveau-né humain arrive au monde très mature, contrairement à ce que racontent les médecins et autres qui n'ont jamais accouché ; s'il y a une forme d'immaturité, elle est très particulière ; le nouveau-né humain ne ressemble pas à un fœtus comme chez les souris ou les chats, les r, mais à un K particulier à cause de son gros cerveau.) Pour suivre cette métaphore, sur ce nouveau marché de l'électronique, il vaut mieux arriver avec des stratégies r comme le VHS que K comme le Betamax, qui aurait pu trouver sa niche qualitative, mais a été balayé par le numérique, comme le sera aussi le VHS. C'est la grande nouveauté de l'économie des années 1980 d'élaborer des stratégies qui seront de plus en plus qualitatives, comme le sont nos smartphones actuels ; une stratégie méprisée par la plupart des pays européens et leur vieille culture des élites et de la distinction sociale.

On a oublié l'histoire, fameuse, du « dollar informatique ». Sous divers prétextes liés aux coûts de transport, aux taxes à l'importation ou de stockage, les distributeurs français décidèrent d'appliquer la règle de 10 francs pour un dollar. Une escroquerie qui se doublait d'une attitude arrogante. Alors que les constructeurs américains fournissaient logiciels et tutoriels – le terme n'existe pas à l'époque – pour maîtriser ces machines, les distributeurs français bloquaient l'accès des clients aux informations. J'ai ainsi le souvenir d'une boutique réputée boulevard Saint-Germain, La règle à calcul, où se côtoyaient ingénieurs et techniciens d'une arrogance insupportable. Encore élève au lycée, alors que j'y étais allé un jour pour acheter ma première règle à calcul, un instrument génial devenu préhistorique pour faire des calculs et des opérations basées sur des gradations algorithmiques, je fus frappé par un tel comportement. En classe de terminale, j'y retournerai pour me procurer les calculettes pour la première fois autorisées lors des épreuves du baccalauréat – ce temps de mes années lycée où se profilait le chant du cygne de l'analogique. Mais, si le passage de l'analogique au numérique a bien bouleversé les sciences et les techniques, l'attitude des « technos qui n'ont pas inventé » ne fera que s'amplifier.

J'ai conservé cette magnifique règle à calcul. Il m'arrive de la ressortir pour en montrer l'usage à mes enfants. Ils me regardent déconcertés et gentiment moquent en moi l'homme préhistorique. Scène renouvelée avec mes petits-enfants, encore plus égarés par un monde tellement dépassé – ce n'était pourtant qu'il y a quelques décennies. On n'a jamais connu au cours de l'histoire de l'humanité une telle succession de changements technologiques en si peu de temps, et à l'échelle mondiale.

Alors que les inventeurs américains en tenue décontractée imaginaient des machines accessibles au plus grand nombre, nos ingénieurs en costume-cravate à la créativité en berne s'accaparaient un marché plein de promesses. Au lieu de favoriser nos chercheurs, nos ingénieurs et nos entreprises, nous créions des « comités de veille technologique », qui n'ont que très rarement soutenu nos talents.

Cette défiance des élites qui n'inventent rien et craignent l'accès du plus grand nombre aux avancées technologiques de la même façon est à l'image de notre système politico-économique vertical. Rien ne semble avoir changé, comme en témoignent les débats stupides autour de l'intelligence artificielle, lesquels ont été revitalisés avec l'arrivée de ChatGPT. Toujours cette crainte que l'on puisse tous accéder ou maîtriser ces innovations qui, le croient-ils, pourraient menacer leurs privilèges et leur statut. Alors, on régule !

On ne cesse régulièrement d'entendre que ce sont des ingénieurs ou des chercheurs français qui ont découvert telle technique ou imaginé tel appareil avant les autres, et souvent même mieux. Ce fut d'ailleurs le cas pour l'invention du micro-ordinateur, à l'instar du Micral N, il y a exactement cinquante ans. Malheureusement, il n'a pas été « sélectionné ». Il y a un demi-siècle comme aujourd'hui avec l'intelligence artificielle ou la robotique, nous avons tous les talents, mais il subsiste le blocage des environnements administratifs, institutionnels et concurrentiels qui pensent au mieux à réguler plutôt que d'envisager des innovations de rupture. Il est vrai qu'on peut difficilement réguler les ruptures. Nos institutions s'évertuent à « penser » les choix technologiques sans percevoir ce qui est émergeant.

## *La girafe et l'ordinateur*

L'Europe et tout particulièrement la France sont des pays lamarckiens. Le changement, le progrès, l'évolution se conçoivent selon un grand schéma universel dirigé par des élites (avec son système de reproduction). Jean-Baptiste de Lamarck (1744-1829) fut un biologiste de génie, l'un des premiers à proposer une théorie cohérente de la transformation ou adaptation des espèces au début du XIX$^e$ siècle : si l'environnement change, les espèces doivent elles aussi changer. Il admet le principe qu'elles possèdent les capacités internes pour s'adapter. Sa théorie s'exprime dans la parabole du cou de la girafe.

Il était une fois l'ancêtre de la girafe qui avait un cou plus court. Mais, alors que les arbres deviennent plus grands, leur couronne de feuillage se fait moins accessible. Alors, à force de tendre le cou pour atteindre leur nourriture, les girafes vont faire que celui-ci va s'allonger. Un cou plus long devient une adaptation acquise qui est transmise aux générations suivantes. En général, la parabole s'arrête là. Mais, à la suite de cette adaptation des girafes, les arbres vont alors répondre à la prédation de leurs feuilles. Cette course à l'adaptation est ainsi dénommée « la Reine rouge », d'après un épisode survenu dans *De l'autre côté du miroir*, suite d'*Alice au pays des merveilles* de Lewis Carroll. La petite Alice court avec la Reine rouge ou *Red Queen*, mais le paysage bouge en même temps qu'elles. Alice s'étonne alors de cette étrangeté. La reine, de sa morgue coutumière, lui dit : « Ma fille, dans ce pays, il faut courir le plus vite possible pour rester à sa place. » Une version plus cinématographique est celle du prince de Salina dans *Le Guépard* de Luchino Visconti : il faut que tout change pour que rien ne change.

Lamarck fait l'objet d'une sorte de légende noire. Immense scientifique inventeur du terme « biologie », il n'aura aucunement conscience de l'interprétation politique qui se fera de sa théorie. Enfant de la Révolution française et cofondateur du Muséum national d'histoire naturelle, il vit le changement dans la société et pensa le changement dans la nature et ce qui n'est pas encore une théorie de l'évolution des espèces. Il se heurtera à d'autres géants, comme Georges Cuvier, qui, quant à lui, se montra très conservateur, ce qui eut l'heur de convenir à Napoléon. La période impériale, comme celle de la Restauration qui suivra, n'avait pas besoin d'une théorie du changement. Et ce malgré la grande polémique scientifique de 1830 à l'Académie des sciences qui opposa les lamarckiens transformistes aux tenants d'un monde figé ou, pour le moins, hostile à l'idée de la transformation des espèces. L'Europe se fascina pour les débats, à l'instar de Goethe. Finalement, l'idée de transformation des espèces finit par l'emporter dans le monde de la biologie, non sans être systématiquement remise en cause d'une manière ou d'une autre jusqu'à aujourd'hui.

Charles Darwin naît en 1809, l'année même de la publication de la théorie de Lamarck. Un demi-siècle plus tard, il publie *L'Origine des espèces au moyen de la sélection naturelle* (1859), une théorie qui fait intervenir des individus, des variations, des circonstances et même le hasard. La sélection naturelle, dépourvue de but ultime si ce n'est de favoriser les individus les plus aptes dans des circonstances contingentes, heurte en effet toute idée de dessein, de finalité, de téléologie. Et plus encore, d'où viennent ces variations ? Pourquoi de nouvelles formes apparaissent-elles à chaque génération avec des individus porteurs de caractères différents et, plus encore, sans correspondre à un besoin avéré de la population ? Une révolution de la pensée sur la vie et la place de l'homme dans la nature. Darwin devient, lui, l'homme le plus dangereux d'Angleterre (et du monde).

La réception de Darwin rencontre encore plus d'opposition de l'autre côté de la Manche. La France avancera vers la République avec bien des aléas et, d'un coup, Lamarck reviendra en grâce. La pensée lamarckienne proposait une « loi naturelle » de la logique du changement, rationnelle et, plus encore, des sociétés animées du concept de progrès et déterminées à décider de leur avenir, à le construire. À noter qu'au moment de la jeunesse de Darwin, la société anglaise exècre Lamarck, cette pensée de la transformation fille de la Révolution honnie. Ni Lamarck ni Darwin ne sont des politiques ; mais les politiques ne vont pas se priver soit de les jeter aux gémonies, soit de détourner leurs théories, trop souvent à de tristes desseins. Cela dure depuis plus de deux siècles, se poursuit et je ne tarderais pas à y être impliqué.

Autrement dit, dans une traduction sociopolitique : dans les mondes lamarckiens, la société comme les espèces sont guidées par une tendance à se perfectionner. L'ensemble des composantes individuelles, économiques, sociales et politiques s'oriente dans une même logique de progrès. Les variations, les écarts ne sont que des aléas qui s'éloignent d'une finalité qui transcende les circonstances. Il en va tout autrement dans les mondes darwiniens, où les variations, dont les plus inattendues, et dans toutes les composantes de la société, peuvent contribuer à un autre avenir. On reparle de la non-fabrique des champions et de notre système éducatif ?

Dans une autre traduction, cette fois économico-entrepreneuriale : dans les mondes lamarckiens, tous les acteurs sociaux et économiques agissent dans un même but. Le plan, la planification en sont les moyens. Tout ce qui en dévie est écarté. Dans les mondes darwiniens, esquissés par Joseph Schumpeter pour la sphère économique, ce sont les entrepreneurs qui proposent des innovations. Et, le plus souvent, le champ des applications dépasse les intentions premières par sa diversité et par ses conséquences socio-économiques. Quand Steve Jobs dit « I'm going to change the world ! », le jour du lancement du premier iPhone en janvier 2007, ce génie est sûr que le monde va changer avec cette nouvelle technologie, mais il ignore comment. Il ne le sait pas plus que les prospectivistes et autres futurologues. Une seule certitude avec ces derniers, gourous de l'avenir, ce qu'ils nous prédisent n'arrive jamais, comme la fin du travail annoncée par Jeremy Rifkin en 1997 et reprise par nos émules hexagonaux. Les débats actuels autour du numérique et de l'intelligence artificielle concentrent ces deux conceptions radicalement opposées de l'évolution et du changement.

Mais nous n'en sommes pas encore là au cœur des années 1980. L'informatique concerne essentiellement les métiers d'ingénieurs et de chercheurs, elle touche à peine l'enseignement et pénètre difficilement le secteur tertiaire. Ainsi, les cadres hommes refuseront longtemps d'utiliser un clavier, une tâche dédiée à leur secrétaire. Pour avoir tapé ma thèse de 300 pages sur une machine mécanique performante à ruban, j'apprécierai à un point que ne peuvent pas imaginer les jeunes générations les logiciels de traitement de texte. Mais il ne fallait pas aller trop vite sur nos premiers Apple IIc, au risque de voir disparaître en un instant de très nombreuses heures de travail. Une ruse consistait à corriger les textes par la fin, ce qui facilitait les enregistrements encore très longs. Le Macintosh sera une vraie libération pour toutes ces angoisses d'écriture sur écran.

Nous avons eu le même problème avec le logiciel d'analyse des données créé par Bill à la fin des années 1980. Lorsque je lui proposai de le reprendre, voire de l'améliorer, il me fixa droit dans les yeux pour me dire qu'il n'était pas question d'y toucher. Aucun ego ici, seule la pénible expérience de la programmation des années 1970. Faite de *bugs* à la pelle. Alors, quand cela fonctionnait, on n'y touchait plus. Une expérience que j'ai vécue dans le cadre de mes études de physique. Ah, ces programmations écrites sur des rubans perforés – à ne surtout pas déchirer –, ou ces empilements de cartes perforées – surtout, ne pas faire tomber la boîte contenant ces fiches ! Pourtant, ce jour-là, face à Bill, je me permets d'insister : donne-moi deux mois. Quatre semaines plus tard, nous disposions d'un logiciel capable de traiter nos gros corpus de données en une nuit, avec statistiques et graphiques.

Ce n'est que quarante ans plus tard, en m'intéressant à l'intelligence artificielle, que je réalise avoir alors créé un algorithme du genre neurone artificiel. Pour faire simple, une fonction mathématique qui scrute les données et, de façon itérative, ajuste le seuil de pertinence pour éliminer les « bruits » et fournir les bonnes données à l'analyse statistique. Rien de très compliqué, mais quelle avancée ce fut pour nous, ainsi en mesure de mener nos différents projets conjointement.

Grâce à l'informatique, les sciences du vivant comme celles des disparus, la paléontologie et la paléoanthropologie, vont entrer dans les logiques populationnelles, dans l'ère des données et des statistiques. Pour cela, cependant, il n'existait pas de logiciel dans le commerce. Je décidai d'en créer un, en m'inspirant du livre *Quantitative Zoology* (Zoologie quantitative) écrit par l'un des géants de la théorie synthétique de l'évolution, George Gaylord Simpson. Un classique du genre publié pour la première fois en 1939, plusieurs fois réédité et augmenté depuis. Une tentative vaine, car j'ai beau reprendre l'écriture du programme, rien ne vient. En fait, j'avais un problème de données lié à la façon de rentrer les chiffres. Car les Anglo-Saxons et les Français ne placent pas les points et les virgules au même endroit pour les grands nombres. Par exemple, onze mille cinq cent quinze s'écrit 11,500.15 à l'ouest de la Manche et de l'Atlantique et 11.500,15 du côté est. L'ordinateur était programmé côté ouest. Il me suffira d'inverser les virgules et les points pour avoir enfin mon outil d'analyse.

Cette petite bévue peut faire sourire. Mais, pour une histoire aussi basique de données et de normes, la Nasa a perdu une navette et tout son équipage. Le bug de l'an 2000 qui n'a pas « beugué » peut lui aussi faire sourire, mais il aurait pu en être tout autrement. Des questions cruciales à l'ère numérique, alors que nos machines sont de plus en plus apprenantes, autonomes et génératives ; un biais des datas et de leurs conséquences difficile à imaginer.

## La petite Américaine

Notre petite fille, notre premier enfant, naît en février 1987. Le temps est magnifique, froid, sec avec un soleil cristallin scintillant sur un paysage couvert d'un épais manteau de neige. Christine est en pleine forme. La veille de l'accouchement, elle part pour la clinique de Duke comme si elle allait jouer une partie de tennis. C'est fou comme les femmes enceintes peuvent être jolies. Jusqu'au bout, elle a assuré avec aisance ses cours de français au département de la formation continue et donné des cours d'histoire et d'économie à ce que nous appelions l'école IBM de Raleigh. Les enfants scolarisés des cadres français d'IBM y disposaient d'un enseignement de l'école primaire au baccalauréat, quasiment des cours particuliers, car ils se comptaient à peine sur les doigts d'une main par niveau. J'y participerai aussi pour enseigner physique et mathématiques. Un cadre vraiment privilégié pour ces filles et ces garçons qui, le matin, allaient dans les établissements américains et, l'après-midi, rejoignaient cette école très particulière. J'espère qu'ils en ont eu conscience.

Nous habitions une maison mitoyenne dans une résidence collective. Spacieuse et simple, le confort à l'américaine. Devant sa façade se trouvait une piscine ; derrière, un parc avec portique et jeux pour enfants ; l'idéal pour un jeune couple aux revenus modestes. Un petit goût de rêve américain, dont on savait qu'il n'allait pas durer bien longtemps.

La jolie maman et la ravissante petite fille se portaient à merveille. Heureusement, car Christine devra reprendre ses cours à peine quelques jours après l'accouchement. En Amérique, on travaille dur ; en Amérique, on est dur avec le travail ; encore plus pour les femmes, c'est là une dure réalité anthropologique qui n'épargne ni les anciens ni les nouveaux mondes. Bill et les membres du département d'anatomie organisèrent une fête de bienvenue pour notre petite fille. Une belle réception autour d'une grande table couverte de présents. Quelle joie nous avons éprouvée, d'autant plus que les amis francophones ne se privèrent pas de nous gâter de leur côté ! Cela nous réconforta, loin de la famille qui, de l'autre côté de l'océan, ne débordait pas trop de joie. Loin des yeux, loin du cœur. C'était déjà le cas avant que ne s'y ajoute un océan.

Mais nous n'y pensons pas. Notre fille devient la petite mascotte du groupe. Elle est de toutes les fêtes. Son premier anniversaire reste un moment d'anthologie. Ce qui nous ravit, d'autant que Christine attend déjà notre deuxième enfant – un garçon.

## *La fête est finie*

L'annonce de la deuxième grossesse de Christine déplaît à Bill, surtout aussi rapprochée. Il considère que mes engagements de père vont prendre trop de temps sur mon travail. On a déjà expérimenté les exigences du travail pour Christine, qui n'a en effet disposé d'aucun congé maternel ; à mon tour d'avoir la pression.

Le public français et même européen se surprend parfois à voir trop de films où la mère et le père renient leurs promesses d'assister aux évènements de la vie de leurs enfants, que ce soit pour les spectacles, les activités sportives ou tout ce qui a trait à la vie scolaire et parascolaire. En Amérique, le monde du travail exerce une formidable contrainte sur une vie privée qui, de fait, n'en est plus vraiment une. Prendre des vacances – légales – peut ne pas être apprécié. À cela s'ajouta pour nous la pression latente du voisinage. Nous en étions immunisés grâce au groupe francophone. Mais les anciens commençaient de partir, les nouveaux étaient plus jeunes, nous avions maintenant deux enfants... Un tournant s'opérait.

Un soir, je décidai de passer chez Bill, dont la résidence se trouvait sur le chemin de notre domicile. Je frappai à la porte ; pas de réponse. Un peu surpris, voyant sa voiture comme celle de Linda stationnées devant chez eux, où d'ailleurs il y avait de la lumière. Comment ne pas entendre non plus ma moto. Finalement, la porte s'ouvre. Bill me regarde, un peu soulagé et me dit : « Ah ! C'est toi, entre. » Je reste un peu coi, habitué qu'amis et voisins se visitent les uns les autres en toute simplicité, n'hésitant pas à entrer les uns chez les autres sans frapper, en lançant un grand « Hello ! » Mais c'est ancré dans la culture puritaine et réformée : vous pouvez entrer sans crier gare puisque vous êtes censé mener une vie exemplaire et n'avoir rien à cacher. Pas de rideaux aux fenêtres, par exemple.

Bill s'en explique : « Tu sais, après notre voyage en France que tu nous as organisé, on a goûté à votre art de vivre. Avec Linda, on a pris l'habitude d'un bon dîner et de boire du bon vin. » Mon air exprime un non-étonnement devant cette banalité de la vie. Il poursuit : « Et si j'ai tardé à t'ouvrir, c'est le temps qu'il nous a fallu pour cacher la bouteille de vin. » Je devais comprendre que, si un voisin ou une voisine les avaient surpris en train de boire du vin et que, par malchance, un accident de voisinage, de la route ou autre était survenu, alors la rumeur aurait été à leur encontre dévastatrice...

Les Américains ne savent pas faire la fête, en tout cas pas comme nous la faisons. Ils ont cette formule : « to have fun », quelque chose entre un moment de relâchement, de détente et de joie. Tout ce qui touche à la vie se conçoit sur un mode fonctionnel et quantitatif. Faire l'amour se dit : « to have sex » : avoir du sexe ; bien manger se traduit par « I'm full » je suis plein, etc. Les réunions festives entrent dans le registre « to have a party ». Un moment d'ailleurs assez facile à organiser, puisque chacune et chacun apporte ses boissons et sa nourriture, ces dernières se limitant à ce qu'on appelle à partir de cette époque la *junk food*. Et il n'est pas question de partager ou d'en apporter pour les autres. Ces *parties* peuvent vite dégénérer avec l'alcool ou les fumettes qui désinhibent les chapes de frustration. Cela sera à l'origine de graves problèmes sur les campus, avec des scènes de violence physique ou sexuelle. Sinon, a minima, ils se mettent à éructer de fortes vocalises, expressions gutturales de leur moi libéré. Une formule résume bien cette crainte psychologique : « out of control », être hors de contrôle.

Pour l'anniversaire de notre petite fille, nous avions organisé une grande fête. Tous les amis apportèrent des plats, de bons vins, des alcools et des cadeaux. Nous avions invité tous les amis américains. Chacun arriva avec sa contribution personnelle, qu'il consomma rapidement, avant de repartir. En fait, comme je l'apprendrai, ils craignaient la fin de la fête et des débordements éventuels à la vue d'un tel buffet. Seul un couple, ne parlant pas français, fut pleinement ravi de se retrouver au sein de cette diversité francophone réunie autour des mêmes valeurs de convivialité.

Pour une Américaine ou un Américain, tout comportement se rapporte en effet à un contrat individuel. De rencontre en rencontre avec d'autres jeunes couples comme nous, avec ou sans enfants, nous allions découvrir ces aspects surprenants de la vie domestique. Nos voisins menaient une vie sans aucune contrainte, chacun prenant un semblant de repas à sa guise, souvent devant la télévision et de temps en temps à l'occasion d'invitations, généralement négociées à l'avance. Chacun sa partie du réfrigérateur et gare aux écarts.

## DES OS, DES CANINES ET DU SEXE

Au cours de la période où j'avais vécu aux États-Unis sans Christine, j'avais loué une chambre dans la maison de l'assistant de Bill. Chacun avait sa moitié de frigo. Un soir, n'ayant plus de bière, j'osai prendre une bouteille dans la petite réserve de mon hôte. Non sans y glisser un mot pour le prévenir que je la remplacerais. J'achetai même un pack de six bouteilles d'une très bonne bière, que je replaçais de son côté du frigo, les bières américaines étant à l'image de leur café pour le goût européen. Il a failli me chasser de sa maison !

Plus tard, un ami sociologue me raconte son expérience avec un collègue américain qu'il avait accueilli à Roissy. Les salutations faites, celui-ci lui demanda expressément de l'accompagner chez l'un de nos plus célèbres glaciers de l'île Saint-Louis, à Paris ; ce qu'il fit avec plaisir. Arrivé là, l'ami américain se goinfra sans se préoccuper un instant de lui offrir une glace et encore moins de partager. Ce collègue en a fait un article d'où je tire cette notion de « contrat individuel ».

Évoquant auprès d'un ami cette anecdote, il s'en étonne à peine. Lui-même a invité un collègue américain, sa femme et leur jeune fils de passage en France. Le soir, l'adolescent participe à peine au dîner, leur préférant la compagnie de ses écrans. Rattrapé dans la nuit par la faim, il descend dans la cuisine, ouvre le frigo et avise un plat appétissant. Il dévorera entièrement le sauté de lapin prévu pour le déjeuner suivant. Si les Anglais raillent notre appétence – en voie d'extinction – pour les cuisses de grenouille, voire parfois les escargots, les Américains s'étonnent, eux, de notre goût pour le lapin, non avec dégoût cette fois, mais avec une sorte d'étonnement : comment manger un animal si petit et avec si peu de graisse... Tout doit être *big*, comme leurs dindes énormes de Thanksgiving ; pour le coup, une viande très sèche. Les « élites » aimant la cuisine française mangent du lapin, mais il faut voir les bestiaux sortis de leurs élevages. Quoi qu'il en soit, l'adolescent avait englouti le plat, sans même se douter qu'il mangeait du lapin.

Nous sortons moins, avec deux petits enfants. Un soir, nous regardons une émission d'information sur la chaîne NBC. Le sujet s'intéresse à une famille italienne de troisième génération. Dans une séquence, on les voit autour de la table pour le dîner, un vrai dîner. Il y a de la conversation, des moments sérieux, parfois énervés, d'autres plus drôles – italiens. Cependant, le ton du commentaire nous étonne. En fait, ce ton aussi critique que distant signifiait ceci : comment des parents osent-ils contraindre leurs enfants à rester à table ? Un ami belge, l'un de nos voisins, psychiatre, nous racontera que la seule structure temporelle d'une journée pour les enfants est, hormis l'école, la télévision et ses programmes. On imagine ce qu'il en est depuis, avec la multiplication des écrans et leur accès instantané. Un slogan publicitaire d'une marque de téléphone portable prétendait « connecter les personnes » ; ce à quoi d'aucuns ajoutaient « ... et déconnecter les familles » – *Connecting people, disconnecting families*. La famille, le dernier rempart entre les jeunes et le marché, comme l'ont constaté quelques sociologues atterrés.

Je commence à réaliser au fil des jours que l'*American way of life* est devenu une terrible entreprise de deconstruction anthropologique et sociale pour les êtres, mais aussi pour l'environnement et la planète.

## *Ces petites choses de la vie*

Notre vie étudiante est bel et bien derrière nous. Nous en aurons finalement eu une, certes tardive, et aussi inattendue que surprenante, très différente de celle que nous aurions pu avoir au début de nos études supérieures, comme la majorité des étudiantes et des étudiants en France. Certaines et certains ont eu le bonheur de connaître les deux, d'autres aucune des deux. L'accès aux études supérieures est un fait dont a bénéficié ma génération. Les conditions pour mener ces études seront, elles, plus complexes. Cette période de la jeunesse, les « vingt ans » des chanteurs et des poètes, compte, après le collège, parmi les expériences les plus vives des différences de conditions socioécologiques pour construire sa vie. Il en est toujours ainsi avec des situations plus diversement difficiles, comme se loger ou se nourrir, cruellement soulignées par la pandémie.

La deuxième grossesse de Christine se passe tout aussi bien que la précédente. Les premières échographies nous annoncent une fille ; nous sommes ravis. Mais un peu inquiets, car le fœtus reste petit. Puis tout change. Au huitième mois, l'échographie révèle un garçon. Le médecin, hilare, lâche : « I've seen the turtle ! » Littéralement : « J'ai vu la tortue ! » Sur le coup, on ne comprend pas. Évidemment, Christine ne va pas accoucher d'une tortue. Cet animal à carapace et au cou néanmoins érectile ne s'identifie pas du tout, métaphoriquement, aux organes masculins dans nos représentations culturelles. Pas plus que la coquille placée préventivement par les sportifs dans certaines disciplines. Quoi qu'il en soit, cette révélation a peut-être stimulé la croissance du petit garçon, qui deviendra le plus grand de la famille. Aujourd'hui, je me demande comment font les médecins pour annoncer l'identité du sexe, plus occultée par les incertitudes du genre que des échographies. Pas sûr que les tortues puissent aider.

Christine me raconte l'étrange malaise précautionneux du gynécologue qui suit sa grossesse. D'abord, beaucoup de respect pour approcher et ausculter son corps. Éviter tant que faire se peut d'exposer une nudité qui ne serait pas nécessaire à un bon examen. Et toujours en présence d'une assistante. Une porte fermée d'un cabinet accueillant une patiente et un médecin homme risque de s'exposer à une plainte pour comportement sexuel abusif. Plus largement, il faut éviter de prendre l'ascenseur si une femme se trouve à l'intérieur. Et, prendre l'escalier, en espérant qu'il n'y a pas une femme en jupe courte devant, ou attendre le prochain passage de la cabine, en espérant qu'il n'y a pas de femmes seules dedans.

Comme il arrive si souvent aux jeunes enfants, Christine lui évoque les petites difficultés de notre fille à déféquer. Son médecin use de circonvolutions prudentes pour lui dire comment agir. C'est tout simple, il suffit dans la plupart des cas de solliciter doucement le sphincter anal avec le bout d'un thermomètre, par exemple, pour déclencher l'expulsion. Christine le regarde amusée, lui faisant comprendre qu'une chose aussi simple n'a rien de choquant. Ce brave médecin ne se risquerait pourtant pas à suggérer une telle action à des parents puritains qui, scandalisés, y verraient une incitation à la sodomie. Un célèbre anthropologue américain, Alexander Alan Jr., menant ses recherches à la fois sur des terrains anglophones ou francophones, a observé combien les Français distinguaient culturellement dans leurs mœurs habituelles ce qui avait trait au sexe ou à d'autres fonctions physiologiques mobilisant les mêmes parties du corps. Toutes les cultures imposent des règles sociales avec des conventions très strictes autour de la sexualité et des fonctions évacuatrices. Elles sont plutôt très rigides de l'autre côté de l'Atlantique, ce qui a suscité de l'ironie chez nous. Cependant, quelques scandales récents en France montrent que nos médecins ont encore des progrès à faire pour respecter le corps des femmes. Christine, un peu amusée tout de même, appréciait ce respect pour son corps.

## *Histoires d'os*

Plus le joli ventre de Christine s'arrondit, plus mes relations avec Bill se dégradent, aussi doucement qu'inéluctablement. Pourtant, nos travaux avancent vite, les publications et les communications scientifiques arrivent, d'autant que nous menons plusieurs projets en même temps. L'une des recherches de Bill s'intéresse à cette question : pourquoi nous avons un menton et pas les autres espèces humaines, comme les Néandertaliens et autres. Idem chez les singes et les grands singes où, à l'inverse, le bourrelet de renforcement osseux se trouve à l'intérieur et non pas à l'extérieur – si on peut utiliser ces termes peu anatomiques – de la symphyse mandibulaire, là où les deux branches de la mandibule se rejoignent. Quelques exceptions, comme les graciles gibbons de Malaisie et quelques mandibules fossiles de Néandertaliens, avec des esquisses discrètes de menton. Cette histoire de menton est d'importance, car il est un caractère très *Sapiens*.

La biomécanique et la cinématique de la mastication sont très complexes, plus encore chez les singes, les grands singes et les humains que dans tout autre groupe zoologique. Avec Bill, nos recherches pourraient se présenter ainsi : « Tout ce que vous devriez savoir sur votre mandibule, votre face et votre mastication et que l'on ne vous a jamais dit, le langage et la communication étant aussi une des fonctions qui agitent la mandibule. » En fait, nous les singes au sens large possédons le système masticateur le plus complexe, sur les plans anatomique, fonctionnel et proprio-réceptif, le tout associé à des capacités neuronales très fines. Le résultat de dizaines et de dizaines de millions d'années d'évolution dans le monde des arbres. Si parler en mangeant n'est pas très poli ni agréable, c'est pourtant d'une incroyable complexité.

Les données expérimentales révèlent différents régimes de contraintes affectant la région du menton ; le terme approprié étant donc la symphyse mandibulaire. Selon que l'on incise ou mastique du côté droit ou gauche se succèdent des variations de contraintes des milliers de fois par jour. Cela fatigue les structures osseuses, et la morphologie osseuse doit s'adapter pour en limiter les effets.

Nous avons tous fait l'expérience des conséquences redoutables de la fatigue sur un matériau, comme un bout de fil de fer. Pas moyen de le couper d'un coup entre nos mains. Alors, on commence par le plier dans un sens puis dans l'autre ; il finit par casser. Comment cela se passe ? On plie dans un sens, et les structures se déforment, encaissant de l'énergie. Si on attend trop, cette énergie se dissipe, et la structure retrouve sa forme initiale. Mais, si on réitère le pliage avant que la structure ne se relaxe, alors s'ajoute plus d'énergie, cela chauffe et finit par casser.

Nos os ne cessent de s'adapter aux régimes courants des contraintes produites par nos activités habituelles. En revanche, ils se montrent fragiles confrontés à de brusques changements d'activité physique. Les jambes cassées avec des fractures hélicoïdales au ski sont dues à ces phénomènes de fatigue. On entend : « Je ne comprends pas, au début du séjour j'ai pris de grosses gamelles et je n'ai rien eu de cassé. Mais à la dernière descente, alors que j'y allais piano, petite chute, et crac. Incompréhensible... » Mais si ! En début de séjour, vos os vont bien. Puis, au fil des descentes, ils subissent des régimes de contraintes différents et intenses. L'os se fatigue en accumulant de microfractures. Alors qu'il est ainsi fragilisé, un coup de faible intensité suffit à provoquer une vilaine fracture. En réalité, en une semaine, la structure osseuse n'a pas eu le temps de s'adapter. Ce phénomène est bien connu aussi des militaires : après des jours d'entraînement intensif, un soldat peut se briser le tibia en heurtant un simple tabouret à la sortie de sa douche.

Dans les années 1980, les connaissances sur la physiologie et l'adaptation de l'os vont progresser très vite, grâce aux méthodes expérimentales et analytiques de quelques laboratoires d'anatomie et de biomécanique, notamment celui de Bill. Nos collègues américains parlent du New Bone (le nouvel os), en référence à la « nouvelle cuisine » qui anime autant leurs papilles que les discussions de notre gastronomie nationale. On découvre des signatures universelles sur les intensités des contraintes – en fait, des déformations, mais je n'entre pas ici dans les détails –, qui incitent l'os à s'adapter, que ce soit pour la marche, la course, le vol, la mastication… et ce pour les différentes parties de notre squelette et pour toutes les espèces. Tous unis par nos os et l'évolution.

Revenons à notre menton. L'os résiste beaucoup mieux à des compressions qu'à des flexions ; surtout pour les os longs ou les parties incurvées ; c'est le cas de la mandibule et de sa symphyse mandibulaire. Alors, pourquoi *Sapiens* a-t-il un menton et pas les autres ? Nous incisons et mastiquons pourtant comme les autres espèces humaines et les grands singes et les singes, tout en ayant des régimes alimentaires d'omnivores assez proches. Seulement, pour d'autres raisons, notre évolution nous a légué une face très courte et large. Notre mandibule – et son arcade dentaire – épouse une belle forme en parabole ouverte, s'élargissant des incisives aux dernières molaires. Cette forme a pour effet d'inverser les régimes des contraintes pendant la mastication, avec des flexions sur le devant et non pas sur l'arrière de la symphyse, comme chez les autres espèces proches de nous, dotées de mandibules plus longues et étroites. D'où notre menton.

Les Néandertaliennes et les Néandertaliens, très proches de nous, avaient une face large, mais plus projetée en avant (prognathe), et pas de menton. Cependant, quelques fossiles avec des mandibules plus courtes en présentent une esquisse. Même observation pour les gibbons et leur face large et courtes. Une grande énigme de notre évolution résolue après avoir longtemps occupé l'esprit des paléoanthropologues, à l'image du *Penseur* de Rodin, dont la curieuse position du bras soutenant son menton choisie par le génial sculpteur reste à ce jour non élucidée.

## *La canine, le sexe et le Président*

Comme nous disposons pour nos recherches d'un formidable corpus de données sur la mastication chez différentes espèces – macaques, babouins, humains –, nous décidons de nous attaquer à une croyance qui hante encore le monde des dentistes et des orthodontistes : la canine comme guide de la mastication.

Dans tous les domaines scientifiques qui se restreignent à l'illusion de connaître l'homme par la seule étude du mâle – les femmes restant encore les grandes oubliées –, il n'est pas rare d'y découvrir des pseudo-vérités devenues des dogmes indéboulonnables. Un indice qui ne trompe pas : dès qu'on entend ou lit l'affirmation suivante, énoncée d'une manière grave, sentencieuse, voire définitive, « l'homme est ceci alors que l'animal ne l'est pas », il convient d'être circonspect.

Il est dit que la canine humaine, très petite, dépassant à peine des autres dents voisines – incisives et prémolaires –, guide le cycle complexe de la mastication. En revanche, les singes et les grands singes, affublés de leurs grandes canines, mastiqueraient de façon très limitée, voire pas du tout. Pourtant, il suffit d'aller au zoo et d'observer un singe ou un grand singe manger sa pitance pour constater le contraire.

Première idée fausse : la canine serait le propre des carnivores. Rien de plus erroné. Chez les carnivores, elle a une forme solide de croc et sert à harponner les proies. Sa section ovale et sa pointe arrondie lui confèrent sa solidité. Cependant, elle n'intervient en rien pour déchiqueter les chairs. C'est le rôle des incisives et surtout des carnassières, des molaires spécialisées dans cette tâche ardue. En fait, les carnivores mastiquent peu. Il suffit de voir comme un chat ingère avec difficulté des morceaux de proie ou comment les chiens déglutissent tout ce qu'ils peuvent sans trop mastiquer. À l'estomac de faire le boulot ; on comprend mieux qu'ils passent autant de temps à dormir pour digérer.

Moins connues, les nombreuses espèces herbivores à l'instar des chevrotins, délicats mangeurs de feuilles, chez lesquels les mâles exhibent de belles canines. C'est un caractère sexuel secondaire lié à la sélection sexuelle et à la compétition entre les mâles. Le phénomène est encore plus spectaculaire chez les singes comme les babouins : de vraies dagues de section effilées dont le tranchant de la canine supérieure s'affûte sur une crête de la prémolaire inférieure. S'il vous arrive jamais de vous retrouver face à un babouin mâle stressé ou agressif, vous entendrez alors ce petit bruit, celui du mouvement de la lame d'un couteau sur un aiguisoir, comme chez votre boucher : shhh, shhh, shhh... Une arme redoutable qui sert dans les jeux de menace entre les mâles comme lors des combats, sanglants ! Lorsqu'ils chassent et mangent de petites proies comme les antilopes, ils utilisent peu leurs canines, trop fragiles, pour les occire. Idem chez les chimpanzés, dont les canines sont pourtant plus solides. Quant aux gorilles, à la taille impressionnante, ce sont de paisibles mangeurs de feuilles et d'autres végétaux. Bref, chez les singes et les grands singes, les canines développées sont des caractères sexuels secondaires en lien avec la compétition intrasexuelle des mâles. Ce caractère entre dans la panoplie du dimorphisme sexuel, les mâles en ayant de plus grandes que les femelles. La signification adaptative d'un caractère ne se comprend que dans une comparaison entre lignées, un principe de base encore ignoré de toutes les sciences dites humaines ou seulement centrées sur les humains. C'est comme en amour, où il y a le « je t'aime » et le « je t'aime beaucoup » : il y a « sciences » et « sciences humaines ».

Pour autant, est-ce que ces formidables canines les empêchent de mastiquer ? Aucunement, et pour une raison toute simple : leur éruption se fait après celle de toutes les molaires, et donc de la cinématique masticatoire. Leur croissance et leur mise en place se trouvent ainsi contraintes par les forces orthodontiques liées à la mastication. Et puis, tout bêtement, ils ne pourraient pas survivre longtemps sans se nourrir correctement. Le sexe, c'est important, mais manger aussi, même chez les singes. D'ailleurs, nos mœurs les plus courantes situent plus souvent le repas avant le sexe...

Il en va autrement chez les humains, où la canine se met en place avant les dernières molaires. Elle possède une petite taille et ressemble plus à une incisive. Elle est rentrée dans le rang, d'une certaine façon. Qu'elle puisse présenter des facettes d'usure en relation avec nos cycles masticatoires ne fait aucun doute, mais pas pour guider la mastication ; inversement, la mastication les a façonnées.

Autre question : y a-t-il encore un dimorphisme sexuel de la canine chez les humains actuels ? De retour en France, intrigués par nos travaux, des collègues de la faculté dentaire décidèrent de mener une recherche sur ce sujet. Ils ont pris des clichés de la dentition des étudiantes et des étudiants, puis, sans leur expliqer pourquoi, leur ont demandé d'indiquer si elles ou ils reconnaissaient la dentition d'une femme ou d'un homme. Les réponses n'ont rien donné de statistiquement significatif. Sauf, toutefois, un petit groupe plus fréquemment reconnu comme des hommes. On se lance alors dans une petite analyse biométrique ; là non plus, rien d'évident. On a fini par comprendre : ce groupe d'étudiants se brossait moins soigneusement les dents. À quoi cela tient... On ignore encore ce qu'il en est des succès de leur vie sexuelle, surtout avec des canines moins propres...

On connaît bien l'expression à propos d'un individu très ambitieux : ses dents rayent le parquet. On m'a raconté, et j'ai lu, que François Mitterrand, dont l'ambition politique n'est pas une légende, possédait de fortes et belles canines. Ce que l'on sait de ses succès auprès des femmes confirme leur signification sexuelle. Cependant, à l'ère de la télévision et des gros plans sur image, ses belles canines distillaient une image trop agressive. Les coups de menton et les canines saillantes à la Mussolini n'étaient plus de mise dans les démocraties au suffrage universel où l'on recherche l'adhésion, la confiance. Alors, dit-on, il les aurait fait abraser. On connaît la suite. Reste que la dimension politique de nos travaux nous avait complètement échappé.

## Les petits et les gros

Les deux dernières décennies du XX$^e$ siècle ont été l'âge d'or de la morphologie. Les grandes questions sur la signification anatomique et fonctionnelle – ou pas – des différentes parties du squelette se posaient depuis presque deux siècles. Au fil des décennies, beaucoup d'hypothèses, beaucoup de modèles, mais il existait peu de moyens pour les tester. C'est ce que nous allions pouvoir faire avec les avancées des méthodes expérimentales, des systèmes de mesure, de captation d'images et d'analyses, grâce à l'informatique. Il y a les moyens, mais aussi les avancées théoriques.

Tout un champ d'études s'intéressait à la taille et à ses conséquences pour la vie et l'adaptation des espèces : l'allométrie. Des questions toutes simples trouvent leurs réponses. Pourquoi une musaraigne mange vingt fois son poids par jour et pas un éléphant (dommage pour les insectes et tant mieux pour les forêts) ? Les petits mangent des nourritures de très bonne qualité nutritive – comme des insectes – qui se digèrent vite, d'autant qu'ils sont très actifs et qu'une petite taille impose une digestion rapide dans le petit intestin. Impossible alors d'avoir un régime à base de végétaux fibreux, qui requièrent une longue digestion, sauf spécialisation, comme les rongeurs. C'est le « seuil de Kay », proposé par Rich Kay, du même département que le nôtre. Quant aux éléphants et autres grands herbivores, ils ingèrent de grandes quantités de nourritures de piètre qualité nutritive, longues à digérer, avec de gros estomacs et de gros intestins, véritables chambres de fermentation. Nul besoin d'être zoologue pour distinguer le niveau d'activité et les temps de digestion entre une musaraigne et une vache.

Les régimes alimentaires des singes suivent cette règle générale, sauf spécialisation, comme les singes mangeurs de feuille (folivores). Les plus petites espèces consomment plus d'insectes, de jeunes pousses et des fruits mûrs. Les espèces de taille moyenne ingèrent moins d'insectes, plus de fruits et de feuilles tendres. Les espèces les plus corpulentes s'en remettent à plus de nourritures coriaces, feuilles matures, écorces... Ce sont des règles générales pour des espèces avec des régimes plus ou moins omnivores, qu'il faut examiner dans chaque lignée et – on est en biologie – avec des exceptions. Les spécialisations permettent de s'affranchir de ces contraintes générales tout en imposant d'autres contraintes, comme toute spécialisation. Cette règle générale entre la taille et la composition du régime alimentaire s'observe dans notre lignée des grands singes, avec, des plus graciles aux plus corpulents, des régimes incluant de plus en plus de nourritures coriaces : bonobos ; chimpanzés ; orangs-outangs ; gorilles de plaines ; gorilles de montagne.

Et les humains ? Car nous sommes des animaux de très grande taille. Parmi les deux cents espèces de primates, nous sommes les plus corpulents après les gorilles. Nous sommes toujours impressionnés par les animaux plus grands que nous, mais ils représentent en réalité une infime, très infirme partie de la diversité animale. Alors, comment les humains se sont-ils affranchis de cette règle d'airain qui relie la taille corporelle au régime alimentaire, règle qui s'appliquait à nos ancêtres australopithèques ? Grâce au feu et à la cuisson, non à la viande.

On sait bien que cette règle ne s'applique pas concernent les humains, puisque les végétariens sont bien plus minces, en moyenne, que les dévoreurs de hamburgers gavés de viande et de condiments caloriques. Les humains se sont affranchis de ces contraintes physiologiques générales en inventant la coévolution entre leur biologie et leurs innovations techniques et culturelles – ce qu'on appelle aussi la coévolution bioculturelle. Elle est devenue une mal-évolution, à l'instar de nos manières de manger. Les singes ont pour habitude de se tenir assis pour manger, de saisir la nourriture de leurs mains et de la porter à leur bouche. La consommation de hamburgers est une régression, puisque, comme chez les animaux quadrupèdes, on porte cette fois la bouche vers la nourriture, vers le bas, vers les contingences terrestres. Le tout est dégluti rapidement avec un minimum d'interactions sociales. Des millions d'années d'évolution anthropologique, sociale et gustative se délitent en quelques décennies ; malbouffe et mal-être, sans oublier le coût des dévastations écologiques de la production de ces malbouffes à l'odeur aussi grasse qu'écœurante, alors que tout a commencé dans les arbres.

## *L'évolution suspendue*

Remontons dans les arbres, au temps de nos lointaines origines au cœur des forêts africaines, au temps où s'instaurent les bonnes manières de manger en groupe social et en prenant son temps. Un problème de taille s'impose alors à nos ancêtres grands singes arboricoles : ils sont devenus de plus en plus corpulents, mais pas pour les mêmes raisons que les humains actuels, fort peu arboricoles. Se déplacer à quatre pattes sur des branches devient plus instable. Alors, les voilà qui passent sous la branche, ils se suspendent. C'est de ce passage du dessus au dessous les branches que provient notre anatomie si particulière.

Les animaux quadrupèdes possèdent un tronc étroit d'un flanc à l'autre, profond entre la colonne vertébrale et le sternum, avec les omoplates sur les côtés. Chez nous, les grands singes, le tronc est peu profond entre la colonne vertébrale et le sternum, large d'un flanc à l'autre, avec des omoplates dans le dos et de larges épaules. Cette anatomie permet de tendre le bras au-dessus de la tête, de se suspendre et de se balancer d'une branche à l'autre : la brachiation. Cette morphologie impose d'autres contraintes, et c'est de ces contraintes que viennent nos aptitudes à marcher debout, la bipédie. Comment une innovation aussi considérable que la bipédie – une macro-adaptation – peut-elle apparaître sans avoir été directement sélectionnée ?

À partir des années 1970, les théories de l'évolution connaissent de profondes avancées avec la sociobiologie portée par Edward O. Wilson (études des bases biologiques, génétiques des comportements), la thèse du gène égoïste de Richard Dawkins ou encore les travaux de Stephen Jay Gould. Ces nouvelles approches suscitent un tollé dans le champ des sciences humaines, plus encore en France. Comment admettre que des gènes, des chapelets nucléotidiques – ces « oripeaux moléculaires », selon l'expression d'un académicien –, puissent influencer, sinon dicter, nos comportements et, pire encore, que nous ne soyons que des « valises » dont la vie se ramènerait à dupliquer ces gènes ? Notre culture avait déjà montré beaucoup de réticences pour accepter la génétique avant le triple prix Nobel de François Jacob, Jacques Monod et André Lwoff, en 1965. Pour les canons de la pensée catholique, il s'agissait de nier le libre arbitre ; pour la doctrine communiste, c'était renoncer à amender l'homme. Par-delà ces raisons idéologiques, il y avait en outre la cruelle leçon de l'histoire récente, avec les horreurs commises qui avaient été motivées par les différences au nom de la sélection naturelle, notamment par les nazis. Mais il n'y avait pas qu'en France qu'existaient ces réticences. Les anthropologues, et non des moindres, en Amérique du Nord, critiquèrent sévèrement ce réductionnisme biologique. Ce fut aussi le cas chez nombre de biologistes évolutionnistes, comme Stephen Jay Gould.

## DES OS, DES CANINES ET DU SEXE

Depuis la Seconde Guerre mondiale dominaient en effet la théorie dite synthétique de l'évolution et son programme adaptationniste. Tous les caractères, des gènes aux comportements en passant par l'anatomie, sont alors regardés comme des adaptations aux conditions de vie respectives des espèces. Comment émergent les caractères et les adaptations qui s'ensuivent ? Pas question de revenir à la théorie de Lamarck : l'environnement, quelles que soient ses pressions sélectives, ne modifie en rien les gènes ; c'est le dogme fondamental de la biologie. (Confronté à ce problème, Charles Darwin en reviendra à une explication lamarckienne.) Alors, on s'en remet à la magie des grands nombres. La théorie synthétique s'intéresse tout particulièrement aux variations, aux polymorphismes. On admet que plus les espèces sont complexes, plus elles possèdent de gènes dont les nombres, les interactions et les expressions produisent les caractères susceptibles, en termes de probabilité, de répondre à de nouvelles contraintes de l'environnement. C'est l'algorithme darwinien : les caractères n'émergent pas pour répondre à une pression de l'environnement. Tout un arsenal de mécanismes produit de la variation : les gènes, les mutations, les recombinaisons, les enlacements de chromosomes, la sexualité... On comprend que la sélection naturelle favorise elle-même les systèmes les plus variables. Les différences, les variations sont la matière première des adaptations. Pour faire simple, les théories darwiniennes et postdarwiniennes de l'évolution sont des théories des variations. C'est la contingence : si de nouveaux caractères ne sont pas sélectionnés, cela ne change rien ; s'ils le sont, ils peuvent conduire à de nouvelles adaptations. Si les gènes égoïstes avaient une devise, elle serait : « Ça mute au cas où, sinon on disparaît. » On peut admettre que ces jeux de variation/sélection expliquent la diversité et la complexité de nos systèmes immunologiques comme de nos microbiotes, par exemple ; moins évident pour des macro-adaptations, comme la bipédie et, plus largement, les cas d'adaptations parallèles, comme le vol des oiseaux, des chauve-souris et autres.

En 1979, Stephen J. Gould et Richard Lewontin publient un article intitulé « The sprandel of San Marco and the panglossian paradigm : a critic of the adaptationnist programm », littéralement, « L'écoinçon de Saint-Marc et le programme panglossien : une critique du programme adaptationniste ». L'argument critique le travers tautologique des interprétations adaptatives, en référence au bon docteur Pangloss du *Candide* de Voltaire, lequel ne cesse de clamer que tout est bien dans le meilleur des mondes. Voltaire étrille la théologie naturelle comme Gould et Lewontin critiqueront la tautologie adaptationniste ; biais épistémologique souligné aussi par Karl Popper.

Si vous visitez un jour la basilique Saint-Marc à Venise, vous serez émerveillé par les peintures qui ornent les écoinçons. En architecture, les écoinçons se situent entre les voûtes des arches. Pangloss dirait à ce sujet que les architectes et les constructeurs de la basilique avaient fort bien conçu leur projet de telle sorte que des peintres et des artistes pouvaient disposer de surfaces destinées à recevoir leur art. En réalité, il en va tout autrement. Les architectes pensaient, eux, à la solidité et à l'esthétique de la structure, et les écoinçons ne sont que de simples espaces qui ne participaient en rien à la tenue de l'édifice. Ils pouvaient rester vides. Cependant, une contrainte architecturale a proposé ces surfaces aux artistes.

Les écoinçons résultaient des contraintes de structure. Contingentes, ces surfaces peuvent rester vides ou non décorées, et pourtant. Pangloss prétendrait que les architectes les avaient dessinés à dessein – nullement. Nous admirons, des artistes de la Renaissance à l'escalier monumental du Kunsthistorisches Museum de Vienne par Gustav Klimt, les écoinçons qui resplendissent des plus belles créations artistiques. Ces derniers l'on fait à dessein, mais les écoinçons répondaient à des contraintes architecturales.

Passons des voûtes des cathédrales à celles des arbres où les singes remplacent les anges. Ces grands singes ancestraux apprennent à se mouvoir dans les canopées en position verticale. La façon dont ils grimpent le long d'un tronc d'arbre se fait par alternance de l'avancée du bras gauche et de la jambe droite et alternativement, comme pour notre marche, et tout aussi verticalement. Il leur arrive encore de marcher redressés sur de grosses branches tout en s'aidant, si besoin, de leurs bras en agrippant d'autres branches situées au-dessus de leur tête, ce qu'on appelle la bipédie assistée. Cependant, tel un écoinçon, les aptitudes à la bipédie découlent à la fois de la suspension, du grimper vertical et de la brachiation. Autrement dit, les aptitudes à la bipédie sont des variations non sélectionnées du répertoire locomoteur des grands singes arboricoles.

C'est pour cette simple raison que tous les grands singes qui se suspendent et d'autres comme les gibbons se déplacent plus ou moins aisément et plus ou moins souvent en mode bipède lorsqu'ils s'aventurent au sol. La bipédie n'est pas apparue après un redressement du corps pour regarder au-dessus des hautes herbes de la savane, l'une des idées canoniques et des plus stupides sur les origines de l'humain reprise dans tous les films et les illustrations de nos origines – une icône panglossienne.

La sélection naturelle ne crée rien, elle sélectionne. Elle est encore moins la loi du plus fort, car, si c'était le cas, il y aurait perte de diversité et donc extinction. Alors quand, quelques millions d'années plus tard, notre famille se retrouve confrontée à des changements d'environnement, la sélection naturelle va favoriser des espèces ayant déjà des aptitudes à marcher debout. C'est comme cela qu'une commodité locomotrice est devenue une adaptation. Ces bipédies deviennent très diversifiées chez les australopithèques et, plus tard encore, aussi spécialisées que performantes pour le genre humain. Les bipédies descendent tout droit des arbres et ne proviennent pas d'un coup de rein audacieux en marge des savanes.

Comprendre l'adaptation requiert d'inscrire les recherches dans un cadre propre à chaque lignée et en comparaison avec les lignées les plus proches. De mettre en évidence les contraintes historiques héritées des évolutions passées ou contraintes phylogénétiques, qui se manifestent dans le cadre du développement des individus ou ontogenèse. Comme pour les écoinçons, des modifications des modalités de développement peuvent aussi proposer de nouvelles macro-adaptations, parfois sans mutation mais en agissant sur la régulation des gènes. On parle des théories évo-dévo, pour évolution et développement. J'ajouterai l'éthologie, ce qui donne les théories évo-dévo-étho ou EDE, tout en regrettant de ne pas être suivi sur cette proposition. Pourtant, avec les avancées de la génétique, on sait que les choix comportementaux et culturels des populations, notamment humaines, sélectionnent les gènes et leurs expressions. Nous ne nous sommes jamais affranchis de l'évolution.

*Le retour du monstre prometteur*

Mais il semble qu'il soit encore plus difficile de s'affranchir des dogmes archaïques, surtout à propos des origines de l'homme : le mâle droit sur ses jambes et les épaules sur lesquelles repose toute l'évolution humaine (et non des humains, ce qui impliquerait d'y situer les femmes). La théorie évo-dévo rouvre alors la vieille boîte de Pandore du « monstre prometteur ». Dans les années 1930, en effet, on découvre que des mutations – sans connaître alors leurs mécanismes – provoquent de grandes déformations morphologiques, toutes pathologiques, qu'on qualifie de « monstres ». Mais ne peut-on pas envisager des mutations favorables ? C'est dans ce contexte d'une génétique en plein essor, mais encore mal intégrée dans les théories de l'évolution, qu'on s'intéresse aux transformations de la morphologie au cours de l'ontogenèse. Bien que la nature des gènes ne soit pas clairement connue se forge alors l'idée que la transformation d'une espèce ancestrale à une descendante passe par des macromutations qui engendrent des « monstres prometteurs ». À charge pour ces derniers de copuler avec le maximum de femelles, car, on l'aura compris, même si une telle bénédiction affectait une femelle, son faible taux de reproduction limiterait la diffusion de la « promesse adaptative ».

Ces hypothèses – s'il faut les appeler ainsi – rencontrèrent beaucoup de succès. Elles ne tardent pas à dériver vers des interprétations élitistes et racistes. La théorie synthétique de l'évolution, qui se concrétise pendant la Seconde Guerre mondiale, récuse ces aberrations pseudo-scientifiques, ce qui a pour conséquence un rejet des recherches entre l'ontogenèse et la phylogenèse. Stephen J. Gould reprendra cette approche dans les années 1970, approche qui n'a jamais cessé d'être au cœur des théories de l'évolution depuis le XIX$^e$ siècle.

Les travaux et les livres de Gould sont très appréciés en France, par les biologistes comme par le grand public et les médias. Il est vrai qu'il aborde peu les sujets qui fâchent, comme la sélection naturelle ou les questions de hasard ou de contingence. On se pose encore la question de savoir si Gould était vraiment darwinien. Il n'en reste pas moins qu'il réintègre la morphologie dans le champ des théories de l'évolution, tout comme les mécanismes de l'adaptation, et que sa déconstruction méthodique des dérives racistes de l'anthropologie compose une œuvre scientifique considérable.

Mais le « monstre prometteur » attendait son heure.

Bien que Lamarck n'y soit pour rien, notre culture se pâme dès qu'une idée fait vibrer des lois immanentes ou transcendantes, surtout s'il s'agit de l'évolution de l'homme (au masculin). Plus encore si elle distille une sorte de volonté, d'élan vital, de finalité. Qu'il s'agisse de Jean-Baptiste de Lamarck, d'Henri Bergson ou encore de Pierre Teilhard de Chardin, des concepts philosophiques comme l'*hominisation* deviennent des tendances, des lois biologiques.

Alors, voici la fable du grand singe prometteur qui se redresse sous la plume de distingués évolutionnistes français (non paléoanthropologues, je précise, même si certaines et certains ont été un temps séduits) : il était une fois une population de grands singes ancestraux vivant quelque part en Afrique, en marge des forêts protectrices et des savanes vibrant de tous les dangers. Ils ressemblent à des chimpanzés actuels, marchant à quatre pattes, semi-redressés à cause de leurs jambes courtes et de leurs bras très longs. Parmi eux, le mâle dominant bénéficie d'une mutation homéotique qui lui confère, clés en main, la bipédie ; un coup de baguette magique génétique. En effet, on vient de découvrir que les gènes dits homéotiques sont des gènes architectes dont les altérations peuvent provoquer des transformations morphologiques importantes. Mais qui peut bénéficier d'une mutation aussi favorable ? Forcément le mâle dominant. Les femelles, quant à elles, éblouies par l'érection de cette mâle attitude, décident de ne se reproduire qu'avec lui. Et c'est ainsi qu'une heureuse descendance s'égaille sur deux jambes, ouvrant le chemin de notre évolution humaine. Une histoire à faire dormir les singes... debout.

Tout y est. Le chimpanzé actuel en lieu et place de notre ancêtre grand singe, alors que c'est une espèce actuelle. Comprendre ici que seule notre espèce aurait évolué alors que les autres seraient restées en panne d'évolution. Comme si nous descendions de notre frère ou de notre sœur et non de nos parents communs (Toumaï, *Orrorin* ou *Ardipithecus* dans l'état actuel de nos connaissances, lesquels ne ressemblent ni à des humains ni à des chimpanzés actuels). Autrement dit, une violation grossière de la phylogénie. Avec la reprise de l'idée d'Aristote selon laquelle les femelles ne sont que des réceptacles des caractères des mâles. Une conviction machiste que seuls les mâles sont à la source de toutes les innovations, qu'elles soient biologiques, comportementales, cognitives ou techniques. Le mythe de la femelle coincée dans son état de nature et ne pouvant évoluer, voire étant la cause de l'inertie d'une hominisation encore inachevée.

Cette fable fera la couverture de nos magazines scientifiques, et on la retrouvera dans les programmes scolaires, sans parler des films et des documentaires. À l'instar de Gould, je n'ai eu de cesse de dénoncer cette idiotie, ce qui m'a valu bien des ostracismes, notamment de la part de ces revues dites scientifiques qui distillent un antidarwinisme diffus.

## *Un drôle de changement*

À l'aube des années 1980, la révolution conservatrice et la dérégulation financière provoquent de profonds changements dans la société américaine, avant de toucher les autres pays du monde. En quelques années à peine, on voit les laboratoires des universités changer de population. Les enfants des classes privilégiées – surtout les *Wasp*, pour White Anglo-Saxon Protestant – abandonnent les sciences pour se tourner vers des carrières de la finance. Après les hippies, voici venu le temps des yuppies, les Young Urban Professionnals, littéralement les jeunes cadres urbains, des ambitieux aux dents longues. Dans le monde de la finance, on les appelle aussi les *Golden Boys*. Les années fric et l'économie-casino explosent. De jeunes femmes et de jeunes hommes gagnent des sommes qui semblent astronomiques. Les bulles comme les scandales financiers ne tarderont pas à suivre.

Les yuppies se passionnent pour l'art de vivre à la française. Même en Caroline du Nord, qui n'est pas New York, apparaissent des boutiques de gastronomie et de vins, sans oublier des restaurants avec des chefs talentueux qui travaillent de part et d'autre de l'Atlantique, jouant des traditions et des audaces. Les élites se passionnent pour les vins français ou italiens comme pour ceux des nouveaux mondes. Des articles du très select *NewYorker* ne cessent de comparer les vins et les crus des Ancien et des Nouveau Mondes. Il devient évident que les viticulteurs français vont devoir réagir et monter en gamme, ce qu'ils tardent d'abord à comprendre, comme notre grande cuisine.

S'engager dans des études et des carrières scientifiques devient de moins en moins attirant. Même si les salaires des universitaires américains restent très honorables, ils ne rivalisent plus du tout avec ceux des métiers de la finance ou, plus largement, du *business*. Pourquoi consacrer des années à obtenir un doctorat avant d'enchaîner sur des études postdoctorales durant les plus belles années de sa vie dans l'espoir de décrocher un poste moyennement payé la trentaine passée ? Ce n'est pas un hasard non plus si les *business schools* américaines et européennes entrent alors dans une période de développement comme jamais depuis cette époque, une tendance de fond qui se poursuit de nos jours.

Les populations étudiantes des *graduate schools*, celles des doctorants et des postdoctorants, changent de profil anthropologique. Les étudiants asiatiques deviennent de plus en plus nombreux dans les écoles, les départements et les universités techniques et scientifiques : Chinois, Indiens, Coréens, Japonais... Les gouvernements et les États occidentaux ne prennent pas du tout conscience des révolutions technologiques en gestation et encore moins de la future montée en puissance des industries des pays asiatiques. Une arrogance surprenante quand on se rappelle le succès des industries électroniques du Japon au cours de ces mêmes années, sans oublier les géants sud-coréens de plus en plus puissants et autres petits dragons appelés à devenir grands – une version réelle de *Game of Thrones*.

Comment les gouvernements et les États occidentaux ont-ils pu être aussi aveugles, fascinés par les mirages du business et de la finance alors même que leur domination des siècles passés reposait justement sur les sciences et les techniques ? Pendant ce temps, la Chine déployait des moyens financiers considérables pour faire revenir ses étudiants et engager une politique scientifique, technique et industrielle ambitieuse. La pandémie a révélé brutalement les conséquences de notre désindustrialisation et du mépris pour la recherche universitaire, comme notre retard autour de la révolution numérique ou de l'ARN messager. De retour des États-Unis, j'en ferai l'amère expérience.

*Il faut partir*
Avec l'arrivée de notre fils et le départ des amis du groupe francophone, il nous faut faire des choix. Rester à Duke n'est pas envisageable. Après un postdoc, comme on dit, on recherche un poste dans une autre université ou institution. Bill s'engage d'ailleurs vers d'autres projets, et déjà deux nouveaux étudiants arrivent, dont l'un devant me succéder comme postdoc. Il me faut désormais trouver un poste dans une université américaine, voire canadienne, ou revenir en France.

La dégradation de mes relations avec Bill, malgré tout le travail accompli, me ferme les portes des universités américaines. J'ai deux contacts sérieux au Canada, dont un à l'université du Saskatchewan, à Saskatoon. Je m'y rends en janvier 1989. Voler dans un petit avion au-dessus d'un immense paysage sans relief est vraiment impressionnant.

Des étendues enneigées à perte de vue et, d'un coup, les lumières d'une petite ville qui scintillent. Un havre chaleureux au milieu de nulle part. Au dîner dans un restaurant, je m'étonne de voir autant de tableaux et de représentations de marins, de ports, d'océans. Nous sommes à des milliers de kilomètres de la première côte. Mes hôtes s'en amusent et m'affirment que nous sommes dans une région ayant produit beaucoup de navigateurs. Il est vrai que, si l'on fait une analogie entre l'océan et les grandes plaines à perte de vue, quoi de plus naturel ! Cela peut s'argumenter sur le plan cognitif, je reste moins convaincu d'un point de vue culturel.

La discussion glisse sur les enjeux de l'ALENA, le projet d'un marché ouvert entre les États-Unis d'Amérique et le Canada. Naïvement, je pense que les Canadiens anglophones s'en réjouissent plus que les francophones. C'est exactement l'inverse. Les premiers redoutent de se retrouver submergés pas les plus mauvais travers de la culture de leur voisin du Sud, la médiocrité culturelle comme la violence. Les Québécois se montrent plus sereins, bien ancrés dans leur particularisme culturel. Cet échange m'est revenu quelques années plus tard au cours du visionnage du film *Bowling for Columbine* de Michael Moore. Comment comprendre que, d'une rive à l'autre d'un même grand lac, sévisse un taux de violences et de meurtres quatre fois plus élevé du côté sud ? Comment comprendre en effet qu'un contrôle de la police canadienne soit si serein, alors même que, orchestré par des policiers américains, il puisse vous mettre en danger au moindre geste involontaire ?

Le poste proposé est intéressant, très exigeant, dans le cadre d'un projet de réorganisation complète du département d'anatomie. Mais j'ai le sentiment de m'éloigner de la paléoanthropologie et surtout plus encore de nos familles, des amis, de toutes nos relations. Qui viendra nous voir à Saskatoon, Saskatchewan ?

L'esprit lourd d'une foule de pensées sur notre avenir, je reprends l'avion pour la Caroline du Nord, avec une correspondance dans je ne sais plus quel aéroport du nord des États-Unis. Là, on me signifiera mon interdiction d'entrer sur le territoire, car je n'ai pas demandé de visa de retour. Incompréhension totale. J'ai beau montrer mon visa d'étudiant travailleur, donner mon adresse, souligner que ma femme m'attend avec deux enfants, deux petits Américains… Rien à faire. Me revient alors cette scène vécue par Claude Lévi-Strauss confronté à la même situation à son arrivée pour la première fois à New York, surpris que des personnes issues de l'immigration, les membres de la police des frontières, puissent se montrer aussi peu amènes avec les nouveaux arrivants. Les heures passent. Finalement, à force de persuasion, je serai autorisé à prendre mon vol. Pas très envie de retourner à Saskatoon, même en bateau…

L'ambiance terne du laboratoire, la perspective d'une vie familiale dans le contexte social américain ébranlent notre volonté de rester, malgré ces très belles années. Finalement, un vilain évènement emporte notre décision de revenir en France. Je vais un jour chercher notre fille à la crèche. Plusieurs parents attendent, d'autres discutent avec les personnes de l'encadrement. Je vois ma fille, qui me sourit. Un petit garçon arrive près d'elle et se met à la frapper. J'interpelle une assistante, qui fait mine de ne rien voir. J'insiste, toujours aucune réaction. Alors, je fais quelques pas, je prends le petit garçon sans violence et lui dis de ne pas faire ça avant de le rasseoir à côté. Rien de plus, sans le secouer ni crier. Deux heures plus tard, la police vient m'arrêter pour violence sur enfant et tentative de le décérébrer – rien de moins – en le secouant violemment. Heureusement, hormis l'histoire de l'amende non payée, je n'ai aucun passif avec la police et encore moins avec la justice. Le département juridique de Duke me défendra efficacement. Un compromis est finalement trouvé, sans procès, mais avec une grosse amende qui absorbera toutes nos petites économies, alors même que nous commencions à préparer notre retour en France. Non sans inquiétude, d'ailleurs. Personne ne nous attend. Je n'ai toujours pas de poste, sans travail ni pour l'une ni pour l'autre, avec deux jeunes enfants. Pour notre départ, Bill et le département organisent un dîner très convivial, l'occasion de se rappeler les bons souvenirs. Nous repartons avec plus de nostalgie que de regrets.

Nous avons loué un container pour avion dans lequel nous rangeons nos meubles et autres effets au centimètre près. Tout se passe on ne peut mieux, puisque l'aéroport de Raleigh/Durham est devenu un *hub* international d'American Airlines. Le petit aéroport de 1982 se range aussi dans les souvenirs des premières émotions. Vols directs pour la petite famille et le container (pas dans le même avion). L'atterrissage en France se fait dans une tout autre ambiance.

# VI

## RETOUR AUX ORIGINES

Nous atterrissons à Orly après un vol paisible. Nos deux enfants ont été adorables. Ma mère et ma sœur nous attendent, contentes de nous revoir, plus encore de connaître nos enfants. Nous voilà de retour dans le pavillon d'Argenteuil. Les quelques effusions de joie occultent difficilement une situation pleine d'incertitudes. Nous revenons avec très peu de ressources financières, sans travail et avec deux enfants. Le soir, mon père dissimule à peine le sentiment du retour du « bon à rien ». Ma mère, qui est en préretraite, nous est d'un grand secours dans cette situation. Mon père s'est reconverti dans le métier de chauffeur de taxi. Pourquoi a-t-il abandonné celui de chauffeur poids lourd ? Je n'ai jamais su comment ni pourquoi. Je n'ai pas cherché à savoir, si ce n'est une allusion, un jour, à ses frasques qui lui auraient valu de sérieux ennuis. Comme il a toujours eu tendance à me rendre responsable des malheurs de la famille, mon retour peu glorieux lui offre un parfait exutoire. Nous nous efforçons d'alléger les contraintes de notre installation dans leur maison, que nous voulons la plus brève possible. Disposant de la voiture que nous avons rapatriée de Caroline du Nord – une Renaut Alliance, que nous n'avons pas pu revendre à un prix décent avant notre départ –, nous tentons de nous échapper le plus souvent possible. Rien de moins évident avec nos maigres ressources. L'accueil est franchement glacial dans la famille de Christine ; on peut même parler d'ostracisme. Alors, nous redécouvrons les joies du camping, ce qui n'est pas désagréable, mais l'ambiance n'y est pas.

*Douce France*
La France a bien changé en ce début d'été 1989, même si les jardins de mon enfance ont disparu depuis longtemps. Les années « fric et frime » scintillent de tous leurs mirages de la réussite à l'américaine. Les sports, les métiers de la communication, des médias, du marketing et du business en général offrent des rémunérations jusque-là impensées pour les jeunes femmes et les jeunes hommes après seulement quelques années d'études supérieures. La spéculation immobilière ne tarde pas à suivre.

Christine a repéré une annonce dans les offres d'emploi du *Parisien*. On cherche des personnes parlant anglais pour des postes dans la sûreté aérienne au sein d'une entreprise israélienne installée à l'aéroport de Roissy-Charles-de-Gaulle. C'est un secteur nouveau, et personne ne peut encore imaginer le développement qu'il sera amené à connaître dans les années à venir. À cette époque, comme de nos jours, on parle peu de ce genre de métiers, comme le nettoyage, qui absorbent une grande diversité sociale, favorisent la formation et l'insertion pour des personnes issues des diversités. Il faut attendre la pandémie de 2020 pour s'en rendre compte avant d'oublier à nouveau.

Pour ma part, je rebondis grâce à mes diplômes de physique, en trouvant un poste dans un lycée privé via mon réseau des anciens amis de l'école Notre-Dame à Enghien. Je n'ai alors aucune difficulté à être engagé, tant il manque d'enseignants du second degré en mathématiques et en physique. Je découvre une situation déjà observée aux États-Unis, avec un flux migratoire d'une partie des diplômés, qui ont délaissé les métiers académiques, de plus en plus dévalorisés socialement et financièrement, ce qui ne fait que s'aggraver depuis.

Au moment de notre départ pour Duke au début des années 1980, les salaires des chercheurs et des professeurs d'université se comparaient encore à ceux des cadres moyens et supérieurs du secteur privé ; le décrochage s'est accru, véritable fossé à la fin de cette même décennie. À cela s'ajoute une augmentation des loyers et de l'immobilier qui mènera à la bulle spéculative du début des années 1990. Nous voilà de retour en France, devenue une terre sociologiquement étrangère.

Les premiers salaires de Christine sont modestes, comme le mien, car je suis au niveau hiérarchique le plus bas de l'Éducation nationale, en CP ou contrat provisoire. Environ 5 000 francs, soit à peine 800 euros de nos jours. Modeste, certes, mais suffisant pour trouver un appartement assez grand et confortable à Montigny-les-Cormeilles. Les propriétaires sont charmants et bien au fait de la réalité de nos maigres revenus. Ils veulent néanmoins une caution – rien de plus normal. J'en parle à mes parents, qui devraient être soulagés de nous voir à la fois nous installer et les libérer de notre présence ; ils m'opposent un refus. J'en reste estomaqué. L'éternelle défiance de mon père à mon égard : « nous boufferions » le patrimoine familial, lui qui nous avait si souvent maltraités et avait ruiné en partie notre famille avec le triste épisode de l'hôtel en Auvergne et les autres investissements hasardeux dont on se gardait bien de m'instruire, sans compter ses autres frasques. Les parents de Christine, qui daignent nous recevoir une fin d'après-midi, accepteront de nous aider, non sans assortir cette aide d'un sermon des plus désobligeants.

Nous sommes devenus les parias de nos familles. Nos sœurs, frères, cousines, cousins gagnent désormais très bien leur vie dans des secteurs devenus à la mode. Golf GTI, sorties, boîtes de nuit, restaurants, vacances dans des clubs, tennis, golf... La vie avec un grand V. Les chèques sont endossés à la queue leu leu ; on compte sur l'héritage de la génération laborieuse... Les invitations dans les réunions de famille se font rares, nous épargnant leurs railleries sur « ces scientifiques qui font des années d'études après le bac et s'en reviennent de l'Amérique tels des SDF ». Certes, ils ne sont pas plus affligeants que cette société qui entame son déclin en méprisant les valeurs qui lui ont pourtant assuré sa place dans le monde et dans l'histoire au cours des siècles précédents.

La chute sera très dure quand se déchirera le paravent des illusions. Je n'y ai jamais vu une sorte de justice immanente, d'autant que nous allions renouer les liens dans les années suivantes, seulement cette impression forte que cette euphorie frénétique ne pouvait pas durer. Une atmosphère animée par la volonté de rompre avec la génération des parents qui avait connu la guerre, se contentait de peu, hormis ce rêve de posséder un pavillon, de partir en vacances, de penser à la retraite ; une génération portée par le sentiment que tant de peines et parfois de sacrifices s'accomplissaient pour que ses enfants jouissent d'une vie meilleure, d'une vie qu'ils n'avaient jamais eue. C'était encore le credo des classes moyennes, ignorant que les « Trente Glorieuses » étaient révolues depuis une décennie. Il y a un signe qui ne trompe pas dans l'histoire : quand on qualifie une période idéalisée de « Belle Époque » ou de « Trente Glorieuses », c'est qu'elle est terminée. Eux-mêmes, ces fourmis laborieuses, seront aveuglés par ces années de cigales qui, quant à elles, ressentent une sorte de honte d'avoir de tels parents, ces fourmis laborieuses harassées de fatigue qui se vautrent chaque soir devant la télévision.

Ce sont les années Bernard Tapie, Jean-Marie Messier, Jean-Yves Haberer, Serge Tchuruk, Jacques Séguéla... avant que n'en sonne le glas. La France s'engage dans une période de déclassement économique, d'aucuns parlent de « puissance immergente » sur fond de désindustrialisation massive et de paupérisation de son secteur de la recherche.

*Qu'est-ce que vous faites là ?*
Atterrir en France au mois de juin, c'est manquer la saison des concours. J'avais cessé de me présenter au CNRS, d'autant plus que j'avais envisagé un temps de rester en Amérique du Nord, voire de succomber à la tentation australienne à l'université de Perth.

J'ai prévenu Yves Coppens de mon retour ; il en est un peu étonné tout de même. « Vous voilà de retour », me dit-il. Il est évident que je n'entrerai jamais au CNRS ni au Muséum national d'histoire naturelle, qui compte encore en ce temps-là quelques morphologistes de très haut niveau. Seulement la discipline, après ce qui s'avérera être bientôt son chant du cygne et sous l'impulsion de Gould, intéresse moins les institutions. Les promesses de la génétique portées par l'évolution des moyens techniques du séquençage proposent de formidables perspectives dans les sciences de l'évolution. Les vieux os, les fossiles fascinent toujours autant. Beaucoup de grandes découvertes se succèdent d'ailleurs à partir des années 1990 ; bien moins de recherches se font en morphologie. Je me heurte aussi à des considérations philosophiques et idéologiques de la discipline, qui s'inscrit dans la tradition de la morphologie allemande, très représentée en Allemagne de l'Est, non sans affinités avec le communisme dans l'esprit de ces chercheurs, ancrés dans leur noble conception du service public. Alors *quid* de ce jeune homme sorti de nulle part passé par Hylander et, qui plus est, sans le bagage d'un corpus classique en morphologie, plutôt technicien ? Finalement, nous finirons par être bons amis, avec quelques collaborations à la clé. Cependant, je ne forme aucun espoir de recrutement de ce côté-là, n'y ayant même d'ailleurs jamais postulé.

J'ai tout de même un solide dossier. Coppens m'incite à demander une « bourse de soudure ». Ce sont des aides attribuées par un comité de sélection associé à l'Académie des sciences pour tenir le temps de la traversée du désert entre la soutenance de thèse et l'obtention d'un poste. La procédure court entre la fin des études postdoctorales – qui entrent dans les mœurs universitaires nationales – et l'obtention d'un poste. J'obtiens une aide substantielle, d'autant que Coppens saisit l'opportunité de la création de postes très particuliers pour des établissements scientifiques et culturels à faibles effectifs ; il en est ainsi de Normal sup ou du Collège de France. La réputation n'est pas corrélée à l'ampleur des effectifs. Va donc pour la belle perspective de devenir maître de conférences au Collège de France.

Nous disposons de revenus convenables et d'un horizon plein de promesses. Hélas, des complications administratives en décalent la concrétisation d'une année. Heureusement, je publie souvent, et la bourse de soudure est renouvelée. Un autre bel évènement prend forme : la venue de notre troisième enfant et deuxième fils.

Même si le poste est profilé sur mes activités de recherche, je ne suis pas le seul dans ce domaine. Plusieurs candidats très sérieux se présentent, et rien n'est assuré. Une difficulté majeure réside dans la nécessité de créer un laboratoire d'anatomie pourvu de locaux appropriés, avec tous les équipements expérimentaux et d'analyse. Je me souviens encore de cette remarque entendue quelques années plus tôt, après une audition devant un jury pour intégrer le CNRS et alors même que je me dirigeais vers la porte de sortie : « Au fait, ça coûte cher, ces recherches ! »

La veille de mon audition au Collège de France, je tentai de joindre Coppens pour un ultime calage. Bien que le poste

soit rattaché à sa chaire de paléoanthropologie et préhistoire, le professeur Jacques Ruffié était le rapporteur de ma candidature. Ce grand médecin et anthropologue sortait d'une longue affaire dramatique, celle du sang contaminé, qui avait bousculé la France et une partie du gouvernement. Les années fric et business n'avaient pas manqué d'atteindre des institutions à vocation sanitaire et publique, comme celle de la transfusion sanguine. À mon arrivée au Collège de France, je m'apprêtais à gravir les premières marches du grand escalier qui conduisait au bureau de Coppens lorsque je l'aperçus descendant en compagnie de Ruffié. Me voilà aussi surpris que ravi. Mais, soudain, Coppens m'intima l'ordre de m'arrêter – s'il a beaucoup d'autorité, il est très rarement autoritaire. Je me figeai sur-le-champ. Puis il me dit sur un ton sans appel :
– Descendez !
Dubitatif, je m'exécutai sans un mot.
– Bien, et maintenant, tournez-vous vers les grandes portes !

Derrière lesdites portes régnait un brouhaha qui s'entendait de loin. Coppens se plaça devant celles-ci, les ouvrit brutalement – elles claquèrent dans un grand bruit alors qu'il disparaissait en un coup de vent. Le brouhaha cessa aussitôt et je me retrouvai seul, tout penaud à l'épreuve des regards curieux des professeurs du Collège de France réunis avant une leçon inaugurale accueillant un nouveau professeur. Un instant, je restai pétrifié sous les yeux surpris de Pierre Bourdieu, Françoise Héritier, Pierre-Gilles de Gennes, Xavier Le Pichon, Marc Fumaroli ; j'imaginais leur étonnement : « Qui est donc cette personne immobile dans l'encadrement des grandes portes qui nous fait sursauter d'une manière aussi intempestive ? » Des secondes qui durèrent pour moi une éternité. Coppens s'interposa alors entre cette belle assemblée et le pantin figé que j'étais, et, d'un grand sourire, il se tourna

vers moi en ouvrant les bras tel le Christ accueillant ses brebis avant de s'écrier : « La famille ! »
Je n'en dormis pas de la nuit.

*L'Éducation nationale*
À part quelques amis professeurs de physique dans le lycée où j'enseigne alors, personne ne connaît vraiment mon parcours de chercheur en anthropologie. C'est le cas du directeur de l'établissement. Je lui fais la demande d'enseigner dans les classes de collège et surtout pas de terminale. Non par manque de compétences, mais parce qu'il me serait difficile d'assurer un enseignement soutenu pour leur succès au bac. Je récupérerai tout de même une classe de première, réputée la moins bonne.

Quelle année ce fut avec eux ! À force de donner des exemples pour l'application de la physique dans le champ de la paléoanthropologie, mes élèves ont fini par comprendre ce qui me passionnait. Plutôt malin, fin psychologue, me voyant arrivé parfois fatigué, l'un d'eux m'interrogeait systématiquement sur le mode humoristique : « Comment va Lucy ? » Alors, on en parlait, je leur racontais son histoire. Arrive enfin le jour où ils doivent passer un examen commun aux trois classes de première. D'autant que mes chers collègues m'ont écarté de la préparation de l'examen, je suis un contrat provisoire (CP) – ce qui m'arrange, pour être juste. Mais la panique s'est emparée de mes élèves : « Monsieur, on nous voit déjà comme la plus mauvaise classe en physique, mais en plus, nous sommes vachement en retard sur le programme ! » Et moi calmement de leur répondre : « Pas de problèmes. Vous êtes en réalité en avance. » Lourd silence interrogatif : « Prenez vos manuels et nous allons faire tous les exercices, même ceux des cours en fin de programme. »

En dialoguant sur Lucy, j'avais abordé conceptuellement les sujets de physique du programme. Il ne restait plus qu'à les appliquer. Les élèves l'avaient compris, et le résultat en fut la meilleure classe de physique... D'un point de vue pratique, nous avions aussi réalisé des applications en jouant au handball, sur les heures de physique. Consternation générale dans le lycée. Les enseignants qui se lancent dans des expériences pédagogiques innovantes en savent quelque chose. S'ils ne réussissent pas, c'est leur faute ; s'ils réussissent, on les ostracise ou on leur coupe les moyens...

L'un de mes élèves est alors en équipe de France, précisément attaquant avant-centre. Toujours dans l'équipe opposée et arrière central, je dois le bloquer. Au cours d'une action, je tarde quelque peu à me placer en position défensive. C'est alors qu'il me heurte sans ménagement, d'autant plus que je commets une faute défensive. Me voilà au sol ! Mais, *fairplay*, le jeune joueur me tend la main pour me relever : « Vous voyez, monsieur, j'ai bien compris. L'énergie cinétique c'est 1/2 de MV2. Vous avez le M, moi le V. »

CQFD ! Comment ne pas lui donner une bonne note ?

Très peu d'enseignants, notamment du collège ou du lycée, m'adressent vraiment la parole. Ne suis-je pas un CP ? Pourtant, ils n'ignorent rien de mes relations avec mes collègues de physique, qui ne sont pas des CP. Je ne tarderai d'ailleurs pas à me lier d'amitié avec un professeur de philosophie, « l'agrégé » (l'opposé du CP), devenu au fil des années un grand ami. Rien n'y fait, je resterai le CP, mais il est vrai que je n'ai pas trop le temps de socialiser. L'ami philosophe se voit chargé par le proviseur de reprendre une publication de l'établissement, une revue modeste mais de belle tenue. Je n'échapperai pas à la commande d'un article sur l'évolution de l'homme, signé de mon seul nom, sans plus, évidemment.

Je travaille comme un forcené. Christine a choisi des horaires très matinaux pour éviter les embouteillages vers Roissy. Je m'occupe donc des enfants le matin ; elle, en fin d'après-midi. Avec le recul du temps, on réalise combien les jeunes parents sont des héros du quotidien. Aujourd'hui, une trentaine d'années plus tard, j'admire mes enfants, jeunes parents, qui doivent combiner leur évolution professionnelle au moment le plus important de leur carrière tout en se rendant le plus disponibles possible pour leurs jeunes enfants. Franchement, qui peut encore condamner les allocations familiales ? D'un point de vue darwinien, disons évolutionniste, je ne cesse de m'interroger sur les logiques économiques et sociétales qui mettent autant de pression sur celles et ceux qui contribuent tant au succès des générations futures. Et quand il leur arrive de prendre des vacances, tout est soudainement plus cher, multiplié par le nombre. Alors, on s'étonne de l'effondrement démographique de l'Europe quand les médias diffusent tant de clichés de femmes et d'hommes libres de toutes ces entraves, comme ces acteurs et ces actrices admirés pour s'éveiller tardivement à un désir parental en adoptant des enfants ; confusion entre l'humanitaire et le besoin d'entités domestiques pour meubler de trop grandes maisons, havres sans attaches.

Je suis nommé maître de conférences au Collège de France en septembre 1991. J'ai trente-sept ans. Jusque-là, j'ai vécu principalement sur des bourses. Il devient évident que tout plan de carrière est sérieusement grevé. Mais, pour l'heure, je suis comblé.

Tout heureux, je me rends chez mes parents avec l'arrêté de nomination. Nouvelle douche froide. Aucun commentaire ne vient, si ce n'est un vague « tant mieux » lâché du bout des lèvres. Je propose tout de même un dîner au restaurant. Ils ne diront pas un mot pendant le repas. L'accueil de cette nomination ne sera pas plus joyeux dans la belle-famille. Pourquoi tant de joies pour une entrée dans un collège ?

C'est l'inverse dans le lycée où j'enseigne. La nouvelle finit par se répandre. Changement de regards et d'ambiance. Des enseignants ne m'ayant jamais adressé la parole viennent me voir : « Vous savez, nous pouvons discuter ensemble. » À part chez quelques espèces de macaques socialement rigides, je ne connais pas de système social aussi tristement hiérarchique quant aux diplômes et aux statuts que l'Éducation nationale ; même pas l'armée.

J'attends avec impatience mon premier bulletin de salaire. Un choc ! je suis au plus bas niveau de l'échelle ; quasiment stagiaire et pour deux ans. Je m'en étonne au service du personnel, où l'on m'explique que c'est la norme pour tout nouveau poste. Ainsi donc, je me retrouve avec des revenus encore plus modestes qu'auparavant. Les projets attendront encore.

Heureusement, au Collège de France, la qualité de l'administration est à la hauteur de la réputation académique. À l'issue de ces deux ans, le service du personnel fera valoir mes travaux, notamment mes enseignements aux États-Unis, ce qui se concrétisera par un beau rattrapage de carrière et de rémunération. À cette époque, l'Éducation nationale commence tout juste à prendre en compte les études postdoctorales. Nous envisageons l'achat d'une maison. Il me revient la politique volontariste des pays émergents, dont la Chine, proposant ce qui nous semble alors des ponts d'or à leurs étudiants postdoctoraux répartis dans les grandes universités à l'étranger, notamment américaines. Trente ans plus tard, les conséquences de cette politique dans les secteurs de pointe, comme l'intelligence artificielle, sont désormais bien visibles. Je suis revenu en France ; mais tant d'autres, aujourd'hui, ne rentrent pas.

## *Trois ans de perdus*

A la fin de ce XX$^e$ siècle, l'avenir de la recherche se dessine interdisciplinaire. La paléoanthropologie l'est résolument, avec la convergence des sciences de la Terre (paléontologie des différentes lignées d'animaux, palynologie pour les pollens fossiles des plantes, géologie pour la stratigraphie, méthodes de datation venant de la physique, aujourd'hui paléochimie des sols dont la détection de traces d'ADN...), des sciences de l'Univers (variations de la rotation de la Terre et cycles glaciaires ou cycles de Milankovitch), des sciences médicales et dentaires, mais aussi de la préhistoire (cultures préhistoriques, art), de l'anthropologie sociale et culturelle et de l'éthologie (comportements sociaux des espèces), et plus particulièrement la primatologie (étude en anatomie, en physiologie, sur l'écologie et la psychologie comparée chez les différentes espèces de singes et de grands singes). La génétique et l'éthologie des singes et des grands singes sont venues bousculer les questions des origines. Je suis fasciné, non sans comprendre qu'on néglige ces avancées pour reconstituer nos origines communes avec les grands singes actuels. On n'a pas encore exploré nos origines communes. Pour cela, il faut connaître les grands singes et établir le bon cadre théorique... Mais, pour l'heure, il me faut mettre en place une unité de recherche en biomécanique crâniofaciale. Il n'y aura pas de problèmes pour le financement des matériels d'expérimentation et d'analyse alloué sur les crédits de la chaire de Coppens. Je suis associé au laboratoire du CNRS-Musée de l'Homme (Muséum national d'histoire naturelle) où, si je dispose d'un bureau, il n'est pas envisageable d'y mener des expériences, surtout avec des singes. Un temps, Coppens m'invite à réfléchir au site du Collège de France basé à Meudon. Un grand bâtiment, un joli parc et une ancienne animalerie, non loin du très célèbre Observatoire de Paris. Il s'agirait d'un gros investissement possible, à condition que d'autres équipes viennent s'y installer, non pas pour mon seul projet de recherche.

Les établissements comme le Collège de France ou le Muséum national d'histoire naturelle ont reçu au cours de leur histoire des legs de grandes propriétés d'anciens professeurs, de mécènes ou tout simplement d'admirateurs. Un beau patrimoine de plus en plus difficile à entretenir, d'autant que les réglementations pour leur entretien deviennent toujours plus contraignantes. Dans les décennies qui s'annoncent, les plus grands établissements s'efforceront d'obtenir des financements à la fois pour réhabiliter, restaurer et moderniser leurs principaux sites ; alors, pour les autres… Mon projet ne peut pas arriver au plus mauvais moment, malgré toutes les bonnes volontés.

Je me tourne alors vers les sciences dentaires. Mes travaux et publications sur la biomécanique crâniofaciale m'amènent à intervenir dans divers congrès et à travers certains enseignements. Une période très fructueuse. Mais sans poste en vue pour une installation. Pourtant, mon projet intéresse nombre de collègues, que ce soit dans diverses facultés de chirurgie dentaire, au Muséum national d'histoire naturelle et même au Conservatoire national des Arts et Métiers (CNAM). Je me heurte à des difficultés administratives de toutes sortes pour formaliser des collaborations. Les amitiés, les bonnes volontés, les intérêts sont là, mais les lourdeurs administratives engendrent des entraves épuisantes. À cette époque, les ministères de tutelle imposent de nouvelles règles pour clarifier les conventions et les financements des équipes de recherche qui, il faut bien l'admettre, ont grandement besoin d'être modernisées. Mais cela n'arrange pas mes affaires.

Et reste le problème des singes. Pas question de revenir à la Faculté de médecine de la rue des Saints-Pères, de plus en plus embarrassée avec ses magots (macaques). Les animaleries, plus encore celles hébergeant des singes, dont on commence à bien connaître les sensibilités sociales et cognitives, sont désormais dans le collimateur des associations de protection de la condition animale, mais aussi de la Commission européenne. Le pays des animaux-machines se distingue comme la honte de l'Europe occidentale pour les conditions faites aux sujets de laboratoire. Pourtant, lorsqu'on a croisé une fois dans sa vie le regard d'un singe, il n'est plus jamais possible de l'oublier. Je dois passer une habilitation m'autorisant à expérimenter avec les singes ; je découvrirai à cette occasion, pendant mon audition, que je connais mieux les singes que les « experts ». Une solution serait de trouver un centre de primatologie aux normes. Il y en a très peu en France, et encore moins pour des recherches expérimentales. Un temps, j'entre en relation avec le centre de Strasbourg. Son fondateur, Nicolas H., sensible à l'éthologie, réhabilite un fort militaire désaffecté de la ligne Maginot. Il l'investit pour héberger d'abord dans l'urgence quelques macaques saisis en douane. Connu comme photographe, il a été repéré par les douaniers, qui se sont adressés à lui pour les aider. Rapidement, ce lieu de refuge formera un projet pour un centre de primatologie. L'idée est de conserver les singes en structures sociales, de disposer de grandes volières et des parcs en extérieur. Ces populations de singes seront mises à disposition de la recherche médicale et pharmaceutique, à condition de respecter un cahier des charges très strict pour leur bien-être. Un comité scientifique avec des éthologues y veille scrupuleusement. Néanmoins, l'air du temps ne souffle pas dans le bon sens pour des projets comme le mien, même en apportant les garanties des bonnes pratiques acquises à Duke.

Un dernier espoir prend forme avec un ingénieur chercheur travaillant pour le CNES (Centre national d'études spatiales) et l'ESA (Agence spatiale européenne). À cette époque, un programme de recherche envisage d'envoyer des macaques et autres singes dans l'espace pour y mener de nombreuses expériences en microgravité ou non-gravité. Il est chargé de mettre au point des modes de contention et des appareils assurant – compte tenu des contraintes qu'on imagine – le meilleur confort et la bonne santé des singes. Je me réjouis de trouver à la fois des compétences et des conditions éthiques de recherche avec des singes. D'autant que le CNES et l'ESA incitent l'ingénieur chercheur à monter sa propre structure, ce qui conduira à un superbe projet dans la région Centre, près de Blois. Les collectivités locales, dont la région, nous font bon accueil. Je dispose, pour ma part, d'un réseau de chercheurs en sciences dentaires à Tours et alentour. C'est plus compliqué du côté du Collège de France, mais cela paraît envisageable. La configuration qui se profile n'engage pas d'investissements conséquents, si ce n'est les matériels dont je dispose déjà et un loyer raisonnable. Mon partenaire s'endette, lui, personnellement et fortement. Mais les travaux sont engagés, très coûteux, et aux normes européennes. C'est une superbe réalisation. Patatras, le CNES et l'ESA mettent un terme à ce projet avec les singes. L'ingénieur chercheur entre-temps devenu mon ami est ruiné.

Je dois me faire une raison, mon projet n'aboutira jamais. Je pourrai invoquer une malédiction du singe, bien qu'il n'y soit pour rien. Malgré mon habilitation à expérimenter, je découvre aussi que je ne peux pas travailler avec un singe ou tout autre animal, car je ne suis pas vétérinaire, sans oublier toutes sortes de tracas réglementaires, administratifs ou autres. Trois années kafkaïennes et une pile de dossiers plus haute que mon bureau, et pour rien. Désespérant côté humain. Heureusement, les singes et les grands singes m'ouvrent d'autres portes.

## *De l'animal aux animaux*

En cette fin de XX$^e$ siècle, les singes et les grands singes frappent à la porte de notre civilisation occidentale. Les avancées des connaissances explosent dans tous les domaines scientifiques, et plus encore en éthologie. Des sociétés savantes de primatologie apparaissent dans tous les pays, même dans une France encore profondément allergique au sujet. Les médias vont nous être d'un grand secours pour faire avancer la cause des singes et des grands singes, comme celle des animaux en général, tandis que nos institutions campent sur leurs retranchements anthropocentriques et la barrière du dualisme cartésien. Pas facile de contourner les lignes Maginot académiques avec des magots.

Une décennie auparavant, à mon arrivée à Duke, j'avais été surpris par les conditions d'hébergement et de traitement des animaux, tout particulièrement des singes. Nos expériences exigeaient de les asseoir sur des sièges de contention tout en leur laissant le plus d'aisance possible. Sur ce sujet d'ailleurs, leurs déjections sur le siège n'avaient rien d'agréable. Je trouvai la solution en détournant des couches de mes enfants, dans lesquelles je ménageais une ouverture pour faire passer la queue du singe. Comme nous voulions des comportements naturels, pas question de les entraver et encore moins de les stresser inutilement. Ainsi, nous nous assurions de leur « collaboration », contrainte, certes, mais basée sur une mise en confiance. D'ailleurs, lorsqu'un regard fixe pointait sur nos yeux, cela signifiait : « On arrête là. » Nous n'avions pas le choix. Après quelques années au service de la science, les singes s'en allaient dans des parcs pour une retraite bien méritée.

J'ai bien conscience que ces dernières lignes peuvent heurter nos sensibilités actuelles, tout en soulignant que de telles conditions d'expérimentation ne prévalaient pas en France. Nos conditions expérimentales étaient en réalité très peu invasives, se limitant à l'apposition d'électrodes, comme on le fait pour des électrocardiogrammes ou des électromyogrammes, pratiques courantes dans le domaine du sport.

Quelques années plus tard, je serais invité par une commission du Sénat pour évoquer ce sujet devenu très sensible. On me réserva une écoute attentive, mais j'eus aussi le sentiment d'un scepticisme qui avait gagné une partie de la commission.

Par-delà les arguments anthropologiques, éthologiques et éthiques, je conclus mon intervention par cette question : « Les singes sont des animaux sociaux. Quand ils sont soumis à de vilaines conditions d'expérimentation et de traitement, quelle est la qualité des résultats ? Isolés socialement, stressés, privés de mouvement, soumis à des environnements artificiels déshumanisés, croyez-vous que les tests, comme pour un médicament, sont pertinents ? Que mesurons-nous alors ? Les effets d'une molécule sur un corps plus ou moins sain ou un état psychologique et physiologique déprimé ? Ce ne sont pas des machines, et c'est de la mauvaise science. »

C'est d'ailleurs ce qu'avaient compris les collègues de Strasbourg. Mais, suite à trop de dérives et de souffrances, une formidable pression mènera à la fermeture de nombre d'animaleries, surtout dans la recherche pharmaceutique privée. Une solution fut alors trouvée : clore les animaleries en Europe et en ouvrir dans des pays moins regardants. C'était une solution pleine d'hypocrisie, alors qu'il aurait été plus responsable de déployer et de développer des savoir-faire éthiques et responsables, comme à Strasbourg ou ailleurs en Europe. Une solution d'autant plus réalisable que la part des investissements pour une animalerie dans le développement d'un médicament reste proportionnellement très faible. Ce n'était donc pas une question de moyens. S'il est vrai que mettre en place des conditions éthiques et de bien-être coûte plus cher, il n'en reste pas moins que c'est une dépense marginale, qui participe de la qualité des recherches. Mais on connaît l'humanisme froid des gestionnaires et des financiers.

Je ne suis pas un défenseur de l'expérimentation animale au nom d'une injonction scientifique supérieure. Mais il est clair qu'on ne peut pas s'en dispenser – pas encore, du moins. Il faut néanmoins qu'elle soit parfaitement encadrée, garante de la qualité d'une démarche scientifique. À condition aussi de connaître les animaux et de sortir du paradigme infernal de l'animal-machine. Ce qui requiert des connaissances en éthologie et dans le cadre des théories de l'évolution. Quand on entend des médecins affirmer que le cochon est plus proche de l'homme en raison des propriétés physiologiques de son foie ou de son rein, il y a de quoi faire vaciller les fondements de la systématique. (L'homme est plus proche du porc, mais pour d'autres raisons.) Par-delà ces considérations, les organes génétiquement modifiés du porc sont appelés à compenser le manque de dons d'organes, ce qui ne va pas sans soulever d'autre questions éthiques, moins du côté des porcs que du côté des humains.

Il règne encore cependant trop souvent de mauvaises pratiques, trop d'opacité, occultant des murs de souffrances inutiles. Pourquoi refaire des expériences sans s'informer de ce qui aurait déjà pu se faire ailleurs ou sans réfléchir à des alternatives ? Aujourd'hui, on dispose de modélisations de plus en plus précises, plus encore avec les intelligences artificielles. La mise au point des vaccins contre la Covid-19 a bénéficié de ces formidables avancées technologiques grâce aux modélisations et simulations numériques. Alors, pourquoi ne pas l'avoir fait avant ? Deux raisons importantes : l'une est liée aux avancées récentes des technologies, qui permettent des progrès considérables en modélisation ; l'autre tient à cette évidence que, pour faire des modélisations, il faut disposer de données de qualité acquises par de bonnes pratiques de l'expérimentation animale. C'est, je l'ai dit, une étape indispensable pour la santé humaine et animale. Mais on doit regretter les souffrances inutiles et cette mauvaise science. Un mal nécessaire, sans qu'il ait été pour autant nécessaire de faire aussi mal. C'est impardonnable. Les scientifiques sont les boucs émissaires désignés, au sens de René Girard, alors qu'en réalité c'est une question de culture, avec de profondes racines dans une partie de la philosophie, des sciences humaines, des religions mais aussi des sciences ; des rhizomes, au sens de Jacques Derrida, enserrant non pas la condition animale mais la perpétuation des mauvaises conditions faites aux animaux. C'est un appel à un nouvel humanisme, pas moins. Malgré de réelles avancées sur la question des animaux en ce début de III$^e$ millénaire, les résistances se braquent, alors même que les scientifiques démontrent que les animaux ont des intelligences, des sensibilités, des émotions. Qu'il faille des démonstrations scientifiques pour en arriver là dépasse l'entendement ; c'est dire le conditionnement de nos représentations culturelles et collectives : aux scientifiques d'apporter la charge de la preuve contre des tissus de mensonges séculaires et culturels concernant les animaux érigés en vérité. Que peuvent faire les seules sciences contre des murailles de mépris aussi hautes et aux fondations aussi profondes ? Pour autant, celles-ci ne datent pas de la préhistoire, autre « bouc émissaire » bien commode. Elles sont filles de la modernité et de l'humanisme. Les rhizomes ne sont pas comme les profondes racines des arbres ; ce sont des réseaux rampant juste sous la surface des sol, tel le chiendent, si dur à arracher. Il en va de même dans les réseaux de synapses de notre néocortex rongé par la mémétique anthropocentrique de la modernité.

## La « chose » animale

Les sensibilités actuelles ne veulent plus entendre un tel discours sur l'expérimentation animale, même garante des meilleures pratiques. Cette question a cependant glissé derrière d'autres problèmes liés à nos modes de vie, comme la surconsommation de viande. Plusieurs associations, L214 étant l'une des plus connues, dénoncent les terribles conditions d'élevage, de transport et d'abattage subies par des millions d'animaux. On dépasse tous les seuils de sensibilité devant de telles horreurs. Ce fut une prise de conscience brutale pour les personnes de ma génération.

*ITINÉRAIRE D'UN ENFANT DES TRENTE GLORIEUSES*

Au lendemain de la Seconde Guerre mondiale, nos grands-parents et nos parents ne voulaient plus connaître ni la faim ni les privations. La table se couvre alors d'abondance – des repas interminables, surtout ceux du dimanche en famille. Un exemple de menu qui ornait les tables dominicales : en entrée, bouchées à la reine, plateau de charcuterie pour revenir à des valeurs populaires, puis un gigot démocratique et veau Marengo pour faire glisser l'agneau, plateau de fromages pour – vérité diététique – faire digérer et, enfin, pâtisseries tels un baba au rhum ou un saint-honoré. Sans oublier le trou normand entre l'agneau et le veau, précaution digestive essentielle ! Plus tard s'ajouteront d'autres légèretés délicieuses comme le jambon en croûte sauce madère, etc. Je renvoie à la scène du restaurant dans les films *Les Barbouzes* de Georges Lautner, sorti en 1964, ou encore *La Grande Bouffe* de Marco Ferreri, daté en 1973. Des ripailles rabelaisiennes qui, lorsqu'on avait commencé tôt la journée, faisaient suite au casse-croûte du milieu de matinée. Pas de trêve pour les estomacs. Ce sont là mes souvenirs de ces gueuletons des années 1960 et 1970. Beaucoup de viande, peu de légumes et pas les plus légers passaient alors pour une grande conquête sociale.

Avant la guerre, on trouvait rarement du poisson et très peu de bœuf, si ce n'est quelques daubes réservées à des repas plus quotidiens. On mangeait en effet peu de viande, principalement de la viande blanche – volaille, lapin –, de l'agneau à Pâques et le cochon à l'automne. Le bœuf se présentait donc rarement sur la table. Les animaux consommés se baladaient dans les cours des fermes ou les champs alentour, d'autres dans des poulaillers ou des clapiers. Les cochons vivaient dans une porcherie et dehors, parfois ; les vaches dans les prés donnaient le lait, et les bœufs étaient encore utilisés pour tracter charrues et tombereaux. On mangeait aussi du cheval de temps en temps – il donnait des forces, pensait-on alors, pour courir plus vite. On connaît bien tous ces animaux du quotidien. Ils portent souvent des noms, même les poules, avant l'ultime invitation à passer à table. Quel serait l'intérêt de les maltraiter ?

Cette description un peu bucolique, virgilienne, vaut pour les seules campagnes. Dans les années d'après-guerre, la France est majoritairement rurale. Il en va autrement dans les villes et au sein des classes aisées ; commerçants, bourgeois (moins vrai chez les nobles, restés attachés à la tradition de la chasse et du gibier). Depuis le Moyen Âge, les classes sociales urbaines consomment volontiers du bœuf, des « bêtes à viande » aucunement utiles à autre chose. La puissante corporation des bouchers est aussi respectée que crainte. Les massacres rituels de taureaux – les tauroboles –, de bœufs ou de vaches s'observent d'ailleurs dans toutes les cultures du monde où se pratique l'élevage de bovins, comme les corridas en Espagne et le sud de la France, chez les Massaï du Serengeti ou lors de la terrible cérémonie népalaise honorant la déesse Gadhimai (avec d'autres espèces ; désormais interdite, en tout cas officiellement). Aussi horribles que puissent nous sembler ces rituels, ils se faisaient en public, dans un contexte festif ou culturel, et n'impliquaient pas un grand nombre de bêtes ou, si c'était le cas, à une date précise de l'année. La part la plus importante de la viande sacrifiée, en tout cas les parties les plus nobles, était distribuée aux élites. Le reste, comme les abats, était laissé au peuple. La triperie, qui procure du gras, a longtemps dominé les étals de boucherie dans les classes populaires. On continue encore à manger du mou – les poumons de bœuf, veau, mouton ou porc sont les abats dits rouges – dans quelques régions de France et d'Europe. La langue revient de temps en temps, et la tête de veau a sauvé… sa tête grâce à Jacques Chirac. Quant à la cervelle au beurre persillé… Seuls les ris de veau survivent dans quelques restaurants de la « bistronomie », ressuscités après la crise de la vache folle. La ville n'a d'appétit que pour les morceaux nobles. La plupart des autres parties servent désormais à l'alimentation animale ; cercle viscéral et infernal.

L'industrialisation et la mécanisation de l'agriculture à partir des années 1950, mais aussi l'urbanisation des classes sociales moyennes émergentes liées à la tertiarisation de l'économie, vont générer un enfer pour les animaux d'élevage et, très vite, la santé publique. La nostalgie et la poésie de la chanson *La Montagne* de Jean Ferrat esquissent déjà le monde qui vient. On est en 1964, nous ne sommes pas encore expropriés. Mais nous voyons déjà les immeubles boucher l'horizon des campagnes. Les poulets (aux hormones) ne vont pas courir dans les champs, et bientôt les volailles seront « louées » à nouveau.

Depuis ces années-là, la consommation de viande a doublé en France et en Europe. Celle de bœuf augmente considérablement avant de s'infléchir aux cours des dernières décennies. La crise de la vache folle est passée par là. Les vaches nourries aux farines animales rejoignent les poulets et autres animaux d'élevage gonflés aux hormones. Les pratiques d'élevage, de nourrissage – il faut les faire grossir, non pour leur bien-être, mais pour qu'ils prennent du poids ; on les gave, comme les oies – et les conditions de transport et d'abattage deviennent dantesques. Des machines, des bâtiments, des systèmes de contention, de l'automation ; l'avènement des animaux-machines, réifiés. Et les citadins qui réclament de plus en plus de viande. En une décennie, la part de protéines animales dans l'alimentation dépasse celle des protéines végétales. On ne dit plus gagner sa croûte ou son pain, mais son « bifteck ». Le summum de la crétinerie de la diététique et de la modernité sera le régime « steak-salade » des années 1970.

Au fait, pourquoi l'usage du terme anglais, beefsteak ? La modernisation plus précoce de l'agriculture anglaise à partir du XVIIᵉ siècle, dont la mécanisation, a favorisé l'élevage de races à viande dites bouchères. Le climat, les paysages, les prairies lui sont propices. La mode de la viande grillée s'étend rapidement, alors que la France s'attache encore au bœuf mode. La faible appétence des Anglo-Saxons pour la cuisine plébiscite la facilité des cuissons. Au XIXᵉ siècle, le développement des formes modernes de travail impose des rythmes et des efforts de plus en plus intenses aux ouvriers et aux mineurs – les travailleurs. Il s'avère que les ouvriers anglais se montrent plus efficaces et plus résistants ; en tout cas, on le pense. On attribue cette qualité à la consommation de viande. Mais le prix du bœuf reste élevé, alors on pense à la viande de cheval, surtout après la retraite de Russie de la Grande Armée. Mais c'est le bœuf qui aiguise le plus les appétits des éleveurs comme des consommateurs, même si le porc reste la viande le plus consommée. Toute une mythologie des vertus supposées de la viande de bœuf ne cesse de s'amplifier au rythme de l'augmentation de sa consommation. Pendant les Trente Glorieuses, on en arrive à préconiser de manger de la viande rouge plusieurs fois par semaine. Ce n'est qu'une variante de plus, moderne, des mythes qui accompagnent nos civilisations depuis des milliers d'années autour des taureaux, des vaches et des bœufs ; voire des dizaines de milliers d'années si l'on pense aux panneaux peints de Lascaux. Depuis quelques années, des défenseurs de la corrida arguent que ces peintures de Lascaux témoignent d'une très longue tradition culturelle autour de la domination par l'humain d'une nature sauvage et hostile. J'aimerais voir un torero face à un aurochs... Avant l'affirmation du christianisme autour du bassin méditerranéen, diverses religions vénéraient des cultes de la puissance représentés par des taureaux, comme celui de Mithra. Le poisson, symbole chrétien, fera rentrer les aurochs à l'étable ; mais le souffle d'un gentil bœuf réchauffe le Christ. En reconnaissance, ils seront épargnés tous les vendredis...

La politique agricole anglaise du bœuf prend encore une formidable ampleur outre-Atlantique. Le plan Donald-Paarlberg, un agriculteur devenu économiste conseiller du président Eisenhower, va conduire au plus formidable changement de régime alimentaire dans l'histoire de l'humanité depuis l'invention de l'agriculture, d'abord en Amérique du Nord puis très rapidement en Europe, dans le cadre du plan Marshall. Déjà avant la Seconde Guerre mondiale, la mécanisation du travail et du transport a réduit la population de mulets et de chevaux. Les terres agricoles autrefois nécessaires à leur alimentation et à leur élevage deviennent alors disponibles. Cette transformation s'intensifie après la guerre. L'idée de cet économiste influent pour maintenir l'activité agricole est de produire des céréales et des oléagineux destinés à nourrir du bétail – le bœuf en étant le plus gourmand – et que les gens mangent plus de viande, particulièrement du bœuf. Une politique fortement soutenue et renforcée par des campagnes promotionnelles intenses vantant la qualité nutritive et calorique de la viande : elle contient du fer. Le peuple américain s'engouffre dans ce changement, renforcé par les mythes des cow-boys – les westerns de ma jeunesse – et du bétail batifolant dans les grands espaces. Les femmes plébiscitent les repas de viande faciles à cuisiner, d'autant que tout le monde aime cela. Même les hommes vont s'y mettre avec le BBQ. Ne manque plus que la restauration rapide et ses hamburgers, qui explose. *American way of life* oblige, en deux décennies – des années 1950 à 1970 –, la consommation de viande par habitant double dans le monde occidental. La proportion des apports en protéines d'origines végétale ou animale s'inverse. Toute ma jeunesse baignera dans le jus de viande et ses vertus.

De génération en génération, depuis la mienne, les citadins perdent toute expérience de la vie quotidienne des femmes, des hommes et des animaux dans les fermes. Moi aussi, et non pas pour ne pas les avoir connues. Mais elles ont dramatiquement changé. La mécanisation et l'industrialisation bousculent le monde agricole sur fond d'urbanisation. Phénomène encore accentué par cette insupportable aversion des nouvelles générations envers les précédentes.

Plus que l'industrialisation, la tertiarisation de l'économie et de la société génère une idéologie du mépris à l'égard de celles et ceux qui « produisent », ouvriers ou paysans. Une mondialisation de l'alimentation se met en place. Durant ma jeunesse, seul le petit-déjeuner offre un petit goût d'une mondialisation déjà ancienne avec le thé, le café, le sucre de canne, le chocolat et, parfois, un jus d'orange. De nos jours, toutes les parties du monde s'invitent à chaque repas dans nos assiettes, alors que nos agriculteurs et nos éleveurs ne s'en sortent pas, comme partout ailleurs dans le monde. Les vertus du commerce équitable, du bio, des circuits courts peinent à enrailler l'américanisation désastreuse de notre alimentation. On est passé des « circuits courts – cuissons lentes » aux « circuits longs – cuissons courtes », voire simple réchauffage. Le micro-ondes a fait à lui seul la révolution des arts ménagers des Trente Glorieuses. On a voulu croire à un sursaut avec la pandémie. Mais, dès la fin du premier confinement, des queues insensées s'étiraient devant les fast-foods.

Nombre d'agriculteurs et d'éleveurs s'enfoncent de plus en plus dans la pauvreté et le désespoir. Tous leurs savoir-faire sont balayés par des injonctions dictées par l'industrie alimentaire et les nouveaux modes de consommation. Ils sont réifiés, comme leurs animaux. La condition de l'humain moderne déjà décrite par Hannah Arendt avant cette évolution fulgurante s'impose dorénavant aux animaux et, par extension délétère, à la nature. Une mal-évolution.

## Nos ancêtres n'étaient pas des « viandards »

Un changement de discours s'opère à partir des années 1990. La crise de la vache folle et des études sérieuses en nutrition – elles finissent par arriver – questionnent ce modèle. C'est ainsi que le Centre d'information des viandes (le CIV) se rapproche alors de moi. Au cours d'un voyage en Allemagne, son dirigeant a entendu des écologistes affirmer dans une émission télévisée de grande écoute que l'être humain est un singe dénaturé, car les singes ne mangent pas de viande. Il appelle Coppens, qui m'a recommandé à lui.

Comme je le lui apprends, nous n'appartenons pas à la lignée des singes frugivores/omnivores. Quelques espèces consomment de la viande, dont les chimpanzés, les plus proches de nous. Mon interlocuteur est ravi. Un peu moins quand je précise que ce n'est qu'occasionnellement. C'est en effet une activité sociale, ludique et gustative plus qu'un apport substantiel en protéines. « Et les hommes préhistoriques ? » interroge-t-il. « Il y a aussi des femmes au temps de la préhistoire... Cela dépend des périodes climatiques et des régions. » « J'aimerais, me dit-il, que vous contribuiez à diffuser vos connaissances sur le rôle de la viande au cours de l'évolution humaine. » Il ignore encore que la paléoanthropologie entame une profonde remise en cause du rôle des hommes – ces fiers mâles chasseurs – et de la viande dans notre évolution.

Ces recherches ont commencé en 1966 avec un colloque intitulé « Man the Hunter » (L'homme chasseur) à l'université de Chicago. Le propos visait à faire le point et une synthèse des connaissances sur la place de la chasse et de la viande chez les peuples dits traditionnels, vivant de chasse, de pêche et de collecte. La publication des actes du colloque deux ans plus tard, en 1968, est une véritable révolution anthropologique. Mais les mythes de la domination masculine ont la peau dure.

Il ressort que l'apport en protéines végétales est plus important dans la majorité des ethnies vivant dans les zones tropicales et tempérées, en moyenne, dans une proportion de 2/3-1/3. Les femmes plus que les hommes contribuent à l'alimentation des groupes. Les anthropologues féministes revisitent aussitôt les origines de l'humanité avec le modèle de la « femme collectrice » (Woman the gatherer). C'est de bonne guerre des genres, tout en étant scientifiquement plus pertinent. Cependant, la chasse bénéficie d'un prestige fièrement porté par les hommes, inversement proportionnel à leur apport objectif. C'est là une particularité de la viande : elle se présente d'un bloc, en quantité plus ou moins importante, et se partage. Le bon chasseur, tout paré de son prestige, se doit de la partager selon des règles sociales auxquelles on ne peut déroger. Les éthologues découvriront qu'il en est de même chez les chimpanzés, ce qu'ignorent encore les anthropologues. La viande avec la chasse, les armes, les traques individuelles ou collectives, la préparation, les cuissons, les obligations sociales de partage, de don et de contredon, sa signification symbolique, tout cela constitue un trait anthropologique majeur. Pour autant, qu'elle est sa signification adaptative réelle ?

Les régimes alimentaires des peuples traditionnels, plus septentrionaux, contiennent davantage de viande. Plus on s'approche du cercle arctique, plus les latitudes sont hautes dans l'hémisphère Nord, plus la nourriture se trouve sur pattes ou mue par des nageoires bien plus que sur racines. La chasse et la pêche représentent pour ces populations la quasi-totalité des ressources alimentaires, fournie principalement par les hommes. Voilà qui colle parfaitement avec l'image de nos ancêtres des âges glaciaires. À cette époque, nos origines africaines sont encore loin d'être établies, notamment pour notre espèce *Sapiens*.

L'archéologique préhistorique n'a que des os à se mettre sous la dent pour décrire les activités alimentaires de nos ancêtres du paléolithique. Il ne fait aucun doute que la viande, la seule nourriture que l'on trouve en toutes saisons et sous toutes les latitudes, s'impose comme un facteur déterminant de l'adaptation des sociétés humaines depuis deux millions d'années, plus encore pour leur expansion géographique et démographique en Eurasie et vers les hautes latitudes. Cependant, on se heurte à un biais archéologique. Les os de gros gibier se conservent dans les couches archéologiques, moins ceux des petits animaux attrapés par les femmes, et pas du tout les végétaux, même si on en retrouve des traces fossiles sous forme de pollen. La reconstitution du régime alimentaire des *Sapiens* préhistoriques et plus encore des Néandertaliens de l'Europe glaciaire, des « hommes et des femmes du Nord », consolide ce schéma.

Dans les années 1950, les préhistoriens et les paléoanthropologues transposent le modèle social des Trente Glorieuses dans les tréfonds de nos origines : les femmes rassemblées autour du feu et de l'habitat – au foyer, donc – et les hommes à la chasse qui rapportent le steak de mammouth…

Dans les années 1980, la reconstitution du régime alimentaire des premiers humains patentés, les *Homo erectus*, insiste encore sur la viande pour le développement de notre physiologie et de notre cerveau. La viande se digère, s'assimile plus facilement que les nourritures végétales. Ces protéines de bonne qualité allègent la charge physiologique dédiée à l'alimentation, à la fois masticatrice et digestive. Grâce à un régime plus carné, l'organisme dispose de plus d'énergie, qui est propice au développement du cerveau et à son fonctionnement. Le cerveau est en effet un organe très gourmand qui consomme chez le *Sapiens* actuel un quart de son métabolisme quotidien – en fait, un organe écologiquement très coûteux. On doit à la viande de faire sauter un seuil physiologique – la viande qui provient des actions des hommes (qui ont un cerveau plus gros) –, leur inventivité pour les outils et les armes, leur cohésion pour la chasse...

La viande soutient donc l'évolution de l'humanité d'*Erectus* à *Sapiens* : c'est le dogme carné et machiste de nos origines. Un modèle d'ailleurs repris récemment avec cette recommandation qui résonne en ces temps de nostalgie des origines portée par la sensibilité écologique : « Adoptez le régime Cro-Magnon. » Pourquoi pas, nonobstant le fait que ceux-ci couraient après leur bifteck...

On peut aujourd'hui s'amuser à railler ces dérives naïves des préhistoriens et des paléoanthropologues, néanmoins nourris des clichés de l'idéologie de la domination masculine. Mais, d'un point de vue strictement physiologique, le cerveau n'a guère besoin de viande pour son développement et son fonctionnement.

Ainsi, ce n'est donc pas un hasard si la viande et le BBQ se retrouvent au cœur des controverses actuelles autour de la domination masculine et des inégalités genrées. Une thèse récente soutient que l'accaparation de la viande par les hommes serait la cause de la différence de taille corporelle entre les femmes et les hommes. Ils s'octroient les morceaux de chef (de famille). Bien que cette thèse heurte ce que l'on sait des facteurs adaptatifs des différences de taille corporelle entre les sexes, il n'en reste pas moins que les sociétés humaines ont mis en place des règles quasi universelles autour de la viande en faveur des hommes. Par exemple, le tabou du sang, assez universel, interdit aux femmes de faire couler celui des animaux. Si elles chassent, elles ne peuvent occire les proies qu'avec des objets contondants comme des gourdins ou des bâtons, genre coup du lapin. Les armes perçantes, tranchantes, qui font couler le sang, sont réservées aux hommes. Très jeune, lors de mes séjours dans des fermes,

J'ai vu les femmes assommer des lapins, mais jamais égorger un poulet ou trancher la tête d'un canard. Me reviennent les célèbres émissions culinaires de Maïté. On la voyait, gaiement, avec l'accent gourmand du Sud-Ouest, ponctuer son discours de coups de tranchoir ou de couteau. Une autre époque. Je me souviens aussi d'un repas d'été chez Mme la maire d'un gros bourg où nous résidions pour un temps. Son mari, agriculteur, s'occupait alors du BBQ. Rien de plus anthropologiquement conforme. Cuisson faite, elle se saisit des magrets saignants et les découpa d'une main ferme à l'aide d'un grand couteau. Petit malaise passager qui n'échappe pas à l'anthropologue. Les choses changent aussi du côté de nos origines puisqu'on découvre ce qu'on ne voulait pas voir : les femmes aussi étaient des chasseuses usant des mêmes armes que les hommes.

Les femmes anthropologues regardent plus souvent que leurs homologues masculins du côté de la cuisson et des végétaux. La cuisson, que l'on présente comme une invention dédiée à la consommation de viande, s'avère bien plus importante pour la consommation des végétaux, que ce soit pour les attendrir ou les détoxifier. Les études les plus récentes insistent désormais sur la cuisson de tous les aliments, surtout les végétaux, pour le développement du cerveau au cours de l'évolution humaine. Le premier cas, fondamental pour l'évolution de genre *Homo*, de coévolution entre nos corps et nos environnements technico-culturels ou coévolution bioculturelle. La lignée humaine hérite, depuis deux millions d'années, d'une étonnante plasticité morphologique, physiologique et cognitive, qui répond aux changements d'environnements physiques et culturels. Formidable, la plasticité, à condition que les individus et les sociétés en fassent bon usage. Ce sera le cas pour ma génération sans en porter le crédit à la viande.

Les techniques d'analyse biochimique des sites archéologiques livrent donc un tableau de plus en plus nuancé. Une découverte récente a mis au jour un foyer en Israël daté de 800 000 ans. Là, des *Erectus* tardifs ont fait cuire de la viande et toutes sortes de végétaux. Le plus ancien foyer connu à ce jour, mais pas le premier dans l'histoire de l'humanité, évidemment. On peut affirmer, sans risque, que la cuisson remonte à plus d'un million d'années. Une période qui voit arriver des femmes et des hommes d'une constitution physique à faire passer nos athlètes femmes et hommes les plus robustes pour des gringalets. C'est aussi une période avec un accroissement considérable de la taille du cerveau.

D'autres analyses biochimiques, plus anciennes, révèlent, sans surprise, que chez les *Sapiens* préhistoriques et les Néandertaliens, comme dans la diversité des populations humaines actuelles de chasse et de collecte, celles plus au nord ont des régimes plus carnés que celles plus au sud, comme au Proche-Orient. D'autres analyses biochimiques des sols confirment, elles, l'apport de grandes variétés de végétaux, en partie pour l'alimentation. L'argument préhistorique de la viande toute-puissante au cœur de l'alimentation ne tient plus, surtout depuis l'affirmation de nos origines africaines.

Est-ce qu'on en a fini avec les bêtises ? Je garde la meilleure pour la fin. La passion du retour aux origines pour la bonne santé des femmes et des hommes modernes ne recule devant aucune affirmation. On mange trop de viande, alors on arrête ; et pourquoi pas ? On transforme trop les aliments, alors revenons à des végétaux crus – ce qui peut être dangereux pour la santé. Le mieux est de renouer avec le régime alimentaire de nos cousins d'évolution, les grands singes ; mais alors lesquels ? Les gorilles consomment essentiellement des nourritures fibreuses, feuilles et écorces. Ceux des plaines les agrémentent de quelques fruits. Les bonobos sont des frugivores éclectiques, absorbant fruits, jeunes pousses, parfois un œuf, quelques insectes, très peu de viande. Idem pour les chimpanzés, mais avec plus de protéines animales, dont petites antilopes, petits cochons et singes. En forçant un peu le trait, respectivement des végétaliens, des végétariens et des flexivores. On est loin des régimes dominants de nos sociétés actuelles. Arrive alors la mode du « great ape diet » : le régime du grand singe. Et de lire, à ma grande surprise, les conseils à suivre pour appliquer ce régime : boire du lait et manger des céréales, deux denrées qui, c'est bien connu, abondent dans les forêts tropicales ! Le régime a vraiment des effets curieux sur la cognition.

On sait de nos jours combien le régime alimentaire et le microbiote affectent toutes les fonctions de nos organismes, cognition incluse : ce que nos ancêtres plus ou moins lointains ont mangé au cours de l'évolution de notre lignée, mais aussi ce qu'ont consommé les générations précédentes de nos parents au sens large, et ce que nous consommons au cours de notre vie. Plus encore, les choix alimentaires de nos ancêtres récents de la protohistoire, les premiers peuples éleveurs ou agricoles, ont modifié nos gènes, comme les capacités à digérer le lait ou à assimiler certaines céréales. Il ne fait ainsi aucun doute qu'il nous faut manger moins de viande : notre santé, les conditions d'élevage des animaux, l'insupportable dégradation du niveau de vie des agriculteurs et des éleveurs, les coûts écologiques exorbitants et la préservation de nos paysages l'exigent urgemment.

Un espoir nous vient à cet égard du côté de la cuisson et de la grande cuisine. Depuis la crise de la vache folle, de grandes cheffes et de grands chefs proposent de plus en plus d'excellents plats végétariens et même végans. On retrouve les légumes perdus des Trente Glorieuses. Cela n'empêche pas parfois la présence de la viande, du poisson et du fromage avec raison et responsabilité pour le bonheur de toutes et de tous – des animaux, de l'environnement, de nos papilles, de nos repas conviviaux et, finalement, de notre cerveau. La cuisson et la cuisine, dans le prolongement du passage du cru au cuit, constituent le socle de l'adaptation des sociétés humaines depuis deux millions d'années, et plus encore pour notre avenir immédiat.

## *Heureuses années 1990*

Les décennies comme les siècles ne commencent pas par 0 mais 1. Nous entrons dans cette décennie avec mon admission au Collège de France. L'année suivante naît notre troisième enfant. Celle d'après, nous achetons notre première maison dans ce qui était encore un gros bourg assez charmant du nord du Val-d'Oise. Toujours loin des immeubles. La bulle immobilière vient d'éclater. La loi Sapin sur la transparence de la vie économique tempère les dérives des années fric et frime. Les banques jugent alors que les ménages à revenus modestes et stables, encore mieux ceux de fonctionnaires – ce que je suis –, deviennent intéressants. Deux ans plus tôt, on nous riait au nez dans les agences immobilières. Nous n'avions évidemment aucun apport personnel, non sans trouver un prêt à l'excellent taux de 8 %. Ils avoisinaient en moyenne à 12 % ; une autre époque…

Un jour, je reçois un coup de téléphone – fixe à l'époque – d'un éditeur. Sur recommandation d'un ami paléontologue du côté des dinosaures et des mosasaures, il me propose d'écrire un petit livre pour la jeunesse sur la vie des gorilles et des chimpanzés ; l'année suivante, je récidive par un récit autour des aventures de Lucy dans la collection « Le monde en poche » diffusée par Nathan. Du grand classique jeunesse. Ces petits livres sont bien reçus par la presse, quelques médias et un succès de librairie, bien que modeste.

Une autre proposition me vient, qui ne sera pas la première, via Coppens. Cette fois, les éditions Mango désirent un livre sur « Lucy et son temps » pour leur collection « Regards d'aujourd'hui ». Mon patron, père putatif de la jeune australopithèque, leur a dit d'aller me voir, surtout après mon petit livre précédent autour de la mascotte de la paléoanthropologie. Un travail d'écriture et de mise en page autrement plus exigeant, et vraiment original. Le succès est là ; le livre est suivi d'un autre : *Le Premier Homme et son temps*, puis de *Cro-Magnon et son temps*, les trois formant une trilogie. Les médias s'intéressent plus régulièrement à mes publications et commencent à me solliciter à l'occasion de nouvelles découvertes en paléoanthropologie. Cela tombe on ne peut mieux, car un feu d'artifice de fossiles va jaillir des terres ancestrales d'Afrique.

Une autre demande encore plus originale m'arrive une fois de plus via Yves Coppens : celle d'un CD-ROM sur les origines et l'évolution de la lignée humaine. Ce sera un énorme projet, beaucoup de travail (et peu rémunéré). Le grand passé porté par un nouveau média interactif : génial oxymore. Succès là aussi, qui n'échappe pas au public et encore moins à l'Éducation nationale. Me voilà dans une commission du ministère autour des nouveaux outils pédagogiques. Je vais de collèges en lycées, en me disant que les enseignants vont trouver ces outils interactifs formidables. Les élèves sont ravis, sans surprise, alors que beaucoup d'enseignants se montrent circonspects. Non pour des raisons pédagogiques, légitimes, mais parce qu'ils craignent de ne plus avoir la maîtrise de la dispense des savoirs – que par les livres et des vidéos à l'époque – et, pire, que les élèves naviguent plus à leur aise sur ces nouveaux supports numériques. Je les rassure, cela sera le cas. Le temps de l'enseignement passe de l'acquisition des savoirs, à celui de procurer les possibilités de construire des savoirs, car les connaissances de demain ne sont pas connues – lapalissade –, et elles arrivent dans un foisonnement inédit. Il suffit de regarder la création des seules revues scientifiques, qui prolifèrent comme des bactéries. Cette mission a été assez brève. Difficile de comprendre un paléoanthropologue en avance sur son temps.

Le tandem Coppens/Picq fonctionne bien. Son nom et sa réputation assurent la renommée de nos projets ; de mon côté, je fais le travail en toute liberté. J'acquiers un ordinateur de bureau dédié au multimédia, ce qui est vraiment très nouveau au milieu de cette décennie encore peu numérisée. Tout heureux, j'invite mon fils aîné à s'en emparer : amuse-toi avec le CD-ROM fait par Papa. Il saisit la souris et commence à cliquer dans tous les sens. L'ordinateur s'essouffle rapidement. Même si nous avons la plus belle machine, le CD-ROM anticipe des évolutions technologiques et, de ce fait, reste assez lourd en termes d'exigences. Je lui raconte le temps préhistorique de l'Apple IIC dont nous disposions au moment de sa naissance, quand nous n'avions pas intérêt à cliquer trop vite au risque de perdre nos travaux. Il me regarde d'un air dépité et me dit, droit dans les yeux : « Tu es nul ! » Plus l'expression d'un étonnement qu'une impertinence… Cependant, une gentille petite anecdote qui augure d'une nouvelle ère, celle des appréciations intergénérationnelles désobligeantes autour des objets numériques et de leurs usages.

Du bel ouvrage, ce CD-ROM, qui sera suivi d'un autre sur Darwin, qui restera non commercialisé. Dommage. Pour sa réalisation, nous étions allés faire un tournage dans la maison de Charles Darwin, à Down House, dans le Kent, au sud de Londres. J'y avais été saisi par l'ambiance. Véritable temple sacré. Rien ne semble avoir changé depuis sa mort. L'impression qu'il vient de s'absenter de son bureau ; ce bureau qui a vu germer pendant des décennies l'une des plus grandes révolutions de la pensée humaine. Nous arrivons à temps, d'une certaine façon, puisque l'année suivante la maison deviendra un musée. Coppens, plus lamarckien que darwinien, est du voyage. Depuis ces belles années jusqu'à notre dernier déjeuner avant qu'il ne nous quitte, nos chamailleries entre Lamarck et Darwin s'invitent systématiquement. Petit rappel simplifié : pour Lamarck, les espèces évoluent sous la pression d'un changement de milieu, se transforment. Pour Darwin, les espèces se composent d'individus différents. Si le milieu change, certains individus sont sélectionnés, pas les autres. Il n'y a pas transformation, mais sélection sur des variations déjà existantes. Pendant le tournage, je tiens l'opportunité de faire une démonstration scientifique sur la pertinence de Darwin sur Lamarck. Je dis à Yves :

— Prenez ce siège.

Finaud, il me répond :

— Pourquoi celui-là ?

— C'est celui de Darwin, je prends celui d'Huxley.

Après nos échanges et les prises de vues, plaisantin, je lui demande :

— Alors, toujours lamarckien ?

— Bien sûr !

— Pourtant, vous étiez dans le fauteuil de Darwin. Vous voyez, ça ne marche pas !

Je terminerai cette décennie marquée par la littérature jeunesse par un bel album illustré : *Les Origines de l'homme. L'odyssée de l'espèce.*

## *La canine, c'est sexe*

Grâce à la canine, je glisse des sciences dentaires vers la primatologie. Mon projet de reconstituer nos origines communes avec les grands singes africains, plus précisément les chimpanzés, prend de la consistance grâce aux publications toujours plus nombreuses à la fois du côté de la paléoanthropologie et de l'éthologie.

En 1991, j'avais publié un article sur la reconstitution de la vie sociale des australopithèques. Le premier article scientifique qui ne se contente pas d'en faire soit des chimpanzés, soit des humains. Évidemment, Lucy et les australopithèques ne sont ni les uns ni les autres. Traduit en anglais, il comptera parmi les dix articles majeurs de l'année dans les *Paleoanthropological Annuals*. Je suis sur la bonne voie, celle qui mène à une reconstitution scientifique de nos origines communes avec les chimpanzés, nos cousins d'évolution, dans le cadre des théories modernes de l'évolution.

Une historienne et journaliste de *Libération*, Catherine Malaval, très à l'affût des avancées en paléoanthropologie et plus encore en éthologie, connaît mon travail sur la canine et sa signification sexuelle chez les singes et les grands singes. À cette époque, tous les grands quotidiens publient une fois par semaine un cahier science de plusieurs pages. Encore un morceau de préhistoire quand on constate, amèrement, le peu de place réservée aux sciences dans les mêmes quotidiens presque trois décennies plus tard. Y a-t-il une corrélation entre la chute de la culture scientifique et la taille des quotidiens ? Les journalistes spécialisés représentent désormais une espèce en voie d'extinction. Tous les noms connus de ma génération le doivent sans nul doute à cette période bénie de la diffusion des connaissances scientifiques. Je me souviens du titre de cet article : « La canine, c'est sexe ». Ma réputation est faite.

L'un de ces grands journalistes scientifiques, François de Closets, m'invite à participer à plusieurs tournages, notamment « Le singe est-il une personne ? ». Il a perçu la révolution anthropologique qui s'annonce autour de nos origines. Nous voilà partis pour un périple en Europe dans différents parcs zoologiques. Prévoyant, j'ai emporté plusieurs chemises et pantalons. Après une première journée de tournage en Hollande, j'ai naturellement changé de vêtements pour la suivante. François me dit : « Non, tu dois être raccord entre les prises de vues. Il faut que tu remettes les vêtements d'hier. Idem pour les plateaux à venir. » Je resterai plus d'une semaine dans la même tenue, imprégnée de l'odeur des singes. De retour à la maison, Christine s'étonnera de cette odeur inhabituelle, néanmoins sans lueur de suspicion.

Un jour, Yves Coppens m'appelle, il est embarrassé. La revue *Historia* veut publier un numéro spécial à l'occasion de son centenaire, sur les origines de l'humanité. L'idée est de surprendre un lectorat plutôt conservateur, intéressé par l'histoire classique. Débordé, Coppens n'a guère avancé sur ce projet assez ambitieux, voire pas du tout. Les éditeurs d'*Historia* insistent, non sans inquiétude. Le temps des paléoanthropologues n'est pas celui des imprimeurs. Alors, il les renvoie vers moi. L'accueil est un peu frais : « Merci mais on ne connaît pas Pascal Picq. » Évidemment, ils veulent le professeur du Collège de France.

Déjà habitué à ce genre de situation – et il y en aura d'autres –, j'appelle la rédaction d'*Historia*. Réception plutôt réservée. Mais le temps passe, il faut publier ce numéro anniversaire, et leur seul recours serait la contribution de ce Pascal Picq. Je ne perds pas mon temps à expliquer ce que je fais ni à les rassurer, mais nous fixons un rendez-vous. Le jour dit, j'arrive à moto, le plus facile des moyens pour venir à Paris depuis la banlieue où je vis. Je porte un jean T-shirt et j'ai embarqué mon ordinateur portable Apple en bandoulière dans cette rédaction plutôt classique. Je pénètre dans un grand bureau où se trouvent face à face deux jeunes femmes (moi aussi je suis jeune, à cette époque).

– Bonjour. Je suis Pascal Picq. Je viens pour le numéro spécial.

Échanges de regards dubitatifs. Moment suspendu. Curieuse ambiance. Plus d'un ange passe. Je demande si je peux écarter les livres disposés sur une table de travail accolée à leurs bureaux ; ce que je fais sans attendre leur assentiment. Limite sans gêne, ce type, pensent-elles. Je déballe mon ordinateur, le branche, ouvre un fichier sous le regard interloqué des deux jeunes femmes en charge de l'élaboration du journal, l'une à la rédaction, l'autre à l'iconographie. Je lève les yeux au-dessus de mon écran et, avec un large sourire, j'annonce : « Nous pouvons commencer le numéro spécial. »

*Du rififi autour des origines*

Ce numéro spécial marquera une étape éditoriale d'abord personnelle, puisque, pour la première fois, j'invitais plusieurs collègues, dont des aînés, à produire des contributions sous ma direction. C'est aussi le premier numéro entièrement consacré à la préhistoire et à ses nouvelles découvertes dans un journal habituellement consacré à l'histoire. Pas de textes académiques ici ni de témoignages écrits, mais, pour ce numéro spécial, un ensemble d'articles réalisés sur les études faites à partir de l'ADN ou basées sur les nouvelles technologies, comme celles faites sur les dents qui ont fait faire un bond à cette discipline. Des difficultés se poseront à nous pour la réalisation du journal : comment l'illustrer ? Les images de dents, d'os offrent à la longue une certaine monotonie... Et puis comment raconter simplement des faits établis à partir de technologies complexes et très scientifiques ?

Des débats tendus m'opposeront aux rédactrices pour le meilleur. Pour l'heure, la pédagogie est à l'épreuve. Enfin, le numéro sortira avec, en couverture, une reconstitution de l'héroïne de notre préhistoire : Lucy, enfin tirée des sciences où elle était cantonnée pour entrer magistralement dans la grande histoire. Pour les historiens classiques, y compris ceux nourris à la Nouvelle Histoire, pour qui la plus tardive des datations historiques remonte parfois à Babylone ou à l'Égypte des pharaons, c'est aussi un tournant vertigineux, suspendu au-dessus de durées d'une autre dimension. Ce champ de l'anthropologie historique ne leur est pas familier. Ils ne voient pas encore les enjeux politiques, sociaux qui vont s'ouvrir sous peu. L'entrée dans l'histoire des humains anciens et des singes n'est pas facile à accepter… Presque trois décennies plus tard, l'une des deux jeunes protagonistes de ce numéro historique est devenue entre-temps l'éditrice de nombre de mes livres.

Ce numéro révolutionnaire à bien des titres sera un beau succès de kiosque, puis de librairie, puisqu'un livre reprenant ces textes y donnera suite. Le journal intéressera aussi Daniel Leconte qui, à cette époque, s'occupe des soirées *Théma* de la chaîne Arte et est passionné lui aussi par les nouvelles découvertes de la préhistoire. Je le rencontre.

Daniel m'interroge :

– Qu'est-ce qui serait vraiment nouveau autour des origines de l'homme ?

– Justement, nos origines. Quand on les évoque, il faut toujours en passer par un récit sur l'évolution, aussi linéaire qu'ennuyeux, sans se préoccuper justement de nos origines communes avec les grands singes, avec constamment en point de mire l'émergence de notre espèce, *Homo sapiens*. Un discours tendu par les causes finales et qui occulte systématiquement celui des origines.

– On connaît ces origines communes ? On a des fossiles ? Ce n'est pas Lucy ?

– Lucy s'affirme sur une branche qui n'est pas à l'origine des premiers humains. Il faut aller de l'autre côté de Lucy, vers des périodes plus anciennes. On vient de trouver un Ardipithèque plus ancien que Lucy en Éthiopie. Je pense qu'il est plus proche de la lignée des chimpanzés. C'est en discussion. Ce qui importe, c'est qu'on se rapproche de notre dernier ancêtre commun avec les chimpanzés actuels.

– Mais si on n'a pas de fossiles, comment faire ?

(Il faut se souvenir que Toumaï n'a pas encore été découvert en cette fin du XX$^e$ siècle.)

– On a les chimpanzés !

— Mais tu m'as bien dit que les chimpanzés ne sont pas nos ancêtres, en précisant qu'on ne descend pas d'une espèce actuelle. C'est bien ça ?

— Exactement. Comme tu l'as bien compris, nous partageons un ancêtre commun exclusif. De ce fait, nous partageons le plus grand nombre de caractères communs hérités de cet ancêtre vivant en Afrique il y a plus de six millions d'années. On ne saura jamais exactement comment est cet ancêtre, même si on avait un fossile. On pourra dire qu'il est le plus proche, ce qui est déjà considérable. Alors, pour reconstituer le plus grand nombre de ces caractères communs, notre héritage commun à partir duquel nous avons divergé, les chimpanzés d'un côté et nous d'un autre, il faut aller vers ceux-ci et reconstituer le plus grand dénominateur commun de tout ce que nous partageons encore de nos jours, comme l'anatomie, bien sûr, mais plus encore les comportements sociaux.

Daniel Leconte est de plus en plus intrigué et motivé. Je lui propose alors deux films pour sa soirée thématique. L'un sur le « propre de l'homme » – on emploie encore cette expression à cette date. Passer de l'autre côté du miroir, comme dans le livre *La Planète des singes* de Pierre Boulle. Reprendre toutes les affirmations sur le propre de l'homme comme la bipédie, l'outil, la culture, la chasse, la copulation face à face, la guerre, le langage, la conscience, et regarder ce qu'il en est chez les chimpanzés. Faire au mieux à partir des documentaires les plus récents, dont les meilleurs ont été réalisés par *National Geographic* américain, le NHK japonais et, bien sûr, la BBC anglaise.

Pour le second film, je propose cette fois d'aller tourner au Burgers' Zoo de Arnhem, en Hollande. En 1973, Jan Van Hoof, immense éthologue, a eu la fabuleuse idée de constituer une communauté de chimpanzés comme dans la nature, composée de plusieurs mâles et femelles adultes et, bien sûr, de leurs enfants. Car il n'est pas facile de les suivre dans la nature. Ils ne cessent de se disperser et de se rassembler sur de vastes territoires arborés ; une société de fusion/fission. Là, sur une île artificielle d'un hectare, il est plus facile de les observer continûment. Pour la réalisation de ce film, je compte m'inspirer du livre d'un éthologue, élève de Van Hoof, aussi inconnu en France que ce dernier, Frans de Waal. Il a écrit en 1982 un livre génial intitulé *La Politique du chimpanzé* (trad. 1987), qui vient d'être traduit en français. Comme au cinéma, je voudrais reconstituer ces évènements politiques, d'autant qu'une des protagonistes, la vieille Mama, règne encore. Pour ce faire, j'avais besoin d'un cameraman talentueux sachant filmer les sociétés animales. Et c'est ainsi qu'a démarré cette aventure télévisuelle qui allait faire découvrir aux Français ce pan entier des plus récentes découvertes sur nos origines.

*Tournage et coup d'État*

Une après-midi d'une belle journée de juillet 1997, j'arrive ainsi avec le caméraman au Burgers' Zoo de Arnhem. Nous sommes accueillis par Van Hoof et toute son équipe. Bien sûr, ils connaissent notre projet de film. Je suis déjà venu un mois plus tôt pour rencontrer Van Hoof, Frans de Waal et leur équipe. Mais également pour reconnaître les lieux. En cette fin d'année scolaire, j'ai aussi emmené mon fils, ravi. Pris dans mes discussions, je n'ai pas toujours un œil sur lui. La visite commence par le laboratoire et le bâtiment dédié à l'animalerie. Nous marchons sur un plafond grillagé au-dessus des volières où résident les chimpanzés pendant la nuit ou par mauvais temps. (Le climat hollandais n'est pas celui des forêts africaines.) Mon fils se trouve alors à quelques mètres de moi quand, soudain, j'aperçois des doigts sortant des grilles, longs, noirs, puissants, qui agrippent les pieds de mon fils, immobilisé. Il est tout pâle, moi plus encore.

Comme dans un film d'horreur. L'injonction de l'animalier ne tarde pas : « Marka, tu le lâches ! » C'est la fille d'une certaine Mama, punie la veille pour un de ses trop habituels vilains comportements agressifs. Hitchcock chez les chimpanzés.

Arrive l'heure du déjeuner. Nous voilà en chemin pour le restaurant du parc zoologique. Cette fois, mon fils a disparu. Enhardi par cette visite priviliégiée, il s'est dit qu'il pouvait aller faire un gros câlin aux gorilles, après avoir franchi les barrières de sécurité. Il sait que les gorilles sont bien plus aimables que les chimpanzés, mais quand même... S'ensuit pourtant une scène merveilleuse. Nous sommes au cœur de l'enclos des gorilles, protégés dans un tunnel en verre blindé. Le grand mâle se trouve assis, adossé à la paroi vitrée, se réchauffant sous le soleil d'été. Son dos impressionnant l'est encore plus avec ses longs poils argentés et noirs étalés contre la vitre. Des gamins s'amusent à taper sur la paroi. King Kong ne bouge pas. D'un coup, dans un mouvement incroyablement lest, chorégraphique, il se lève d'un saut tout en se tournant vers les gamins, simulant une agression, puissamment campé sur ses bras. Recul paniqué des gamins. Sauf mon fils, qui s'approche de la paroi. Avec un beau sourire, il pose sa main à plat sur la vitre. Le gorille se rapproche à son tour, maintient son air renfrogné, place sa main sur celle de mon fils. Son visage se détend, un regard gouailleur perce sous son formidable relief sus-orbitaire : incroyable moment que celui de les voir tous les deux faire des cercles, main contre main, séparés par la transparence d'un miroir d'humanité.

Le tournage commence. Les discussions deviennent de plus en plus précises et passionnantes avec les éthologues, ce que je ne suis pas. Ils manifestent leur curiosité d'en savoir un peu plus sur mes recherches et mes connaissances sur les sociétés de chimpanzés. Je comprends qu'ils sont quelque peu échaudés par des équipes de télévision qui se limitent à saisir les seules scènes de copulation ou de bagarre. Toujours cette manie de donner une image caricaturale de ce que l'humanisme prétend que nous ne sommes pas. Par ailleurs, je suis français, l'un des rares pays scientifiques où la primatologie peine à émerger. Même si nous avons reçu un très bon accueil, j'ai le sentiment que mes collègues hollandais seront plus occupés à nous observer que leurs chimpanzés dans les jours qui viennent. Il est rare qu'un tournage dure plus d'une journée, alors qu'il a été convenu pour ce film de poser la caméra une semaine, peut-être deux.

En cette fin d'après-midi de notre premier jour sur place, j'assiste à la rentrée des chimpanzés depuis le parc jusque dans leurs volières, sises dans un vaste bâtiment. Je rencontre enfin Mama. J'assiste à un manège social fascinant. Les chimpanzés se scindent en petits groupes par affinités, choisissant leurs volières, non sans se saluer les uns les autres avant la nuit. La dernière à rejoindre les siens est Mama. Elle regarde autour d'elle, s'assure que tout le monde est bien rentré et vient saluer l'animalier en charge du coucher. Puis elle rejoint les siens. Fermeture des portes pour la nuit.

Cette petite scène m'en rappellera une autre qui figure en introduction de *La Production des grands hommes* de Maurice Godelier. Dans l'Égypte ancienne, Pharaon avance sur une barque le plus en amont possible sur le Nil. Arrivé là, bloqué par les limons, il implore la venue des crues, vitales pour le peuple et l'économie de l'Empire. Pharaon se place entre les dieux et les humains. Il intercède pour que les éléments adviennent. Pharaon s'investit de pouvoirs qui le placent au-dessus du peuple ; un peuple qui dépend de lui. Mama fait de même, elle se positionne entre les humains et les siens. Mama n'est pas Cléopâtre, ce qui n'est pas qu'une question d'allure, mais tout de même, je suis impressionné. Je découvre rapidement qu'elle est une star en Hollande.

Dès le lendemain, nous sommes sur place avant même que les chimpanzés ne soient autorisés à investir leur grand parc. L'animalier en charge veille à ce que Mama soit libérée la première, puis les femelles et leurs enfants et, enfin et en dernier, les grands mâles. Toutefois, il en reste un. Il a passé la nuit isolé dans une cage à part. Alors que je m'interroge, on me répond qu'il est rentré sciemment en retard hier soir. Punition et isolement. Les animaliers ont mis en place des horaires, et je me plais à penser qu'ils n'ont sûrement pas de chat. La prise de décision chez le chat pour franchir une porte – voilà un superbe sujet de thèse. Revenons à nos chimpanzés.

Le mâle puni se nomme Ayo. Il semble très agité, inquiet. L'animalier ouvre la porte. Il ne sort pas. Étrange. Soudain, deux grands mâles, tapis dans l'ombre jusque-là, se précipitent sur lui et l'agressent très violemment. L'animalier se saisit rapidement d'un tuyau d'eau et parvient à les séparer – les chimpanzés détestent l'eau. Reste Ayo, salement amoché. Direction l'infirmerie.

Léger embarras dans l'équipe des éthologues, moins en raison de ma présence que de ce qu'ils craignent : il est en train de s'opérer un changement dans la hiérarchie des mâles. Cela annonce du rififi. Est-ce que je ne suis pas arrivé au moment d'un coup d'État politique ? Est-ce que, une génération après les évènements décrits par Frans de Waal, je serai le témoin d'intrigues et de violences politiques chez les chimpanzés du zoo de Arnhem ? Quelle opportunité, d'autant que je n'avais pas communiqué de scénario auxdits chimpanzés ! Le dieu Pan est avec moi, ce dieu si important de la mythologie grecque, celui qui séduit, réunit et fait paniquer, celui qui irrite Hermès, celui aussi qui a donné le nom scientifique des chimpanzés, le genre *Pan*, eux qui, comme Pan, irritent les humains et les font paniquer autour des origines au lieu de les unir.

Pendant six jours, nous restons installés, la caméra opérationnelle, du matin jusqu'au soir. Nos hôtes sont impressionnés. Très attentionnés. Ils ne nous quittent pas des yeux. Ils nous invitent à prendre le déjeuner selon notre bon vouloir au restaurant du zoo. Nous sommes en Hollande et, après un premier déjeuner, nous rapportons un casse-croûte. À croire qu'une culture est portée soit vers l'éthologie, soit vers la gastronomie... Autre sujet d'anthropologie à creuser. Pour ne pas les vexer, on prétexte qu'on ne veut pas rater quelque scène importante, ce qui n'est pas tout à fait un mensonge de courtoisie.

La petite société de chimpanzés s'agite alors qu'Ayo est pansé à l'infirmerie avec un testicule en moins. Il me faut une histoire, et il n'y a pas d'histoire sans personnages. Je dois connaître tous les individus. Pour ce faire, je passe les premières soirées et une partie des nuits à examiner tous les rushs afin de les identifier : d'abord les grands mâles si visibles, Mama bien sûr, les autres femelles et, ce qui est le plus difficile, les jeunes. Je dois aussi reconnaître les filiations. Car telle mère, tels enfants. D'ailleurs, si l'on montre des photographies de visages de chimpanzés à des chimpanzés d'un autre groupe, totalement étranger, ils identifient très vite les liens de filiation.

Nos hôtes sont positivement impressionnés car, en deux jours, nous connaissons désormais tout ce petit monde très agité d'une trentaine d'individus. Une belle relation de confiance s'installe, ce qui permet d'avoir accès aux registres de leurs observations. En discutant, il ressort que deux grands mâles, des demi-frères, se montrent de plus en plus provocateurs. À l'encontre en particulier d'Ayo, le numéro deux dans la hiérarchie des mâles. C'est un problème, car, bien que soutenu par Mama, il se trouve pris en étau entre les deux demi-frères ; une position hiérarchique loin d'être très sereine. Le coup politique se confirme. Les mâles agresseurs ont tendu un guet-apens à Ayo. Si, la veille, ce dernier est rentré tardivement, c'est justement pour être puni et isolé pour la nuit. On ne peut pas dire qu'il n'a rien perdu pour attendre, y perdant un testicule au petit matin.

Mama aime bien Ayo, mais plus encore le pouvoir. Elle n'a pas très envie de subir un duumvirat des deux demi-frères, d'autant que leur mère s'interpose parfois en rivale. Une autre personnalité.

Après une semaine de tournage, nous voilà de retour avec de superbes séquences. Seulement, il n'est pas aisé pour un observateur étranger de reconnaître les personnages filmés d'assez loin. Daniel, ravi, accepte la location d'une caméra avec un objectif plus puissant pour mieux filmer les visages en gros plan. Deux semaines plus tard, nous retournons au zoo avec une belle trame pour le film. Nous en montrons quelques extraits à nos hôtes, satisfaits. Enfin, un vrai film sur leurs chimpanzés, d'autant que, comme je le saurai plus tard, la direction du zoo réfléchit au devenir de cette communauté très coûteuse à gérer. Il lui faut beaucoup d'espace, et ce n'est pas une sinécure de contenir des grands singes aussi forts qu'intelligents. Par exemple, chaque matin, ils contrôlent s'il y a encore de l'électricité dans les clôtures ou si une longue branche ne serait pas tombée dans la nuit, histoire de se faire la belle. Le saut à la perche est une de leurs spécialités. Et les récupérer n'est pas une mince affaire.

Je ne vois pas Ayo et n'en dis rien. Le sujet semble délicat. Un jour, un collègue éthologue vient nous voir sur la plate-forme de tournage. Échanges passionnants. Je lui fais part d'une requête : valider mes interprétations auprès du groupe d'éthologues. Il m'invite à le suivre dans le laboratoire d'observation et d'analyse. Là, il me montre une vidéo qui me cloue sur mon siège. On voit Ayo, remis de ses blessures, rejoindre sa communauté. Mama l'accueille avec joie. Tous les individus, grands et petits, le saluent de la même façon.

Puis, d'un coup, on entend les cris menaçants des grands mâles maintenus dans leurs cages. Ayo se met à marcher de plus en plus vite, tendu. D'un pas précipité, il se dirige vers le canal, puis se jette à l'eau et se noie. Un suicide.

Aussitôt fusent les cris de panique et de désespoir de Mama et du reste de la communauté, alors que son corps s'enfonce dans l'eau. Mama interpelle les animaliers, mais il est trop tard. Cela a été si rapide, si inattendu, si dramatique. Personne n'a rien pu faire. Je mesure aussi la confiance que nous font nos hôtes en me montrant une telle scène. Plus inattendu encore, nous serons autorisés à l'inclure dans le film. Ce qui n'est pas sans risque pour la réputation du zoo, risque qui ne manquera pas de se confirmer.

On me montrera une autre scène filmée, plus ancienne : la naissance d'une petite chimpanzé. Un moment magnifique. La femelle parturiente n'avait pas de clan. Cependant, Mama, fine politique sans être une mère très affectueuse pour autant, lui assure quelques soutiens. La parturiente sollicite son expérience, comme on le ferait auprès d'une sage-femme. On voit Mama autoriser les femelles déjà mères à faire cercle autour de sa protégée et à écarter les mâles. Elle suit l'avancée de l'accouchement, vérifie régulièrement l'ouverture du vagin jusqu'à la délivrance. À la naissance, la mère saisit sa petite fille, coupe le cordon ombilical d'un coup de dent et place sa bouche sur son sein. La petite tète d'emblée pendant que la maman reprend son souffle avec un sourire d'apaisement, sous les regards bien plus qu'empathiques de Mama, des autres femelles et même des grands mâles, très émus. Tous et toutes chercheront à caresser la nouvelle venue au monde, plus encore les petites filles, fascinées, non sans avoir auparavant requis l'assentiment de Mama.

Après la mort d'Ayo, la vie reprend ses droits au zoo, comme on dit. Une certaine tristesse règne dans la communauté, il pleut sur Arnhem et sur les faces des chimpanzés.

Seuls les grands mâles se montrent peu affectés, forcément. Commencent les intrigues et les coups en traître pour établir une nouvelle hiérarchie. Une semaine d'agitations, de trahisons et de tumultes jusqu'à l'apaisement. Mama prend des coups, Mama courage. Du rififi chez les chimpanzés – ce sera le titre du film – alors que nous avons la chance d'en être les témoins avec une caméra. De tels comédiens sans nul besoin de lire un scénario feraient le rêve de tous les réalisateurs.

J'ai évoqué *La Planète des singes* de Pierre Boulle. Le génie de cette dystopie réside dans l'inversion des rôles, tout simplement. Un jour qu'il fait beau et alors que nous sommes toujours au zoo, les visiteurs se promènent, nombreux. Les chimpanzés vaquent gentiment à leurs occupations sous le soleil d'été. Ostensiblement s'élèvent quelques cris. Des enfants s'amusent à interpeller les chimpanzés et s'agitent en les mimant, croyant les imiter. Les adultes s'en amusent. Les chimpanzés n'en ont cure. Cela finit cependant par devenir pénible. Mama m'interpelle en tapant de ses grandes mains arthritiques sur un tronc d'arbre. Elle me regarde, me montre mes congénères *Sapiens*, secoue la tête d'un air affligé, semblant dire : « Tu nous filmes, mais les singes ne sont pas ceux que tu crois ! »

La vie, la politique, la mort, l'ironie, les joies, les peines ; jamais un tel film n'avait été fait sur ces chimpanzés, d'autant plus qu'on disposait déjà d'une histoire sociale et politique sur deux générations grâce aux travaux de Frans de Waal. Un autre regard sur nos origines communes, bien plus humaines qu'on ne le pensait jusque-là, sous les auspices de Pan.

## *La gloire de Pan*

La soirée Arte « Le singe, cet homme ! » fut diffusée le 17 décembre 1998. Grâce à la chaîne et à quelques partenaires médias, comme *Libération*, nous en profitons pour faire les choses en grand, avec notamment un colloque international à la Cité des sciences associé à Normale sup et, bien sûr, le Collège de France. Les chimpanzés se retrouvent au pinacle. Nos institutions de recherche si réticentes à développer l'éthologie au pays de Descartes – qui n'y est pour rien – ne m'épargneront pas à l'occasion leurs reproches teintés de rancœur. Je me suis endurci, cependant. Les humains anthropocentrés se récrient, les chimpanzés passent sur Arte...

L'un des plus beaux plateaux philosophique et scientifique jamais rassemblé devant les caméras réunira ce soir-là Élisabeth de Fontenay, Yves Coppens, Boris Cyrulnik, Jan Van Hoof, Frans de Waal, Gilles Boëtsch, le père Gustave Martelet et moi-même. Le lendemain, les bouchons de champagne sautèrent chez Daniel Leconte. Nous avions fait le meilleur audimat de l'année pour cette superbe émission. D'autres collaborations suivront, avec succès – comme un documentaire intitulé « Le Monde a-t-il été créé en sept jours ? » –, mais sans jamais atteindre celui-là. D'un coup, les téléspectateurs découvraient la part d'humanité partagée avec les chimpanzés, un pan ignoré de nos origines communes. Pas d'anthropomorphisme naïf, mais une révélation scientifique portée par la qualité documentaire de deux films et, plus encore, un plateau d'intervenants du plus haut niveau et international.

C'est un vrai tournant, le début d'une prise de conscience sur notre place dans la nature, encore si proche d'autres espèces. Et contrairement à certains commentaires anthropocentriques médiocres, comparer les humains avec des grands singes, ce n'est pas vouloir « biologiser » l'humanité. Il en ressort, tout au contraire, combien nos frères et cousins d'évolution sont beaucoup plus humains qu'on ne l'avait jamais admis. On passe de « Cachez ces grands singes que nous ne saurions voir » à « Voyez ce que ces grands singes

## RETOUR AUX ORIGINES

ont à nous révéler sur nos origines communes ». Je compris aussi ce soir-là combien le monde de l'édition et les médias vont m'être utiles pour diffuser les avancées sur les origines et l'évolution de la lignée humaine.

Après l'émission, Jan Van Hoof vient me féliciter : « Tu as filmé des scènes rarement observées. » Le compliment me va droit au cœur. Je ne suis évidemment pas un éthologue, surtout pas de sa trempe. Je mets ce succès sur le compte du protocole d'observation différent de celui des chercheurs. Je cherchais des histoires personnelles, des trajectoires de vie, et les chimpanzés m'en ont offert d'aussi belles qu'inattendues.

Deux ans plus tard. Parmi les émissions cultes à la télévision, il y a *Apostrophes* de Bernard Pivot. Je garde le souvenir de l'une d'elles avec Yves Coppens présentant la traduction du livre de Donald Johanson et Maitland Edey *Lucy, une jeune femme de 3 500 000 ans* (Robert Laffont, 1983). Une émission entière était consacrée aux origines, avec Lucy et même les dinosaures en vedette ! Rares sont les émissions littéraires invitant des scientifiques ; il en est de même pour leur présence dans les salons du livre, comme je le constaterai un peu plus tard. La conséquence à n'en pas douter de ce dogme stupide qui prévaut dans l'Éducation nationale de distinguer littéraires et scientifiques. Bernard Pivot et, plus tard, François Busnel invitent avec une joie et un franc intérêt la littérature scientifique. Sans manquer de faire d'excellents scores d'audimat.

Jeune étudiant alors, je me disais qu'un jour, peut-être, j'écrirais un livre et que je passerais à *Apostrophes*. Pas un rêve, encore moins un but, cependant. Ce bel évènement arrivera au début du nouveau millénaire grâce à un livre écrit à quatre, *La plus belle histoire des animaux*, avec Boris Cyrulnik, Jean-Pierre Digard et Karine-Lou Matignon (Seuil, 2000). À la fin de l'émission, Bernard Pivot nous fera cet aveu : « Vous savez, j'adore inviter les scientifiques ; vous avez tellement de choses fascinantes à nous apprendre, à nous dire, à faire découvrir des mondes révélés par vos connaissances. Il est tellement facile de mener une telle émission – il suffit d'ouvrir le micro, moins de le reprendre [sourire]. C'est souvent plus difficile avec les écrivains, leur introspection, leur moi profond, leur ressenti, leurs heurs et malheurs existentiels. Au fait, me dit-il, vous devriez faire de la politique ; vous tenez un discours politique. »

Que les chimpanzés m'en gardent bien. Plus tard, j'écrirai un livre sur la politique et les grands singes, qui me vaudra une farouche inimitié de la part du monde politique. Même si *Libération* me qualifiera gentiment de « Daumier de la politique », la rancune sera tenace. Que la malédiction du singe tombe sur moi. Mais quand on les connaît…

Un petit couac pendant l'émission d'*Apostrophes*. Christine et nos trois enfants sont venus avec moi à l'émission, sur le plateau. Pendant l'une de mes interventions, le réalisateur envoie l'image de mon plus jeune fils endormi, bienheureux, la tête sur la cuisse de sa jolie maman. Œdipe endormi.

*Sous le signe du tigre*
*La plus belle histoire des animaux*, l'émission sur les chimpanzés, mes interventions dans les médias m'entraînent peu à peu sur le terrain des écologistes. De plus en plus d'émissions, de livres, de revues témoignent des sévices que les sociétés humaines font subir à la nature et, plus sensiblement, aux espèces sauvages. *Ushuaïa Nature*, l'émission consacrée à la nature sauvage, émerveille alors les Français, nous faisant découvrir des joyaux des paysages naturels inconnus.

À la fin de l'un de ces beaux épisodes, Nicolas Hulot conclut toujours par une belle sentence – son côté un peu moraliste. Il me cite : « Comme l'écrit le paléoanthropologue Pascal Picq, nous ne sommes que les locataires de la Terre. » Ravi, évidemment. Et si un jour je devais partir sur l'un de ses tournages ? La sensibilité autour des grands singes, nos origines communes, l'urgence de la préservation de leurs environnements ferait un beau sujet. Le coup de fil arrive un jour : « Je voudrais vous inviter pour un épisode d'*Ushuaïa Nature*. » Je m'attends à partir en Afrique et à un sujet sur les grands singes. « Si vous le voulez bien, je vous emmènerai en Inde sur les traces du tigre. » Loin de mes connaissances a priori, ce que je lui précise immédiatement. Qu'importe, je veux que ce soit vous, me répond-il. Me voilà parti sur les traces des gros matous rayés.

Je me plonge dans la littérature scientifique qui existe sur les tigres, sur leur éthologie. En fait, je découvre qu'il est plus facile de les comprendre quand on a un chat, même si le tigre est bien plus gros, vraiment plus gros, jusqu'à 450 kilos pour les tigres de Sibérie, si prisés des cirques et des zoos pour cette simple raison. Une différence de taille, toutefois : on donne à manger aux premiers quand les seconds peuvent vous dévorer ! Les lions sociaux exceptés, les félins ont peu ou prou les mêmes mœurs. Les tigres s'avèrent un peu plus sociaux que nos chats, ces égocentriques ronronnants. Je me plonge aussi à cette occasion dans la littérature historique, les mythes et les légendes, bien plus fournis que les études éthologiques. Cette manie des cultures humaines de penser les animaux pour ce qu'ils ne sont pas. Dans le premier livre des aventures de Tarzan, le héros blond et adamique se bat contre un tigre. Peu importe qu'il n'y ait jamais eu de tigres en Afrique... Je relis aussi *Le Livre de la jungle*, évidemment.

Un magnifique voyage qui n'aura rien laissé au hasard. Outre les consultants scientifiques, l'équipe est aussi composée de deux cinéastes animaliers indiens, les frères Bedi, des brahmanes de fière allure.

Une première étape est prévue à Sundarbans au Bangladesh, sur le delta du Gange aux multiples méandres mouvants, comme si le grand fleuve sacré jouait à éviter de se déliter dans l'océan Indien. Le survol de la région est saisissant. Les champs cultivés butent sur la lisière de la réserve de la forêt de mangroves, marquée par une limite comme tranchée par un sabre céleste. Image saisissante encore de la pression des agriculteurs sur les terres, butant contre ces réserves naturelles.

Aussitôt l'atterrissage, nous partons sur des barques. On aperçoit nos premières empreintes de tigres sur le limon des berges. Vraiment de grosses pattes. De longues et profondes éraflures de griffes sur des troncs d'arbres, à plus de trois mètres. Vraiment très grandes. Des traces fraîches de tigres, mais pas de tigre en vue. Sauf de façon inattendue. Alors que Nicolas est parti en reconnaissance sur le fleuve, soudain, il croise un tigre qui traverse en nageant – autre différence avec nos chats. Hélas, aucune caméra n'avait été emportée, à son plus grand dépit.

Nous n'avions pas conscience du danger. Il faut dire que nous formions un tel manège qu'on ne risquait pas d'en surprendre un. Après ce premier tournage, une étape est prévue à Dacca, la capitale du Bangladesh. Je découvre la profonde misère qui règne dans les rues, celle des campagnes était moins visible. Au petit-déjeuner, Nicolas Hulot nous montre le journal du jour : « Vous savez, dit-il, qu'un homme s'est fait manger la veille de notre tournage et un autre encore depuis ? » « Aurions-nous mauvais goût ? » interrogé-je.

En moyenne, une personne par jour finit en Inde sous les crocs d'un tigre. En outre, les conditions de vie sont très difficiles dans les Sundarbans. Il y a les inondations, la mousson et les multiples bras du delta qui ne cessent de déplacer les terres émergées. Un facteur d'instabilité pour les humains comme pour les tigres. Les femmes et les hommes doivent s'enfoncer dans les sous-bois pour quérir du bois et trouver des plantes, ce malgré le danger. Pour y remédier, les Indiens ont fait appel aux éthologues. Les tigres attaquent leurs proies par-derrière, non par lâcheté, juste une question de technique. Alors, il suffit de les leurrer. On recommande aux Indiens de porter un masque facial sur l'occiput – Janus ou la prévarication du prédateur. Outre que le tigre reste indifférent à nos expressions faciales et encore plus à nos coupes de cheveux, nuque dégagée ou pas, ce qui l'intéresse, c'est le mouvement, l'allure de la proie. Alors, quand nos infortunés Janus se penchent pour ramasser du bois ou collecter une plante, le regard du tigre perçoit un tendre quadrupède. La bêtise anthropomorphique fait aussi le malheur des humains.

Il ne sera pas facile de filmer ces tigres, d'autant que nous disposons seulement de quelques semaines quand les grands films animaliers prennent des mois. Sylvain Tesson en donnera un superbe récit dans *La panthère des neiges*.

Une fin d'après-midi, au moment où le soleil décline, nos petits 4 × 4 s'immobilisent, tous moteurs coupés. On scrute silencieusement les alentours, c'est l'heure des fauves. Je me retourne et là, aussi lente que majestueuse, une tigresse sort des hautes herbes, s'allonge doucement au soleil et commence sa toilette. Je suis hypnotisé. Je descends du plateau du 4 × 4 et m'avance vers elle tout doucement. Pour je ne sais quelle raison, tout le monde regardait de l'autre côté, vers la vallée. La tigresse m'a vu, bien sûr. Elle continue ses occupations d'élégante, jusqu'au moment où elle me regarde et, d'un léger grognement, me signifie que je dois m'en retourner. Aimable avertissement comparé à l'engueulade des rangers et de l'équipe qui s'ensuit : « Tu n'es pas là pour faire du tourisme », me diront-ils en substance. Par une sorte d'empathie, la tigresse s'en est allée, agacée par ce tumulte. La nuit, je rêverai qu'elle ne soit apparue que pour moi.

Il y aura d'autres magnifiques moments et des scènes sublimes. D'autres aussi comiques. Ainsi lorsque nous croisons une troupe de singes entelles. Leurs faces noires impressionnent. La légende dit que, voulant voler le feu des hommes, ils se sont brûlés. Les dieux les auraient condamnés à avoir une face sombre, stigmate de leur tentative de profanation de l'équilibre du cosmos. Les caméras d'un côté, une troupe d'entelles de l'autre, et Nicolas et moi au centre. J'explique qui sont ces singes, quelles sont leurs mœurs, notamment sociales, comme l'épouillage. J'épouille alors Nicolas comme le font les entelles derrière nous. La scène ne sera pas gardée au montage.

Plus amusant et sportif fut notre rencontre avec un buffle. Nous sommes dans un frêle canoé au cœur des marais. L'eau est peu profonde. Nos postérieurs frottent sur les limons au travers de la toile de fond. Pas facile de pagayer, d'autant que nous n'arrivons pas à nous coordonner, sans parler de tous les arrangements techniques avec les micros, les oreillettes… Insensiblement, à force de louvoiements et de chamailleries, nous approchons un énorme buffle qui paît tranquillement. Soudain, j'entends dans les oreillettes : « Hé, les gars, le buffle se dirige vers vous ! » Étonnante sera alors notre belle coordination pour pagayer fissa en arrière.

C'est le problème avec les bovins. Ils n'ont pas d'expression faciale. Leur face impassible symbolise d'ailleurs la sagesse – nous sommes en Inde. A contrario, on ne voit pas la colère qui monte. Plus généralement, on ne perçoit pas le danger dans ces régions magnifiques. Dans le parc national de Kaziranga, dans l'État d'Assam, vivent des tigres, des buffles et des rhinocéros. L'actualité y mentionne aussi nombre d'agitations provoquées par des mouvements islamistes. Discutant avec le responsable, je lui demande si cette situation a des répercussions sur le parc, comme des incursions, par exemple. Il me regarde en souriant : « Vous savez, si vous pénétrez dans les hautes herbes, vous avez trois options : un tigre, un rhinocéros ou un buffle. » Ce qui, hélas, ne dissuade malheureusement pas les braconniers, véritable fléau. Cet homme est charmant, mais quelque chose me trouble en discutant avec lui. Je ne sais quoi. Un membre de l'équipe passe dans son dos, me regarde, hilare, et, de ses mains, mime un tire-bouchon au niveau de chaque oreille. Bizarre. Jusqu'à ce que je constate que cet homme, de belle allure, arbore des tresses faites avec les poils des oreilles, comme deux petites cornes. Pareil pour le nez, cette fois on pense à deux petites stalactites. Un signe de virilité, me dit-on, chez les hommes mûrs. Il me sera difficile de continuer la conversation, au risque d'être inconvenant.

L'esprit du tournage vire résolument sur le thème de l'écologie responsable. Plus de scènes spectaculaires avec des engins improbables pilotés par Nicolas. C'est d'ailleurs au cours de ces semaines de tournage que sa Fondation pour la nature et l'homme sera reconnue d'utilité publique. Quelle avancée ! Hulot ayant été appelé pour défendre ce thème lors de la campagne présidentielle de Jacques Chirac en 2002, je me retrouve seul pour assurer la fin du tournage sur un site mythique : la forêt du parc national de Gir, dans l'État du Gujarat, et l'ultime population des lions d'Asie.

L'histoire de ces lions nous renvoie aux origines de l'humanité et à l'histoire antique. Il y a deux millions d'années, la communauté des savanes des humains, des lions, des babouins, des antilopes et autres s'étendait de l'Afrique aux franges méridionales de l'Eurasie. Elle poussera vers l'est, jusqu'à ce qu'elle bute sur la communauté forestière du tigre, des cervidés et des faunes ancestrales du *Livre de la jungle*. L'humain est la seule espèce qui a franchi cette frontière naturelle, déjà nanti d'une puissance écologique qui l'autorise à investir toujours plus de milieux sur la Terre. Ces lions d'Eurasie que nous allons découvrir en Inde sont les descendants de ceux que nous pouvons admirer dans la grotte Chauvet, plus généralement ceux des cavernes, ceux qui ont été chassés par Nabuchodonosor, le Thésée d'Hercule, ceux qui combattent contre les gladiateurs dans le Cirque Maxime, à Rome, ou dévorent nos martyrs. Les mâles n'arborent pas de belle crinière, comme leurs cousins africains. Depuis l'Antiquité, les civilisations n'ont cessé de dévaster les faunes sauvages. « Les forêts reculent devant les civilisations », selon le mot de Chateaubriand, mais les fauves aussi. Et si les tigres et les lions font de magnifiques symboles pour les écussons, drapeaux, sceptres et autres oriflammes, les humains se sont évertués à les chasser au plus loin des cités. La puissante volonté humaine de pouvoir n'admet pas d'autres pouvoirs. Les populations de lions d'Asie régresseront au fil des siècles, trouvant un ultime refuge dans la forêt de Gir ; on en compte alors à peine trois cents individus.

Les frères Bedi, ces deux brahmanes cinéastes et animaliers, me font alors une proposition : « Si tu es d'accord, on peut tourner une scène avec le peuple d'éleveurs, les Maldaris, qui vivent en harmonie avec les lions dans la forêt de Gir. » Je recueille l'assentiment de l'équipe et de notre réalisateur, qui sont partants. Les scènes de rencontres humaines sont très rares dans *Ushuaïa*. D'ailleurs, une polémique emmenée par l'émission *Arrêt sur images* sur Arte accusait alors Nicolas Hulot de s'être montré indifférent, voire hautain, avec une ethnie de Nouvelle-Guinée au cours d'un épisode antérieur. L'ethnographie n'est pas le sujet de son émission, mais il n'en est pas moins vrai que les ethnies ou les peuples rencontrés n'y figurent pas ou à peine. De mes échanges avec lui émane l'impression que, sans être misanthrope, il n'est pas le plus à l'aise dans les relations humaines...

Nous voilà dans la forêt de Gir, invités chez des Maldaris lors d'une cérémonie du thé. Un danger plus grand que les lions me guette : contrôler que les tasses sont propres et que l'eau du thé a bien bouilli, ce qui pourrait contrarier vilainement mon organisme... La veille, comme nous l'apprenons auprès d'eux, un ou des lions ont dévoré une vache. Pour le besoin de notre film et les sensations des téléspectateurs, nous

nous lancerons sur les traces de ces prédateurs avec quelques Maldaris, caméra à l'épaule. Du cinéma.

Nous ne sommes plus loin désormais de la fin du tournage ; le dernier jour est un lundi. J'endosse le rôle de Nicolas ; un frère Bedi, Rajef, le mien. Nous voilà face à face. Sur ma gauche, à une trentaine de mètres, s'agite la queue d'un lion en train de courtiser une femelle. Toujours amusant d'observer l'air idiot des mâles quand ils cherchent l'amour et la fausse indifférence des femelles – c'est universel. Le philosophe Ludwig Wittgenstein (1889-1951) a affirmé que « si un lion pouvait parler, nous ne pourrions pas le comprendre ». N'avait-il jamais été amoureux ? Plus les plus beaux esprits s'approchent des mathématiques, de la logique ou de la philosophie, moins ils comprennent les choses les plus simples de la vie. Ces considérations ne troublent pas notre lion en train de conter fleurette à sa lionne de plus en plus lascive. Pourvu qu'ils ne concluent pas trop vite pour le besoin du tournage.

Rajef m'explique dans la langue de Rudyard Kipling les mœurs des lions, leurs amours, leurs chagrins avec, toujours en arrière-plan, nos superbes figurants de plus en plus excités. Au même moment, nous sommes interrompus par le puissant brame d'un cerf. Bedi poursuit alors en m'expliquant les amours chez les cerfs et les biches. N'y tenant plus, je prends un air très sérieux et lui demande :

– Tell me, Rajef, is monday a good day to fuck in the jungle ?

Ses yeux s'ouvrent tels des phares me fixant intensément, dilatés par la surprise. Il éclate alors de rire. Faire rire un brahmane n'est pas donné à tout le monde... Éclats de rire des techniciens en même temps que le réalisateur se montre mi-contrarié, mi-amusé. Ce sera notre meilleure prise.

Trois semaines merveilleuses et quelques moments intenses. Avant de tourner la scène avec les lions, nous circulons à bord de petits 4 × 4 à leur recherche. Je me trouve sur la plateforme arrière en compagnie d'une assistante, sans aucune protection et pas très haut au-dessus du sol. On s'arrête pour scruter les alentours. C'est alors que, lentement, une lionne sort des fourrés. Rencontre inattendue entre elle et nous, surprise réciproque ! La jeune femme s'effraie, je la rassure : « Pas de geste brusque, on la regarde droit dans les yeux avec un air apaisé, pas de cris et surtout ne te penche pas. » Les secondes passent. Celles et ceux qui n'ont pas saisi la différence entre le temps et la durée d'Henri Bergson auraient pu en faire l'expérience ; ils auraient alors bien compris. Royale indifférence de la lionne. L'affaire se finira bien, sinon je ne serais pas en train d'écrire ces lignes.

L'épilogue de cette aventure se passe sur le quai de la gare de la Part-Dieu, à Lyon, avec Michel Serres. Nous sommes plusieurs scientifiques à avoir pris un TGV depuis Paris pour une réunion. Michel voyage dans une autre voiture. Il a toujours du travail, moi aussi, j'irai le saluer juste avant d'arriver. Alors même que j'entre dans sa voiture, il m'avise. De sa voix de Gascon, il m'interpelle :

– Ah, Pascal, te voilà. Comment vas-tu ? Content de te voir en chair et en os !

Une devise partagée par les lions et quelques philosophes.

– Bonjour, Michel. Tu as l'air en forme. Mais, dis-moi, pourquoi me fais-tu cette remarque ?

Tout le monde a reconnu Michel Serres, sa voix, sa prestance et son béret rouge.

– Tu te rends compte, je croise aujourd'hui l'homme qui a fait reculer les lions !

J'en reste ébahi. Une version de l'homme qui a vu l'homme qui a vu l'ours. Les autres passagers me dévisagent, étonnés. L'anecdote ne fera plus que s'amplifier. Mon quart d'heure de gloire...

De retour à Paris, Nicolas m'invitera à rejoindre sa fondation. Une collaboration de quelques années qui m'engagera sur le terrain de l'écologie militante et constructive. Coppens se moquera un temps de ce militantisme : « Ah ! Vous voici écolo. Je ne savais pas... »

*Balade des fossiles et autres ritournelles médiatiques*

D'un point de vue strictement scientifique, j'avais épuisé mes ressources pour des publications. Ne disposant pas de moyens pour mes recherches en biomécanique crâniofaciale, je recherchais d'autres orientations. Je tentais de rejoindre des équipes pour aller sur le terrain. Je manquais de certaines compétences et encore plus d'expérience, quand bien même je pouvais apprendre vite. De plus en plus médiatisé, je souffrais d'être trop présent, ce qui déplaisait de façon de plus en plus urticante dans le landerneau universitaire.

Ma carrière – qui n'en sera pas une – n'était alors pas gérée par le Collège de France, mais par le CNU (Conseil national des universités). Au Collège de France, à cette époque, le plus médiatisé était bien sûr Yves Coppens, j'arrivais en deuxième position – les Anquetil et Poulidor de la paléoanthropologie, me disais-je pour rire. Si Coppens était en bonne position académique, cela n'était pas mon cas. Je ne serais jamais professeur au Collège de France, où il n'y a pas de promotion interne (c'est la règle d'or de cette maison), et encore moins dans une université, terrain miné. Je n'en tirais cependant aucune rancœur, il eût fallu que j'aie mené un autre parcours. Je partirai à la retraite au plus bas niveau. Mais, comme on le dit dans la chanson, *still alive*.

Les grandes découvertes de fossiles dans les décennies 1990 et 2000, comme *Ardipithecus* en Éthiopie en 1994, *Orrorin* en 2000, ou encore Toumaï ou *Sahelanthropus* en 2001 – pour ne citer que les fossiles se disputant la place du plus proche de notre dernier ancêtre commun avec les chimpanzés –, confortèrent ma place dans les médias, non sans agacer leurs découvreurs, auxquels revenaient tous les mérites.

Pour de telles découvertes, à retentissement international, les revues scientifiques envoient les épreuves de leurs articles aux médias en y mettant un embargo. Pas question de publier ou de faire une émission avant telle date à telle heure ; le plus souvent un jeudi à 20 heures. Les journalistes pouvaient préparer leurs articles ou leurs émissions, ainsi que leurs interviews pour la publication officielle. Ils interpellaient alors les découvreurs en premier lieu, ainsi que d'autres paléoanthropologues, ce qui m'arrivait très fréquemment. Jusquelà, rien de plus normal.

Jusqu'à cette énorme découverte de Toumaï, un an après celle d'*Orrorin* au Kenya. Toumaï est un fossile bien conservé, avec la face et une partie du reste du crâne très proches du dernier ancêtre commun. Mais, surtout, il a été découvert au Tchad, en Afrique centrale, à des milliers de kilomètres à l'ouest, du mauvais côté de l'*East Side Story* d'Yves Coppens. Une légion d'imbéciles se réjouira de voir l'hypothèse de Coppens soudain remise en cause. Tous les diseurs et toutes les diseuses de vérités non testables clamaient : « Coppens s'est trompé... »

Arrive la publication présentant Toumaï. Il se trouve que le président tchadien Idriss Déby demande alors à Michel Brunet, le découvreur de Toumaï, d'être présent à N'Djamena pour cette grande annonce d'un niveau international. Fin politique, l'homme veut récupérer la liesse des Tchadiens qui courent dans les rues de la capitale en chantant « Nous sommes à l'origine de l'humanité ! » Ambiance bon enfant et petite revanche anticolonialiste, d'autant que les pays européens ont fait de même un siècle plus tôt, se postulant à la fois comme au commencement et comme modèle ultime de l'humain – pour des raisons, elles, beaucoup moins bon enfant. Michel Brunet est donc retenu au Tchad, et Yves Coppens navigue quelque part dans les mers du Nord. Le terrain médiatique est ouvert. Me voilà alors invité pour

## RETOUR AUX ORIGINES

commenter la découverte et en expliquer les enjeux. De France Inter le matin au 20 heures de TF1...

Pendant ce temps, un jeune attaché de presse de l'ambassade de France au Tchad se précipite tout enjoué vers Michel Brunet en s'écriant : « Professeur, c'est formidable, Pascal Picq présente Toumaï au journal de TF1 et en ouverture ! » Le pauvre. Comme dans les mauvais péplums, j'ai ressenti un vilain brouillard, une nappe sombre et rampante venant du désert du Tchad pour envelopper le studio maudit de Boulogne-Billancourt. Explication houleuse le lendemain matin.

Comme tous les paléoanthropologues, Brunet n'aime pas qu'on parle à sa place de « ses » fossiles, ce que je peux comprendre quand on connaît les efforts qu'il faut fournir pour arriver à de telles découvertes. Il en va d'ailleurs de même avec les éthologues et « leurs » singes ; ou les ethnologues et « leurs » ethnies. Ce que je ne lui dis pas, cependant, c'est qu'il n'aurait jamais pu en parler en trois minutes comme exigé par la rédaction de TF1. Chacun son terrain...

Nous avions déjà eu le même accrochage concernant une autre de ses belles découvertes, comme Abel, l'australopithèque du Tchad annoncé en 1995. C'était d'ailleurs le premier coup de butoir contre l'*East Side Story*. J'expliquai dans les médias l'hypothèse de Coppens, qui situait le premier représentant de la lignée il y a six millions d'années, alors qu'Abel datait, lui, de trois millions d'années ; un laps de temps de trois millions d'années. Même un australopithèque cul-de-jatte disposait d'assez de temps pour passer d'est en ouest... Toutes ces découvertes nous amèneront, au vu des demandes du public quant à plus d'explications dans ce domaine, à un grand projet éditorial : deux volumes collectifs, le premier sur la paléoanthropologie sous la direction d'Yves Coppens et moi-même, le second intitulé *Le propre de l'homme*, sous ma direction éditoriale avec la collaboration d'Yves. Trois ans d'un travail acharné, mais quel succès ! Ce sera la dernière fois que je me lancerai dans un tel projet d'une belle œuvre collective.

Il était temps pour moi maintenant de couper le cordon ombilical avec Lucy. J'en avais terminé avec le passé, même si je ne l'ai jamais quitté. On ne se dégage pas facilement des origines, origines que j'ai tant contribué à retrouver dans le cadre des théories modernes de l'évolution. Mais je voulais me tourner désormais, et résolument, vers le présent et le devenir de l'humanité.

# VII

## HEURS ET MALHEURS DE NOTRE ÉVOLUTION

*L'évolution, c'est l'avenir, pas le passé*
Dans la pensée courante, parler d'évolution, c'est suivre les aventures du passé. Une vue très partielle. Dans l'ensemble de son œuvre, Charles Darwin se réfère à peine à la paléontologie. Il rechigne à utiliser le terme « évolution », qui n'apparaît que dans la sixième édition de *L'Origine des espèces*. Il préfère parler de « descendance avec modification ». Ce qui l'intéresse, ce n'est pas comment *s'est faite* l'évolution des espèces – d'autant d'ailleurs que, jusqu'à la fin du XX$^e$ siècle, les paléontologues et plus encore les paléoanthropologues maîtriseront mal les théories postdarwiniennes –, mais comment *se fait* l'évolution. Traduction pour les affaires humaines du moment : comment ce que nous faisons depuis seulement quelques décennies mais aussi de nos jours impacte le devenir de *Sapiens* sur la Terre – c'est la question des générations futures. En référence à Pierre Dac : l'humain a l'évolution devant lui, mais s'il se retourne, il l'aura dans le dos. Le fait que les théories de l'évolution soient si mal comprises, plus encore s'agissant des affaires humaines, et même qu'elles soient de plus en plus contestées, n'est pas un bon gage pour notre avenir, alors que tous les défis actuels touchent à l'évolution de l'humanité et de l'ensemble des espèces. Voilà de quoi m'occuper.

J'entre dans le nouveau millénaire avec une riche bibliographie pour la jeunesse et des livres collectifs. Aucun volume n'est cependant vraiment personnel. En 2003, je publie *Au commencement était l'homme, de Toumaï à Cro-Magnon*, qui reprend mes travaux autour des origines de la lignée humaine et de la reconstitution de la vie de nos ancêtres. Curieusement, ce genre d'essai est constamment présenté comme de la vulgarisation, ce qui n'a rien voir avec ce terme quelque peu péjoratif. Historiquement, la vulgate consiste à proposer des textes, comme ceux de la Bible, dans des versions édulcorées accessibles à des publics peu instruits. C'est encore plus curieux alors qu'on n'use pas de ce terme lorsqu'il s'agit d'essais en sciences humaines ou en philosophie. Notre culture persiste à concevoir les sciences comme hors de la culture, à l'instar des salons du livre. De nos jours, le ou la scientifique doit encore se présenter comme philosophe, historien ou psychanalyste pour accéder aux tribunes. J'ai beaucoup appris des publics. Quand, malgré les découvertes portées par les médias, on se trouve confronté à des questions récurrentes, on comprend que les seules découvertes ne suffisent pas à faire percevoir les avancées des connaissances ; plus encore si elles bousculent des modèles – comme l'*East Side Story* de Coppens – ou, plus fondamentalement, autour du paradigme comme les origines africaines. Ce constat impose une autre écriture qui, par-delà la présentation des faits, exige de s'appuyer sur l'histoire et l'épistémologie ; ce qui me sera fort utile pour contrer le retour des ingérences spirituelles en sciences.

Mon éditrice suit mes conférences et mes interventions dans les médias. Elle perçoit combien les questions des publics touchent aux enjeux de notre temps. Elle m'incite à écrire un essai sur comment la paléoanthropologie ou l'anthropologie évolutionniste peuvent contribuer à comprendre notre présent et, plus encore, à esquisser des réponses pour l'avenir de *Sapiens*. J'hésite. Mon parcours scolaire et universitaire ne verse pas du côté des sciences humaines, et encore moins de la philosophie. Et un essai suppose un engagement personnel. Je ne suis pas Michel de Montaigne, ne partageant avec lui que le fait d'être un bon cavalier. Viatique loin d'être suffisant.

Plusieurs évènements m'incitent bientôt à explorer un tel projet. Je suis invité à rejoindre plusieurs fondations, comme la Fondation 93, qui œuvre pour porter la culture scientifique dans les écoles, les collèges et les lycées du département de la Seine-Saint-Denis, le « 9-3 ». J'intègre aussi la composition de plusieurs conseils scientifiques, comme celui du Palais de la découverte ou de la Cité des sciences et de l'industrie. La culture scientifique connaît alors un vrai regain. Les CCSTI ou Centres culturels scientifiques techniques et industriels fleurissent partout en France. Les scientifiques, nos grands aînés et toutes celles et ceux pas encore seniors dont je suis, ne cessent de donner des conférences partout dans l'Hexagone. Les salles se remplissent de centaines de personnes animées par une immense curiosité. Se créent alors les bars des sciences, mais aussi la Science en fête, qui vont participer joyeusement à la diffusion des connaissances scientifiques.

La Cité des sciences et de l'industrie, située dans le quartier rénové de la Villette à Paris, crée le Collège de la Cité. Décidément, je vais de collège en collège. La conférence inaugurale se tient en septembre 2002, publiée en 2003. Elle réunit alors trois conférenciers : Michel Serres, Jean-Didier Vincent et moi-même, autour de cette question : « Qu'est-ce que l'humain ? » Dans son propos, Michel déclare : « Voici quelques années "Qu'est-ce que l'humain ?" eût réuni, en effet, un ethnologue, un sociologue, un psychanalyste et n'eût même pas convoqué un médecin. Or, avant moi – dans la conférence –, la paléoanthropologie et la biologie neuronale y répondent sans partage. Cette nouveauté signe le début du XXIe siècle. » Nous y avons cru. Nous nous sommes vraiment engagés.

Deux décennies plus tard, nouveau requiem pour la culture scientifique. Les créationnistes, les adeptes des prêchi-prêcha transcendantaux, les controverses sur le climat, la réaction d'une partie de la philosophie et surtout des psychos de toutes obédiences reprennent la main sur les affaires humaines. Un brusque déclin frappe à nouveau la culture scientifique, dont on constate avec effroi le délitement lors de la crise de la Covid-19 à la fois dans les médias et plus encore dans le monde politique. La mort a emporté Michel Serres avant la pandémie, symbole douloureux d'une société qui doute de son avenir. La question des sciences, la place des sciences sont consubstantielles d'un avenir meilleur pour l'humanité. L'humanisme, n'en déplaise à une partie de la philosophie et des lettres allergique aux sciences, ce qui vaut pour les sciences humaines, est aussi enfant de la révolution scientifique moderne de la Renaissance. Le Collège de France, fondé en 1530 par François I$^{er}$ sous le nom de Collège royal, sur recommandation de Marguerite de Navarre, reflétait alors la modernité des savoirs dans tous les domaines de la pensée. Sa devise était « *Docet omnia* » (« Qui enseigne tout ») ; elle est de nos jours « Enseigner la recherche en train de se faire ». Ces savoirs ne sont pas seulement littéraires, scientifiques, sciences dures ou sciences douces. Cependant, des esprits obtus persistent à opposer ces champs de la connaissance, les fossilisent, renforcés en outre par les chamailleries universitaires. Au point de confondre les sciences dites dures avec les technologies. Le transhumanisme qui interfère désormais n'est pas une science, mais un délire idéologique et utopique – donc dangereux – qui va à l'encontre des fondements de l'humanisme, de l'évolution, de notre évolution. La révolution numérique en cours, vitalisée par les intelligences artificielles, n'arrange rien.

## HEURS ET MALHEURS DE NOTRE ÉVOLUTION

Je rencontre pour la première fois Michel Serres au Salon du livre de Paris, la veille d'une intervention commune dont le sujet est « L'homme est-il bon ? ». Le philosophe me tutoie d'emblée. Je ne sais pas sur quel pied danser. Va pour le « tu ». Après quelques échanges, il me fixe de son regard de Gascon avant de me demander : « Et toi, tu penses que l'homme est bon ? » Cette fois, je frôle l'ulcère : « Hélas, je crains que non. » « On va s'entendre », me dit-il alors.

Je ne suis pas un misanthrope, Michel non plus. L'Homme – avec un grand H – n'est pas fondamentalement bon ou mauvais ; un débat inutile. Qu'est-ce qui fait que l'humanité ou, plus précisément, que des peuples à un moment de leur histoire ou à différents temps de leur histoire commettent les pires horreurs ? Horreurs qui ne cessent de se répéter au fil des siècles, que ce soit au nom de croyances fondamentalistes et d'idéologies abominables ou d'idées se voulant même humanistes. Michel a une mémoire vive des horreurs de la Seconde Guerre mondiale. Il évoque, lors de ce premier plateau ensemble, les corps des femmes et des hommes, des enfants aussi des générations précédentes psychologiquement et physiquement marqués par les guerres. Il loue la décision de la France de ne pas s'engager dans la guerre en Irak qui fait l'actualité à ce moment. Invité aux États-Unis, il argumentera et arrivera à faire réfléchir des auditoires qui accusent les Français de manquer de courage. Que savent-ils de la guerre ?

Depuis le discours de Dominique de Villepin à l'ONU contre la guerre en Irak, l'image des Français s'est détériorée aux États-Unis, plus encore sous la présidence de Donald Trump, le numéro 45, comme le qualifient des intellectuels américains refusant de citer son nom. On ne refait pas l'histoire. Et je frémis à l'idée que, parmi les quelques présidents français ayant succédé à Jacques Chirac, d'aucuns seraient tombés dans ce piège mortel, aussi fascinés qu'ignorants de ce qu'est l'Amérique. Au nom de quelles valeurs l'Oncle Sam s'est-il lancé dans cette tragique aventure basée sur le mensonge et, comme on le sait maintenant, motivée par de sordides intérêts privés portés par un vice-président incarnant une forme abjecte de capitalisme ? Moins connus sont alors les arguments religieux employés et qui renvoient à des désirs de reconquête des terres originelles du Christ ; nouvelle croisade, nouveaux désastres...

J'appartiens à la première génération d'Européens qui n'a connu ni la guerre ni la faim. J'écoute Michel, fils d'un batelier de la Garonne ancien élève, un temps, de l'École navale. Il donnera au public cette image terrible et inoubliable : « Vous savez, quand, dans un film, un sous-marin est torpillé, ce qui remonte à la surface dans un bouillonnement frénétique, ce n'est pas le fuel, mais le sang des marins. » La guerre menace à nouveau à l'Est, ce qu'il ne saura jamais.

Quelle chance de vivre dans une Europe en paix depuis six décennies, deux générations, presque trois, et l'oubli. Rien de plus dangereux pour une civilisation que de se complaire dans le confort, dans la préservation des acquis hérités, dans les habitudes émollientes. Au moment d'une élection européenne – à chaque élection européenne – s'opposent les pro- et les antieuropéens. Sujet de discussion inépuisable. De discussion en discussion, il m'arrive d'échanger avec des philosophes admirés, de grands aînés. Certaines, certains ont vécu les terribles sévices de la guerre, et, pourtant, ils militent contre l'Europe. Auraient-ils, auraient-elles oublié ? Avec pour seule légitimité ma petite connaissance de l'histoire contemporaine, je pose cette question : « Je n'ai pas connu cette terrible période. Mais qu'est-il préférable : une Europe compliquée dans la paix ou une Europe se précipitant dans la facilité de la guerre ? » Michel à raison. Les corps n'oublient pas ; ce qui n'est pas le cas de l'esprit, même des plus beaux esprits.

## De quelle évolution l'homme est-il le nom ?

La paléoanthropologie semble bien loin de ces questions. Pourtant, une autre histoire de l'humanité se dessine du côté de notre évolution, très différente des canons louant le triomphe de *Sapiens*, qui est appelée abusivement *hominisation*.

Quel est ce discours à la gloire de *Sapiens*, répété comme une anthropodicée dans les livres, les documentaires, les films, les programmes scolaires ou encore les publicités ? La répétition, la redondance, la réitération, tristes régressions de la raison conditionnée. Comment se dégager de siècles postulant l'anthropocentrisme, l'humain au centre du monde, depuis la Grèce antique, de l'homme fait à l'image de son créateur, de l'humanisme faisant de l'homme un microcosme résumant le macrocosme, d'un évolutionnisme dirigé vers la domination de *Sapiens* ?

Toutes ces idées devenues idéologiques ont renforcé l'égocentrisme de l'homme, au sens masculin du terme, en faisant vibrer son arrogance et boursoufler son nombril. Toujours la même image, iconique, pour représenter aussi bien sa place dans la nature depuis Aristote que sa position ultime dans l'évolution depuis plus d'un siècle, l'échelle naturelle des espèces ou *scala natura*. Une procession imprimée dans nos neurones qui, de gauche à droite – le sens de l'écriture en Occident – aligne comme à la parade des singes à quatre pattes, suivis d'autres de plus en plus redressés et, finalement, « l'homme » parfaitement debout. La paléoanthropologie ne fait que rajouter quelques étapes entre les grands singes actuels avec des australopithèques et quelques espèces humaines fossiles ; drôle de carnaval des Anciens et des Modernes. Un discours gravé au fil des siècles, fascinant concordisme théologique, philosophique et même scientifique dédié à l'anthropocentrisme.

Pourquoi Darwin rechigna-t-il à utiliser le terme « évolution » ? Tout simplement parce que ce terme contient une acception téléologique ; l'idée que tout à une finalité, que des lois immanentes comme autant d'élans vitaux poussent à évoluer vers un but en transcendant les circonstances. Le concept d'évolution dérive du terme latin *volvere*, qui signifie « dérouler », comme on déroulerait la bobine d'un film. Bobine de film – qu'est-ce donc à l'âge du numérique ? Vraiment décalé, ce paléoanthropologue... Il devrait rechercher des analogies de son temps – c'est de l'analogique, justement. L'analogisme en anthropologie, c'est rapporter le cosmos à sa petite représentation de soi ; comme l'*homunculus* ou l'homme de Vitruve par Léonard de Vinci ; le microcosme résumant le macrocosme, ou encore la *scala natura*. De l'insoutenable gravitation de l'être. Sigmund Freud s'en amuse quand il dit qu'au cours des siècles précédents, la science a infligé trois blessures à l'amour-propre de l'humanité : la première avec Galilée et Kepler (entre autres), en montrant que la Terre n'occupe pas le centre du cosmos ; la deuxième avec Lamarck et Darwin (entre autres), en inscrivant l'homme dans un moment très court et non finalisé de l'histoire de la vie (phylogenèse) ; la troisième avec Freud et Young (entre autres), en constatant que ce que nous sommes procède d'une ontogenèse (notons au passage que Freud soigne son ego en se positionnant dans cette série illustre).

Pourtant, rien n'y fait. La force centripète du moi nous ramène constamment au centre du cosmos. Il arrive souvent qu'on me demande de rappeler les âges des grands évènements de l'histoire de la vie. Je fais cette réponse brève : « L'Univers à environ 13 milliards d'années : le système solaire et la Terre, 4,5 milliards d'années ; la vie sur la Terre, 3,8 milliards d'années ; les animaux vertébrés, 550 millions d'années ; les dinosaures disparaissent vers 65 millions d'années ; les singes apparaissent vers 40 millions d'années ; nos origines communes avec les chimpanzés vers 6 millions d'années en Afrique ; les premiers humains vers 2 millions d'années, et nous, les *Homo sapiens*, entre 500 000 et 300 000 ans en Afrique. » Une question suit alors, régulièrement : « Dans combien de temps le Soleil va-t-il exploser et pulvériser la Terre et les autres planètes ? » À laquelle je réponds ceci : « Dans environ 4 milliards d'années. » « Mais alors, qu'est-ce qu'on fait ? » Magnifique dissonance cognitive de l'anthropocentrisme.

Le terme d'évolution est très polysémique. C'est au XVIII$^e$ siècle qu'il prend une acception téléologique avec la découverte des spermatozoïdes et de la reproduction au niveau des cellules. Comment ne pas être fasciné par son évolution, son déroulé : l'œuf devenant embryon, fœtus et enfant à naître ? L'embryologie, plus que la paléontologie, devient le pilier des théories transformistes dans la seconde moitié du XIX$^e$ siècle. Le célèbre aphorisme de Ernst Haeckel, un géant de la biologie, le résume ainsi : « L'ontogenèse récapitule la phylogenèse. » Dit autrement, les étapes de la vie d'un individu depuis sa conception passent par les étapes ancestrales de l'évolution de sa lignée au cours des temps géologiques. Évidemment, seuls les humains récapitulent toute la série. On retrouve l'échelle des espèces, on adhère à l'anthropocentrisme ; on colle aux diktats des causes finales, on baigne dans la téléologie béatifiante.

Selon ce dogme, il n'y a qu'un seul film de l'histoire de la vie. En conséquence logique, soit les autres espèces se trouvent stoppées à un épisode antérieur, soit elles ont dévissé. Des erreurs de l'évolution en quelque sorte, chaotiques dans des versions plus récentes en référence à la théorie mathématique du chaos, voire fractal, autre théorie mathématique, ce qui ajoute une touche savante. Un signe ne trompe pas : quand, sur ce genre de sujet, on convoque des théories mathématiques – vérité platonicienne oblige, en quelque sorte –, on est rapidement sur le registre des impostures scientifiques. Antique recette qui consiste à recycler de vieilles idées mâtinées d'avancées récentes des sciences mathématiques n'ayant rien à voir avec ce sujet. Objection ! Vous qui venez de la physique théorique, vous devriez être sensible à la modélisation mathématique ! D'autant que Darwin a été vivement influencé dans ses recherches sur la sélection naturelle par les modèles mathématiques proposés par Thomas Malthus sur la croissance des ressources et des populations.

Je ne suis évidemment pas contre les tentatives de modélisation mathématique de l'évolution. Plus largement, des outils mathématiques complexes sont utilisés pour établir les relations de parenté entre les espèces, la systématique. Là n'est pas la question. Le problème émerge quand, pour modéliser cette fois comment s'est déployée l'évolution des lignées au cours des temps géologiques, les chercheurs tentent de forcer une représentation presque prédéfinie, en fait toujours la même depuis plus d'un siècle, mathématiques ou pas. Et quand, à la fin des années 1990, arrivent de nouvelles propositions de modélisation de l'évolution des lignées animales, dont la lignée humaine, on constate que les données sélectionnées l'ont été à dessein, voire arrangées pour coller à un schéma destiné à valider mathématiquement une certaine idée de ce qu'a été ou, plus précisément, ce que devrait être l'évolution. L'idée consiste à faire ressortir une sorte de loi immanente qui aurait régi l'évolution des espèces, dont le déploiement de la lignée humaine et l'émergence de *Sapiens*. Les modèles restent des modèles, et si des données, négligées ou nouvelles, le contrarient, on change de modèle. Là, ce n'est pas le cas.

Autre signe révélateur qui éveille la vigilance, l'affirmation du genre « Darwin s'est trompé ». Car l'idée vise à récuser le hasard et les contingences dans l'évolution. Succès garanti. Sonnez trompettes !

Ces controverses dépassent désormais le cadre des sciences. Car ces idéologies de la finalité et de l'idéal détestent les faits qui s'en écartent. Les variations se rangent du côté des erreurs, des dérives, des accidents. Une conception des variations exactement à l'opposé des théories darwiniennes et postdarwiniennes de l'évolution, qui sont, justement, des théories des variations. Pour les uns, les variations sont des écarts par rapport à ce qui devrait être ; pour les autres, les variations sont ce qui pourrait être. Alors, sans surprise, et en toute logique, le sexisme, le racisme, le spécisme, les dogmes sur le développement de l'enfant, la nature qui s'obstine à ne pas servir l'humain se nourrissent de ces théories qui procurent un pseudo-vernis scientifique. Faut-il étendre le propos aux systèmes politiques ?

*Premier essai transformé*

Mon premier essai, intitulé encore *Nouvelle Histoire de l'Homme*, dénonce ces dérives de la raison anthropocentrique. Il sort à l'automne 2005 en même temps qu'un autre livre de photographies de grands singes, *L'Humanité au fond des yeux*. Ce beau-livre fait suite à une décade de Cerisy autour de la question « Vers des civilisations mondialisées ? » Sur un tel sujet, qui plus est en regard de la longue histoire intellectuelle des colloques de Cerisy-la-Salle, les organisateurs ont eu la formidable idée d'inviter l'éthologie, plus exactement deux philosophes éthologues – Vinciane Desprêt et Dominique Lestel – et l'anthropologue-éthologue que je suis. Au fil d'une discussion autour d'une table dans le jardin, une amie éthologue – Chris Herzsfeld – nous montre des portraits en gros plan de faces de grands singes. C'est un choc visuel, artistique, fort. Pour les photographes, comme pour les cameramen de mon film, il est facile de faire des clichés

« volés » des grands singes vaquant à leurs occupations. Là, le propos est autre. Chris connaît tous ces personnages, qu'ils soient chimpanzés, orangs-outangs, bonobos ou gorilles. Sa recherche questionne leur intelligence gestuelle dans des tâches en trois dimensions, comme faire des nœuds – qu'on ne s'y trompe pas, c'est très difficile. Après de patientes heures de présence, tous ces grands singes reconnaissent et connaissent celle qui les observe de longs moments. Un jour, Chris à l'idée de sortir un appareil photographique, de saisir leur portrait, d'attendre qu'ils la regardent, qu'ils fixent l'objectif. Fascinant. Retournement anthropologique.

Ce beau-livre illustré de ces magnifiques portraits, avec nos trois contributions, sera préfacé par Frans de Waal. Il raconte cette petite histoire qui ouvre notre humanité à nos cousins d'évolution. Au cours d'une réunion de primatologie se pose à eux cette question : « Qu'est-ce qui vous a amenés à embrasser vos recherches sur les singes et les grands singes ? » La réponse est unanime : « Après avoir échangé un long regard avec l'une ou l'un d'entre eux. » Ces regards saisis par Chris scintillent de leurs intelligences. Beaucoup aussi nous interrogent : « Pourquoi sommes-nous vos captifs ? »

J'envoie les deux livres à des amis, dont Michel Serres. Quelques mois plus tard, je l'appelle à propos d'un colloque qu'il organise. À la fin de la conversation, je m'enquiers de savoir s'il a reçu les deux livres.

– Je les ai bien reçus, merci.

– Tu as eu le temps de les lire ?

– Le livre sur les grands singes est vraiment formidable ; bravo à tes collègues et à toi.

Sur celui-là, j'avoue, je ne prenais pas de risques en l'interrogeant. Et l'autre ?

– Ah ! L'autre ? Je ne voulais pas t'en parler.

Comme je ne dis rien, un silence s'installe.

– Tu vois, Pascal, il est présenté à l'Académie française pour un prix en histoire.
Je ne le savais pas. Et Michel Serres d'ajouter :
– Et je ne suis pas d'accord.
J'encaisse tout en louant en moi-même sa franchise.
– En fait, il va concourir pour un prix de philosophie. Mais, attention, cela ne veut pas dire que tu l'auras.

Je respire, soulagé, et, prix ou pas prix, je suis content. J'obtiendrai finalement le Grand Prix Moron de philosophie et d'éthique de l'Académie française en 2006. Il me reviendra alors le souvenir de ce professeur de philosophie, en classe de terminale dans mon lycée technique, qui nous avait tant fascinés avec les macaques de l'île de Koshima et leur culture. Les racines de la culture comme un clin d'œil : les patates pour les macaques ; les radis pour moi.

Par la suite, je siégerai dans des jurys pour des bourses d'études ou de recherche. J'ai toujours voulu soutenir les dossiers de candidates et de candidats s'engageant sur des terrains interdisciplinaires, des sciences vers les lettres et, plus encore, bien que plus rares, des lettres vers les sciences. Non sans m'amuser de la réaction de surprise de mes collègues qui, me connaissant comme anthropologue, découvrent mon cheminement d'un baccalauréat technique vers la paléo-anthropologie via la physique théorique. Ce qui pouvait sembler chaotique prenait désormais toute sa cohérence.

## *Darwin et Lévi-Strauss ; de Stern à Dasgupta*

Le concept fondateur de la *Nouvelle Histoire de l'Homme* consistait à inclure les diversités dans la trame de l'évolution de l'humanité plutôt que de les exclure. L'idée n'était pas nouvelle, comme je m'en apercevrais un peu plus tard en relisant un entretien de Claude Lévi-Strauss daté de 1982, dans lequel il emploie cette expression « nouvelle histoire de l'Homme ». Repenser l'histoire en s'intéressant à l'ethnographie, aux diversités d'aujourd'hui ; la paléoanthropologie, en ce qui me concerne, avec les diversités d'hier. Car il devient de plus en plus évident que les nouvelles découvertes, bientôt stimulées par la génétique des peuples anciens ou paléogénétique, ont fait exploser le triste schéma linéaire orienté vers l'avènement de *Sapiens*. Dans la décennie qui suit, un profond changement de paradigme s'opère, montrant *Sapiens* non plus comme la finalité de l'évolution de la lignée humaine, mais comme la dernière encore présente sur la Terre. Pourquoi n'y a-t-il plus qu'une seule espèce humaine et comment ? Telle est la question, désormais.

Une autre perspective fait éclater dans le temps et dans l'espace le récit étriqué qui part du « miracle grec » pour achopper sur la fin de l'histoire de Francis Fukuyama, un récit fondé seulement sur quelques millénaires, émaillé de considérations sur l'Égypte ancienne, la Chine tout de même, voire l'Inde. En fait, les peuples et même les grandes civilisations n'entrent dans notre histoire européenne se considérant comme universelle qu'à partir du moment où elles sont en contact avec la civilisation occidentale, un fait assorti de la conviction qu'elles s'inscrivent dans des stades moins avancés d'un schème universel. Ce qu'on appelle de nos jours l'histoire-monde continue encore de faire l'objet de quelques polémiques. Mais le « grand récit », selon l'expression de Michel Serres, dans une perspective ouverte à la fois par l'ethnographie et la paléoanthropologie, bute sur la grande histoire retranchée derrière ses remparts académiques, défendus par les canons du mépris des diversités passées et actuelles des peuples.

On trouve les mêmes rejets du côté des facteurs matérialistes affectant notre histoire. Le début du III$^e$ millénaire est ainsi profondément agité par les questions sur le climat. Le plus grand scepticisme règne dans les institutions et dans les médias, même si le GIEC – mis en place en 1988 – ne cesse de revoir ses estimations inquiétantes à la hausse, de rapport en rapport, se refusant même à présenter les estimations les plus alarmantes. Cependant, on parle encore peu de l'importance des biodiversités. L'organisme équivalent du GIEC pour les biodiversités, l'IPBES (Intergovernmental Science-Policy Platform on Biodiversity and Ecosystem Services, littéralement « Plateforme intergouvernementale scientifique et politique sur la biodiversité et les services écosystémiques ») n'est en effet créé qu'en 2012. Mais de quoi parle-t-on ? En quoi ces biodiversités, se rapportant le plus souvent aux espèces sauvages et aux micro-organismes, importent-elles pour l'humanité ? Une question importune comme on le pense encore alors, il faut en convenir, en regard des discours louant toujours le triomphe de *Sapiens* au fil de l'évolution et malgré les vicissitudes de la nature d'hier, et sa domination de celle-ci au fil des derniers millénaires depuis l'invention des agricultures.

Pourtant, autre question importune, qu'aurait été notre histoire, celle des civilisations, sans les vers de terre ? Charles Darwin intitule ainsi son dernier livre, *Worms* (littéralement « Vers de terre »), qui paraît en 1881, un an avant sa mort ; il y décrit comment, depuis la fin de la dernière glaciation, les vers de terre, sillonnant sans cesse les sols riches, comme on le sait de nos jours, en très grandes diversités, ont formé les sols sur lesquels sont apparues les agricultures, puis les grandes civilisations. Les agricultures sont les filles des biodiversités visibles et surtout invisibles. Les premiers peuples agricoles et éleveurs ont sélectionné parmi les variétés des plantes et des animaux autour d'eux. Sélectionner est bien le terme, et c'est justement à partir des travaux des agriculteurs et des éleveurs que Charles Darwin forge sa théorie de la sélection naturelle, inspirée de la sélection artificielle des mondes agricoles. Comprendre ces diversités : pourquoi, malgré une sélection rigoureuse de génération en génération, émergent toujours des variantes ? Pourquoi, si stabilisées, des variétés deviennent plus fragiles ? De nos jours, la spécialisation scientifique et technique de l'agriculture ne cesse d'éroder les diversités ancestrales de plantes et d'animaux pour quelques variétés plus « rentables ». Pire ! Alors que les agriculteurs et les éleveurs sélectionnent depuis des millénaires des variétés mieux adaptées à leurs environnements, on fait l'inverse : pour quelques variétés le plus souvent génétiquement modifiées, on modifie l'environnement. Plus cynique encore : si un champ est pollué par des OGM, l'agriculteur peut se voir condamné pour n'avoir pas payé le droit d'en avoir sur ses terrains – une affaire comme celle-ci a défrayé les médias au Canada. Mais si, comme cela est arrivé, la production de plantes OGM vient à décliner, alors on recherche des variétés résistantes chez les peuples agricoles traditionnels, sans les rémunérer ; on ne va pas payer pour des réussites empiriques, tout de même ! Je n'ai rien contre les OGM tant qu'ils respectent les environnements et n'éradiquent pas les autres variétés, ce qui n'est pas le cas, tant s'en faut. Quant au ver de terre...

Nos civilisations techno-hallucinées méprisent tout ce qui vient de la nature, la pillent sans discernement, ne louant que ce que l'homme en fait. On lit de plus en plus d'articles sur le clonage du mammouth, qui a disparu naturellement à la fin de la dernière glaciation, alors qu'on continue à massacrer les éléphants. On pille la nature qui nous a été donnée par l'évolution, sans répit, ne vénérant que ce que nous créons. On se prend pour le Créateur en méprisant la Création, tout comme l'évolution.

Le concept de biodiversité en lui-même ne concerne pas que le nombre d'espèces, dont les évaluations donnent parfois de fausses représentations. Il y a une trentaine d'années, on évoquait cinq espèces de grands singes : les bonobos (*Pan paniscus*), les chimpanzés (*Pan troglodytes*), les gorilles des plaines (*Gorilla gorilla*) ou de montagne (*Gorilla beringei* ; ceux de Dian Fossey et du film *Gorilles dans la brume*) pour l'Afrique et les orangs-outangs (*Pan Pygmaeus*) pour l'Asie. Aujourd'hui, plus de huit espèces sont répertoriées. Alors, est-ce que tout va pour le mieux dans le monde des grands singes, puisqu'il y a plus d'espèces ? Rien de plus trompeur. Ce serait le cas si ces espèces entamaient une divergence adaptative favorisant l'apparition de nouvelles espèces dont les effectifs et les territoires s'agrandiraient. Il se passe exactement l'inverse, avec des populations de moins en moins nombreuses, aux effectifs de plus en plus réduits et séparées sur des territoires de plus en plus isolés. Les vastes répartitions géographiques d'antan se sont fragmentées. Les dernières populations régressent, confinées dans d'ultimes refuges. L'étape suivante est l'extinction.

Plus largement, si le pourcentage d'espèces disparues au cours des derniers siècles n'atteint pas les deux chiffres, les populations et leurs effectifs se retrouvent au seuil de l'extinction. Autrement dit, la biodiversité risque de s'écrouler brutalement dans des proportions dramatiques aussi brutales qu'insoupçonnées. À propos d'infime pourcentage, l'ensemble des encore très nombreuses espèces sauvages représente, en termes d'effectifs cumulés, à peine quelques pour cent de tous les animaux de quelques espèces domestiques – ces dernières régressant à leur tour. Nous sommes en train d'éradiquer ce qui a fait l'évolution, notre évolution et même l'histoire.

On ne prend pas encore pleinement conscience du danger de ces dégradations pour le devenir de l'humanité alors que, déjà en leur temps, et à un siècle d'intervalle, Charles Darwin et Claude Lévi-Strauss ont perçu les conséquences de l'emprise des sociétés humaines sur les mondes sauvages. Quant à en apprécier les conséquences sur le devenir de l'humanité, c'est une tout autre question qui commence à peine à être comprise. Il s'agit bien plus que d'une question d'éthique et de conservation. En parcourant la vie de ces deux géants, j'avais découvert dans leurs parcours respectifs des similitudes étonnantes. J'en tirerai un ouvrage, *De Darwin à Lévi-Strauss : l'homme et la diversité en danger*. Aucun des deux, en effet, ne se destinait à entreprendre de telles aventures humaines et intellectuelles, l'un se résignant à devenir pasteur, l'autre professeur de philosophie. Une lettre pour Darwin, un coup de téléphone pour Lévi-Strauss ont décidé autrement de leur vie. Pour l'un comme pour l'autre, tout commence au Brésil. Un siècle sépare leurs arrivées respectives, et déjà tellement de bouleversements naturels et humains. Quand Charles y débarque, les diversités humaines colorées, issues des métissages, déambulent dans les rues de Rio de Janeiro. Il ne croise pas d'Indiens ; en tout cas, il n'en fait aucune mention. Ils ne doivent pas être bien loin, puisque la forêt tropicale enserre la ville. D'emblée, ce gentleman de la douce campagne anglaise est fasciné par ces diversités florales et animales grouillantes et luxuriantes, et s'intéresse à leurs interactions. Un siècle plus tard, les Indiens promis à Claude dans les faubourgs de Rio ne sont plus là. Il entreprendra un voyage de plusieurs semaines, au rythme des chars à bœufs, au travers des paysages forestiers dévastés du Mato Grosso avant de les rencontrer. Les tropiques de Darwin sont devenus bien tristes.

On n'avait jamais rapproché leurs biographies, tant l'un est censé appartenir à l'univers des sciences naturelles et l'autre à celui des sciences humaines. Et à les lire, on admire le naturaliste anthropologue et l'anthropologue naturaliste. Car leurs travaux reposent sur un même socle : la diversité. Je l'ai déjà dit, les théories de l'évolution proviennent de cette interrogation fondamentale : pourquoi tant de diversités ? D'où proviennent-elles ? Pourquoi des espèces ressemblent plus aux unes qu'aux autres ? L'un et l'autre comprennent qu'elles procèdent d'une longue histoire, celle de l'évolution de la vie, celle de l'histoire naturelle et culturelle de l'humanité.

Prospectant à la recherche de fossiles dans les plaines de Patagonie, Darwin découvre des fossiles de mammifères géants, comme de formidables paresseux. Il est le premier à se poser cette question : est-ce que, nonobstant les changements de climat que la géologie commence à décrire à cette époque, les humains ne seraient pas impliqués dans la disparition de ces mégafaunes ? Chemin faisant, il croise différentes ethnies amérindiennes, notant à la fois leurs différences et leurs ressemblances. Est-ce qu'elles résultent d'une histoire du peuplement des Amériques ? Aujourd'hui, l'histoire de ce peuplement révèle une épopée bien plus complexe que les passages de quelques populations par le détroit de Béring. On constate aussi l'impact de ces populations sur l'extinction des mégafaunes, de plus en plus fragilisées par le réchauffement climatique de la fin de la dernière glaciation. L'influence des populations humaines sur les diversités ne date pas d'hier.

L'intuition de Darwin devient un constat pour Lévi-Strauss. Il voit les dévastations des forêts, plus encore les menaces sur les populations dites, de nos jours, traditionnelles ou racines. Massacres physiques purs et simples, ethnocides linguistiques et culturels éradiquent les diversités humaines. Pour lui, et contrairement aux canons méprisants du discours évolutionniste de l'Occident, ces peuples ne sont pas « premiers » ou « primitifs ». Ils ne représentent aucunement des reliques de notre passé à tel ou tel moment d'une évolution calée sur notre arrogance. Ils expriment autant de variations du génie de l'adaptabilité humaine. Plus encore, ce qui est rarement souligné chez les commentateurs de l'œuvre de Lévi-Strauss, dès les premières pages de *Tristes Tropiques*, il évoque les Néandertaliens, leur humanité pourtant encore questionnée par les élites sapiennes, sensible à l'ancienneté des diversités humaines. Il aurait été ravi de savoir que nous portons des gènes de Néandertal, que ce que nous sommes provient, en partie, d'hybridations ancestrales.

L'un comme l'autre n'ont fait qu'un seul grand voyage et consacré le reste de leur vie à élaborer leurs théories et leurs œuvres. Aujourd'hui, s'ils refaisaient un tel voyage, quels enseignements pourraient-ils saisir de la nature et de l'humanité ? Il n'y a pas si longtemps, de vastes forêts butaient sur les cités. Aujourd'hui, les immeubles ont remplacé les grands arbres, leurs ombres immenses volant le soleil aux derniers îlots forestiers. À un siècle d'intervalle, ces deux penseurs ont compris avant tous cette vérité fondamentale, consubstantielle de l'idée d'évolution : les diversités, toutes les diversités naturelles et humaines, constituent le socle de l'adaptation pour les générations futures. Ces questions ne s'inscrivent pas dans une sorte de nostalgie des temps révolus. Elles concernent notre évolution en train de se faire.

Lévi-Strauss hait les voyageurs qui, comme les touristes en quête d'exotisme édulcoré, se contentent de rapporter des clichés délavés. De nos jours, des voyageurs de notre temps parcourent la planète et nous en rapportent des images apocalyptiques, qu'il s'agisse des derniers refuges naturels de biodiversité ou des misères des mégalopoles. En 2023, l'exposition du Festival Photo à La Gacilly, où j'habite depuis quelques mois, présente dans deux espaces contigus des photographies de Sebastião Salgado sur l'Amazonie et de Pascal Maitre sur quelques cités hébergeant toujours plus de misère. D'ici le milieu du siècle, les deux tiers de la population humaine vivront dans des mégalopoles où plus personne ne verra le soleil, la lune ou les étoiles.

Au début du III<sup>e</sup> millénaire, *Effondrement*, l'essai de Jared Diamond, prit pour sous-titre : *Comment les sociétés décident de leur disparition ou de leur survie.* À l'issue d'une vaste enquête historique et comparée sur la disparition des civilisations, il dégage un même ensemble de facteurs : déforestation, salinisation des sols, dégradation des réseaux hydrauliques, abrasion des biodiversités, exploitation des ressources excédant leur renouvellement, pollutions. Ce qui est régional ou à l'échelle d'un demi-continent dans le passé devient planétaire dans le présent. Chaque année, ce qu'on appelle la « date du dépassement », le jour où l'humanité a consommé plus de ressources que la planète ne peut en renouveler, avance inexorablement – si ce n'est un léger recul pendant la pandémie. Cette date tombe le 2 août en 2023, le 5 mai pour la France. Notre crédit écologique s'amenuise pour l'humanité du futur.

Les hallucinés du progrès n'ont cure de ces considérations, perçues comme des entraves au développement. Ils entretiennent une foi inébranlable dans les aptitudes de l'humanité à trouver des solutions, grâce aux techniques notamment. En juillet 2023, une loi du Parlement européen pour soutenir le *Green Deal* a failli capoter à cause de l'opposition idéologique entre les tenants de la décroissance agricole et les adeptes du solutionnisme technologique. Chez ces derniers, on flirte avec le transhumanisme qui, précautionneux malgré toutes ses promesses, envisage de s'installer sur d'autres planètes ; un projet en cours avec Elon Musk et consorts. On est rassuré.

Mais combien ça coûte ? N'est-il pas désespérant qu'il faille évaluer les coûts économiques, prosaïques, des dérèglements climatiques et des pertes de biodiversité pour éveiller les consciences ? De telles études, pas très nombreuses, ont le mérite d'exister et d'exprimer un éveil des consciences dites « responsables ». Les deux rapports des économistes anglais Lord Nicholas Stern sur les conséquences chiffrées des dérèglements climatiques et anglo-indien Sir Partha Dasgupta sur les biodiversités de 2019 – très peu cité – évaluent chacun les pertes économiques dues à l'inaction. Elles se chiffrent en centaines voire en milliers de milliards de dollars. Pas facile d'évaluer précisément les conséquences économiques estimées entre 2 et 20 % de la richesse mondiale – le PIB mondial est d'environ 100 000 milliards de dollars. Les critiques et les controverses s'élèvent à la hauteur de telles estimations. Rappelons que ces études de grande ampleur mobilisent des centaines de chercheurs et d'experts du monde entier sous la direction d'économistes occupant des postes très importants dans des institutions économiques internationales. Il ne s'agit pas d'élucubrations d'écologistes idéalistes et radicaux. Je note non sans déplaisir que Lord Nicholas Stern et Sir Partha Dasgupta sont issus de l'université de Cambridge, celle de Darwin.

Par-delà les polémiques, inévitables, les rapports émanant de plus en plus d'organismes économiques internationaux, publics ou privés, traduisent une vraie prise de conscience. Dont acte, comme on l'espère. Mais est-ce que nos régimes démocratiques basés sur des élections à court terme sont à même d'appréhender des problèmes fondamentaux à long terme, d'autant que les générations futures ne sont pas encore inscrites sur les listes électorales ? Heureusement qu'il y a les organisations européennes sur ces questions.

Il ne faut pas oublier cependant que cette prise de conscience s'enracine dans le monde des naturalistes, des évolutionnistes et des anthropologues. Mon essai *De Darwin à Lévi-Strauss* est le seul, à ce jour, à aborder toutes les diversités, qu'elles soient sauvages pour les écosystèmes, domestiques pour les agricultures et humaines pour l'humanité. Ces trois catégories de diversités sont traitées indépendamment, alors qu'elles sont liées. Elles ne font qu'une au regard de notre évolution en train de se faire, de la même façon qu'on commence à le comprendre pour notre santé.

## Lucy au secours de la laïcité

Je ne suis pas du genre pessimiste, mais j'en viens à croire que tout « fout le camp » dans la nature comme dans nos sociétés. Si on m'avait dit un jour qu'il faudrait retourner au combat pour la laïcité au III$^e$ millénaire, j'aurais été bien circonspect. D'ailleurs, personne ne se posait une telle question avant l'an 2000. Un siècle après la grande loi de 1905, il faut cependant reprendre le flambeau. Les affaires humaines, hélas, ne respectent pas le lamarckisme, l'idée que les acquis une fois acquis ne sont jamais remis en cause. Les forces conservatrices et hostiles œuvrent constamment – des rhizomes. Les femmes (mais les hommes aussi) en savent quelque chose avec les prises de décision récentes de la Cour suprême des États-Unis d'Amérique sur le droit à l'avortement.

Je suis alors doublement interpellé, en tant que laïc et en tant qu'évolutionniste. Les menaces terroristes et les luttes contre l'islamisme radical ont fait oublier à la France et à l'Europe que le retour des fondamentalismes religieux est parti de la *Bible Belt* (ou ceinture biblique) des évangélistes d'Amérique du Nord. Plusieurs procès, dont trois dits « du singe », émaillent le XX$^e$ siècle. Des obédiences créationnistes réaffirment leur volonté, pas moins, d'instaurer une théocratie en Amérique du Nord. L'école et ses programmes d'enseignement constitueront le premier de leurs champs de bataille au XX$^e$ siècle, puis la Cour suprême au XXI$^e$ siècle.

Tout commence après l'horreur de la Première Guerre mondiale. Avant de s'engager dans le conflit après le torpillage du *Lusitania*, diverses organisations américaines plus ou moins gouvernementales se placent en observatrices des deux côtés du front. Effaré par l'ampleur de la boucherie, un membre de l'une de ces organisations entend des officiers prussiens la justifier au nom de la supériorité raciale et culturelle de leur pays, non sans ajouter que cela respecte la loi darwinienne de la sélection naturelle du plus fort. Un personnage politique important, William Jennings Bryan, plusieurs fois candidat à l'élection présidentielle, soutenant le droit de vote des femmes, s'en émeut alors : « Plus jamais ça ! » comme le clament sans trop d'espoir les opinions traumatisées dans tous les pays ayant vu disparaître la moitié de leurs jeunes hommes. Le tribut américain en vies humaines est moindre, sans minimiser son engagement déterminant, mais le pays ne veut pas que de telles horreurs frappent à nouveau son territoire. Un demi-siècle auparavant, la Guerre civile ou dite de Sécession, la première inaugurant les boucheries de nos champs de bataille modernes avec des machines à tuer, avait marqué les mémoires. En effet, on ignore de ce côté de l'Atlantique l'effroyable coût humain de la Guerre civile américaine, qui touche directement ou indirectement un Nord-Américain sur trois. Il y avait pourtant des observateurs militaires européens qui, manifestement, n'avaient rien compris.

Vinrent alors la loi sur la laïcité en France (1905), puis la révolution d'Octobre en Russie (1917), en même temps que le doute sur le progrès apporté par les sciences et les machines après les tueries des tranchées, les relâchements des mœurs dans les années folles... Pour les conservateurs, le Vieux Continent subissait les conséquences de son matérialisme et de la laïcité comme un châtiment divin. Un profond courant réactionnaire frappa l'Amérique, dont la prohibition n'est qu'une des illustrations. Une loi du Tennessee, le *Butler Act*, bannit, elle, tout enseignement contestant la création de l'homme par Dieu telle qu'elle est affirmée dans la Bible. Tout enseignant enfreignant cet interdit risquait la radiation et une condamnation. Ce qui commença par une bonne intention humaniste, celle de William Jennings Bryan, mais fondée sur une fausse analyse, va bientôt dériver dans une tout autre controverse.

Un jeune professeur, John Thomas Scopes, enseigne à Dayton (Tennessee) délibérément la théorie darwinienne, même s'il est ici réduit à sa plus fausse acception de la loi des plus forts. Ce qui lui vaut un procès. Soutenu par les associations laïques, d'enseignants et de protection des droits civils, il est défendu par un ténor national du barreau, Clarence Darrow. La stratégie adoptée consiste à perdre le procès et, dans un second temps, à faire appel auprès de la Cour suprême au nom d'une violation du principe de laïcité du premier amendement de la Constitution américaine. Si la défense consent à perdre, l'issue ne fait aucun doute. John Scopes radié de l'enseignement doit alors payer une amende de 100 dollars, somme considérable à l'époque.

Ce qui aurait pu être un procès local de la ville de Dayton devient pourtant une affaire nationale. Le « procès du singe », comme on l'appelle (*Scopes Monkey Trial*), est le premier radiodiffusé sur les antennes nationales, et il fera l'objet du film *Inherit the Wind* de Stanley Kramer, avec l'immense Spencer Tracy, sorti en 1960. L'intention humaniste de Bryan – certes discutable, tant son fondement tient plus de l'émotion que d'une connaissance des théories de l'évolution – glisse sur le terrain non stabilisé de la laïcité américaine depuis la fondation des États-Unis d'Amérique. Des Pères fondateurs débarqués du *Mayflower* aux rédacteurs de la Constitution, la religion est indissociable des fondements de la nation américaine et de l'exercice de la démocratie. Nous autres Français sommes toujours étonnés de voir un président nouvellement élu jurer sur la Bible ou encore des personnes devant jurer de dire la vérité devant Dieu dans un procès ou devant une commission d'enquête. Ce qui ne va pas sans profondes contradictions du point de vue de notre laïcité.

Mais la Constitution américaine défend le libre exercice d'une religion, les fondateurs ayant été les victimes d'oppressions religieuses en Europe. À cause de ces sévices historiques, les catholiques ne jouissent pas toujours de la meilleure opinion de la part des protestants et de toutes les chapelles évangélistes. Les scandales récents autour des abus sexuels de prêtres catholiques sur des jeunes ont ravivé cette défiance, plus encore chez les puritains dès qu'il s'agit de sexe, ce qui dispense ces derniers de juger leurs propres turpitudes. Cependant, le principe fondateur d'une appartenance religieuse pour toute femme et tout homme reste donc fermement établi. Autre principe fondateur du premier amendement : l'État fédéral, les États et l'école publique ne doivent pas privilégier l'enseignement d'une religion aux dépens des autres. Plus précisément, la Constitution interdit à l'État et aux États fédéraux d'admettre une religion officielle.

Reste une question : les agnostiques, les athées et les non-croyants sont-ils des citoyens respectueux des institutions ? Encore faut-il préciser ces termes, plus encore en ces temps d'ignorance généralisée sur ces sujets. Même en nos terres farouchement laïques, on ne cesse d'entendre des confusions, comme le fait que la laïcité serait contre les religions, alors qu'elle permet aux religions de cohabiter au sein d'un État garant des libertés confessionnelles. Il est consternant de constater que, pour des raisons très différentes et n'impliquant pas les mêmes religions, nos courants politiques extrêmes se retrouvent pour remettre en cause ces principes acquis de haute lutte.

Les agnostiques se répartissent sur une échelle d'interrogation de plusieurs degrés entre « Dieu existe, mais quand même » et « Dieu n'existe pas, mais quand même » ; les athées ne croient pas en Dieu ; les non-croyants ne croient pas en des entités métaphysiques – ce sont des matérialistes, terme souvent prononcé sur le mode péjoratif. Si les différentes formes d'agnosticisme sont tolérables, puisque ne niant pas l'existence de Dieu, il en va autrement avec l'athéisme et la non-croyance en Amérique du Nord. Est-ce que ces personnes agissent selon des principes moraux ? Cette question devenue souvent affirmation a même été reprise par un président français alors que les débats sur la laïcité atteignaient leur paroxysme aux États-Unis et, bien que moins médiatisés et d'une moindre ampleur, aussi en Europe. La laïcité française est certainement la plus radicale, séparant les questions religieuses de celles de l'État et de la citoyenneté. Ce n'est pas le cas des autres pays européens, où des Constitutions affirment une religion officielle, ce qui n'y entrave pas une politique fondamentalement laïque. La réalité américaine n'admet pas de religion officielle ou d'État, mais repose sur un concept fondateur de religion/État, sans favoriser une confession. Jurer sur la Bible n'est pas faire un acte de foi pour telle ou telle religion monothéiste, mais pose un acte symbolique qui engage l'honnêteté et la moralité d'une personne. Il n'en reste pas moins qu'aussi symbolique que puisse être cet acte solennel, il repose sur une obligation pleine d'ambiguïté pour les athées, les non-croyants et toutes personnes adhérant à des systèmes de croyance très différents des monothéismes.

C'est justement le principe du premier amendement, qui interdit d'enseigner une religion parmi les autres, que les défenseurs de Scopes voulurent faire valoir auprès de la Cour suprême. Ils perdirent le « procès du singe », comme voulu, mais l'appel ne put se constituer en raison de questions de procédure. Le débat prit alors une tournure qui interpella les fondements de la laïcité et de l'enseignement, non sans revitaliser les volontés jamais endormies d'obédiences fondamentalistes pour instaurer des gouvernances théocratiques : la loi de Dieu avant celle des hommes. Ce fut une petite victoire à la Pyrrhus pour les conservateurs religieux. Néanmoins, la victoire médiatique revint aux libéraux, qui se gaussèrent de ces « culs bénis du Sud ». Le *Butler Act* se maintint tout de même dans plusieurs États du Sud jusqu'en 1968, après d'autres procès. Affaire jugée ? Tel un cancer, l'issue du premier « procès du singe » se métastase sans cesse pour resurgir un demi-siècle plus tard, porté par la révolution conservatrice des années 1980.

Pourquoi un tel aveuglement des libéraux ? Après le procès de 1925 et la crise de 1929, l'Amérique s'engagea à un rythme effréné dans la modernité, devenant bientôt un modèle pour le reste du monde. Arrive alors la Seconde Guerre mondiale, opposant les forces démocratiques du bien et celles totalitaires du mal, puis la guerre froide avec d'autres forces du mal postées de l'autre côté du rideau de fer. Stupeur à la fin des années 1950 : les forces du mal maîtrisent les cieux avec les premiers vols en orbite spatiale. Spoutnik 1 émet des « bip-bip-bip » en 1957 ; la même année, ce sont les « ouaf, ouaf » de la chienne Laïka embarquée dans Spoutnik 2, puis, en 1961, les « ah, ah ! » de Youri Gagarine, premier humain envoyé en orbite autour de la Terre avec Vostok 1. L'Amérique ne s'amuse plus : « Oh my God ! »

Le pays champion des libertés et de la démocratie doit alors réagir : c'est une cause nationale et de survie face au péril rouge. Vient l'ère de la création des grandes agences scientifiques de recherche pour défendre la cause : il n'est donc pas question de remettre la science en question. La biologie sera même l'un des axes majeurs de l'effort gouvernemental américain. Cela tombe bien pour les théories de l'évolution, en plein renouvellement avec la théorie synthétique ou néodarwinisme. Puis arrivent les premières nouvelles de nos origines africaines, l'éthologie, les sciences cognitives... Tout le monde a oublié le procès du singe de 1925, de la préhistoire ! Et pourtant !

*Métamorphose du créationnisme*

Le second procès du singe se tient à Little Rock, dans l'Arkansas, en 1982. Les mêmes causes produisent les mêmes conséquences. Cette fois, la loi ne s'oppose pas à l'enseignement de la théorie dite darwinienne de l'évolution – considérée comme une doctrine – en cours de sciences, mais impose désormais un enseignement à temps égal de la « science créationniste ». Parmi les plaignants, on trouve des associations d'enseignants, des organisations laïques et, très important, des représentants des grandes religions monothéistes. Une fois de plus, cette loi va à l'encontre de la Constitution, qui interdit de favoriser une religion dans l'enseignement public, en l'occurrence ici les obédiences évangélistes. L'histoire se répète. Cependant, le juge demande à des personnalités scientifiques, dont Stephen Gould, de définir ce qu'est une théorie scientifique. Réponse : c'est une théorie qui peut être réfutée, principe fondamental réaffirmé à l'époque avec les travaux du philosophe des sciences Karl Popper. Or la « science créationniste » n'est pas réfutable par la connaissance, qu'elle provienne de découvertes, d'expérimentations ou de modélisations… Au contraire, c'est un dogme qui réfute les faits, les connaissances objectives qui ne concordent pas. La science créationniste n'est donc pas scientifique. De fait, elle n'a pas à être enseignée en cours de sciences, ce qui ne veut pas dire qu'elle ne peut pas être enseignée dans d'autres contextes. Le vers reste dans le fruit défendu de la connaissance. La loi est rejetée par le juge : il n'y aura pas de « science créationniste » en cours de sciences.

Reste la question de la laïcité. D'autant que cette loi s'affiche comme une décision qui honore celle-ci, affirmation soutenue, réitérée, par plusieurs présidents républicains : en enseignant ces deux théories à temps égal, les élèves se trouvent dans une situation où ils peuvent exercer leur choix. Idée tout à fait louable, mais à condition que les parents en fassent de même dans le cercle familial ou privé ; ou dans le cadre des éducations religieuses en dehors de l'école. Mais, lorsqu'on avance cette proposition très laïque, les obédiences religieuses la récusent au nom de la... laïcité et de la séparation des sphères privée et publique. Le fait que des parents d'élèves et leurs associations soient parties prenantes des programmes d'enseignement dans les écoles et puissent exercer toutes sortes de pressions sur les enseignants expliquera leur incapacité à comprendre cette contradiction. Après ce deuxième procès du singe, d'appel en appel et de procès en procès, une décision ultime de la Cour suprême de 1987 réaffirmera le premier amendement interdisant l'enseignement prosélyte d'une religion par rapport aux autres dans l'école publique. Affaire gagnée ? L'hydre créationniste a plusieurs têtes.

*Le retour du dessein intelligent*

Récapitulons : première étape, interdire l'enseignement des théories de l'évolution. Petite victoire conservatrice qui se délite dans le courant de modernité de la transformation de la société américaine. Deuxième étape, plus subtile, mais grossière dans ses prétentions, relativiser la science en la confrontant à une pseudo-science créationniste ; la difficulté d'apprentissage des sciences doit alors affronter la facilité des vérités révélées de la « science créationniste » – il est plus facile pour les élèves d'obtenir de bonnes évaluations tout en se conformant aux attentes de leurs parents. Échec de la loi à nouveau. Pour autant, la révolution conservatrice s'amplifie, stimule la volonté de réaffirmer les conceptions créationnistes. Le problème est justement l'affichage créationniste marqué du sceau du fondamentalisme religieux et qui soulève trop d'oppositions dans de nombreux champs des pensées laïques, que ce soit dans d'autres religions, en philosophie, en science et en politique. Alors, on imagine une approche plus subtile qui, au contraire, puisse plus ou moins séduire des systèmes de pensée hostiles aux théories de l'évolution. C'est alors le retour à la théologie naturelle, avec son avatar moderne, le dessein intelligent (*intelligent design*), cette idée de restaurer une sorte de « concordisme » (le concordisme implique de reprendre l'exégèse des textes pour déceler des passages concordant avec les avancées scientifiques) tout en dissimulant un dessein plus théocratique. Le moins qu'on puisse dire, c'est que les créationnistes savent s'adapter.

Cette fois, le troisième procès du singe se tient à Dover, en Pennsylvanie, en 2005. Un État du Nord marqué par le cancer créationniste stade très métastasé. Les juges et la jurisprudence, la communauté scientifique, les philosophes, les associations laïques et civiles ne se laissent plus surprendre. Il est aisé de démontrer que le dessein intelligent est le nouvel avatar, le nouveau masque trompeur ou le faux-nez des créationnistes ; ce qui n'était pas si évident auparavant. En effet, les scientifiques campaient sur ce qu'ils prenaient pour une leçon de l'histoire récente du combat de la raison contre l'obscurantisme. Seulement, la raison n'est pas toujours du côté de la science, et l'obscurantisme n'est pas toujours le lot commun des religions. Première erreur. Deuxième erreur, les scientifiques se contentaient depuis trop longtemps de fonctionner dans leurs temples, négligeant l'enseignement de l'histoire des sciences et de l'épistémologie. Combien de scientifiques persistent dans la conviction que les seules avancées des connaissances scientifiques suffisent à assurer leur place dans les sociétés modernes, que la culture scientifique a pris une position dominante ? Pourtant, jamais Lucy ne gagnera contre Ève. Il faudrait aller sur le terrain des fondements des connaissances, redéfinir les périmètres des différents modes de penser le monde dans le champ de la religion, de la philosophie et des sciences – ce que Gould appelle le NOMA (*Non-Overlapping Magisteria* ; pas d'interférence entre les magistères fondamentaux). Une injonction de principe un peu naïve, mais qui oblige à penser les fondements de nos raisonnements. Le dessein intelligent viole ce principe, tout comme vouloir démontrer scientifiquement la non-existence de Dieu. C'est la leçon pas toujours comprise du deuxième procès du singe, aboutissant à dénier le caractère scientifique de la « science créationniste » sur des bases épistémologiques. Il en est de même dans le troisième procès du singe, bien que démontrer que le dessein intelligent n'est pas une théorie scientifique s'avère plus complexe. Mais nous étions prêts.

La suite nous révélera que, fort heureusement – et sans vouloir se faire peur a posteriori –, si les créationnistes avaient engagé leur projet crypto-théocratique de concert avec le dessein intelligent, il n'est pas sûr que l'issue eût été aussi laïque. Moins encore de nos jours, dans l'ambiance confuse du wokisme vibrant de toutes les incohérences.

*« Je me fais l'effet d'avouer un meurtre »*
Cette fois, l'affaire déborde l'Amérique, atteint les rives de l'Europe et la France, dont la culture est sensible à toute idée sur la finalité, à l'instar du déterminisme universel de Laplace. L'idée des créationnistes consiste à éviter d'évoquer explicitement la Création et le Créateur. Sans nommer Dieu, ils affirment l'existence d'une intelligence supérieure guidant un dessein intelligent. Manœuvre dilatoire assez grossière pour celles et ceux qui connaissent l'histoire des relations entre les sciences et les religions, mais plutôt habile car susceptible de sensibiliser toutes les formes de pensées attirées par l'idée d'un ordre suprême du cosmos sans pour autant être liées à une religion. Et c'est ce qui va se passer. On glisse des religions aux variations plus larges de la métaphysique.

En France, terre sensible à tout ce qui prétend réfuter Darwin, plusieurs sensibilités se saisissent du dessein intelligent qui fait vibrer les quêtes de sens, de causes finales comme de causes initiales, l'immanence comme la transcendance, les grandes convictions d'entités organisatrices du cosmos, laïques ou religieuses, tous les avatars déterministes et autres salmigondis du sens fédéré par le dessein intelligent. L'IUP, l'Institut universitaire de Paris, qui n'est pas un organisme universitaire – on sait jouer sur les mots –, milite au travers de colloques et des médias, non sans percer quelques entrées dans plusieurs cercles universitaires. On y affirme que le dessein intelligent est évolutionniste. Ce qui est bien le cas, mais dans son acception finaliste, qui n'a strictement rien à voir avec l'évolutionnisme biologique (jouer encore sur les mots). Ce qui prévaut, c'est de situer l'humain au firmament d'une évolution réalisant sa destinée d'un quelconque ordre métaphysique.

En 1992, le pape Jean-Paul II donne une conférence à l'Académie pontificale où il reconnaît les fondements scientifiques de ce qu'il appelle « cette théorie », sans la nommer : l'évolution (on ne joue pas avec les mots). Il élude habilement la question de la création de l'humanité. Son successeur Benoît XVI précisera que l'humain ne saurait être la conséquence d'un ensemble de processus aléatoires et aveugles. Dans toute cette affaire resurgissent la figure de Teilhard de Chardin et son concept d'hominisation. Sa tentative de rapprocher l'évolution et la pensée chrétienne avait déplu en son temps ; elle ressuscite ici avec les ardeurs du dessein intelligent. À tout prendre...

Mais pourquoi un tel acharnement contre Darwin ? Lui-même en avait fait l'aveu : il s'agissait de commettre un meurtre, pas un homicide, il n'y avait pas mort d'homme, mais celle de la métaphysique des origines ! De quoi s'assurer de profondes inimitiés dans toutes les obédiences, ce qui arrivait couramment de son temps, de façon moins attendue du nôtre. Lorsqu'il publie son essai majeur avec pour titre *L'Origine des espèces au moyen de la sélection naturelle*, il rompt un consensus tacite depuis l'époque de Galilée : la métaphysique – d'ordre religieux, théologique, philosophique ou mythologique – s'occupe des causes premières, les origines, la science des causes secondes ; principe réitéré par Isaac Newton ou encore par Buffon. La théologie naturelle émergera dans ce consensus, qui n'est pas du concordisme. Autrement dit, pour le concordisme, cela avait déjà été dit mais on ne l'avait pas vu – les scientifiques n'ont rien trouvé de nouveau. La théologie naturelle repose sur des principes différents. Les merveilles et les lois de la nature découvertes par les sciences décrivent la beauté et le génie de la Création ; la preuve de l'existence d'un Créateur. CQFD ou Ce Qu'a Fait Dieu.

Depuis la Renaissance, on est passé d'une idée d'un Dieu créateur toujours présent dans les manifestations de sa Création – le théisme – à celui d'un Dieu architecte qui, dans sa grande providence, a pourvu sa Création de lois qui la régissent, le déisme. Attention à ne pas toucher aux origines ! On comprend l'hostilité des créationnistes, des déistes et de tous les autres magistères adhérant à cette conception du cosmos et de l'homme. Hostilité qui ne provient pas seulement de la religion : elle est en outre issue de nombreuses écoles philosophiques dont les pensées naviguent sur les variations des immanences et des transcendances mais, aussi, de nombreux scientifiques, surtout dans des disciplines avec un puissant formalisme mathématique et, bien sûr, dans le champ des mathématiques, sans oublier les sciences de l'ingénieur. Les partisans du dessein intelligent ratissent large, mobilisant des prix Nobel de différentes disciplines peu instruits de la biologie évolutionniste, ce qui explique les hésitations des politiques eux aussi peu rompus à ces discussions épistémologiques. Notons au passage combien les sciences, même les plus dures, se ramollissent quand on aborde ces questions des origines.

Avec ce titre, Darwin a commis le meurtre de la métaphysique en avançant des facteurs matérialistes autour des origines des espèces, dont l'homme. J'ai bien dit facteurs et non pas causes ! Et là, presque tout le monde se trompe, même encore trop de biologistes et d'anthropologues évolutionnistes. Ce que dit Darwin, ce n'est pas que la sélection naturelle crée des espèces ou des adaptations ou des variations ; elle ne fait que sélectionner. L'adaptation et, *in fine*, l'évolution résultent de la sélection différentielle de variations déjà existantes. La question des origines des variations est une tout autre question qui, au passage, l'embarrasse considérablement. Il faudra attendre un siècle, avec la compréhension de la génétique dans une perspective évolutionniste, pour commencer à répondre à cette question, comme au moment du centenaire de *L'Origine des espèces* – en 1959 –, alors même que la génétique peine à s'imposer à l'université et à l'Académie des sciences, des personnalités lançant à la figure de nos futurs prix Nobel François Jacob, André Lwoff et Jacques Monod, ce « Vous et vos oripeaux nucléotidiques ! »

On en est toujours là, comme dans le cadre des théories actuelles de l'innovation dans le monde économique et pour les entreprises, où il règne encore une sorte de métaphysique des inventions et des innovations. Les militants du dessein intelligent avancent sur un terrain fertile. Ils formalisent leur stratégie, celle du coin (*Wedge Strategy*). Ce ne sont pas les théories de l'évolution en soi qui sont visées ; ce n'est qu'un moyen. La métaphore du « coin » s'inspire de la technique des carriers qui enfoncent un coin de bois dans une fente de la roche, l'humidifient et attendent que la puissante dilatation du bois fasse éclater le bloc de roche. L'objectif est donc de s'attaquer à toute pensée matérialiste et de contourner les principes de la laïcité dans l'enseignement en s'insérant dans les programmes de sciences. Le but ultime, non explicitement revendiqué, est de rompre l'équilibre laïc religion/État de la Constitution américaine, pour commencer, puisque leur prosélytisme se répand comme la peste dans d'autres régions du monde.

Je me trouvais au Maroc juste après un attentat islamiste ayant frappé une synagogue de Casablanca. Invités par l'Institut français en compagnie d'autres scientifiques engagés dans des questions de société, dont Axel Kahn, nous découvrons au cours d'un dîner officiel l'état de consternation de nos hôtes. Alors que le nouveau monarque Mohammed VI développe une politique de modernisation de la société marocaine, notamment autour de la famille et du statut des femmes, un attentat contre une synagogue ébranle une longue tradition de tolérance entre religions. Jusque-là, même les franges les plus fondamentalistes des musulmans respectent un cadre légitimiste. Certes, les pays occidentaux ont été durement frappés depuis, notamment après le 11 Septembre, mais les victimes de confession musulmane sont bien plus nombreuses dans le monde arabo-musulman, mais aussi d'autres pays, sans évoquer les menaces quotidiennes. Ce n'est pas du relativisme, mais une précision. Nos hôtes constateront amèrement la fin d'un consensus, celui de la tolérance et du respect entre religions liés à une condition : pas de prosélytisme ; et de préciser « islamique ou évangéliste » !

Un peu plus tard, je suis à Marrakech pour des rencontres scientifiques et artistiques. Nous avons monté une pièce chorégraphique autour de l'évolution du corps, de la marche et de l'amour. Sujet plutôt délicat dans un Maroc du Sud plus atteint par les fondamentalistes. L'ami chorégraphe arrive deux jours avant moi pour mettre en place les rencontres artistiques entre ses danseuses et ses danseurs et leurs coreligionnaires marocaines et marocains. Échanges, discussions, jusqu'au moment où l'ami chorégraphe parle de notre travail, abordant la question de notre évolution. Cela ne se passe pas bien, comme il m'en informe dès mon arrivée, pris au dépourvu par la réaction hostile des jeunes Marocains. La rumeur arrive au consulat de France. On envisage d'annuler ma conférence sur les origines de l'humanité. J'insiste pour la maintenir. Devant moi, trois ou quatre rangées d'hommes barbus en tenue traditionnelle. J'opte alors pour une longue introduction basée sur les grands magistères et leurs modes d'interrogation et de compréhension du monde, avant de faire place à la science. Il n'y aura pas d'applaudissements dans les premiers rangs. Ils viendront cependant me voir pour me proposer lors de ma prochaine venue une soirée d'échanges. Ambiance tendue, mais encore possible en ces temps pas si lointain. On est laïc ou on ne l'est pas. Pas sûr que je puisse le refaire de nos jours.

Chaque année, je fais la conférence d'ouverture de l'Institut des hautes études des mondes religieux (IHEMR). À chaque fois, je surprends l'étonnement dans les yeux des auditrices et des auditeurs, toutes et tous aussi croyants que très instruits, qui ignorent ou méconnaissent cette part de l'histoire de l'humanité qui précède l'émergence des grands monothéismes, la mise en perspective du « grand récit ». Je garde de magnifiques souvenirs de conférences menées en commun avec des théologiens, redoutables intellectuels que sont notamment les Jésuites et les Dominicains, les premiers connaissant fort bien les sciences humaines, les seconds les sciences dites dures. Pour eux aussi, le pire danger ne vient pas des athées ou des non-croyants, mais des intégrismes, avec ce risque de réactions antireligieuses généralisées. Au cours de l'une de ces conférences, un auditeur me demandera quels sont les fondements de ma « croyance » dans l'évolution, tout en se tournant vers un ami théologien. Ce dernier lui répondra sur un ton empreint d'une profonde évidence : « Vous savez, je ne crois pas qu'adhérer à l'évolution soit une question de croyance, plus encore pour Pascal Picq. » À une autre personne qui plaidait pour la Création, il lui renvoie cette interrogation : « À partir de quand ma croyance heurte-t-elle ma raison ? »

## Enseigner la laïcité

Toutes ces dérives intégristes affectent peu l'Éducation nationale, hormis quelques initiatives individuelles. Il est vrai que le principe organisateur et laïc de l'enseignement ne facilite pas les tentatives d'ingérence spirituelle. D'autant que le bicentenaire de la naissance de Charles Darwin en 2009 se profile. Une double opportunité pour les chercheurs : faire le point sur les avancées des théories darwiniennes, expliquer ce qu'elles sont, tant les résistances se fondent sur des idées erronées, et dénoncer les ingérences spiritualistes dont certaines n'ont pas pour seul objectif de contester l'évolution. La communauté évolutionniste nationale, européenne et internationale se mobilise fortement pour célébrer ce bicentenaire. Cette année-là, la publication du livre collectif *Les Mondes darwiniens* (par Thomas Heams, Philippe Huneman, Guillaume Lecointre et Marc Silberstein) s'affirmera comme une pierre angulaire de ce qu'on appelle le darwinisme universel. Car le darwinisme ou, ce qui fait moins doctrine, les théories modernes de l'évolution ne se limitent pas à la biologie. Dès qu'un système et ses composantes présentent des variations, que certaines se trouvent avantagées, que celles retenues se diversifient, que d'autres disparaissent, les concepts et les mécanismes de l'évolution s'appliquent, ce qui vaut pour les espèces, les sociétés humaines, l'innovation, les entreprises, la médecine, l'intelligence artificielle et même en planétologie. L'inverse du mauvais procès en réductionnisme biologique. De façon inattendue pour ses protagonistes, le prosélytisme et l'entrisme des partisans du dessein intelligent visant à relativiser les sciences ont produit un effet inverse : le darwinisme et les théories de l'évolution édifiés à partir de la biologie trouvent de plus en plus d'applications dans tous les domaines scientifiques, en médecine, dans les technologies du numérique et dans le monde économique et social.

C'est dans ce contexte effervescent que je reçois un appel du député européen Guy Lengagne. Très au fait de ce qui se passe de l'autre côté de l'Atlantique, il connaît aussi le prosélytisme des activistes évangélistes et leur influence grandissante sur les franges les plus traditionalistes des monothéismes, qu'ils financent parfois aussi – c'est le cas de l'IUP de Paris. Membre de la commission du Conseil européen pour la culture et la science, il propose un rapport destiné à prévenir des ingérences spiritualistes et pseudo-scientifiques dans l'enseignement des sciences en Europe. Le rapport arrive en séance plénière, et là, tollé, des députés conservateurs se mobilisent et renvoient le texte en commission, arguant qu'il s'agit d'un sujet académique et non politique. Comme si la question de l'ingérence spiritualiste n'était pas d'ordre politique, plus encore pour l'enseignement ! Quand on en oublie l'histoire. À de rares exceptions, tous les députés français de ces assemblées vont soutenir l'action de leur collègue. Il n'empêche, la laïcité française sera alors perçue comme radicale et antireligieuse par de nombreux pays européens – autrement dit, ce rapport devra être porté par un autre pays sentant moins le soufre. Finalement, il sera adopté en séance plénière en juin 2007.

Il est grand temps. Différents pays comme la Hongrie, l'Italie, la Pologne sont sensibles à l'idée d'enseigner le dessein intelligent et ses variantes en cours de sciences ; d'autres sont en passe d'être influencés. On apprend aussi que le Vatican fait pression pour que ce rapport ne soit pas voté. Est-ce que ce n'est que partie remise ? La vigilance s'impose sans cesse quand on constate le retour des fondamentalismes religieux dans tous les monothéismes et leurs ingérences politiques via les partis les plus conservateurs, ce qui n'est pas un gage de paix pour les décennies à venir, comme au Proche-Orient. La réaffirmation de l'Église orthodoxe depuis la chute de l'URSS se traduit désormais par une vraie guerre de Religion opposant le patriarcat de Kiev, héritier de celui de l'ex-Constantinople, à celui de Moscou. L'Europe occidentale, laïque et multiconfessionnelle doit prendre conscience de ces braises non éteintes qui couvent sous son histoire récente – très récente – alors même qu'autour d'elle toutes les grandes régions du monde pâtissent du retour de toutes sortes d'intolérances.

Pour l'heure, les institutions républicaines et européennes ont pleinement fait respecter les lois sur la laïcité. De même pour la Cour suprême américaine. Mais jusqu'à quand ? Depuis deux décennies, aux États-Unis par exemple, les présidents conservateurs nomment des juges très traditionnels à la Cour suprême. Les laïcs se rassurent en observant que les décisions prises auparavant font jurisprudence ; comme celle de 1987 sur l'enseignement en cours de sciences. Rien n'est moins sûr cependant. En 1976, la Cour suprême a aboli la peine de mort, qui a été rétablie par la même instance deux ans plus tard. Les décisions de cette Cour se rangent dans deux catégories : les formalistes ou fondamentalistes attachés à respecter la volonté des rédacteurs de la Constitution et à la jurisprudence ; les progressistes qui admettent une évolution de son interprétation en fonction de celle de la société. Il en est ainsi du droit de porter une arme stipulé dans la Constitution, et qu'il n'est pas question de changer, ce qui n'est d'ailleurs pas motivé par le désir de soutenir le lobby des armes à feu... Des progressistes tentent régulièrement de réformer cet article, mais se heurtent toujours à cette lecture première de la Constitution. Autre exemple, le droit à l'avortement, décision progressiste de 1973 et, comme on le sait depuis peu, non préservée par la jurisprudence. Je pense que le lecteur l'aura compris : si les principes de laïcité dans l'enseignement ont été réaffirmés au cours de différents procès et décisions de la Cour suprême, rien ne garantit qu'il en sera de même si se présentent de nouvelles tentatives d'ingérence spirituelle. Une fois de plus, nous ne sommes pas – hélas – dans des mondes lamarckiens.

Le prosélytisme des créationnistes et des partisans du dessein intelligent se nourrit de l'ignorance des fondements épistémologiques des grands magistères de la pensée. Plaider pour leur indépendance se pare d'une grande vertu laïque, mais peu réaliste. Notre pensée ne procède pas de modules indépendants, pas plus que nos capacités cognitives dans notre cerveau. Cependant, il s'avère urgent de bien les enseigner et de bien les expliquer pour le devenir de nos démocraties. Les sciences sont visées au premier chef, mais pas question de renvoyer le dossier aux seuls cours de philosophie ou d'histoire, dont on a perçu l'importance sur les questions d'épistémologie et des fondements historiques.

L'enseignement reste la base de nos sociétés, de nos démocraties fondées sur la laïcité. Il y a obligation d'enseignement pour les jeunes, mais pas d'aller à l'école, publique ou autre. Ce ferment de l'unité des républiques et des nations se fragilise avec l'émergence de plus en plus d'écoles plus ou moins confessionnelles et, aussi, des enseignements à distance, amplifiés par les réseaux numériques et accélérés par le confinement. Comment imaginer, pour moi et ma génération – plus encore pour les filles, les jeunes femmes et les femmes –, issus de l'école républicaine et soutiens de l'ouverture de l'enseignement à tous, que nous puissions connaître une telle remise en cause ? Condorcet doit se retourner dans sa tombe.

L'abandon de l'instruction civique au moment où se déploient ces mouvements spiritualistes est une erreur historique. Plus que la rétablir, il faut la réorganiser au regard des enjeux de nos sociétés actuelles. Réaffirmer ce qu'est la citoyenneté et insérer des modules sur la laïcité et les fondements épistémologiques des grands magistères de la pensée avec des philosophes, des théologiens, des scientifiques, dont les anthropologues. On en est arrivé à une telle ignorance qu'il n'est plus rare d'entendre parler d'un islam tolérant – comme si l'islam était intrinsèquement intolérant. C'est là aussi oublier l'histoire. Les juifs chassés par l'intolérance chrétienne en 1492 trouvèrent refuge sur les rives musulmanes de la Méditerranée. Ce ne sont pas les laïcs qui ont alimenté les guerres de Religion en Europe ou poussé des mouvances religieuses à s'installer en Amérique. Il y a un fait religieux incontournable dans notre histoire, et ce fait n'est pas qu'un fait de l'histoire comme l'ont cru ou espéré diverses idéologies progressistes depuis le XIX$^e$ siècle. Les croyances, pas seulement religieuses, sont aussi un fait anthropologique fondamental. Aucune société ne peut perdurer sans idéel. La vraie question est celle de la prédominance de tel ou tel idéel.

*L'anthropologie est une science de combat*

On connaît la formule de Bourdieu à propos de la sociologie. Pour l'heure, les principes de la laïcité résistent aux ingérences spiritualistes. Ce n'est pas le cas pour les droits des femmes. Dès qu'une société ressent un déclin, les femmes en font les frais en premier. Les juges conservateurs de la Cour suprême américaine ont remis en cause le droit à l'avortement après seulement un demi-siècle de difficile acceptation par la société. Car, depuis plusieurs décennies, de plus en plus d'États restreignent l'accès à ce droit, sans oublier les violences contre les femmes et les praticiens, assorties de menaces de mort, voire d'assassinats. Étonnante, cette violence des *pro-life* prêts à tuer celles et ceux qui leur déplaisent et qui soutiennent les lobbys des armes. Nul doute que la perspective de la mise en minorité démographique à venir des populations blanches pour la première fois dans l'histoire des États-Unis pèse dans la balance. On a vu la réaction des franges les plus démunies lors de l'élection de

Donald Trump, sur fond de misogynie assumée. Plus largement, les dernières décennies ont été marquées par la montée dramatique des violences envers les femmes dans toutes les régions du monde, menaçant les avancées durement acquises et pourtant pas aussi importantes qu'elles auraient pu l'être. La pandémie et le confinement ont marqué un brusque coup d'arrêt, tout en révélant un fléau bien plus délétère qu'on voulait l'admettre. Pourquoi autant de violences envers les femmes ? Est-ce là un sujet en rapport avec l'évolution ? Une question d'anthropologie qui, comme nous le verrons, reste mal comprise.

Les sexistes et les phallocrates en tout genre ont le mérite d'être visibles. Mais ils ne sont que la partie émergée et irritante d'une idéologie de la domination masculine bien plus sournoise, profondément métastasée dans les tréfonds de nos civilisations. Membres d'un conseil scientifique qui avait pour mission de créer une des expositions permanentes du musée des Confluences de Lyon à sa naissance – participer à la création d'un musée est une opportunité rarissime pour des intellectuels et des scientifiques –, nous avions en charge le traitement des origines, au regard des mythes, religions, philosophies et sciences. Nous étions quelques-uns à venir en TGV, et nos débats intellectuels et parfois enlevés pendant deux heures démarrèrent dès le sifflet du départ... Ils ont sûrement distrait plus d'un passager de leurs devoirs prosaïques. Les voyageurs redoutent de voir arriver une famille avec de jeunes enfants, ils se laissent durement surprendre par des philosophes, des théologiens et des scientifiques. S'ils savaient... Rien n'aura valu, dans un autre genre, un voyage retour vers Paris avec le philosophe André Comte-Sponville et le neurobiologiste Jean-Didier Vincent, ce dernier – Bordelais assumé – se chargeant d'alimenter la conversation avec les bouteilles de vin du bar. Parfois, on peut comprendre la haine des intellectuels. Revenons au musée des Confluences. Nos travaux avançaient bien, d'autant que nous avions du temps. Au cours de l'une de nos séances, je propose de présenter des mannequins de trois femmes préhistoriques contemporaines : une Cro-Magnon aussi sapienne que les femmes actuelles, mais à la peau mate – on vient d'Afrique ; une Néandertalienne à la peau claire – la pâleur occidentale vient de nos amours ancestrales avec des Néandertaliens ; enfin, une petite femme de l'île de Florès. Ma proposition est aussitôt suivie d'un long silence. Je le mets sur le compte de la surprise. Aucunement. Un collègue scientifique, qui n'est pas un spécialiste des sciences humaines, m'interroge alors : « Crois-tu vraiment qu'on puisse incarner l'évolution avec des femmes ? » La remarque m'amuse, convaincu que je suis qu'il s'agit d'une blague d'un goût peu sûr mais d'une blague. Nouveau silence. Je me raidis, cette fois : « Tu es sérieux ? » Mon interrogation n'est que formelle, je viens juste de réaliser d'un coup l'énorme chappe idéologique qui pèse sur l'histoire et l'évolution des femmes dans notre culture. Aujourd'hui, ces trois femmes trônent à l'entrée (comme à la sortie) du parcours en boucle de l'exposition sur les origines. Pour en arriver là, il m'aura fallu insister et, à un moment, mettre ma démission dans la balance, la polémique prenant alors un tour politique. L'anthropologie est une science de l'« homme » plus qu'à la lettre ; la paléoanthropologie encore plus…

Cette remarque traduit des siècles de constructions idéologiques, théologiques, philosophiques et même scientifiques destinées à inférioriser les femmes, à fustiger leur état de nature qui, de ce fait, limite leur évolution par rapport à celle des hommes. Une imbécillité sans nom pour les biologistes. L'évolution d'une espèce se fait par la coévolution des deux sexes. Les corps des femmes et des hommes connaissent de grandes transformations anatomiques et physiologiques. On avait coutume de ne représenter que les hommes ; il en va de même pour les femmes. Dire qu'il faut attendre le XXI$^e$ siècle pour y penser.

Ce n'était pas « ma » première fois, et il y en aura d'autres, de ces moments difficiles où je dois argumenter pour combattre des contre-vérités soutenues par l'idéologie de la domination masculine.

## L'affaire des têtes maories

Cette fois, il s'agit du Muséum d'histoire naturelle de Rouen. Son nouveau directeur m'appelle un jour pour me faire part d'une situation très délicate. Dans l'inventaire des collections figurent des têtes momifiées de Maoris arrivées là à la fin du XIX$^e$ siècle. À cette époque, les grands musées occidentaux d'histoire naturelle et d'anthropologie envoient des expéditions sillonner le monde pour monter leurs collections. Les Maoris fascinent l'Occident. Les chefs et les grands guerriers portent des tatouages aussi impressionnants que fascinants, dont les effets sont aussi puissants que ceux du haka, cette danse guerrière dont on connaît une version récente avant chaque début de rencontre des All Blacks de Nouvelle-Zélande. La demande stimulant l'offre, il se créa un marché sordide. Comme pour l'esclavage relayé par certaines ethnies en Afrique, des groupes maoris s'engageaient à fournir des têtes tatouées. Ils effectuaient des raids sur d'autres groupes, capturant des prisonniers dont ils tatouaient les têtes, avant ou après les avoir coupées. Au fil du temps, les sensibilités occidentales, la décolonisation, les mouvements antiracistes et l'affirmation des peuples ont rendu ces expositions plus qu'obsolètes-inacceptables. À Rouen, ces têtes se trouvaient remisées dans les réserves comme de simples tessons de céramique.

Cependant, depuis des décennies, des organisations maories multipliaient les requêtes partout dans le monde pour rapatrier ces têtes, dans le but de les enterrer selon leurs rituels. Offrir une sépulture décente à leurs ancêtres. Partout on leur opposait des réticences administratives, fondées en France sur le principe de l'inaliénabilité des pièces de musée. Il s'agit malgré tout de restes humains, d'hommes appartenant à une grande ethnie existante et participant d'une nation démocratique. Une mobilisation se mit en place avec des personnalités politiques et scientifiques. J'étais alors en première ligne. Débats, émissions, commissions sénatoriales s'ensuivirent. D'aucuns criaient au dépouillement de nos musées – bientôt, il faudrait rendre Lucy ! En réalité, Lucy dort paisiblement dans le musée d'Addis-Abeba, en Éthiopie. Au cours d'une audition avec des sénatrices et des sénateurs, las sûrement, je finis par poser cette question : « Sommes-nous bien la nation dite des "droits de l'homme" ? » Avant d'ajouter, interrompant le silence qui s'est installé : « Je pose cette question puisqu'en 1917 un contingent de Maoris venu se battre depuis l'autre bout du monde a libéré la ville du Quesnoy (Nord). Parmi ces têtes, il y a les pères de jeunes soldats ayant donné leur vie pour notre liberté. »

Finalement, une loi spécifique autorisera la restitution des têtes maories, ouvrant alors une jurisprudence, ce qui n'avait été le cas pour la restitution de la Vénus Hottentote au destin tragique, rendue à son peuple à la suite d'une demande de Nelson Mandela à François Mitterrand… Un jour, des mois plus tard, Coppens me fit cet aveu : « Vous êtes courageux. » Je n'ai pas bien compris sur le moment, d'autant que je ne voyais pas ce qu'il y avait de si courageux à défendre de telles actions dans notre nation démocratique et des droits de l'humain… Naïf peut-être, mais un naïf qui s'engage contre les injustices. Si c'était à refaire, je le referais, préférant être en accord avec mes convictions plutôt que de me taire pour garder on ne sait quel précieux statut.

Ces mésaventures avec le musée des Confluences et autres institutions auront eu le mérite de me faire comprendre l'ampleur des archaïsmes qui président encore dans les représentations. On se souvient des réticences du musée du Louvre à exposer les arts dits « premiers » avant l'ouverture du musée du Quai Branly. La controverse à propos du terme « premier » permet à elle seule de mesurer le poids de l'arrogance de notre culture envers les autres peuples, pourtant contemporains. Les politiques de conservation sont tellement « conservatrices » que nos grands musées d'art et nos institutions admettent trop difficilement l'influence des arts préhistoriques et ethniques sur nos artistes modernes et contemporains, et pas seulement en peinture, ce qu'on redécouvre ces derniers temps. Cette manie de hiérarchiser, de nourrir la conviction qu'on est supérieur non pas par ses propres qualités ou réalisations, mais en méprisant les autres au prétexte de leurs différences. *Sapiens* souffre d'une profonde pathologie cognitive : se croire supérieur en infériorisant les altérités plus que par ses accomplissements ; ces derniers étant sérieusement réévalués en ce début de XXIe siècle.

# VIII

## Les femmes face à l'évolution de l'homme

J'ai toujours vu ma mère travailler, prendre la voiture ou le camion tout en assurant les tâches domestiques. Une tornade haute de 1,55 m, mais pas un électron libre. Pas au sens de ces grandes bourgeoises intellectuelles engagées dans les luttes pour l'émancipation et la libération des femmes et qui sont rarement intéressées par les femmes du peuple. Ses seuls refuges de liberté, ses moments d'indépendance, elle les arrachait comme des respirations dans un flot incessant d'activités.

Elle ne supportait pas les femmes au foyer. Non pas qu'elle ait subi moins que les autres femmes de notre milieu le quotidien de la coercition des hommes hantés par leurs pantomimes viriles stimulées par l'alcool, la clope et les élévations de voix rythmées de coups de poing sur les tables, mais elle arrachait une forme de liberté par sa force de travail et son caractère forgé par le rude climat du pays vert de sa jeunesse, le Cantal. Elle vient de quitter ce monde, celle que j'appelle une « combattante de la vie ». Au moment solennel du dernier recueillement, nous avons contemplé son beau visage, reposé, ce qui lui a été permis si peu de fois au cours de son existence. La vie l'a quittée, lui foutant la paix, enfin. Chienne de vie. Quand son mari est décédé, elle nous a dit, à plus de quatre-vingts ans : « Je suis libre, enfin ! » Pourquoi les hommes s'évertuent-ils à pourrir la vie des femmes ?

*Histoire et évolution à courte vue*
Du temps de mon enfance à Gennevilliers, les femmes ne pouvaient pas prendre un emploi ni ouvrir un compte en banque sans l'autorisation du mari, sans citer la litanie de toutes les tracasseries réglementaires, notamment dans les métiers, ou les vexations et interdits coutumiers, comme simplement boire un verre au café de la mairie, des sports ou du commerce. La « liberté » de ma mère tient au fait qu'elle contribue aux ressources du foyer, pour ses enfants, et que son mari y trouve son intérêt, expliquant aussi pourquoi nous avons un niveau de vie sensiblement meilleur que celui des autres familles de notre milieu social. Une contribution qui se rapporte à l'évolution comme jamais de notre société grâce, justement, à l'entrée massive des femmes dans le monde économique et social. Le doublement de notre richesse nationale depuis les Trente Glorieuses vient plus de l'engagement des femmes dans la vie économique que de la seule glorification des techniques attribuées aux hommes. Ce que refuse toujours d'admettre la pensée historique et économique courante, et qui s'impose encore de nos jours comme un défi majeur pour notre avenir, plus encore après la pandémie.

Je me souviens des violentes réactions des hommes après l'adoption de la loi Neuwirth sur le droit à l'avortement et jusqu'à l'action de Simone Veil. Les femmes étaient traitées par eux de « salopes », de « putes », sans aucun égard pour leurs compagnes ou leurs filles terrorisées par la violence de ces propos. Simone de Beauvoir, Gisèle Halimi, Marie-Claire Chevalier, Simone Veil ne sont jamais citées par leur nom, mais par des injures, de même que le « manifeste des 343 » devient le « manifeste des 343 salopes ». La libération des femmes est annonciatrice du crépuscule des hommes virils,

## LES FEMMES FACE À L'ÉVOLUTION DE L'HOMME

perçu comme l'apocalypse du genre humain. Difficile à comprendre pour la génération des jeunes garçons, la mienne, la première qui, sortie des écoles primaires des filles et des garçons, connaît la mixité des classes et des cours de récréation. Tellement engoncés dans leur supériorité virile, les pères se refusent à rencontrer les maîtresses ou les enseignantes, se sentant alors inférieurs. Les malheurs de la phallocratie ordinaire.

Les jeunes que nous sommes, bercés par les années yé-yé, se mêlent peu à ces conversations de vieux misogynes – pas si vieux en fait. L'ambiance baigne dans la « guerre des générations ». Nous sommes des jeunes cons, « idées courtes et cheveux longs » ; j'ai eu droit à la coupe en brosse pour jeunes garçons virils façon GI. Les petites révolutions du quotidien passent par les chansons, celle d'Antoine qui refuse d'aller se faire couper les cheveux. Le salon de coiffure et la coupe en brosse préfigurent la vexation de la tondeuse de l'incorporation du service militaire. Je n'aborde pas le sujet des cheveux avec mes fils et les jeunes hommes de leur génération, qui parlent de leurs tondeuses et de leurs boules à zéro. Au passage, un de mes petits-fils, jeune handballeur, porte de superbes cheveux longs ; comme son papy en son temps. Dans de trop nombreuses circonstances, des garçons de son âge le traitent de fille, et d'autres le voient, faute d'attention, d'abord comme une fille. Il tient bon, non sans me rappeler les conflits de ma jeunesse. Petite incidence personnelle qui montre, hélas, que les travers machistes persistent deux générations plus tard, et pas que chez les vieux cons, à l'image du retour de bâton contre les avancées des femmes difficilement acquises depuis les années rock'n'roll.

La musique de la révolte de la jeunesse prend du rythme, diffusée par les tourne-disques et les transistors. Ces petits appareils radio, comme les smartphones de nos jours, et les « radios des jeunes » mènent la danse jusqu'au grand bal planétaire de Mai 68, prolongé par les grands festivals devenus mythiques. Petite nostalgie tout de même de ces querelles souvent bon enfant entre le bal musette et le rock'n'roll, entre les envolées d'accordéon et les *riffs* de guitare électrique. Ce ne sera jamais plus comme ça, une des dernières répliques du film *Good Morning England*.

Au fil des décennies de la fin du XXe siècle, la situation des femmes et la société évoluent de concert, avec le sentiment que ça va dans le sens de l'histoire, voire de l'évolution. Une évidence qui fait qu'on ne s'interroge pas sur ce qu'est vraiment l'évolution des femmes dans les temps plus anciens. Les canons de l'histoire universelle selon l'Occident, qui se place au firmament de l'histoire et même de l'évolution humaine, impriment une vérité implicite, celle d'une amélioration constante de la condition humaine depuis un demi-millénaire avec l'humanisme, les Lumières et le progrès, dans une accélération prodigieuse à la fin du XXe siècle. Évolution de la condition humaine qui embarque « naturellement » celle des femmes. Arrivent le XXIe siècle et les terribles révélations de ce que nos sociétés ont glissé sous le boisseau. Ça ne passe plus par les transistors, comme du temps des grands combats féministes, mais par les réseaux avec le tsunami *#MeToo*. Car, s'il y a une histoire des droits civils et civiques conquis après plus d'un siècle de combats, l'histoire du côté économique, social ou politique se révèle moins glorieuse, encore dramatique dans la vie privée. Les habitus de la domination masculine, concept bourdieusien, ont la peau dure dans tous les secteurs de la vie sociale, le plus dramatique étant celui de la vie privée. Est-ce que ces violences proviennent de notre évolution, de nos origines simiesques ou des dures conditions de vie des âges glaciaires, ou encore sont-elles une conséquence de nos organisations sociales, comme le patriarcat, voire de nos systèmes économiques, comme le capitalisme ?

On entend tout et son contraire, alors que les femmes continuent d'être contraintes, battues, violées et tuées.

*Les femmes dans l'enfer* Sapiens

La femme épanouie au foyer des réclames et des affiches de ma jeunesse s'impose comme le modèle de la réussite sociale pour les hommes. Seulement, les pires dangers pour les femmes ne se trouvent pas dans la rue ou les lieux publics, mais dans le domaine de la vie privée, où elles subissent le plus de violences psychologiques, physiques et sexuelles. C'est là une particularité des agressions les plus sévères auxquelles les femmes sont confrontées, principalement dans le cadre de la vie privée, ce qui justifie pleinement le terme de *féminicide*. La quasi-totalité des agressions subies par des êtres humains est perpétrée par d'autres hommes (96 %). Ces désordres causés à l'ordre public font l'objet de lois, de réponses policières et judiciaires et de statistiques. Il en va tout autrement des agressions et des violences faites aux femmes, commises principalement par des intimes dans des lieux de vie coutumiers et aussi sur les lieux de travail. Comme il n'y a pas ou peu d'atteinte à l'ordre public, nos sociétés s'en sont accommodées jusqu'à récemment. Pour diverses raisons bien connues – réputation, liens avec les proches, acceptation culturelle des violences, dépendance économique, organisations collectives et institutionnelles régies par des hommes… –, seule une partie des femmes victimes de ces agressions porte plainte. Le mouvement *#MeToo* a permis de révéler l'ampleur des sévices subis par elles. Dit autrement, mis à part les féminicides qui finissent par se constater d'une manière ou d'une autre, l'évaluation de toutes les autres formes d'agressions et de violences reste très largement sous-estimée. Silence, car personne n'entend.

Les chiffres sur les violences faites aux femmes dans le monde, bien que sous-estimés, dépassent l'entendement, surtout pour les viols. Plus dramatiques, les biais à propos de la perception de ces violences comme de leurs causes dans les pays occidentaux supposés les plus en avancés sur ces questions. Il en va de même pour les facteurs socio-économiques. Un regard anthropologique et évolutionniste livre un état de la vilaine évolution du mâle *Sapiens* qui bouscule un corpus de fausses représentations aussi étendu que les violences faites aux femmes. Que j'apporte un regard anthropologique aux études historiques sur les violences sexistes semble logique ; mais que je touche à la sociologie et à l'histoire de la modernité, ça ne passe pas. Et pour cause. Je découvre que notre modernité, l'histoire des derniers siècles du monde occidental, se révèle une entreprise d'une effroyable rationalité pour renvoyer les femmes dans un supposé état de nature qui n'a jamais existé anthropologiquement. Si mon essai *Et l'évolution créa la femme* est très bien reçu, il en va tout autrement pour *Comment la modernité ostracisa les femmes*.

Comme nous le savons fort bien, la pandémie et les confinements ont provoqué une augmentation cruelle des violences sexistes partout dans le monde. Il y a les féminicides et les viols, qui ne sont que la partie visible des enquêtes, ce qui n'est pas le cas des autres formes d'agression, notamment gestuelles, verbales et psychologiques (violences ordinaires dites noires). Ces formes de coercition conduisent, elles aussi, à la mort, puisque de nombreuses femmes se suicident (plus de 1 100 en Europe en 2021), réalité prise en compte récemment seulement, sans oublier tous les problèmes de santé qui en découlent. Un fléau.

Les idées admises sur les violences faites aux femmes se heurtent à une diversité de fausses représentations non dénuées de biais anthropologiques, sexistes bien sûr, de classe et aussi racistes. Par exemple, les enquêtes internationales révèlent que les pays où les femmes subissent le plus de viols et de féminicides – par-delà les biais statistiques – se rangent parmi les plus « égalitaires » pour les droits et la place des femmes dans la société (États-Unis d'Amérique, pays d'Europe, de la France à la Norvège). Inversement, dans des pays appliquant des politiques ouvertement misogynes et liberticides envers les femmes, imposant de nombreuses discriminations, les viols et les meurtres sont, globalement, moins nombreux. Toutes ces enquêtes conduites par des organisations internationales sont disponibles en ligne ; on se demande qui les lit sur le Vieux Continent de l'humanisme ?

À l'échelle mondiale, 35 % des femmes déclarent avoir subi des coercitions psychologiques (61 %), physiques (55 %) et/ou sexuelles (29 %). Si la somme de ces chiffres dépasse 100 %, c'est que les femmes subissent ces différentes violences sans faire de détail ; quand on déteste, on ne compte pas les coups. Aucune région du monde n'épargne les femmes.

*« C'est pire ailleurs, alors de quoi se plaignent-elles ? »*

Nous sommes scandalisés par le meurtre de Mahsa Jina Amini, une jeune femme d'origine kurde battue à mort par des policiers iraniens pour un comportement qui nous semble futile, mais hautement symbolique face à l'oppression religieuse et masculine. Nous le sommes aussi devant toutes les autres Iraniennes tuées, blessées, torturées dans les manifestations qui ont suivi. Un élan international – principalement dans les pays occidentaux ; pas tous – soutient ces femmes courageuses. Des martyres victimes de l'obscurantisme religieux et manifestant dans les rues nous évitent de regarder ce qui se passe derrière les murs des maisons de nos contrées modernes. Toujours à propos de l'Iran, il faut rappeler le conflit anthropologique qui l'oppose au peuple kurde, chez lequel les femmes jouissent d'un statut de quasi-égalité avec les hommes, dans une région fortement marquée par des régimes sévères de coercition des femmes. (Je soupçonne des raisons misogynes sous-jacentes dans l'abandon des

Kurdes et de leurs femmes soldats ayant si courageusement combattu Daech.) Pour rappeler que les pays et les nations se composent de diversités anthropologiques et culturelles, avec des traditions plus ou moins coercitives envers les femmes, ce qui vaut entre les pays européens et au sein de chaque pays, comme la France. Le Code civil de Napoléon impose une tradition très patriarcale et phallocratique du droit coutumier du Sud méditerranéen, alors que des traditions plus égalitaires existent dans d'autres régions ; non sans se maintenir jusqu'à aujourd'hui et non sans influencer les avancées récentes, comme en Île-de-France.

Il n'y a pas une condition des femmes uniforme dans aucun pays. Interviennent des traditions culturelles régionales et socio-économiques. Si la majorité des études décrit l'importance des facteurs culturels/traditionnels et des facteurs éducatifs, de scolarisation, de diplômes, de rémunération ou d'accès à l'emploi, elles tendent à ignorer les violences dans les classes moyennes ou aisées. Car, si une société tolère des violences faites aux femmes ou s'arrange de lois mal appliquées, en quoi une classe sociale serait-elle immunisée contre ce fléau ? De même pour les facteurs personnels concernant la petite enfance dans un contexte de violence familiale, de punitions physiques ou de maltraitance, voire de sévices sexuels qui, hélas, ne se limitent pas à telle ou telle classe sociale. Plus encore si on se pose la question de facteurs biologiques et psychopathologiques qui, de fait, ne sont pas de « classe ».

Constat anthropologique effrayant, il n'y a pas une région du monde, il n'y a pas un pays au monde, il n'y a pas une partie d'un pays où les femmes échapperaient à des violences commises par des hommes, dans la vie privée, publique ou professionnelle, quelles que soient les situations socio-économiques. Il en va de même pour les classes sociales. Alors, est-ce que la coercition sexuelle serait le propre de *Sapiens*, ce qui interpelle la paléoanthropologie ? Autre constat, les études historiques, anthropologiques et sociologiques se sont peu intéressées à l'existence de sociétés – du passé ou actuelles – ou à des populations sans coercition ni violence envers les femmes. Il en a existé et il en existe. Reste à les citer et à les sortir du jugement péjoratif infligé par les sociétés patriarcales creuset des « sciences de l'homme ». L'anthropologie et la paléoanthropologie ne sont pas protégées des biais de la domination masculine.

## La faute à nos origines

Le moins que l'on puisse dire – triste constat –, c'est que les débats actuels se distinguent par la médiocrité des connaissances en anthropologie ; de même pour les arguments avancés sur les causes de violences sexistes. Il y a celles et ceux qui postulent que les violences faites aux femmes proviennent de nos origines simiesques ou de la vie dure de nos ancêtres préhistoriques pendant les âges glaciaires. D'autres, au contraire, croient en un temps où les femmes dominent dans un matriarcat ancestral idéalisé qui finit par disparaître sous la férule du patriarcat, mais sans aucune explication rationnelle quant aux processus qui conduisent à la domination violente des hommes sur les femmes – la « plus grande défaite » de l'histoire, selon l'expression de Friedrich Engels ; comme si ça allait de soi. Est-ce que les violences sexuelles seraient un fait de « nature » qui, selon l'idée de cette nature, verrait la condition des femmes soit s'améliorer, soit se dégrader ?

Une approche anthropologique et scientifique peine à s'insérer dans le flux des contradictions idéologiques. On lit et en entend que ces violences ne seraient pas dans la « nature » des mâles/hommes, mais favorisées par des circonstances comme l'écologie, le climat, ou imposées par les systèmes économiques, comme la révolution agricole (néolithique) ou encore le capitalisme et la révolution industrielle. Il y a aussi le colonialisme, pas plus explicité dans ses déterminants pour les violences faites aux femmes. Cependant, toutes ces affirmations restent des hypothèses tant qu'elles ne s'inscrivent pas dans une perspective historique des changements de société ou dans une approche comparée des sociétés, ce qui fait largement défaut dans l'état actuel des travaux. La question des origines de la violence ne dépasse pas la vieille opposition entre Jean-Jacques Rousseau et Thomas Hobbes ; celle d'un état originel égalitaire et pacifique opposé à des origines violentes. Selon une perspective rousseauiste, ce sont les sociétés qui imposent des régimes de coercition et de violence aux femmes. Dans ce cas, et toujours selon une analyse rousseauiste, l'humanité – en l'occurrence l'homme – est amendable. Seulement, il y a une contradiction chez Rousseau, en tout cas d'un point de vue anthropologique. L'homme des origines est bon, mais il vit seul. J'admets la parabole, mais où est la femme ? Les femmes ne sont guère appréciées par notre philosophe. Là n'est pas la contradiction. La voici : l'homme des origines est bon ; il est perverti par la société mais amendable ; pour revenir à un état d'origine ?

Les sciences humaines défendent un postulat : que l'humanité, la lignée humaine, s'est abstraite des contraintes biologiques (génétiques, épigénétiques, chromosomiques, hormonales, physiologiques, voire comportementales ou cognitives ancestrales). Les causes des violences faites aux femmes seraient d'ordre social, et donc susceptibles d'être réformées. En fait « l'homme est fondamentalement bon ». Ces coercitions et ces violences résultent de facteurs agressifs environnementaux ou sociaux, voire de certains comportements de femmes les provoquant d'une manière ou d'une autre, que ce soit dans la Genèse ou dans la littérature savante ou populaire. Après tout, si les femmes subissent des coercitions, c'est qu'elles y sont pour quelque chose. Une tendance générale de notre époque qui tend à inverser les causes. Puisque l'homme est bon, est-ce que les victimes ne seraient pas responsables du déclenchement de réactions – c'est le terme – violentes ?

Dans la conception hobbesienne opposée, les sociétés des origines sont à l'image de la violence de la nature. Il faut se battre pour survivre. Après la Seconde Guerre mondiale, des éthologues comme Konrad Lorenz cherchent à comprendre d'où procède autant d'agressivité dans l'espèce humaine. La magistrale introduction de *2001 : l'Odyssée de l'espace* en donne une vision fulgurante. Les premiers humains subissent la férule des carnivores. Leur survie exige des comportements de défense de plus en plus agressifs. Ils se saisissent de bâtons, de gros os, de mâchoires dentées brandis comme des armes. La violence devient un atout, mais les hommes – les mâles – n'acquièrent pas les comportements qui, chez les fauves, régulent ces violences affectant aussi les relations sociales, dont les femmes sont victimes. Tout cela à cause des dures conditions de vie de nos ancêtres, aggravées au temps des âges glaciaires. Le passage de l'état de sauvagerie à celui de barbarie et, pour les sociétés les plus avancées, de civilisation, avec l'invention de l'État seul autorisé à user d'une violence légitime, le Léviathan, apporte une vie sociale apaisée. L'homme n'est plus un loup pour l'homme, mais il le reste pour la femme et dans ses tanières.

Ce modèle s'impose en paléoanthropologie avec le modèle babouin, de formidables singes avec des mâles deux fois plus corpulents que les femelles et nantis de grandes canines. Ils vivent en marge des forêts et des savanes, les savanes de tous les dangers. Les braves mâles assurent la sécurité de leurs groupes, coalisés et armés. Ils protègent les femelles, leurs mœurs parfois agressives étant perçues comme un aléa collatéral. C'est ce que pensent observer les éthologues hommes qui, les premiers, étudient les babouins d'Afrique dans leur habitat naturel dans les années 1950. Ce n'est pas du tout l'avis des éthologues femmes observant les mêmes babouins une décennie plus tard. L'arrivée des femmes en éthologie, à l'époque de la deuxième grande vague du féminisme, bouscule tous les dogmes cherchant à expliquer les violences des hommes envers les femmes du côté de nos origines. Les braves mâles babouins se montrent plus agressifs entre eux, puis envers les femelles, et pas très enclins à affronter un carnivore pour défendre les femelles et les petits. Ne serait-ce pas le bon modèle ?

Sortir enfin de l'opposition stérile Rousseau/Hobbes ; les anthropologues évolutionnistes et les éthologues s'y attellent depuis un demi-siècle, mais sans grande influence pour le moment.

## La mâle évolution de l'homme

On rencontre les mêmes biais d'affirmation dans le champ de l'évolution. Chaque société tient son propre discours des origines, qu'il procède du mythe, de la religion ou de constructions philosophiques. L'évolution n'échappe pas à leur influence, et moins encore concernant la place des femmes dans l'ordre du cosmos – le plus souvent considérées, même, comme source de désordre dans le cosmos. Deux sous-disciplines récentes concentrent les controverses autour des déterminismes biologiques de nos comportements : la *sociobiologie* et son avatar récent la *psychologie évolutionniste*. Divers auteurs se réclamant de ces sous-disciplines n'hésitent pas à postuler que, si les violences contre les femmes existent, c'est que, comme les viols, elles confèrent un avantage reproductif aux mâles violents et/ou violeurs. De telles propositions sont récusées par les études disponibles, que ce soit chez les mâles de notre espèce, les hommes, ou chez les mâles des espèces phylogénétiquement les plus proches de nous, comme les grands singes. En fait, dès qu'on se donne la peine de regarder les comportements parmi les espèces plus ou moins proches de nous, toutes ces affirmations sur un passé postulé violent contre les femelles et les femmes s'effondrent.

La psychologie évolutionniste se contente de reprendre avec des termes plus « biologiques » de vieilles idées. Les protagonistes de cette chapelle dite évolutionniste appartiennent à la sphère des sciences psychologiques, pas au monde de la biologie évolutionnaire ; grosse nuance. Il s'agit d'une version pseudo-scientifique qui tente de « biologiser » ces questions voulant se parer d'un vernis plus scientifique ; et là je rejoins les critiques des sciences humaines et sociales. À l'instar de nos philosophes du XVIIIe siècle – qui n'ont jamais prétendu que c'était ainsi, mais posaient une base analytique à leur système – évoquant nos origines, nos tristes psychologues évolutionnistes postulent des états de la vie de nos ancêtres de notre très longue préhistoire soit très imprécis, soit non testables ou, s'ils le sont par les données de la paléoanthropologie, récusés. Grossier habillage biologique pour faire plus scientifique, mais toujours les mêmes idées erronées – du recyclage.

## *Les mâles nécessaires*

Mais à quoi servent les mâles ? Question que se posent de plus en plus les femmes, et question fondamentale en biologie évolutionnaire liée à la sexualité. Les mâles sont des réserves de variations. Une fois qu'on a dit ça, est-ce que ça justifie les violences ?

Parmi les explications courantes à propos de la violence des mâles envers les femelles, on rencontre souvent des arguments se référant à la taille plus importante des mâles chez les mammifères – à de très rares exceptions près. On parle de dimorphisme sexuel, soit des différences de taille et de forme entre les femelles et les mâles, de façon implicite associées aux gènes, au chromosome Y ou à des profils hormonaux. Autant de facteurs biologiques qui, toujours dans ce type d'explication, s'étendent aux comportements plus agressifs des mâles envers les femelles. La réalité est tout autre.

Les mammifères, comme l'indique leur dénomination, se caractérisent par une forte asymétrie de l'investissement reproductif, qu'il soit physiologique – gestation, allaitement – ou protecteur et éducatif, assuré par les femelles. Les espèces dont les mâles s'investissent autour de la femelle gestante, allaitante, protectrice et éducatrice sont rares. Cela le devient aussi dans notre espèce, avec l'augmentation du nombre de familles dites monoparentales – véritable oxymore anthropologique –, les hommes n'assurant plus leurs obligations parentales ou se voyant obligés d'une façon ou d'une autre de ne plus résider avec leurs compagnes et enfants en raison de leurs comportements violents. Celles qu'on appelait les jeunes femmes-mères isolées dans ma jeunesse restaient une exception, non sans certaines formes d'ostracisme social. Ce n'est que depuis très récemment que les hommes violents sont sommés de quitter le foyer familial, alors que jusque-là, femmes et enfants devaient trouver un refuge…

La coercition sexuelle reste peu observée chez les mammifères, même si les mâles ont tendance à être dominants. On observe « seulement » une trentaine d'espèces – hormis les primates – sur plus de 4 500 avec des mâles systématiquement coercitifs et violents. Ce constat se corrèle avec l'observation selon laquelle les systèmes sociaux dans lesquels les mâles sont constamment présents auprès des femelles sont rares. Hormis les comportements violents qui peuvent se manifester au cours des périodes de reproduction ou de la naissance de petits, il n'y a pas de violences ordinaires comme pour l'accès aux nourritures, aux abris et autres activités de survie. Quand c'est le cas, comme chez les canidés, les félins et nombre d'espèces herbivores, on n'observe pas ou peu de violence des mâles envers les femelles.

Déjà évoqué, l'argument de la différence de taille et de forme du corps entre les deux sexes, le dimorphisme sexuel. Cette différence ne résulte pas d'une sélection favorisant la violence des mâles envers les femelles, mais de la compétition intrasexuelle entre les mâles. Le dimorphisme sexuel est d'autant plus marqué que les mâles s'efforcent d'accéder à plusieurs femelles ou de les contrôler, avec, dans ce dernier cas, quelques exemples de coercition. Par exemple, les chevaux, peu dimorphiques, se distinguent par la violence des étalons.

Chez les espèces où les mâles s'efforcent de contrôler plusieurs femelles, comme dans les harems polygynes – un mâle et plusieurs femelles –, l'éviction du mâle résident par un autre mâle amène ce dernier à tuer les petits non sevrés. Si, d'une façon générale, les mâles, même très dimorphiques, se montrent peu agressifs envers les femelles, les cas d'extrême violence concernent les infanticides. Ce qui arrive si les mâles sont certains de leur non-parenté, obligeant les femelles à développer différentes stratégies pour éviter la perte de leurs petits.

De ce rapide survol des états du mâle chez les mammifères, les violences les plus courantes s'observent entre les mâles – compétition intrasexuelle – pour des questions de territoire ou d'accès aux femelles. Les pires violences subies par les femelles se manifestent autour de leurs jeunes non sevrés si les mâles ont la certitude de ne pas être les géniteurs – une violence systématique chez les espèces organisées en harems polygynes. Sinon, les femelles tendent à ne pas s'embarrasser des mâles, hors des périodes de reproduction, ce qui limite les risques d'agression dans la vie courante. Nécessaires, mais juste ce qu'il faut.

## Chez nous, les primates

Notre ordre zoologique se caractérise par des espèces très sociales, avec des femelles et des mâles vivant ensemble tout au long de l'année. Des mâles, des femelles et leurs enfants interagissent constamment. Les lémuriens se distinguent par des sociétés dominées par les femelles ; ce qui est rare pour un groupe zoologique aussi important chez les mammifères. Les singes d'Amérique du Sud – platyrrhiniens – présentent une plus grande diversité d'organisations sociales, avec pas ou peu de coercition sexuelle. Les lémuriens comme les platyrrhiniens s'accordent avec un ordre des primates peu coercitif. On admet que ces deux grandes lignées proposent une bonne reconstitution des origines de notre ordre zoologique peu ou pas coercitif.

Les singes de l'Ancien Monde – Afrique, Asie, Europe – ou catarrhiniens – babouins, macaques, entelles, colobes, cercopithèques, chimpanzés, gorilles, hommes... – apparaissent globalement plus violents, mais avec beaucoup de diversités. Pourquoi de plus en plus d'espèces violentes envers les femelles ?

Une question d'écologie ? Il n'y a pas de corrélation entre le type d'habitat – savanes plus ou moins ouvertes, forêts plus ou moins denses et humides – et le degré de coercition sexuelle. Pour une même lignée, des espèces vivant dans des milieux soit ouverts, soit fermés, comme pour les macaques ou les babouins, ne sont pas soit plus violentes, soit plus pacifiques. Les conditions écologiques ne constituent pas un facteur déterminant pour expliquer la qualité des mœurs entre les mâles et les femelles.

Un constat important, puisqu'une hypothèse courante tient que, si les premiers humains et leurs descendants sont violents, c'est à cause de leur passage de la forêt à celui plus ouvert et supposé plus dangereux des savanes. Une hypothèse célèbre, comme on l'a vu, dans les années 1950, celle de la violence écologique de nos origines. Les mâles deviennent violents pour défendre le groupe, dont les femelles, mais persiste une instabilité qui génère des violences au sein du groupe, dont les femelles sont les premières victimes. Traduction dans les affaires humaines : si des hommes sont violents, c'est à cause des dures conditions rencontrées dans ses activités hors du domicile, comme au travail ou dans diverses situations tendues avec d'autres hommes. Le capitalisme, souvent cité, serait l'analogue des savanes au cours des temps modernes. Seulement, cela n'a pas été beaucoup mieux dans les économies communistes. Invoquer des contraintes écologiques – économiques pour les humains – ne propose pas une explication suffisante.

À propos des terribles savanes, dans les années 1960, le grand éthologue Georg Schaller a fait l'expérience d'une balade de plusieurs semaines à travers les savanes. Il a pu témoigner que ce n'est pas plus dangereux que dans les forêts, qu'il connaissait tout aussi bien. Moins dangereux que de traverser la rue dans nos jungles urbaines.

Une question de lignée ? À de rares exceptions près, comme chez les gibbons monogames et non coercitifs, aucune lignée ne se caractérise par la présence ou l'absence systématique de coercition, comme, proches de nous, les chimpanzés plutôt violents et les gentils bonobos, chez les grands singes. Dans d'autres lignées, les macaques magots se montrent plus tolérants que les macaques rhésus, alors que, chez les babouins, les hamadryas sont vraiment violents et leurs voisins geladas plus amènes. Le modèle du babouin agressif des savanes ne tient pas. En fait, toutes les lignées, à l'exception des gibbons, présentent une diversité d'organisations sociales. Chaque espèce adopte un système unique. À propos de la monogamie, très rare chez les mammifères, c'est chez les primates qu'on rencontre le plus grand nombre d'espèces monogames, avec des femelles et des mâles de même taille corporelle, et sans coercition ; sauf chez *Sapiens*. Question de taille corporelle ? Comme chez les autres mammifères, aucune corrélation entre le degré de dimorphisme sexuel et l'intensité de la coercition masculine. Comme chez les autres mammifères, la taille souvent plus importante des mâles est liée à la compétition intrasexuelle entre eux, et non pas à la domination ou à la coercition des femelles. Malgré le peu d'études à ce sujet, les hommes bien plus corpulents que leurs femmes ne s'avèrent pas plus violents que ceux de plus petite taille. Il semblerait même que cela puisse être l'inverse. À confirmer.

Question d'organisation sociale ? La très grande majorité des espèces est matrilocale : les femelles passent leur vie dans le groupe et sur le territoire de leur naissance, et la transmission de statut social se fait par les lignées de femelles – matrilinéarité. Pour contrer la coercition masculine, les femelles usent de différents moyens : se coaliser ; sélectionner des mâles tolérants ; multiplier les partenaires sexuels (polyandrie sexuelle) et/ou tisser des liens d'amitié avec des mâles protecteurs. Les sociétés humaines très phallocratiques et violentes veillent à ce que les femmes ne puissent justement avoir recours à ces moyens pour contrer la coercition.

Contrairement à l'idée que l'homme descend du singe, ce dernier paré de tous les vices, la comparaison avec les espèces actuelles montre que les hommes *Sapiens* se rangent parmi les sociétés de primates les plus violentes envers les femelles ou les femmes, avec les babouins hamadryas et les chimpanzés. Mais si, parmi ces sociétés, les coercitions et les violences peuvent être sévères, elles n'ont rien à voir avec la fréquence des viols – rares, si ce n'est chez les orangs-outangs – et surtout les meurtres de femelles, jamais répertoriés chez les autres espèces : triste constat ! Rendons grâce aux singes et aux grands singes pour nous autoriser à avoir une approche à la fois plus complexe et plus compréhensible des origines supposées des violences subies par les femmes.

## Patrilocalité et condition féminine

Les espèces patrilocales – mâles passant leur vie dans le groupe natal et sur le territoire où ils sont nés – sont très rares. Une lignée l'est systématiquement, la nôtre, celle de grands singes africains avec les chimpanzés, les bonobos et nous, qu'on appelle les hominidés. On touche là à la question du patriarcat, source désignée de toutes les violences faites aux femmes. Certes, les chimpanzés sont violents, encore plus les *Sapiens* actuels, mais pas les bonobos.

La matrilocalité ne garantit pas l'absence de coercition masculine, pas plus que la patrilocalité ne conduit forcément à la coercition sexuelle, même si elle la facilite. De même entre les sociétés humaines, qu'elles soient patriarcales ou plus matriarcales.

Dans la lignée des grands singes africains – les hominidés –, et hormis les gorilles modérément coercitifs, les sociétés sont patrilocales, avec absence de coercition chez les bonobos et un fort antagonisme sexuel chez les chimpanzés et les hommes. S'il existe des sociétés de singes et de grands singes patrilocales et phallocratiques, il n'en existe aucune patrilinéaire et encore moins patriarcale – autrement dit, avec des organisations sociales centrées sur des filiations de père en fils, qu'ils soient naturels ou adoptés. C'est le cas de la majorité des sociétés humaines *actuelles*, mais depuis quand ? Est-ce que le patriarcat et la patrilinéarité – spécifiques à une partie des sociétés humaines – impliquent forcément la coercition et les violences contre les femmes ?

Regardons du côté de nos vraies origines. Nous partageons un ancêtre commun exclusif avec les bonobos et les chimpanzés. En des termes « familiers », les bonobos et les chimpanzés sont frères, et nous sommes leurs cousins communs.

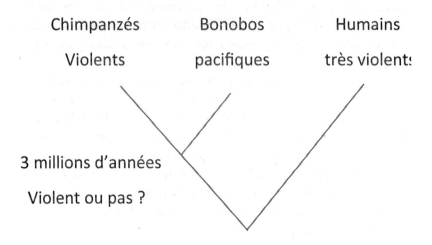

Les bonobos et les chimpanzés ont un parent exclusif qui remonte à trois millions d'années, et nous avons tous un grand-parent exclusif qui remonte à six millions d'années. Ces espèces vivent dans des sociétés avec plusieurs mâles et plusieurs femelles adultes. Pour les deux plus proches – bonobos et chimpanzés –, l'une est égalitaire et sans coercition, l'autre est inégalitaire avec coercition. Quant aux sociétés humaines actuelles, elles sont majoritairement très coercitives et violentes. En première analyse, on peut admettre que la lignée des hominidés est patrilocale et coercitive. Dans cette hypothèse, les bonobos auraient eu une évolution vers plus d'égalité.

Cependant, on peut aussi envisager une évolution parallèle vers plus de coercition chez les chimpanzés et les humains, possiblement en raison de leurs adaptations sociales dans des environnements plus ouverts ; hypothèse non vérifiée, comme on l'a vu chez les autres espèces de singes, ce qui ne veut pas dire que ces facteurs sont sans influence. Les bonobos vivent dans des milieux forestiers denses supposés plus sûrs. Une telle hypothèse semble se vérifier dans la diversité des groupes de chimpanzés.

On peut avancer avec beaucoup de prudence que la lignée des hominidés se caractérise par des origines lointaines coercitives envers les femelles. En fait, les tenants de Rousseau ou de Hobbes peuvent arguer respectivement soit du côté des bonobos, soit du côté des chimpanzés. Quoi qu'il en soit, le constat le plus important est celui-ci : quelles qu'aient été ces origines – violentes ou pacifiques –, les sociétés patrilocales peuvent changer, vers plus de violences ou plus de relations pacifiques.

Je constate toutefois que les chimpanzés actuels se montrent bien plus proches des *Sapiens* actuels dans tous leurs comportements, et pas les meilleurs. Se pose la question de savoir quels sont les avantages adaptatifs des sociétés patrilocales. Quels sont les avantages de la coercition et des violences faites aux femelles ? Ces sociétés dominées par des mâles adultes se mobilisent dans des contextes de défense et de conquête de territoires, se font la guerre, pratiquent la chasse, cherchent à maîtriser les ressources de leurs territoires tout en voulant accaparer celles des voisins, mais aussi les femelles – l'enlèvement des Sabines version planète des singes – et, ce qui peut être un facteur important, dans un contexte de compétition sociale, la quête de privilèges et de pouvoirs.

*Où il est question de genre*
Les questions de genre et de masculinité ne concernent pas que notre espèce. Les jeunes chimpanzés mâles entreprennent leur ascension sociale en commençant par brusquer les femelles, parfois en soumettant par la violence les plus dominantes. Arrivés à l'âge adulte, ils forment diverses coalitions de mâles qui contrôlent le groupe, notamment les femelles. Les relations sociales s'établissent d'abord entre les mâles, puis entre mâles et femelles, et ensuite entre les femelles, qui ne sont pas apparentées (elles viennent d'autres groupes, patrilocalité oblige. Il y a quelques exceptions pour des femelles dominantes, élevées dans des clans dominants, dont les mâles). On retrouve ce type d'organisation dans les sociétés humaines les plus coercitives. Comme chez les chimpanzés, les relations privilégiées se nouent entre les hommes, puis entre les hommes et les femmes et, moins fréquemment, entre femmes. À l'inverse, comme chez les bonobos, les relations apparaissent plus fréquentes entre les femelles – même non apparentées –, puis avec les mâles et entre les mâles. La coalition et la solidarité entre les femelles s'appellent la gynocratie.

Il y a aussi le développement social des individus. Les questions de genre interviennent, comme dans les sociétés humaines. Les jeunes grandissent en imitant et en s'imprégnant des modèles de « masculinité » et de « féminité » que proposent les adultes – mimétisme social.

## LES FEMMES FACE À L'ÉVOLUTION DE L'HOMME

L'étude comparée des sociétés de singes et de grands singes montre qu'il n'y a pas de « fatalité » propre à chaque lignée pour les coercitions et les violences envers les femelles. Si des facteurs phylogénétiques et environnementaux interviennent, les facteurs sociaux ou l'histoire sociale des espèces prévalent, ce qui autorise des changements sociétaux, comme dans notre lignée entre les bonobos et les chimpanzés, dans la diversité des sociétés de chimpanzés comme des sociétés humaines, même si ces dernières se montrent plus souvent très coercitives et violentes.

Au fait, et s'il n'y avait pas les bonobos ? Sans eux, il aurait été logique d'affirmer que les sociétés patrilocales sont forcément coercitives et violentes envers les femelles. Grâce leur soit rendue, puisqu'ils montrent que l'histoire de notre lignée ne condamne pas les femelles et les femmes à la férule des mâles. Il y a les origines, telles qu'on peut les reconstituer, et aussi l'évolution. De ce petit voyage chez les espèces plus ou moins proches de nous, nous ressortons avec au moins une certitude : les relations de pouvoir entre les femelles et les mâles comme entre les femmes et les hommes se rapportent à des questions de pouvoir entre les genres – question de sciences humaines élargie aux autres espèces ; petite révolution épistémologique.

### *L'évolution du côté des femmes*

Notre modernité n'arrive pas à se dégager des conceptions aussi simplistes que nature/culture, homme/animal ou, en ce qui concerne les origines des sociétés, entre le monde naïf de Jean-Jacques Rousseau et le monde violent de Thomas Hobbes. Dans la perspective rousseauiste, très présente dans la pensée de gauche, tous les malheurs de notre temps proviennent de l'histoire des sociétés humaines, avec leurs formes oppressives les plus marquées dans le contexte du capitalisme et du libéralisme. Dans la perspective hobbesienne, située à droite, les sociétés humaines n'ont cessé de progresser depuis leurs origines grâce aux lois et à l'État de droit. Mais, depuis le XVIII$^e$ siècle, qu'il s'agisse de l'un ou l'autre de ces postulats des premières sociétés humaines, les philosophes abordent rarement la question des femmes, de leurs libertés et de leurs droits. Invisibles, si ce n'est des fardeaux en raison de leur nature.

J'insiste, car on n'en sort pas. Dans les débats actuels, non sans référence aux questions de l'écologie, on constate une opposition entre, du côté de Rousseau et d'une partie de la pensée de gauche, l'idée de sociétés premières avec un équilibre des pouvoirs entre les femmes et les hommes – voire un matriarcat ancestral souvent postulé comme un patriarcat caricatural inversé – et en harmonie avec la nature, et, du côté de Hobbes et d'une partie de la pensée de droite, l'idée que les sociétés humaines améliorent la condition des hommes, qui finit par bénéficier aux femmes, car ces progrès reposent sur un éloignement amélioratif de nos conditions de nature ou ancestrales. Hypothèse que j'appelle du *déversement humaniste*.

On a vu l'impossibilité de trancher définitivement la question de savoir si notre dernier ancêtre commun était coercitif ou pas, à cause ou grâce aux bonobos. Reste l'évolution de la lignée humaine depuis ce dernier ancêtre commun. Est-ce que les violences sexistes proviennent d'un héritage des sociétés d'australopithèques ? Des premiers humains ? Des dernières sociétés préhistoriques, qu'elles soient néandertaliennes, dénisoviennes, sapiennes ou autres ?

Il est courant, comme évoqué, de s'en remettre aux origines, à la préhistoire, sans plus de précision. Or notre évolution s'étend sur des millions d'années, avec une grande diversité d'espèces et donc d'organisations sociales, d'abord en Afrique avec les australopithèques. Puis émerge le genre

*Homo* il y a deux millions d'années en Afrique, avant d'entamer son expansion en Eurasie et, plus récemment, dans les Amériques.

Autre référence souvent évoquée, les sociétés traditionnelles, les dernières populations avec des économies de chasse, de pêche et de collecte. Là aussi, beaucoup d'ignorance et de naïveté. Ces sociétés ont évolué au gré des migrations et des changements d'environnement au cours de leurs histoires respectives et, plus récemment, à la suite de leurs contacts avec les sociétés agricoles et industrielles récentes, souvent coercitives envers les femmes. Ignorance de nos origines, de notre évolution, et appréhension aussi naïve que péjorative des dernières sociétés traditionnelles, perçues comme des reliques des temps préhistoriques. Tristes tropismes.

## *Prendre possession des femmes*

Nous appartenons à une lignée de sociétés patrilocales, mais il existe des sociétés humaines matrilocales. La littérature ethnographique les décrit avec des femmes ayant plus de pouvoirs, notamment économique, plus pacifiques, plus en équilibre avec leurs environnements. Remises au premier plan dans le cadre des études et des mouvements féministes, elles sont parfois idéalisées. Quoi qu'il en soit, il n'y a pas ou très peu de coercition masculine dans ces sociétés, bien plus nombreuses il y a à peine deux siècles que de nos jours. L'expansion de la puissance occidentale sur le monde au cours du XIX$^e$ siècle, avec ses organisations centrées sur des assemblées d'hommes et sa culture patriarcale, a accentué une emprise de la domination masculine dans toutes les sociétés, et ce dans le prolongement de l'histoire de la modernité en Occident.

L'étude des systèmes de parenté est au cœur de l'anthropologie sociale. Difficile de savoir à quand remontent ces règles, que ce soit chez *Sapiens* ou chez les autres espèces humaines. Ce que l'on sait, en tout cas pour Néandertal et *Sapiens*, c'est que ces sociétés étaient patrilocales (études basées sur l'ADN fossile). La patrilocalité et l'instauration de filiations masculines – une spécificité dominante des sociétés humaines de la partie occidentale de l'Ancien Monde, mais aussi ailleurs sur la planète, mais pas de façon aussi généralisée – s'associent à des régimes de dominance patriarcale. Les femmes se retrouvent dépourvues de droits et assujetties à des règles qui les soumettent aux volontés des pères, des frères et des maris.

Ce que l'anthropologue Françoise Héritier appelait la « valence des sexes », pour comprendre les ressorts de la domination masculine, prend tout son sens dans le cadre des sociétés patriarcales obsédées par la filiation par les mâles. Les femmes ayant le privilège – si on peut dire – de mettre au monde des filles ou des garçons, les hommes ont déployé un arsenal ahurissant de moyens pour contrôler leur corps et leur sexualité. Il en va de même pour les rites d'initiation visant à éliminer tous les caractères féminins ou considérés comme tels des garçons destinés à devenir des hommes, et inversement, en supprimant les caractères masculins des jeunes femmes, comme les clitorectomies..

Un des enjeux majeurs autour de la domination masculine touche à la certitude de la paternité, avec son cortège de règles contraignantes et oppressives sur les femmes et leur corps. La durée de la gestation, la petite enfance et l'allaitement imposent des contraintes qui font des femmes un enjeu de contrôle en tant que « ressources rares et précieuses » pour les hommes. C'est un problème pour les femelles des différentes espèces de singes, encore bien plus dans les sociétés humaines. Leurs réponses se traduisent de façon discursive – le langage – par les règles de parenté, les tabous, les interdits et les systèmes moraux.

La réceptivité sexuelle permanente des femmes et les exigences de l'investissement parental des hommes provoquent des tensions, sources de coercition. L'émergence du genre *Homo* se caractérise surtout par celle de la femme, une femelle très différente par sa sexualité et son mode de gestation, comparée aux espèces les plus proches. Les contraintes de la reproduction dans le genre *Homo* exigent de l'alloparentalité – soins et aide à l'éducation, au nourrissage, à la protection et à l'éducation des jeunes fournie par d'autres, apparentés ou pas. Cette assistance ne pose pas de difficultés dans les sociétés matrilocales où la question de la paternité n'est pas primordiale. C'est un enjeu très prégnant dans des sociétés patrilocales et plus encore patriarcales : contrôle de la virginité, de la sexualité, réclusion, encadrement des femmes... Les hommes s'inquiètent d'un investissement parental à l'égard d'un enfant qui ne serait pas le leur, plus encore si c'est un garçon. (La fièvre des tests de paternité au cours des dernières décennies en témoigne.) Le fait que les femmes enceintes subissent plus de violences qu'à l'accoutumée provient de cette angoisse de la certitude de paternité. Depuis quand ?

### *Lucy, les femmes et l'évolution humaine*

Les données de la paléoanthropologie permettent de reconstituer quelques caractéristiques des systèmes sociaux des australopithèques. On ignore si Lucy et toutes ses consœurs subissaient des violences sexuelles. La tendance à l'accroissement du dimorphisme sexuel, avec des mâles plus corpulents, et la vie dans des savanes plus ouvertes suggèrent des régimes de coercition masculine ; mais pas obligatoirement quand on regarde du côté des babouins actuels, qui, en fait, les ont remplacés dans les milieux arborés et savanicoles d'Afrique.

La lignée humaine, qui émerge vers 2 millions d'années en Afrique, se caractérise par une réduction du dimorphisme sexuel. Une fois de plus, la différence de taille corporelle entre les mâles et les femelles ou les hommes et les femmes n'est pas un indicateur de violences sexuelles. Les données de la paléoanthropologie et de l'archéologie préhistorique ne permettent pas d'établir ce qu'il en était de la division sexuelle des tâches ni de la coercition sexuelle chez les premiers humains, les *Homo erectus* au sens large.

La division des tâches entre les femmes collectrices et les hommes chasseurs compte parmi les grands modèles des origines du genre humain. Cette idée apparaît au XIXe siècle avec la préhistoire dans un contexte très phallocratique et ne cesse de s'affirmer, notamment après la Seconde Guerre mondiale. Tout ce qui est attribué aux activités cardinales des mâles se comptabilise dans le giron des adaptations clés qui affranchissent l'humanité naissante de sa condition ancestrale « simiesque », laquelle concernerait encore les femmes collectrices. Les techniques, les outils, le feu, la chasse… tout est versé au crédit des hommes. Pour reprendre le titre d'un essai célèbre de l'éthologue féministe Sarah Blaffer Hrdy : *La femme qui n'évoluait jamais* (2001). Tous ces acquis attribués à la gloire des seuls hommes se délitent par pans entiers sous l'impulsion des études en éthologie et en paléoanthropologie soutenues par des femmes.

Récemment, et déjà citée, une thèse en sciences humaines défend l'idée que les hommes accaparent la viande, supposée de meilleure qualité nutritive et dotée de toutes les vertus, comme l'augmentation de la taille du cerveau et l'accroissement des capacités cognitives. C'est de bonne guerre pour dénoncer la coercition masculine. Seulement, rien n'interdit aux femmes de chasser, si ce n'est les interdits et les tabous, mais depuis quand ? Et, comme on l'a vu, même si elles sont plus collectrices, elles fournissent les deux tiers des nourritures dans les sociétés de chasse et de collecte, protéines animales comprises – qu'elles acquièrent, conservent et transforment –, donc difficile de les en priver, d'autant que la chasse représente un apport minoritaire dans l'économie de subsistance.

Plusieurs espèces humaines – *Sapiens*, Néandertaliens, Dénisoviens... – cohabitent dans l'Ancien Monde au cours du paléolithique moyen (300 000-45 000 ans). La paléogénétique révèle que les sociétés de *Sapiens* et de Néandertaliens étaient patrilocales. Il devait certainement en être de même pour les autres espèces humaines, comme les Dénisoviens, la patrilocalité étant une caractéristique phylogénétique de la famille des hominidés ; mais certainement avec nombre d'exceptions, comme chez *Sapiens*.

Les tombes du paléolithique moyen ne permettent pas de déceler des différences de statut social ou sexuel – pour autant que les attentions autour des défunts reproduisent ce qu'il en est pour les vivants. Dans l'état actuel des connaissances, les femmes, les hommes, les enfants, les personnes en situation de handicap découverts dans des tombes ne présentent aucun signe évident de maltraitance physique ou symbolique en raison de leur condition, qu'il s'agisse du genre, de l'âge ou de l'intégrité physique.

Il faut admettre cette réalité de la paléoanthropologie et de la préhistoire actuelles, même devenues sensibles aux questions des relations entre les femmes et les hommes : on reste dans l'impossibilité d'affirmer que les régimes d'égalité pour les femmes ou de coercition contre les femmes, en tout cas tels qu'on les connaît chez les *Sapiens* actuels, ont existé ou pas chez d'autres espèces humaines.

## *Sapiens, la fin de la préhistoire et les femmes*

*Homo sapiens* reste la seule espèce humaine répartie sur toute la Terre depuis 40 000 ans, le paléolithique supérieur

(45 000-12 000 ans). Les autres espèces humaines se sont éteintes. On voit apparaître des sociétés de chasse, de pêche et de collecte à la fois plus complexes, plus diversifiées et plus inégalitaires. Certaines produisent et cumulent des richesses, un facteur corrélé à la coercition des femmes. Les artisanats, les armes, les arts, les habitats plus concentrés… témoignent de ces évolutions, mais sans que l'on puisse vraiment distinguer des preuves d'inégalité et encore moins de violence masculine envers les femmes, même si les arts préhistoriques et les parures illustrent de représentations différentes des femmes et des hommes.

Des études récentes confirment que les femmes participaient à des tâches considérées comme masculines, telle la chasse. En fait, là aussi, il s'agit d'une profonde remise en perspective des études archéologiques et paléoanthropologiques marquées par de forts biais genrés dans les sciences préhistoriques depuis un siècle et demi.

La reconstitution de la vie des *Sapiens* du paléolithique supérieur se réfère, par analogie et par actualisme, aux dernières sociétés actuelles de chasse, de collecte et de pêche. Seulement, aucune n'est restée sans contact à la suite de l'expansion des sociétés occidentales depuis le Renaissance : missionnariat, colonialisme, mondialisation. Ces ultimes sociétés dites traditionnelles ou racines survivent dans des conditions extrêmes et ne représentent en rien – hélas – ce qu'a été la diversité des sociétés du paléolithique moyen et du paléolithique supérieur.

L'ethnographie comparée des derniers peuples traditionnels actuels décrit néanmoins une diversité mal connue, avec des sociétés plus égalitaires, d'autres très inégalitaires et très coercitives envers les femmes. Certaines, capables de stocker et d'accumuler des ressources et des richesses, pratiquent la guerre, les razzias et l'esclavage des femmes. La recherche de statut chez les hommes, notamment plus âgés, s'accompagne d'un contrôle des femmes. La coercition s'aggrave avec l'augmentation des richesses ; avec l'éloignement des femmes de leur famille (patrilocalité ; manque de soutien des proches) ; le service ou le prix de la fiancée, la dette dont doit s'acquitter un homme pour épouser une femme ; l'établissement d'espaces privés ; la sédentarité ; le contrôle des relations extérieures du groupe ; et la guerre.

En comparaison avec les derniers peuples traditionnels actuels, le paléolithique supérieur se caractérise par une plus grande diversité de sociétés de chasse et de collecte, plus complexes, avec des statuts différentiés, des richesses, des sites avec plus de résidences et de sédentarité, autant de facteurs corrélés avec la coercition sexuelle. Cependant, il ne s'agit pas d'une tendance générale, mais de l'apparition de nouvelles sociétés avec des économies de chasse, de pêche et de collecte plus complexes parmi d'autres plus égalitaires, comme il en était avant l'expansion des sociétés occidentales sur le monde à partir du XVIII$^e$ siècle et surtout du XIX$^e$ siècle. Ces sociétés sapiennes plus puissantes et colonisatrices du paléolithique supérieur ont certainement contribué à la disparition des sociétés sapiennes archaïques, néandertaliennes, dénisoviennes et d'autres, notamment en accaparant leurs femmes, comme l'indique la paléogénétique. De cette époque très lointaine à aujourd'hui, les peuples envahisseurs adoptent tous cette terrible stratégie : tuer les hommes et capturer les femmes, sinon les violer.

Pour une fois, Hobbes et Rousseau se retrouvent. Sans parler d'état de guerre permanent, les chimpanzés comme la plupart des sociétés traditionnelles se font la guerre. L'apparition de sociétés revendiquant plus de territoires et contrôlant plus de richesses aggrave ces violences, dont les femmes deviennent de plus en plus les victimes. L'évolution de *Sapiens* est pavée du malheur des femmes.

## Mésolithique et glaciation pour les femmes

Après la dernière glaciation arrive le mésolithique, une période marquée par la plus grande diversité connue de sociétés avec des économies de chasse, de pêche et de collecte, dont certaines, au Proche-Orient, ayant édifié de vastes édifices en pierre de taille. En d'autres termes, des civilisations bien avant les inventions des agricultures (le néolithique).

L'archéologie et la paléoanthropologie constatent une augmentation des violences intergroupes, comme des massacres collectifs. Souvent, les hommes et les jeunes hommes ont été tués, alors que les femmes ont été capturées. On constate plus de violences envers les femmes. Une fois de plus, ces études se concentrent sur une partie de l'Afrique et, surtout, le Proche-Orient et l'Europe. On note des tendances similaires ailleurs dans le monde, mais les connaissances restent, pour l'heure, trop parcellaires pour établir un schéma cohérent.

La condition des femmes se détériore, notamment avec la division des tâches. Elles enfantent de plus en plus tôt, avec des intervalles plus courts entre les naissances et une mort plus précoce. Les tendances aux pillages, razzias, guerres et esclavage s'accentuent, davantage au détriment des femmes. Les différences économiques et politiques entre ces sociétés de chasse, de pêche et de collecte s'accompagnent de plus de conflits, comme en témoigne l'apparition d'enceintes défensives. La condition générale des femmes se dégrade.

Il ne s'agit pas d'une tendance générale. Toutes les sociétés ne s'engagent pas vers plus de violence et de coercition masculine, mais il y en a de plus en plus, et plus dominatrices. D'autres maintiennent des organisations plus égalitaires. L'anthropologie féministe décrit des sociétés actuelles matrilocales et matrilinéaires avec des économies de chasse, de pêche et/ou de collecte, d'autres horticoles et agricoles présentées comme pacifiques et en équilibre avec leurs environnements. Il a dû en exister beaucoup plus avant l'expansion aussi brutale que récente des sociétés occidentales des derniers siècles. Cela confirme que les régimes de coercition ou pas découlent plus de facteurs anthropologiques et sociaux que de facteurs économiques ou environnementaux.

*Le néolithique et le labeur des femmes*

Les premières sociétés agricoles émergent au Proche-Orient sur le Croissant fertile. L'archéologie, la paléoanthropologie et la paléogénétique décrivent des sociétés patrilocales et patrilinéaires. La division des tâches s'intensifie. Les travaux agricoles et domestiques impriment leurs traumatismes sur les squelettes des femmes. Elles enfantent de plus en plus tôt, enchaînent les grossesses et meurent aussi plus tôt. « Croissez et multipliez. » Elles deviennent des enjeux économiques de reproduction ; il faut des bras dans les champs. Les tendances vues au mésolithique s'accentuent, aggravées par les conflits entre les sociétés mésolithiques tardives et les nouvelles sociétés agricoles ayant besoin de terres. Ce qui commence au Proche-Orient se reproduit un peu plus tard en Europe.

Vers 6 000 avant J.-C., des évènements climatiques poussent des sociétés patriarcales et à forte domination masculine à migrer en Europe, principalement par les rives septentrionales de la Méditerranée. L'occupation des terres cultivables conduit à des conflits et à des violences, notamment avec les dernières sociétés de chasse et de collecte mésolithiques. L'archéologie et la paléoanthropologie constatent là aussi une dégradation de la condition des femmes, avec des grossesses successives et des tâches pénibles.

C'est à cette époque que s'affirment la valorisation et la glorification de la chasse pratiquée par les hommes, et certainement des guerriers, nouvelle catégorie sociale. Des différences de traitement de plus en plus marquées s'observent dans les tombes. Vers 4 000 avant J.-C. – donc 2 000 ans plus tard – arrivent de l'est, par les plaines centrales d'Europe, des populations d'éleveurs ayant domestiqué le cheval. La vague de la culture Yamna se traduit par de profonds bouleversements, souvent violents. Cependant, ces peuples d'éleveurs sont plus égalitaires que les sociétés agricoles.

Est-ce que les différences concernant la condition des femmes entre les peuples agricoles venant du sud, patriarcaux et coercitifs, et les peuples venant de l'est et du nord, plus égalitaires, reposent sur des faits anthropologiques et/ou économiques ? De nos jours se maintient un gradient nord-sud hérité de ces migrations de la fin de la préhistoire européenne. Les sociétés du sud de l'Europe se montrent plus inégalitaires, très patriarcales et plus coercitives que celles du nord. Le droit romain issu des premières est plus discriminant envers les femmes que le droit germanique issu des secondes.

Encore une fois, il s'agit là de tendances très générales, multimillénaires, qui occultent de grandes diversités sociales entre les régions et selon les périodes de l'histoire. Les études d'anthropologie sur la coercition envers les femmes restent biaisées par le fait que les sociétés dominantes de l'histoire récente sont patriarcales et issues de la culture occidentale (entendre l'Asie occidentale et l'Europe). On a ignoré les sociétés matrilinéaires et matrilocales, voire matriarcales. Leur nombre actuel est loin d'être négligeable, même si elles sont très minoritaires. En fait, une véritable approche évolutionnaire n'émerge que depuis à peine une décennie. Se dégager d'un discours universel forgé sur le socle de la domination de l'Occident patriarcal depuis quelques siècles exige une formidable entreprise de déconstruction. L'évolution de l'Homme n'est pas celle de l'homme. En se déplaçant du côté des femmes, l'évolution de l'humanité révèle un vaste champ des possibles pour notre évolution à venir.

## Les causes modernes.

Et si la coercition masculine était un fait ancien, mais aggravé et non pas amendé par l'histoire récente ? En simplifiant à peine :

D'un côté, le patriarcat, le colonialisme et le capitalisme comme causes des violences subies par les femmes, mais sans regarder la diversité des sociétés patriarcales, sans se poser la question des autres colonialismes (comme pour les systèmes esclavagistes) et encore moins dans les sociétés modernes fondées sur d'autres systèmes économiques (sociétés communistes/socialistes). Un procès à charge contre les sociétés occidentales sans interroger la condition des femmes dans la diversité des situations historiques et géographiques des sociétés humaines au cours des derniers siècles, et encore moins pour les sociétés avec des systèmes économiques autres que capitalistes et libéraux. Le « wokisme » concentre tous les errements des confusions entre toutes ces causes plus que probables.

D'un autre côté, une forte idéologie progressiste qui persiste à croire que le patriarcat, la famille nucléaire, le *pater familias*, la nécessaire prise en main des affaires de la cité par les seuls hommes constituent les piliers des sociétés les plus avancées – entendre occidentales. Les femmes finissent par bénéficier de ces avancées, bien que leur place reste marginale, sinon invisible, dans le cours de l'histoire ; voire continuent de poser des problèmes, comme dans le monde du travail. Dit autrement, les femmes et leur « nature » sont un frein pour le progrès.

Mais qu'en est-il vraiment de l'histoire de la condition des femmes au cours des derniers siècles ?

## Une modernité bien archaïque

Notre enseignement nous a abreuvés d'une conception linéaire, universelle et méliorative de l'histoire basée sur une classification hiérarchique des sociétés humaines, avec les sociétés occidentales au sommet. Il est grand temps d'avoir un regard critique, plus encore du côté des femmes. La Renaissance est une période marquée par une révolution anthropologique qui invente un nouveau statut ontologique de l'humain dans le cosmos, l'humanisme, avec l'émergence de la pensée scientifique moderne et de la philosophie rationnelle. Une période marquée par les grandes découvertes, comme les Amériques, les guerres de Religion et la consolidation de l'Empire ottoman. Mais une renaissance pour qui ? D'un côté, l'édification d'une pensée anthropocentrique et la volonté de dominer la nature ; de l'autre, le déploiement d'une idéologie misogyne convoquant la « nature » des femmes et la « raison ». S'instaure une misogynie « moderne » qui s'ajoute aux autres – religieuses et philosophiques – dans le cadre de l'affirmation des États modernes. Pourquoi écarter les femmes des affaires de la cité alors même que de très nombreuses femmes assurent des fonctions économiques et politiques importantes ? Pourquoi les chasses aux sorcières ? Une folie irrationnelle qui finira par s'éteindre avec l'affirmation de l'État de droit et même sur intervention de l'Église. Une folie qui touche plus les pays réformés et qui perdure jusqu'à la fin du XVIII$^e$ siècle. Même des penseurs plaidant pour l'affirmation de l'État de droit, comme Jean Bodin ou Thomas Hobbes, soutiennent que les femmes doivent se soumettre aux lois des hommes ; une modernité qui, en fait, renforce une longue tradition anthropologique de la domination patriarcale par de nouveaux artifices idéologiques. De beaux esprits comme Montaigne, Descartes ou l'un de ses condisciples comme le chevalier de La Barre, qui en appelle à une féminisation des mœurs, n'y peuvent rien.

Pour l'âge classique, nos livres d'histoire sont passés à côté de ce qu'on appelle l'« âge industrieux ». Il se caractérise par l'expansion de la conquête des autres régions du monde par les sociétés occidentales, conquête d'abord commerciale, puis de plus en

## LES FEMMES FACE À L'ÉVOLUTION DE L'HOMME

plus colonialiste. Les Européens, les hommes, s'étonnent de rencontrer des sociétés d'Afrique, d'Asie, d'Amérique où les femmes disposent de plus de pouvoirs économiques, politiques et sacrés. C'est aussi grâce aux femmes de ces différentes cultures que les Européens pénètrent dans des terres inconnues. Une première mondialisation se déploie avec le commerce des produits agricoles, artisanaux et surtout textiles. Les femmes sont les principales productrices de tous ces biens. La période industrieuse se caractérise par un dynamisme économique et commercial avant tout aux mains des femmes. Mais, au fil du temps, l'influence des sociétés patriarcales occidentales provoque des transformations des sociétés plus égalitaires. La chape de la domination masculine finit par s'imposer. De ce fait, nous disposons d'une maigre connaissance de la diversité des sociétés plus ou moins égalitaires et de la place des femmes. Si ce siècle se distingue par une « féminisation » des mœurs dans les classes dominantes, il n'en organise pas moins l'exclusion des femmes des métiers et des fonctions publiques.

Le siècle des Lumières, lui, met en scène des femmes illustres, telles les grandes salonnières. Comme à la Renaissance, des femmes de la haute société – nobles ou bourgeoises – contribuent à la diffusion des nouvelles idées. Elles participent aux avancées des sciences, notamment en botanique, mais hésitent à publier. Même les plus beaux esprits des Lumières, à l'exception de Voltaire, Condorcet ou Maupertuis, doutent des capacités intellectuelles des femmes. Pourtant, toute une littérature d'autrices met en scène des femmes des pays lointains accueillies en Europe. Leur intelligence, leurs aptitudes sociales servent à dénoncer, à la manière des Persans de Montesquieu, la condition recluse des femmes européennnes. Des voyageurs s'étonnent du peu d'instruction des filles en Europe, alors que dans d'autres nations, comme en Chine ou au Japon, les hommes recherchent des femmes instruites. La question de l'éducation des jeunes femmes, jetées sans bagage dans le monde, interroge les philosophes les plus éclairés, alors même que les femmes sont de plus en plus exclues des lieux d'enseignement et de savoir. Malgré les promesses des premiers temps des révolutions américaine ou française, malgré leurs implications déterminantes, les femmes se voient formellement exclues de la vie de la cité. C'est ce que dicte la *raison* en raison de la *nature* des femmes. Incantations misogynes jamais explicitées.

Le XIX$^e$ siècle se distingue comme le plus discriminant envers les femmes en Occident, puis ailleurs dans le monde sous l'influence colonialiste. Cela commence avec le Code civil qui les infantilise, puis une organisation sociale et politique qui les confine toujours plus dans les fonctions maternelle et domestique. Les sciences naturelles puis l'anthropologie se complaisent à fournir des arguties pseudo-scientifiques sur la faiblesse de la nature des femmes. L'arsenal de la domination masculine s'appuie sur leur corps, violemment investi par les médecins, leur sexualité, la taille de leur cerveau... Un puissant édifice idéologique et « rationnel » qui a encore la peau dure, comme en obstétrique et en gynécologie. Alors que les femmes européennes connaissent des conditions de plus en plus oppressantes – le bovarysme et l'hystérie –, les hommes européens se fascinent pour les corps des femmes exotiques – colonisation des corps. D'un côté, des femmes de plus en plus frustrées, socialement et sexuellement ; de l'autre, le développement de toutes les formes de prostitution imposées par la misère, les maisons closes et les courtisanes. Apparition aussi d'un récit universel et hiérarchique de l'évolution des populations humaines, avec l'idée d'un matriarcat ancestral qui, à l'aube des civilisations, s'efface devant l'affirmation des patriarcats. Une sorte de loi naturelle ou anthropologique admise mais jamais explicitée dans ses mécanismes. Les pensées progressistes de gauche et de droite s'accordent au moins sur cette vision de la nécessité de la dominance masculine pour faire civilisation. Les femmes, ferment des révolutions, comme de nos jours en Iran, en première ligne, se trouvent spoliées du progrès social.

Le XXᵉ siècle se présente comme celui de la libération des femmes... Sans aucun doute, mais il aurait pu en être tout autrement. Les premiers mouvements féministes s'attachent à conquérir l'égalité des droits civils et civiques. Le pays des droits de l'homme ne s'honore pas d'un établissement tardif de ces droits. L'illusion de la libération des mœurs des années folles occulte l'affirmation d'idéologies viriles avec les mouvements fascistes. L'Occupation provoque une terrible vexation chez les vaincus. À la Libération se déchaîne une violence démente contre les femmes, non pas de la part des vrais résistants ou des forces de libération, mais des lâches et des résistants de la dernière heure, qui s'en prennent aux femmes, celles supposées avoir pratiqué la « collaboration horizontale » et, aussi, celles ayant eu des relations avec les soldats des forces alliées. Résurgence d'une démence misogyne pseudo-virile comparable à celle des chasses aux sorcières. Cette virilisation de la société se déploie dans le cinéma, l'économie et la politique de tous les pays industrialisés, avec le modèle de la femme au foyer et de l'homme au travail. Les « Trente Glorieuses » représentent une des périodes les plus discriminantes pour les femmes. On projette ce modèle dans la préhistoire, arguant que les femmes restaient dans les grottes alors que les hommes allaient à la chasse. Cette imbécillité anthropologique persiste encore dans les films, les livres et les manuels de préhistoire. Terrible exemple d'idéologie intégrée, sans cesse renouvelée dans ses formes.

*Pour une autre histoire et une autre évolution*

Au début du XXIᵉ siècle, les avancées récentes de la préhistoire et de l'ethnographie commencent à peine à bousculer ces canons de la misogynie. Certes, les femmes ont connu une évolution comme jamais de leur condition depuis deux décennies. Comme jamais ? Pas si sûr au regard de la paléoanthropologie. De même, si les égalités de droits sont aujourd'hui acquises, il reste encore de profondes inégalités socio-économiques et plus encore politiques. Un fond anthropologique puissant persiste dans toutes les composantes de nos sociétés. Faire des lois contre les discriminations, le harcèlement et les violences faites aux femmes ne suffit pas. Côté policier et judiciaire, il reste beaucoup de travail. L'exemple de l'Espagne montre que c'est possible. Mais, comme à la Renaissance ou après la Libération, la lâcheté virile est toujours prête à toutes les violences contre les femmes. Comment agir contre ce fond anthropologique misogyne ? Même la logique économique bute contre ce mur de coercition, alors que le seul coût de la discrimination envers les femmes s'estime à des milliers de milliards d'euros de pertes de richesse mondiale.

Notre modernité, du côté des femmes, est une formidable forfaiture de l'histoire, celle qui fait croire que les mauvaises conditions faites aux femmes seraient des réminiscences des sociétés préhistoriques ou traditionnelles, ou un héritage des siècles obscurs du Moyen Âge, comme chez Michelet ou même Voltaire, et qu'après tout, c'est bien grâce à l'humanisme, aux Lumières, au progrès et à la croissance que les hommes ont finalement tendu la main aux femmes pour les sortir de leur condition naturelle. Si chevaleresque. Formidable mensonge. Il y a toujours eu et il y a toujours des hommes pour dénoncer ces hérésies humanistes et progressistes qui, en fait, ont, avec une constance déconcertante, toujours agi pour ostraciser les femmes alors même qu'elles ont été les protagonistes de toutes les révolutions intellectuelles, économiques et politiques. La lutte continue, car rien n'est jamais définitivement acquis ; avertissement de Simone de Beauvoir trop souvent oublié et réalité anthropologique ignorée.

## Un lourd héritage idéologique

Une longue tradition misogyne des clercs de la culture occidentale, celle née dans le bassin méditerranéen, constitue un corpus remplissant les plus grandes bibliothèques. La philosophie nourrit une profonde aversion sexiste depuis la très machiste Antiquité grecque, relayée par l'Antiquité romaine, puis, malgré l'humanisme et de rares penseurs au temps de la Renaissance, un renouveau de la misogynie se manifeste au nom d'une logique jamais démontrée, comme au siècle des Lumières, pire au XIX$^e$ siècle, et encore de nos jours, en dépit de nombreuses philosophes – et pas que féministes – et de philosophes hommes qui, depuis quelques décennies, s'éloignent de la métaphysique pour penser les thèmes de notre postmodernité.

La théologie des grands monothéismes s'inscrit dans cette tradition misogyne. Là aussi, et contrairement à l'héritage anticlérical des combats pour la laïcité, les pires religions ne sont pas celles que l'on a l'habitude de dénoncer, comme le catholicisme. La folie misogyne des clercs séculaires a été plus virulente que l'Inquisition dans les chasses aux sorcières. Si certaines obédiences réformées admettent l'égalité – comme les quakers –, d'autres s'affirment plus misogynes. Les chasses aux sorcières ont été plus meurtrières dans les pays réformés. L'islam, contrairement à l'image déformée actuelle par l'islamisme radical, a longtemps été plus libéral pour les femmes que la chrétienté. La religion orthodoxe reste très machiste. Quant au monde judaïque, on y rencontre une grande diversité d'opinions sur les femmes, plus souvent respectueuses que misogynes.

Voilà pour les civilisations nées dans la partie occidentale de l'Asie. On recense une plus grande diversité de systèmes égalitaires sur le reste de l'Asie, centrale et orientale, bien plus qu'en Europe et en Asie occidentale. Même constat pour l'Afrique et les Amériques, bien qu'elles soient fortement influencées par le colonialisme européen et sa culture patriarcale. Les anthropologues et linguistes ne cessent de dénoncer les pertes de diversités culturelles ; il faut en faire autant pour la disparition des diversités sociétales et des conditions faites aux femmes.

Les sciences, jusque très récemment, ont cultivé une culture misogyne, refusant aux femmes l'accès aux institutions et aux savoirs. Interdictions ou obstacles farouches pour accéder aux mathématiques et aux sciences dites dures ; idem pour les sciences de l'observation, hormis l'innocente botanique. Les sciences biologiques n'ont eu de cesse de dégrader les différences sexuelles, infériorisant les caractères féminins ou plus féminins des gènes au fonctionnement du cerveau. De même pour l'anthropologie, qui s'est enfoncée dans une misogynie insensée, ce qui n'a pas manqué d'influencer les sciences sociales et humaines en général.

Les femmes, dans les pays les plus avancés sur ce sujet, ont obtenu l'égalité des droits civils et civiques au $XX^e$ siècle, mais persistent dans les *habitus* des inégalités socio-économiques, plus encore politiques. Ce n'est que depuis le début du $XXI^e$ siècle que la question des discriminations et des violences sexistes entre dans les agendas politiques internationaux, mais pas dans tous les agendas nationaux, tant s'en faut.

## Du côté de la sociologie

Un regard anthropologique montre les biais des études en sociologie qui reposent sur des considérations désignant les communautés culturelles, les quartiers, les statuts socio-économiques et les niveaux de scolarité. En fait, cela se résume aux quartiers. Faut-il comprendre que les classes sociales moyennes et supérieures ne connaissent pas de violences conjugales ? Le tableau qui suit reproduit celui publié par l'institut INSPQ du Québec/Canada sur les causes des violences faites aux femmes.

| Agresseurs | Victimes |
|---|---|
| Jeune âge | Jeune âge |
| Faibles revenus | Faibles revenus |
| Statut socio-économique | Statut socio-économique |
| Faible niveau de scolarité | Faible niveau de scolarité |
| Chômage | Séparées ou divorcées |
| Enfance de maltraitance (physique, sexuelle, familiale) | Grossesse (physique, sexuelle, familiale) |
| Troubles de la personnalité | Dépression |
| Abus d'alcool, drogue | Abus d'alcool, drogue |
| **Facteurs relationnels** | |
| Tolérance face à la violence | Tolérance face à la violence |
| Violence antérieure | Victimisation antérieure |
| Écart de scolarité | Écart de scolarité |
| Partenaires multiples/infidélité | Nombre d'enfants |
| Conflits/insatisfactions conjugales | Conflits/insatisfaction conjugale |
| Durée de la relation | |
| **Facteurs communautaires** | |
| Modèles communautaires et culturels entre sexes | Modèles communautaires et culturels entre sexes |
| Caractéristiques des quartiers | Caractéristiques des quartiers |
| Pauvreté, chômage | Pauvreté, chômage |
| Faible alphabétisation | Faible alphabétisation |
| Tolérance à la violence | Tolérance à la violence |
| Punitions corporelles | Punitions corporelles |
| Femmes peu autonomes | Femmes peu autonomes |
| Faible niveau de scolarisation | Faible niveau de scolarisation |
| Faible désapprobation de la violence dans la communauté | Faible désapprobation de la violence dans la communauté |
| **Facteurs sociétaux** | |
| Normes sociales propices à la violence | Normes sociales propices à la violence |
| Normes traditionnelles | Normes traditionnelles |

Les institutions du Canada et du Québec sont reconnues pour leurs engagements contre les violences faites aux femmes. Les études, les analyses et les actions mises en œuvre précèdent souvent celles engagées dans les autres régions du monde sensibles à ce fléau sanitaire, social, psychologique, économique et politique, comme l'Europe. Cependant, la lecture de ce tableau révèle un biais épistémologique propre aux sciences humaines et, aussi, socialement idéologique, comme si les classes moyennes et supérieures étaient exemptes de coercition envers les femmes.

À une enquête commanditée par la mairie de Bordeaux et le département de la Gironde, Johanna Dagorn donne un titre explicite : *Les femmes cadres, victimes oubliées des violences conjugales* (*theconversation.com*, 10 octobre 2019). Les femmes dépendant économiquement des notables se voient menacées dans leur réputation et aussi dans leur indépendance. Plus encore, la réputation de leur mari ou compagnon, leur position sociale, leurs réseaux leur procurent une certaine protection comme des moyens de pression. Pour les femmes indépendantes économiquement, le fait d'apparaître comme victimes de violences risque de nuire à leur statut professionnel et social. Les femmes cadres, épouses de notables, avocates, cheffes d'entreprise, élues, dirigeantes de grandes entreprises, présidentes d'association… subissent toutes sortes de violences sexistes, psychologiques et aussi sexuelles et physiques. Le mouvement *#MeToo* a permis de déchirer le voile d'hypocrisie sur les violences faites aux femmes dans les classes sociales les plus instruites et les plus aisées.

Une certaine omerta frappe ces femmes. Les sévices et les violences qu'elles subissent sont le plus souvent rapportés par des tiers : amies (45 %), famille (30 %), police/gendarmerie (30 %), associations (28 %), médecins (20 %), professionnels médico-sociaux (5 % ; un pourcentage faible comparé aux statistiques pour les classes les plus défavorisées, plus en contact avec les organismes médico-sociaux). La journaliste Mona Chollet, dans un article intitulé *Machisme sans frontière (de classe)* publié dans *Le Monde diplomatique* de mai 2005, déconstruit le discours idéologique qui impute aux quartiers toutes les violences sexuelles, affirmation non dénuée de biais racistes et culturels. En fait, sur vingt-huit féminicides cette année-là en France, deux ont été commis par des hommes d'origine étrangère. L'autrice dénonce les violences structurelles au travers des images de la femme au foyer, des publicités vendant le corps des femmes tout en affirmant que les violences privées découlent des mécanismes et de l'idéologie de la domination masculine de la société. En tant qu'anthropologue, je ne suis pas certain de la pertinence d'une telle affirmation – qui s'inscrit dans la mouvance « tout ça est à cause du libéralisme et du capitalisme » – et, toujours en tant qu'anthropologue, je sais qu'il y a des cultures, à la fois ethniques et sociales, qui tolèrent voire incitent aux violences contre les femmes. Il n'en reste pas moins que les insultes, les dévalorisations, les manipulations psychologiques dans toutes les classes sociales – qui prennent des formes très diverses – finissent par multiplier par cinq le nombre de suicides des femmes. Dans l'article *Rape and Respectability : Ideas about Sexual Violence and Social Class* de 2009, l'autrice Alison Phipps dénonce les biais sociaux et raciaux des juges en Amérique du Nord. Ce problème est bien connu pour les présomptions de culpabilité des hommes afro-américains ; il s'applique aussi aux différentes communautés ethnoculturelles, plus encore aux classes défavorisées et aux quartiers. Pour des raisons déjà évoquées à propos de la réputation et de la position sociale, les femmes violentées portant plainte se comptent parmi les classes économiquement les plus pauvres et les plus modestes ; autre source de biais statistique et de compréhension. Le propos n'est pas ici de minimiser les violences faites aux femmes dans les milieux sociaux les moins favorisés, mais de souligner l'ampleur d'une violence qui touche toutes les classes sociales.

La majorité des études produites dans les pays dits développés se focalisent sur les classes sociales les plus défavorisées. C'est dans ces pays que l'on trouve, évidemment, la plus grande diversité de classes sociales. Les campus universitaires, avec une majorité d'étudiants issus des classes favorisées, sont les lieux de tous les dangers pour les jeunes femmes, qui risquent des agressions sexuelles graves, comme les viols. On retrouve tous les biais évoqués dans les paragraphes précédents, comme des femmes de couleurs plus souvent agressées (d'où une action conjointe #MeToo/Black Life Matters). Une tendance vise à accuser plus volontiers les étudiants – les jeunes hommes – issus de la diversité, les autres bénéficiant de davantage d'impunité. Jennifer S. Hirsh et Shamus Kahn parlent du concept de « citoyenneté sexuelle » (*sexual citizenship*) dans, *Sexual Citizens : a Landmark Study of Sex, Power, and Assault on Campus* (Norton & Company, 2021), qui décrit l'ampleur des violences contre les jeunes femmes sur les campus universitaires, là d'où sortent les hommes appelés à tenir des positions économiques, sociales et politiques importantes (*upperclassmen*).

N'ont été citées que des études anglo-saxonnes, mais le problème de l'infériorisation des jeunes femmes comme des diverses violences qu'elles subissent se retrouve dans presque tous les établissements d'études supérieures, ce qui vaut pour la France. Lesdits établissements évitent d'aborder ces sujets pour préserver leur réputation.

Assez consternant. Depuis leur fondation, les sciences de l'homme traînent un boulet épistémologique avec les femmes ; les appeler sciences humaines n'y change rien.

## *Pathologie sapienne ?*

Il y a peu d'études sur les facteurs biologiques pouvant être impliqués dans les violences faites aux femmes. D'emblée, il ressort que les échantillons de populations sont biaisés et que les conclusions ne sont pas dénuées d'a priori sociaux et/ou ethniques.

Dans nombre d'études, la composante génétique se confond avec la composante familiale. Ces travaux montrent clairement que si, dans leur jeunesse, des enfants se trouvent témoins de violences conjugales, en l'occurrence du père ou compagnon de leur mère naturelle ou adoptive, les garçons devenus adultes se trouvent plus enclins à commettre des violences contre leur compagne (et leurs enfants, naturels et/ou adoptés). Pour autant, la corrélation gènes/violences familiales est loin d'être établie – quels gènes ? –, alors que les facteurs psychosociaux le sont fermement.

Pendant la décennie 1980, des groupes de recherche, comme l'organisation internationale Sociologists for Women in Society (1987), mettent l'accent sur les facteurs psychologiques et sociétaux. Mais, à cette époque, on ne disposait pas des moyens actuels pour étudier les gènes et leurs expressions. Dans un article de synthèse de Michèle Harway et James O'Neil de 1999 – « Biological Perspectives on Violence Against Women » –, les auteurs concluent que les théories génétiques, endocrines et neurobiologiques rendent difficilement compte des violences commises par des hommes contre des femmes. Il en ressort que, pour une partie des cas analysés, des dysfonctions cognitives interviennent, sans pour autant qu'elles soient des facteurs déclencheurs.

Il y a les gènes, mais aussi leur régulation au niveau épigénétique. Ces facteurs épigénétiques interviennent dans l'expression des gènes, d'autant que nous avons peu de gènes – un peu plus de vingt mille –, d'où leur importance. On sait aussi qu'ils sont sensibles aux conditions environnementales des individus, et qu'une partie de leurs caractéristiques peuvent se transmettre aux générations suivantes. Les travaux sur les gènes, leur expression, les comportements et le fonctionnement du cerveau ainsi que les environnements décrivent un tissu complexe de facteurs en interaction à tous les âges de la vie, ce qui commence in utero. Sara Palumbo et al. proposent une synthèse de ces interactions – « Genes and Agressive Behavior : Epigenetic Mechanisms Underlying Individual Susceptibility to Aversive Environments » (*Frontiers in Behavioral Neuroscience*, juin 2018) – d'où il se dégage une très forte influence de l'environnement sur l'expression des gènes chez les humains et, aussi, les animaux étudiés.

Les gènes ou groupes de gènes les plus souvent cités concernent les systèmes neuroendocriniens, et plus précisément la sérotonine, l'ocytocine et la monoamine-oxydase, connus pour être proactifs comme réactifs dans les comportements agressifs (gènes NR3C1, OXTR, SLC6AA et MAOA). Quelles sont les influences possibles de ces facteurs biologiques chez les hommes violents avec les femmes ?

Une synthèse récente publiée par Clare Choi, « Intergenerational Intimate Partner Violence : Pathways of Genetic and Environnemental Interactions » (*Inquiries Journal* 12 (09), 2020), livre un bon état des connaissances sur les facteurs biologiques susceptibles d'être impliqués chez les hommes violents envers les femmes. La suite fait un peu catalogue.

*Facteurs génétiques.* Les recherches sur les facteurs génétiques insistent aussi sur la combinaison gènes/environnement, ce qui signifie que les propensions aux violences ne sont déterminées ni complètement génétiquement ni par les seules conditions de l'environnement. Par exemple, les gènes dits BDNF (*Brain-Derived Neutrophic Factor*) apparaissent sensibles au stress pendant la période prénatale. Or il se trouve que les hommes violents envers les femmes le sont encore plus quand leurs femmes sont enceintes. Les enfants nés dans de telles conditions produisent plus de cortisol libéré par le système HPA (hypothalamo-hypophyso-surrélanien), associé à un état de stress. Les réponses hormonales au stress et un environnement violent tendent à ce que des comportements agressifs se reproduisent chez les enfants, dont les garçons.

Des *mécanismes épigénétiques* (méthylation). Ils interviennent aussi, associés à des comportements psychopathologiques au cours de la vie. Les gènes dits MAOA induisent chez les enfants soumis à des environnements violents des comportements agressifs. Les gènes récepteurs de certains neurotransmetteurs qui agissent sur la motivation et l'apprentissage se corrèlent à des comportements agressifs chez des enfants exposés à des contextes violents, mais ne semblent pas impliqués dans les violences faites aux femmes.

*Facteurs neurochimiques.* Trois hormones se trouvent liées à des comportements agressifs des hommes à l'égard des femmes. Un fort taux de testostérone, l'hormone mâle, est impliqué dans les comportements impulsifs et agressifs. Mais, plus que le taux de testostérone, c'est la différence ou pas de taux entre les partenaires qui prédispose à des agressions psychologiques et physiques. Que ces taux soient forts ou faibles, mais peu différents entre deux partenaires, les risques d'agression s'avèrent plus importants.

Un taux de sérotonine s'associe aussi à plus d'agressivité. L'*ocytocine*, connue pourtant comme une hormone de l'affection et de l'attachement, ressort comme un facteur aggravant, mais chez les personnes déjà agressives.

*Facteurs cognitifs.* L'alcoolisme et les traumatismes crâniens affectent les fonctions cognitives des régions cérébrales frontales. Parmi ces fonctions, l'empathie et les relations aux autres.

Il ressort clairement des études recherchant les facteurs biologiques impliqués dans les violences faites aux femmes que soit ils interviennent peu, si ce n'est de façon indirecte comme pour l'alcoolisme ou les traumatismes crâniens, soit ils interviennent aux niveaux génétique et épigénétique, mais en relation avec des environnements violents subis pendant la période prénatale et au cours de l'enfance. Pardon pour cette suite un peu fastidieuse. Il ressort que les environnements culturels, économiques et sociaux prévalent dans les régimes de violences faites aux femmes. Cependant, si on verse indéniablement du côté des sciences humaines et sociales, on relève de forts postulats sur les déterminismes sociaux non dénués d'idéologie, notamment envers les diversités ethniques et les classes sociales défavorisées. Là aussi, un défaut cruel d'approche anthropologique, car les fondements de la domination masculine procèdent plus de facteurs culturels et de traditions.

*Sous le signe du mâle*

La pandémie et le confinement se sont soldés, partout dans le monde, par plus de violences psychologiques et physiques envers les femmes. On pouvait s'y attendre, puisque la majorité des violences se manifeste dans le cadre de la vie privée. Nombre d'instances internationales et nationales et d'organisations sensibles à ce fléau n'ont pas été avares d'avertissements. Aurait-on été sensible à cette recrudescence de violences sexistes si ce problème ne préoccupait pas déjà nos sociétés, notamment au travers des associations, de quelques partis politiques et des médias ? Un progrès toutefois : on sort d'un discours latent qui soutient de manière insidieuse qu'il en a toujours été ainsi ; ce qui ne manque pas d'étonner le paléoanthropologue. Après tout, la condition des femmes ne cesse de s'améliorer, notamment au regard des avancées économiques, sociales, culturelles et politiques des dernières décennies.

Le discours progressiste et civilisationnel fondé sur l'héritage des Lumières soutient que nos sociétés se sont affranchies des obscures violences ancestrales. Forgé au XIXe siècle,

## LES FEMMES FACE À L'ÉVOLUTION DE L'HOMME

époque où l'Occident domine le monde et déploie son hégémonie colonialiste, infériorisant les autres sociétés, les autres peuples passant d'exotiques à primitifs, sans oublier une politique comme jamais de la discrimination des femmes..., il révèle une perfidie qui s'insinue encore dans les questions de notre temps touchant à toutes les formes de discrimination. En ce qui concerne la condition des femmes, c'est l'idée – fausse – que leur situation depuis les temps obscurs de la préhistoire au Moyen Âge finit par s'améliorer depuis la Renaissance grâce à l'humanisme, puis aux Lumières au XVIIIe siècle, processus relayé par le progrès au XIXe siècle et l'affirmation des démocraties au XXe siècle, avec des avancées objectives pour les droits des femmes, surtout après la Seconde Guerre mondiale – ce qui est aussi récent que tardif. Ces avancées civilisationnelles bénéficient aux hommes, et, finalement, les femmes en ont tiré quelques avantages collatéraux au regard de leurs conditions antérieures, qu'elles soient de nature ou de culture. Patience, les femmes, ça viendra ! Un formidable mensonge occulté par les avancées concrètes depuis seulement un demi-siècle. Un mensonge de l'histoire de la modernité qui, après avoir dégradé la condition des femmes, ose prétendre qu'on a libéré celles-ci du fardeau de leur condition naturelle.

À l'issue de mon approche paléoanthropologique de la question des femmes, il ressort un « propre de l'homme *Sapiens* » peu glorieux. Je précise que ce n'était pas le but recherché, motivé par une quelconque rancune misanthropique. Notre évolution n'explique pas les causes de ces violences actuelles, loin s'en faut ; il n'y a aucune circonstance atténuante, et encore moins d'excuses à rechercher du côté de la biologie et même des conditions de vie de nos ancêtres plus ou moins lointains. Les facteurs biologiques propices aux violences – génétiques, épigénétiques, hormonaux – n'interviennent que comme facteurs aggravants, mais pas initiaux. Les causes des violences faites aux femmes émergent de facteurs culturels, traditionnels, économiques, idéologiques et politiques qui affectent toutes les classes sociales.

L'ONU et ses agences proposent le programme RESPECT Women pour enrayer le problème universel des violences faites aux femmes, publié sous l'égide de l'OMS en 2019 :
Développer les aptitudes sociales
Renforcer la place des femmes
Assurer les assistances
Réduire la pauvreté
Vie privée sûre
Abolir les maltraitances et les abus sur l'enfance
Réformer les idéologies, les habitudes et les actes

On sait quoi faire, tout en pointant que le plus difficile se joue pour la dernière proposition sur les croyances, les idéologies et les mœurs. Concrètement, une telle politique exige d'agir sur l'éducation, les médias et le monde du travail, mais aussi de mettre en place des réponses policières – comme en Espagne – et judiciaires pertinentes, notamment en raison des causes spécifiques des violences subies par les femmes dans le cadre de violences conjugales, domestiques, privées et dans tous les secteurs de la vie professionnelle et publique. Une grande question d'évolution.

Il reste beaucoup de recherches à développer pour comprendre la diversité et la complexité des facteurs impliqués dans les violences faites aux femmes. Récemment, j'ai eu le plaisir et l'honneur de partager une conférence avec Michelle Perrot, grande pionnière de l'histoire des femmes, qui a salué ma contribution inattendue du côté de l'anthropologie évolutionniste. Je me rappelle aussi mes échanges avec Françoise Héritier, effarée de s'apercevoir combien notre espèce humaine, comparée aux autres espèces plus ou moins proches de nous, est inhumaine avec les femmes. Je me suis permis, sans trop m'égarer je l'espère, de jeter un regard anthropologique sur les derniers siècles de notre histoire avec ce constat : y a-t-il eu une Renaissance, des Lumières, du progrès enfin pour la condition des femmes ? Le constat est terrifiant, et j'espère ne pas trop m'attirer les foudres des historiens ou d'une historienne admirée comme Élisabeth Badinter. Au fil de ces pages, je me suis montré critique envers une partie des sciences humaines, braquées contre la biologie et notamment contre la paléoanthropologie. Mais récemment, des collègues de l'université de Nanterre m'ont demandé un article sur le sujet suivant : les questions de genre se manifestaient-elles chez les espèces plus ou moins proches de nous ? Je me félicite de cette démarche qui honore la multidisciplinarité tellement nécessaire sur un sujet aussi fondamental de notre temps. Un vaste chantier de la connaissance de l'humanité à peine ouvert... Il y a des composantes anthropologiques profondes agissant contre les femmes qui s'expriment dans tous les modes de pensée. Le plus grand choc de civilisation n'est pas celui avancé par Samuel Huntington (1927-2008), mais celui de la place des femmes au XXI$^e$ siècle.

# IX

## Un anthropologue en entreprise

*Des chimpanzés aux entrepreneurs*
Au milieu des années 1990 – décidément, quelle décennie ! –, je reçois un appel un peu surprenant. Un consultant auprès des entreprises m'appelle pour me demander une conférence sur l'adaptation. M'ayant entendu à la radio, il pense que je peux intéresser une convention d'entreprise dont le thème est celui-là. Ce qu'il ignore alors, c'est que c'est un des sujets les plus complexes des théories de l'évolution. C'est ainsi qu'après le monde des chimpanzés, je vais découvrir l'univers des entreprises, ses rites, ses croyances, ses comportements. Après une première intervention, me voilà convié aux dix ans de l'Association du progrès du management (APM), qui se tient à Tours. Fondée en 1987 par Pierre Bellon, l'ancien patron de Sodexo, l'APM est rapidement devenue le principal organisme de formation des dirigeantes – rares à l'époque – et des dirigeants – toujours parmi les plus importants. J'ai cependant le sentiment de me retrouver comme un chimpanzé au milieu d'une assemblée d'humains, m'efforçant d'adopter les bons comportements. Ma tenue d'universitaire ne passe pas inaperçue, bien que je ne sois pas accoutré de façon négligée. Je dois m'adapter.

Me revient alors le texte de Kafka *Rapport pour une académie*, mettant en scène un grand singe invité à raconter sa métamorphose – sujet très kafkaïen s'il en est – de singe en homme. On en retrouve une version plus récente dans *La Planète des singes* de Pierre Boulle, avec le héros humain s'expliquant devant une assemblée académique de grands singes très sceptiques. Ce monde des dirigeantes et des dirigeants d'entreprise possède une culture très marquée par la pensée catholique humaniste et, pour celles et ceux passés par les grandes écoles, notamment d'ingénieurs, par une philosophie très lamarckienne, cette idée qu'on peut agir sur le monde grâce au génie humain et que tout a une signification, voire un sens ; bref, à l'opposé des théories darwiniennes. Ici, les concepts d'adaptation, d'innovation, de management de groupe, de rapports à la société ou à l'environnement sont très différents. J'avais le sentiment de m'engager dans une croisade.

Suivront quelques autres conférences, dans les dernières années du millénaire. À cette époque, les grandes entreprises proposent à leurs collaborateurs et à leurs clients des *incentives*, des évènements grandioses dans des conditions de rêve tout en ayant la courtoisie d'inviter les compagnes ou les compagnons. Nous nous retrouvons en Tanzanie, là où a commencé la paléoanthropologie moderne avec la mise au jour d'un australopithèque robuste étendu à côté d'outils de pierre taillée à Olduvaï, en 1959. Belle découverte pour les cent cinquante ans de la naissance de Charles Darwin, le tenant de nos origines en Afrique, hypothèse qui déplaira fortement jusqu'au moment de la décolonisation.

Je voulais voir le Kilimandjaro, l'avion tourne plusieurs fois autour avant de pouvoir atterrir, à cause d'une couronne de nuages qui enserre le toit de l'Afrique. Je voulais rencontrer les Masaï, ce qui se fera au cours d'une grande journée de cérémonie. Pour l'occasion, ils ont sacrifié une vache, cuite au feu de bois – pas la plus tendre, elle a dû parcourir de très longues distances dans le Serengeti. La Tanzanie vient de s'ouvrir au monde, et les Masaï, contrairement à ceux du Kenya, ne sont pas encore embarqués dans les prestations pour touristes, même si je raterai une grande photographie : un Masai chaussé de baskets de marque me prenant en photo. J'échange avec eux, notamment sur leurs rituels d'initiation et la chasse au lion. En guise d'explication, ils me disent « Bouge pas ! ». Je m'exécute ! S'éloignant d'une trentaine de mètres, ils reviennent avec boucliers et sagaies : je suis le lion. Soudain, cette impression d'être dans la peau d'un lion qui va finir en descente de lit… Plus tard, un ami éthologue qui avait fait une mission de terrain pour observer les relations entre les Masaï et les lions m'apprendra que ces derniers ont appris à les éviter…

Nous poursuivons notre route jusqu'au cratère effondré du Ngorongoro – un écrin des faunes africaines. Notre petit convoi s'arrête pour laisser passer deux magnifiques lions, des mâles, des frangins. Ils avancent sans un regard pour nous, blasés, nous semble-t-il, par les touristes, d'autant qu'ils ne peuvent pas nous dévorer, ce qu'ils savent depuis qu'ils sont petits. Soudain, ils avisent un groupe d'antilopes à plus d'une centaine de mètres. Ils s'élancent. Les antilopes les ont vus, mais ne bougent pas. Les lions se rapprochent. Les antilopes montrent une certaine surprise avant de bondir de plusieurs mètres, avec ce message : « Attrape-moi si tu peux ! » Les lions abandonnent, essoufflés… mais tenteront de nouveau leur chance en soirée… Me revient la chanson d'Henri Salvador : *Dans la jungle […] le lion est mort ce soir…*

C'est pour moi le temps d'évoquer une démonstration de la théorie du handicap dans le champ des théories de l'évolution. Comprendre les comportements et identifier ceux qui donnent des signaux dits honnêtes, avec une signification sans ambiguïté d'un avertissement ou d'une qualité. Les parades parfois périlleuses des mâles cherchant à séduire des femelles entrent dans ce registre. Les attitudes machistes des hommes appartiennent aussi à ce registre – pas toujours honnêtes. Les hommes ne sont pas tous des lions, et les gazelles ne sont pas toujours bonnes lectrices des attitudes.

Cette région est un paradis sur Terre, grâce à son altitude et aux nuits aussi longues que les jours toute l'année. C'est un vrai rêve éveillé que de séjourner sur les versants du Kilimandjaro, là où a été tourné le film *Hatari !* de Howard Hawks, avec John Wayne délaissant un temps les Indiens pour les faunes africaines. Un ciel rougeoyant accueille la nuit, spectacle sublime que nous contemplons des rives d'un grand étang. L'heure de rentrer sans tarder, celle des fauves et surtout des hippopotames, les animaux les plus dangereux. Après une première conférence dans un magnifique lodge sis sur un versant du Ngorongoro, l'un des guides vient me voir et m'interroge :

– Combien de fois es-tu venu en Tanzanie ? Car tu connais plus de choses que moi…

– Je viens juste d'arriver. Mais, au vrai, je ne connais que l'aventure humaine en Tanzanie !

– Laisse-moi t'inviter à t'en montrer plus…

Nous voilà partis sur les pistes en direction du célèbre site d'Olduvaï, avec un chauffeur masaï. Nous ne roulons pas trop vite, nous discutons tranquillement jusqu'à notre arrivée sur le site mythique d'Olduvaï, là où tout a débuté, déclenchant ce qu'on appelle la « ruée vers l'os ».

Le directeur du site a été prévenu de notre arrivée. Nous arrivons au moment où il donne une conférence à des touristes américains qui ne devaient pas se trouver là. Mais les attentats à Mombasa, au Kenya, ont incité les organisateurs de circuits à se détourner vers la Tanzanie. Voir un groupe d'évangélistes créationnistes américains écouter une conférence sur les origines de l'humanité en Afrique est une bénédiction. Ils sont éberlués. L'un d'eux demande : « C'était quand ? » « Il y a deux millions d'années. » Un ange passe, sensation de durée, jusqu'à cette réaction lourde de scepticisme : « That's a lot. » Notre hôte n'en peut plus. Il nous voit comme des sauveurs. « Pardon, je dois y aller, mes visiteurs sont arrivés. » Sauvé par les os.

*Un nouveau monde*
C'est un avant-goût fastueux il est vrai de mes premiers échanges avec les entreprises. Il me faut cependant apprendre de nouveaux codes, sans qu'on m'en instruise, ce qui me vaudra de vivre des situations amusantes. Mais, au-delà d'excellents déjeuners dans de beaux établissements, les conférences qui durent plusieurs heures doivent être d'un très bon niveau, chacun se notant, comme on le fait en université...

Aujourd'hui, les conférences réalisées auprès des acteurs du monde économique et social représentent un secteur très actif, dynamisé par les conférences TED (Technology, Entertainment and Design) et la jeune génération. Très concurrentiel. Bien que durement touché par la pandémie, le secteur repart très fort avec des versions hybrides incluant des téléconférences. Il est loin, le temps où un conférencier, paré de son statut, assis derrière une table, distillait un discours pompeux en lisant son texte, sans jamais interagir avec le public. Lors d'un même évènement peuvent se succéder des conférences solennelles ou classiques au pupitre, des débats en duo (avec ou sans modérateur ou modératrice), des tables rondes, des interventions type TED dynamiques, debout et sans notes, et des participations en ligne avec des dispositifs techniques de mise en scène plus ou moins complexes, comme des studios virtuel en 3D et des hologrammes. Parfois, le formalisme l'emporte, avec des supports techniques tels que les Powerpoint, les intervenants se réfugiant dans une lecture fastidieuse. Mais, après avoir connu les projections de transparents qui s'enflamment et les chariots de diapositives qui se bloquent, quel bonheur !

Notre monde change, et très vite. Les entreprises en ont une conscience aiguë, bien que cela dépende grandement des croyances de leurs dirigeantes et de leurs dirigeants, ce qui ne va pas sans poser de sérieux problèmes d'adaptation liés à des questions d'anthropologie. L'évolution en effet ne s'arrête jamais, sauf extinction ou fin de l'humanité. C'est l'époque où la Chine entre, à la fin des années 1990, dans l'OMC. Les pays occidentaux délocalisent leurs sites de production, avec, dans la foulée, leurs problèmes sociaux et écologiques. La mondialisation heureuse rayonne sur la Terre. Jeremy Rifkin annonce la fin du travail. La France gagne la Coupe du monde de football. Pour une fois, on fait mieux que l'Allemagne, y compris pour les performances économiques. Le IIIe millénaire s'annonce radieux.

Pourtant, des signaux faibles devenant de plus en plus forts pointent sur un horizon différent. Qu'on vienne à parler de dérèglement climatique – le GIEC est créé en 1989 – et l'on se heurte le plus souvent à une franche hostilité, au mieux à l'indifférence. Je suis consterné par les conférences données par des climatosceptiques médiatiques, comme Claude Allègre (que je respecte par ailleurs) ou Luc Ferry (qui a changé depuis, comme sur la question des animaux) dans les principales organisations patronales ou d'entrepreneurs. Dans d'autres circonstances, évoquant la question des inégalités pour les femmes, je me trouve sévèrement évalué en tant qu'expert. Pire encore si je parle des diversités ethniques et culturelles, toutes questions considérées comme hors sujet en entreprise, alors qu'elles deviennent le grand sujet dans une économie de l'innovation.

Pourtant, je ne cède pas, ne lâche rien, même si parfois les échanges sont raides. Je ne suis pas là pour (me) vendre. Les entreprises finissent par entendre raison, de plus en plus. Je me sens dans la peau des missionnaires voulant christianiser les barbares, sans pour autant mériter une sanctification.

C'est mon « anthroprise » : importer l'anthropologie évolutionniste dans le monde économique et social. Je me retrouve ainsi souvent à échanger dans un groupe de réflexion convivial avec quelques grands patrons et responsables d'organisations patronales. Convivial, puisque le groupe décide de se donner le nom de « tribu ». Amical, courtois, mais avec un franc-parler : d'abord un « Tu nous ennuies avec ton développement durable », puis, plus tard, « Tu veux bien venir en parler dans une réunion. Il y a que toi qui peux leur résister ». Au fil du temps, les nouvelles idées sédimentent.

Un signe ne trompe pas. Je fais de plus en plus d'interventions pour l'APM, une belle carte de visite. Car, sitôt qu'on propose un paléoanthropologue à une conférence, fusent l'étonnement et la circonspection : Cro-Magnon à Lascaux, d'accord, mais dans le monde entrepreneurial, qui plus est un picquanthrope ! Et d'entendre depuis des décennies ce petit refrain chaque fois qu'on me présente : « Une intervention décalée de Pascal Picq. » De quoi entrer en psychanalyse. Je résiste. L'habituation, un facteur de l'adaptation. Malgré de tenaces résistances, l'évolution du monde économique et social est en marche. Le seul fait d'aller quérir des « experts » tels que moi et d'autres plus ou moins exotiques témoigne d'un esprit d'ouverture. Je me sens pleinement à ma place dans la peau d'un anthropologue observant des groupes, en l'occurrence des entreprises, en pleine évolution. Il est grand temps de rattraper une erreur de notre modernité, une idiotie civilisationnelle qui persiste à croire que l'anthropologie s'exerce hors de la cité ; que cette science ne concerne que les peuples en marge de la civilisation. Quand on dit vouloir de « l'humain et du sens », leitmotiv sans cesse répété comme on le fait des incantations, on parle en réalité d'anthropologie et, aussi, d'éthologie. Les « esprits animaux » animent les actions économiques et les prises de décision, un sujet très controversé depuis cette affirmation de John Maynard

Keynes. Qu'en dit l'anthropologie et qu'en pensent les singes ?

*Un éthologue dans les entreprises*
En éthologie, quand on décrit un système social, on distingue la structure et l'organisation. La structure donne le nombre de mâles et de femelles adultes (les enfants accompagnent les mères). L'organisation s'intéresse aux relations entre les individus. Les enfants mis à part, il en est de même pour les entreprises. Une précision toutefois : de plus en plus d'entreprises socialement responsables installent des crèches et des conciergeries ; ce sont celles, encore trop minoritaires, qui domineront, car elles s'assurent les talents des femmes, grand sujet qui s'affirme depuis la pandémie, sans compter l'existence des nouveaux pères. Les cadres et dirigeants seniors vont devoir évoluer rapidement.

Par exemple, si l'on évoque un harem, la pensée courante voit un mâle et plusieurs femelles ; ce qui ne déplaît pas aux hommes. Dans ce cas précis, il s'agit d'un harem polygyne. Mais il y a aussi des harems polyandres, avec une femelle et plusieurs mâles. Expliquant cela, je m'amuse à voir le sourire changer de visage dans une assemblée mixte. Passons aux organisations, très différentes même pour des structures identiques, comme entre harems polygynes. Première observation, les mâles sont jusqu'à deux fois plus corpulents que les femelles et parés de belles toisons. (Là, je vois les hommes se redresser et prendre des postures avantageuses ; les femmes s'en amusent). Chez les babouins hamadryas d'Éthiopie, le mâle capture des femelles à peine pubères et les soumet à un régime de contrôle très coercitif, parfois violent. Chez leurs voisins, les babouins geladas, le mâle s'efforce d'être admis par un clan de femelles apparentées, très solidaires ; il peut être évincé par un autre mâle avec l'assentiment des femelles. Chez les gorilles, des femelles décident de se placer sous la protection d'un mâle, tout en se donnant la liberté de changer de harem. Ainsi, une même structure et trois organisations très différentes. Je laisse aux lecteurs et plus encore aux lectrices la liberté de trouver des analogies avec leurs organisations professionnelles.

Autre exemple, les sociétés avec plusieurs femelles et mâles adultes dites multifemelles/multimâles. Chez les babouins de savane, les femelles restent toute leur vie dans leur groupe natal ; elles sont matrilocales, alors que les mâles viennent d'autres groupes. C'est l'inverse chez les chimpanzés, où cette fois les mâles passent leur vie dans leur groupe de naissance – patrilocaux –, alors que les femelles viennent d'autres groupes. Cela implique des différences considérables pour les organisations, notamment en ce qui concerne les relations de domination entre les sexes ; sujet, comme on le sait, devenant de plus en plus sensible dans les entreprises et les organisations.

Remarque importante : dans les quelques exemples donnés, les structures et les organisations ne dépendent pas systématiquement d'une lignée ou de conditions environnementales. Traduction : pour nos entreprises, nos organisations et nos sociétés, il n'y a pas de déterminisme socio-économique lié à tel ou tel type de libéralisme ou de socialisme, ou, en référence à Montesquieu, à l'écologie ou au climat. Ce sont des questions d'anthropologie, ce qui veut dire que les structures comme les organisations peuvent changer, ce qu'on observe chez les singes et les grands singes, plus d'inertie dans les organisations humaines pour cause de trop d'archaïsmes genrés. J'entendrai souvent ces arguments du genre « Cela a toujours été comme ça », qui me font sourire.

Quel bonheur d'être un anthropologue au cours de cette période de grande transformation des entreprises comme dans les clubs APM ! À commencer par une évolution éthologique fascinante ; l'APM devient pour moi l'Association primatologique du management. Dans un premier temps, une grande majorité de groupes multimâles : que des hommes. Puis arrivent de plus en plus de groupes polyandres : une femme et plusieurs hommes. La structure évolue, mais pas l'organisation phallocratique, car, dans la plupart des cas, elles se retrouvent en charge de l'organisation – les animatrices qui font le travail. Au fil des années, l'on voit de plus en plus de clubs multifemmes/multihommes, même si les femmes restent minoritaires. On n'est encore assez loin d'une totale mixité, mais on s'en rapproche. La France s'est hissée à la première place sur ces questions, même s'il reste encore des progrès à accomplir, comme au plus haut niveau des entreprises et des organisations. D'aucuns, les réactionnaires, crient à la féminisation. D'autres, en majorité, comprennent que la mixité devient le socle de l'adaptabilité des entreprises. Une révolution éthologique structurelle et organisationnelle vraiment rapide. Certes, des femmes constatent, avec raison, que cela a mis du temps. Sans aucun doute. Mais les jeunes femmes qui arrivent aujourd'hui dans le monde économique et social prennent conscience du formidable changement porté par les deux générations de femmes qui les précèdent, car, comme déjà précisé, rien n'est jamais définitivement acquis.

Les modes de management commencent à être sérieusement bousculés dans le contexte d'une économie de l'innovation. Le nouveau credo devient « Innover pour survivre ». Quelles sont les conditions pour innover ? Un groupe d'éthologues s'est posé la question. Ils analysent les facteurs qui font qu'un groupe innove ou pas – entendre s'adapte éthologiquement ou pas – dans un échantillon de 78 populations de singes, de grands singes et d'humains appartenant à 24 espèces différentes : macaques, capucins, babouins, entelles, chimpanzés, bonobos, *Sapiens*... Contrairement au mauvais biais habituel de ce genre d'études, on ne postule pas que telle ou telle espèce est plus ou moins intelligente ; c'est quelle que soit l'espèce, sans a priori, et donc universel, comme on dit, en anthropologie. Il en ressortira deux typologies que je désignerai l'une de type macaque (*macaca-like*), l'autre de type chimpanzé (*chimpanze-like* ; pardon pour ces termes, mais pour faire sérieux dans une école de commerce et dans les conventions, il faut jargonner en franglais). Je m'amuse, tant les unes et les autres, sans attendre les conclusions de l'analyse, se sentent d'emblée proches des chimpanzés avant de constater qu'elles et qu'ils sont plus macaques. On m'en voudra, bien que je n'y sois pour rien.

Dans le modèle macaque, les groupes subissent une hiérarchie rigide. Le népotisme règne parmi les dominants, un entre-soi souvent coercitif envers les dominés. Le statut prévaut sur les compétences et, selon les canons de ce genre de conviction, tout individu de rang supérieur nourrit la certitude de posséder toutes les compétences des individus de rang inférieur. Si, parmi ces derniers, certains présentent des compétences, elles sont méprisées ou accaparées. C'est une organisation *top-bottom* et sans culture d'essai-erreur. Ce n'est pas sans me rappeler, des décennies plus tard, les macaques de l'île de Koshima, leurs patates douces et leurs cultures qu'évoquaient mon professeur de philosophie en classe de terminale. Les Japonais, par exemple, entretiennent une relation très différente de la nôtre avec les animaux (et, comme nous le verrons, avec les machines). Ils sont animistes, ce qui veut dire que, pour eux, toutes les espèces participent d'un même grand esprit. Celles-ci ne diffèrent que par leurs formes et comportements respectifs. En Occident, et dans sa forme la plus radicale dans la culture française, c'est l'inverse : il y a communauté de structures pour les corps, mais une scission radicale pour l'esprit. Si l'anatomie comparée démontre que nous sommes des mammifères, parmi ceux-ci des singes et parmi ces derniers des grands singes, avec une parenté très étroite avec les chimpanzés d'un point de vue génétique et anatomique, il en est tout autrement pour les comportements et les capacités cognitives : cela aura été la grande bataille des anthropologues évolutionnistes de ces dernières décennies que de montrer que les grands singes, par exemple, ont des cultures et des capacités cognitives identiques (on dit homologues) aux nôtres, alors qu'en Orient, il faudrait au contraire avancer des preuves que ce n'est pas le cas. Ces différences anthropologiques et ontologiques expliquent pourquoi l'éthologie japonaise est la plus en avance, alors que cette discipline s'installe encore difficilement dans nos institutions universitaires. On reparle de la séparation des magistères et de sciences ?

Les Japonais respectent, et même vénèrent, les macaques. La condition de vie de ces derniers est pourtant difficile, surtout en hiver, même s'ils prennent des bains dans des sources d'eau chaude – enfin, les dominants –, les autres grelottant, le séant, déjà bien lisse, dans la neige. On leur donne des patates douces jetées sur une plage. Là encore, les dominants se servent en premier. Imo, une femelle dominée, attrape comme elle peut une ou deux patates d'un geste rapide. Leur peau contenant du sable, très désagréable pour la mastication, elle a l'idée dans un premier temps de les nettoyer dans l'eau douce, puis dans l'eau salée de la mer, en comprenant que cela leur donne un meilleur goût. Elle innove : les origines des sushis. Aujourd'hui, tous les macaques de l'île de Koshima lavent et dégustent des patates douces salées. Cependant, en raison de la hiérarchie rigide et méprisante, les dominants n'adoptent pas les gestes d'Imo. L'innovation passera par les enfants, moins stricts sur les statuts hiérarchiques, et se diffusera lentement au fil des générations. Autre leçon : les innovations apparaissent le plus souvent à la périphérie, avec des individus dans des situations moins favorables.

Mes auditoires *Sapiens* n'apprécient pas forcément ces analogies. Si le singe ne passe toujours pas dans notre culture, le macaque encore moins dans le monde du management, qui apprécie assez mal ce modèle, pourtant dominant dans nos entreprises. L'homogamie avec des femmes et des hommes sortis des mêmes grandes écoles (mêmes milieux, mêmes quartiers, même classes sociales), la quête obsessionnelle de statuts et de privilèges, la conviction que les autres sont moins compétents car ils sont moins diplômés... Dès que j'ai abordé ce sujet, mes évaluations APM ont chuté, d'autant qu'un changement de gouvernance s'orientait alors radicalement vers les approches coaching *feel good* ; je traduirai en français par méthode Coué...

Il s'agit alors en effet de faire comprendre que ce n'est pas la qualité des individus qui est mise en cause, qu'ils soient énarques ou pas, polytechniciens ou pas, normaliens ou pas.... C'est une question de diversité. Les plus talentueuses et les plus talentueux le sont encore davantage dans des contextes de différences les obligeant à reconnaître d'autres compétences. Là encore, je fais face à de vives oppositions, comme ce dirigeant affirmant qu'il lui est plus facile de gérer des personnes issues de la même école. Certes, mais que le monde vienne à changer, qu'il faille innover, et l'adaptation devient impossible. Cette entreprise, donnée un temps comme modèle, a disparu depuis.

Et les chimpanzés ? Ils ne répondent pas à la mode soudaine du *bottom-up*, schéma retourné du *top-down*. La vraie question n'est pas hiérarchie ou non-hiérarchie, mais bien comment se comporte la hiérarchie. La mode de l'holocratie (l'idée qu'un groupe évolue sans hiérarchie stricte) comme celle de l'entreprise libérée (la capacité de placer tous les acteurs dans une attitude responsable et participative, tout en gérant plus librement ses intérêts et ceux de l'entreprise) pourraient faire oublier qu'il n'existe aucune communauté animale sans hiérarchie. Il existe en revanche une grande diversité d'organisations, des plus pyramidales, fondées sur les statuts et sur l'autoritarisme, aux plus libérées, basées sur les compétences qui requièrent – critère souvent oublié lui aussi – un fort leadership. Allons suivre une chasse chez les chimpanzés.

Nos chimpanzés viennent de manger, ils sont repus. Des singes colobes ou singes de Brazza, à la fourrure noire de jais et à la queue en panache blanc, passent au-dessus d'eux dans la canopée. Ils feraient un bon dessert ! Mais attraper un ou deux colobes, rapides, agiles et nantis de belles canines dans un espace à trois dimensions suppose compétence, efficacité, coordination et un ou une leader. Le groupe, dont les plus dominants, sait que tel individu, même s'il est plus bas dans la hiérarchie, se montre le plus compétent pour mener une chasse collective. Quelques coups d'œil complices, et les voilà partis pour la traque sous sa direction. Grands cris de panique des colobes, tumulte dans la canopée façon *Predator*, jusqu'à ce que le leader de la chasse en attrape un et le tue (parfois deux). La suite n'est pas moins intéressante. Le leader, garant du succès collectif, se pose en puissance invitante. Les dominants quémandent leur part, qu'ils obtiennent pour deux raisons : ils ont participé et ils sont dominants. Tous ceux et toutes celles qui ont participé obtiendront une part. Si une femelle a participé, elle obtiendra une part, si elle n'a pas participé, aucune ; à moins qu'elle ne soit attirante... Le leader, quant à lui, se réserve la « part du chef », les meilleurs morceaux, avec le consentement des dominants – reconnaissance.

Les chimpanzés ont agi sur le registre des méthodes agiles : décision prise collectivement sous l'impulsion des dominants ; mise en place d'un groupe sous la direction d'un individu compétent indépendamment de sa position hiérarchique ; action collective mobilisant les différentes compétences ; partage des gains et reconnaissance envers celui ou ceux ayant été les garants du succès collectif ; transparence.

Il n'y a encore pas si longtemps, les entreprises, les organisations et encore plus les administrations se situaient très loin de ce modèle chimpanzé et des méthodes agiles. Heureusement, là aussi, une évolution rapide s'est appuyée sur des concepts d'entreprises libérées, stimulée par les nouveaux métiers issus du numérique, la culture start-up, les incitations intra-preneuriales, la simple obligation d'innover et les attentes des jeunes dits de la génération Y – allergiques au mode macaque.

À propos d'holocratie, au sein de sociétés de singes avec des hiérarchies plus ou moins rigides, comme les babouins et les macaques, on a observé des circonstances de prise de décision très démocratiques. Attentif à ces questions alors que les fondements de nos démocraties se trouvent de plus en plus secoués, un groupe de députés m'avait invité à présenter ce qu'il en est de ces questions fondamentales dans les sociétés humaines, de grands singes et de singes – bel exemple d'intelligence collective de la part de nos élus. Pour l'heure, on sent moins d'intérêt du côté des entreprises – je n'ose imaginer ce qu'il en est dans l'Éducation nationale.

Alors, macaque ou chimpanzé ? Les deux modèles et leurs variations s'appliquent toujours. Question de management, justement. Cela dépend de l'environnement ou, pour les affaires humaines, du type de marché. Il y a toujours des macaques ; il y a toujours des chimpanzés. La mise au point du vaccin contre la Covid en quelques mois au lieu de quelques années s'est appuyée sur le modèle chimpanzé, avec des collaborations ouvertes entre des entreprises de différentes tailles, sensibles aussi aux outils de l'intelligence artificielle. Pour créer un nouveau marché, il faut être agile et chimpanzé. Mais, si une entreprise œuvre dans les génériques, dans un marché déjà défini, alors mieux vaut être macaque. Au fait, pourquoi les grands groupes français sont-ils passés à côté de cette découverte ? Trop macaques…

*Face au changement, vive les différences !*
On me fait intervenir le plus souvent sur les questions liées au changement. Comment les sociétés de singes, de grands singes et humaines s'adaptent-elles ? Quels sont les facteurs naturels, cognitifs et culturels qui résistent ou favorisent l'adaptation au changement ? Du côté des facteurs naturels, la réponse est simple : les diversités. L'acronyme VUCA (*Volatility, Uncertainty, Complexity, Ambiguity*) fait son retour pour décrire un monde vulnérable, incertain, complexe et ambigu (VICA). Rien de nouveau, même si cela fait plus *business* en anglais ! D'un point de vue évolutionnaire, il en est toujours ainsi pour les espèces. Cependant, seules les sociétés humaines s'efforcent de penser le monde selon des schémas idéels, un monde fixe ou progressiste, jamais au regard d'un monde évolutionnaire et contingent. Le changement, d'accord, mais à condition que ce soit dans la continuité – et encore ! Et à bas la contingence.

Les sociétés humaines et plus particulièrement nos sociétés détestent les contingences. Leurs constructions idéelles – mythiques, religieuses, philosophiques, scientifiques ou politiques – les abhorrent. C'est un concept ambivalent : il décrit le fait que des caractères – les variations ou mutations en génétique ou nouveaux comportements – apparaissent sans signification par rapport au monde. S'ils ne sont pas retenus ou sélectionnés, le monde ne change pas – c'est contingent au sens de sans intérêt. Mais, s'ils sont retenus ou sélectionnés, le monde change. C'est l'« algorithme darwinien » : des caractères apparaissent indépendamment des conditions de l'environnement. S'ils ne sont pas sélectionnés, rien ne change. S'ils le sont, cela peut être soit bénéfique soit désavantageux, notamment si l'environnement change. Un exemple fameux en paléontologie des entreprises : Kodak et l'invention de la photographie numérique. L'invention proposée par un ingénieur de cette entreprise a semblé sans intérêt à la direction de Kodak, en même temps que les entreprises japonaises y saisissent une opportunité. On connaît la suite. Michel Serres, l'un des rares philosophes ayant compris l'évolution, livre cette recommandation : « Plutôt que de chercher une cause, mieux vaut considérer les variations dans un éventail de contraintes multiples. »

Comment font les espèces pour s'adapter au monde VUCA qu'elles contribuent elles-mêmes à changer ? Car, si l'environnement oblige les espèces à changer, les espèces changent aussi l'environnement ; l'évolution est un système autocatalytique qui crée constamment les conditions de sa dynamique. Le génie de Darwin est d'avoir compris cette idée aussi géniale que fondamentale : l'adaptation repose sur les diversités et leurs interactions. Les théories de l'évolution sont des théories des diversités ou des variations : les chances de s'adapter à un monde incertain reposent sur ces variations, qui sont autant de potentialités probables pour l'adaptation. Du coup, on commence à comprendre pourquoi les diversités humaines et naturelles importent pour notre évolution en train de se faire, pour les entreprises et nos sociétés.

Pourquoi la question des diversités au sein des entreprises prend-elle une telle importance depuis quelques années ? Tout simplement parce qu'on a basculé dans une économie de l'innovation dans un monde qui change très vite, un monde VUCA dont nous sommes les principaux agents. Nous sommes entrés brutalement dans des mondes darwiniens, et, pour survivre dans de tels mondes, il faut être darwinien : favoriser les diversités et leurs interactions. Notre vieille Europe a quelques soucis à se faire – ce n'est pas l'anthropologue évolutionniste qui s'exprime, ce sont les rapports de la Commission européenne. Notre arrogance postcoloniale matinée par l'évolutionnisme culturel occidental ne nous a pas permis de voir venir les Japonais avec l'électronique dans les années 1980, les Indiens avec la sidérurgie au tournant des années 2000 et les Chinois avec les intelligences artificielles depuis 2010. Les diversités à la tête des grandes entreprises de la tech américaine donnent pâle figure aux dirigeants et dirigeantes des grandes entreprises européennes. Discriminer dans une économie de l'innovation mondialisée, c'est perdre en adaptabilité, ce qu'on appelle en anglais *the costly business of discrimination* : la perte potentielle de richesse de la seule discrimination envers les femmes dans le monde s'évalue à plus de 10 000 milliards d'euros à l'échelle mondiale. Si l'on ajoute les autres...

Ces réflexions m'ont conduit à écrire un ouvrage intitulé *Un paléoanthropologue dans l'entreprise*. Depuis lors, je lis régulièrement les enquêtes et les rapports internationaux autour de la transformation des entreprises produits par différentes institutions (Banque mondiale, *Harvard Business Review*, Commission européenne, World Economical Forum, Accenture, McKinsey Global Institute, EY, Bureau international du travail), accessibles gratuitement. Ce qui me frappe toujours est l'iconographie de ces documents, qui présente systématiquement des personnes de toutes les diversités : femmes, hommes, juniors, seniors, diversités ethniques et culturelles, personnes en situation de handicap... Le Conseil de l'Europe et la Commission européenne s'en soucient depuis des années ; en revanche, l'iconographie est homogame, masculine et blanche dans les revues françaises, si ce n'est une évolution sensible amorcée depuis quelque temps. Comment, dès lors, avancer dans le pays champion de la reproduction sociale ? Au fait, on vient de glisser de la sixième à la neuvième place dans le classement des plus grandes économies du monde, ce qui n'est pas sans rapport. Il n'y a que les élites pour croire qu'il n'y a pas d'autres élites.

Passons aux facteurs cognitifs. Notre cerveau est un grand paresseux qui n'aime pas le changement, alors que ne pas changer altère ses capacités – dissonance. Des éthologues se sont intéressés aux processus psychologiques à l'œuvre dans le refus ou l'acceptation du changement chez les singes capucins à la suite des travaux en économie expérimentale de Daniel Kahneman, prix Nobel d'économie. Chez les humains et d'autres espèces de grands singes et de singes, comme les chimpanzés, la première attitude consiste à préserver les gains ou les acquis. Mais, si le changement est inéluctable avec des pertes inévitables, alors les individus acceptent de prendre des risques et de faire des paris sur les pertes. Traduction : quand des candidats à une élection présidentielle parlent du concept de destruction créatrice de l'économiste de l'innovation Joseph Schumpeter, nos cerveaux enregistrent perte, pas création – littéralement ce vieil adage : « un tiens vaut mieux que deux tu l'auras ». Traduction en vie de singe : je m'accroche fermement à la branche tant que je ne suis pas sûr de tenir l'autre branche. Mais si l'arbre tombe... Plus aucun candidat ne se risquerait aujourd'hui sur ce terrain. Quant aux manageurs, les voilà instruits de ce qui les attend s'ils ne présentent pas correctement leurs projets. De Jean de La Fontaine à Daniel Kahneman, il doit y avoir une leçon universelle à saisir. Évidemment, il arrive qu'un représentant syndical m'entende et m'interpelle :

– Si je comprends bien, il faut renoncer à des acquis obtenus souvent de haute lutte pour espérer des avantages inconnus.

Je lui propose alors cette réponse :

– Tu préfères être une plante ou un animal, autrement dit, être enraciné et synthétiser tes protéines à partir des éléments minéraux du sol ou être libre de te déplacer et consommer les protéines des plantes ?

– Présenté comme cela, un animal, évidemment.

– Pour devenir des animaux, des organismes ont dû abandonner la capacité de synthétiser des protéines organiques pour acquérir d'autres capacités. L'adaptation est toujours un compromis entre pertes et acquis.

– J'ai compris. Mais il me sera bien difficile d'avancer ton argumentation dans toutes les réunions.

Comme toutes les espèces, nous sommes toujours confrontés aux mêmes facteurs naturels pour l'adaptation. Idem pour une partie des espèces ayant des capacités cognitives complexes, comme les singes et les grands singes, chez qui interviennent des facteurs cognitifs. Restent les facteurs culturels qui, dans l'état actuel de nos connaissances, ne concernent que les humains (en attendant d'en savoir plus sur les singes et les grands singes). D'aucunes et d'aucuns nourri(e)s aux mamelles de l'anthropocentrisme s'offusquent de ces références aux singes, voire aux peuples qualifiés à leurs yeux de primitifs. Comme la Castafiore des aventures de Tintin, je ris de nous contempler dans le miroir de l'éthologie et de l'anthropologie. L'économiste John Maynard Keynes parlait d'« esprits animaux » à propos des réactions des financiers sur les places boursières. Depuis, le sujet a nourri de vives controverses dans le landerneau des économistes, qui ne jurent que par le modèle de l'agent économique rationnel. Avez-vous remarqué que toutes les crises financières se déclenchent à l'automne, après l'été et avant l'hiver, très rarement au printemps ? Les jours plus courts et la baisse de luminosité affectent les esprits financiers – explication éthologique rationnelle pour comprendre l'irrationalité de la Bourse... Pour y remédier, j'ai suggéré que l'on délocalise les places boursières près de l'équateur, à l'instar des bases de lancement des fusées pour des questions de force centrifuge (la vitesse de déplacement y est de 1 600 km/h et nulle aux pôles), alors que les principales places boursières se situent quasiment sur une même latitude tempérée. Certes, détail inutile depuis que tout passe par les ordinateurs, les logiciels et les réseaux numériques. Restent les esprits animaux des humains et ceux des machines qui nous ont valu la crise de 2008. Le jour où les économistes écouteront le puissant lobby des paléoanthropologues se fait encore attendre...

Après les facteurs naturels – les diversités et leurs interactions – et les facteurs cognitifs – le cerveau réactionnaire –, place aux facteurs anthropologiques. La question est celle-ci : quelles sont les représentations culturelles qui font que des entreprises et des sociétés se montrent capables ou pas de s'adapter ? Le constat est sans appel : de puissants et multiples facteurs anthropologiques s'y opposent. Les débats autour de l'innovation comme les controverses autour des enjeux sociétaux et économiques du climat et des diversités m'ont conduit à cet aphorisme : dis-moi comment tu vois le monde et je saurai quelle est ton économie (et ton entreprise). Il y a fondamentalement trois façons de penser le monde. La première et la plus répandue est qu'il en a toujours été ainsi ou qu'il revient toujours à un même état ; respectivement un monde fixe ou cyclique. La deuxième, plus récente et propre à une partie des sociétés occidentales depuis la Renaissance, tient que le monde évolue selon un schéma immanent et une finalité ; il s'affirme selon la volonté et les projets de la société – c'est le progressisme. La troisième, la moins comprise, la plus contestée et pourtant celle qu'il va nous falloir accepter rapidement, est que le monde change au gré des circonstances et de multiples contingences. Les termes consacrés sont respectivement fixisme, transformisme et évolutionnisme – ce dernier terme prenant des acceptions très différentes.

La très grande majorité des cultures humaines se pensent comme stables dans un monde constant ou, si elles s'intéressent aux cycles célestes, imaginent qu'elles subissent des changements cycliques ; ce qui est une forme de fixisme circulaire. Ce sont, par exemple, les « révolutions du globe » du paléontologue et néanmoins très créationniste Georges Cuvier. Dans *La Pensée sauvage*, Claude Lévi-Strauss décrit comment ces sociétés inventent des idéels et des règles sociales visant à maintenir le monde stable, ce qu'il appelle aussi des sociétés froides. Le concept d'innovation est étranger à de tels contextes culturels, comme tout ce qui peut perturber un idéal d'équilibre dans la société et le cosmos. Les sociétés chaudes adhèrent, elles, à une philosophie du devenir, du changement. Elles mettent en œuvre des idéels (croyances, philosophies, économies, sciences, politiques) et des techniques pour agir sur la nature et en tirer les moyens de s'en émanciper. Je les qualifie de transformistes au sens de Jean-Baptiste de Lamarck. Cet immense biologiste s'oppose au géant Georges Cuvier sur cette question de la fixité ou de la transformation des espèces, établit le principe dialectique et moteur de l'adaptation : les populations possèdent des capacités de s'adapter à des environnements qui changent. Dans cette conception, l'invention et l'innovation sont consubstantielles et réactives. Si l'environnement ne change pas, il n'y a pas transformation. Dans le cas contraire, « l'invention/innovation est la fille des nécessités ». Cette pensée est le socle de la culture occidentale depuis la Renaissance avec l'humanisme, les sciences, la philosophie rationnelle, le progrès, les techniques, la croissance et l'évolution. En effet, ce terme ne vient pas de la biologie. La puissance occidentale repose sur cette idéologie évolutionniste. Il s'agit bien d'une idéologie puisqu'elle imprime sa conception du monde à l'histoire, à l'anthropologie sociale et culturelle, à l'évolution des espèces et à l'économie.

L'idée princeps de l'évolutionnisme rapporté à l'évolution humaine est celle d'un ancêtre audacieux – toujours un mâle – qui se redresse pour marcher, dominateur, dans les savanes, le regard fixé sur son devenir, obligé de se défendre d'une nature hostile et contraint d'inventer des outils et des armes pour assurer sa survie. Du mythe de Prométhée à celui de l'hominisation, en passant par la magistrale introduction du film *2001 : l'Odyssée de l'espace* de Stanley Kubrick, cette construction idéologique conduit aux défis actuels sur l'environnement, les biodiversités et la question des techniques. Le succès irrationnel des transhumanistes en représente la version la plus exacerbée. *Sapiens* est l'aboutissement ultime de l'évolution des espèces et, si on désire encore évoluer, dépasser les contraintes de sa nature humaine après avoir dépassé celles de la nature, on doit s'en remettre aux technologies... Cette hominisation triomphante qui s'affranchit de la nature se prolonge par le transhumanisme, qui n'a cure de la nature, quitte à migrer sur d'autres planètes.

Ce récit est un parfait exemple de discours évolutionniste, mais pas au sens des théories biologiques de l'évolution, qu'il convient dès lors de qualifier d'évolutionnaires. Cet évolutionnisme-là émerge au XVIII<sup>e</sup> siècle dans le cadre des Lumières, animé de l'idée d'améliorer la condition humaine. La pensée économique émerge dans ce contexte. Depuis, tous les grands systèmes idéologiques du progrès, de droite comme de gauche, s'inscrivent dans cet évolutionnisme social et culturel (hormis les épisodes récurrents et utopiques de retours aux sources – sans connaissance de ces « sources » en anthropologie). Il se forge avant que ne se construisent les théories biologiques de l'évolution, non sans les influencer. Il persiste encore avec beaucoup de résistance dans le champ des sciences sociales et en anthropologie culturelle, non sans commencer à fléchir. L'usage du terme « évolutionniste » s'applique à la deuxième vision du monde.

Pour la troisième, darwinienne dans son acception moderne, on utilise le terme « évolutionnaire ». Cela signifie que les espèces doivent constamment s'adapter pour deux raisons principales déjà évoquées : les facteurs endogènes avec l'émergence de diversités et l'intervention de facteurs exogènes. Pour les sociétés humaines, aux facteurs biologiques endogènes, s'ajoutent les innovations techniques et culturelles, plus récemment pour les entreprises et leurs innovations, le numérique. Quand Steve Jobs présente le premier iPhone en janvier 2007, il dit : « I'm going to change the world. » Même lui ne sait pas comment il va changer. Pourtant, sans que personne ne s'en rende compte alors, on est entré dans un nouvel âge de l'humanité qui baigne dans ce que j'appelle l'*espace digital darwinien*.

Ces trois visions du monde déterminent les politiques des nations, des économies et des entreprises au regard des changements actuels. Le tableau qui suit, très synthétique, certes, livre une interprétation anthropologique des controverses actuelles autour du développement durable, des générations futures, avec, en outre, des incidences sur le statut des femmes comme de la gouvernance des nations et des entreprises. Pour prendre un peu de hauteur conceptuelle autour de ces trois approches du monde, retrouvons les girafes. Pour un fixiste, les girafes ont été créées ainsi et rien ne les changera. Pour les transformistes, lorsque les ancêtres des girafes sont apparus – comment ? Là n'est pas la question –, ils avaient un cou plus court. Mais voilà que les arbres se mettent à grandir, et, leur couronne se trouvant plus haut, les ancêtres des girafes doivent allonger leur cou pour attraper les feuilles et, ce faisant, deviennent des girafes – un exemple de bodybuilding transformiste. Pour les darwiniens, il a bien existé une population ancestrale des girafes avec, en moyenne, des cous plus courts. La couronne des arbres plus haute, les individus avec d'emblée un cou plus long deviennent avantagés et se reproduisent entre eux, générant une population fille avec, en moyenne, des cous plus longs. Si de tels individus n'avaient pas existé, cela aurait été l'extinction. Une parabole qui explique très bien la différence entre les filières administratives qui allongent leur cou (leurs coûts ?) et les entreprises qui en payent les coûts.

Dans la première vision du monde, la nature et ses ressources sont un don du Créateur. On en jouit comme on l'entend. Et si elles s'épuisent ? Réponse d'un ami très croyant : « Dieu pourvoira à nos besoins. » Ce sont les économies des régions pétrolières (l'Arabie saoudite avec le wahhabisme ; l'Iran avec le chiisme ; la Russie avec l'orthodoxie ; les évangélistes de la *Bible Belt*...) et plus largement des endroits où les ressources naturelles sont importantes, comme au Brésil, au Canada, en Australie – autant de pays influencés par des obédiences religieuses conservatrices, avec des poussées fondamentalistes récentes. Ici ou là, on observe la contestation du réchauffement climatique, le mépris des environnements et des biodiversités, des tentations théocratiques et un statut coercitif des femmes... Les dirigeants d'entreprise et leurs actionnaires qui sont nourris de ces croyances ne manifestent aucune sensibilité aux problématiques RSE (Responsabilité sociale et environnementale).

La deuxième vision du monde concerne plutôt les pays où, si l'on n'a pas de pétrole, on a des idées, pour reprendre un fameux slogan post-premier choc pétrolier. Les économies sont basées sur les sciences, leurs applications et les technologies. Ce sont la côte est des États-Unis, l'Europe occidentale, le Japon, rejoint par les autres dragons asiatiques et récemment par les géants chinois et indien. Hormis la Chine pour les libertés individuelles, ce sont des pays démocratiques, laïcs, avec des conditions plus égalitaires pour les femmes. Les considérations sur les enjeux sociétaux et environnementaux sont appréhendées, mais avec des politiques concrètes disparates et, parfois, non exemptes de contradictions. La Communauté européenne se distingue comme la région du monde la plus avancée sur la plupart de ces grands sujets avec le *Green Deal* (pacte vert). Notons qu'il a failli être remis en cause au cours d'un vote récent au Parlement européen.

## Trois façons de penser le monde et d'agir

| Fixisme ou cyclique | Transformisme | Evolutionnaire |
|---|---|---|
| George Cuvier | Jean-Baptiste de Lamarck | Charles Darwin |
| Monde stable ou cyclique | Monde qui se transforme selon une finalité, un but | Monde qui change de façon contingente |
| Les variations sont des erreurs potentielles | Les variations répondent à des contraintes de l'environnement ou à une finalité | Les variations sources d'innovation |
| Sélection stabilisatrice | Sélection dirigée | Sélection diversifiante |
| Pas d'innovation | Innovation réactive, dirigée, incrémentale | Variation/sélection Innovations de rupture |
| Pensée conservatrice | Pensée progressiste | Pensée évolutionnaire |
| Economies basées sur les ressources naturelles | Economies basées sur la créativité appliquée, solutionnisme | Economies basées sur l'entreprenariat, créativité émergente |
| La nature donnée | La nature à prendre | la nature à préserver |

Cependant, l'Europe a pris un métro de retard dans le numérique, car les gouvernances antérieures à l'actuelle sont passées à côté à cause de la prévalence de sa culture évolutionniste, peu apte à percevoir les ruptures. Focalisée par la libre concurrence sur son vaste territoire et soumise aux influences des grands groupes, l'Europe n'a en effet pas vu émerger la nouvelle économie numérique, se contentant de réguler pour maintenir une économie pourtant soumise à de profondes transformations, notamment entrepreneuriale.

La catégorie évolutionnaire, la troisième colonne de notre tableau, ne s'attache pas à une vision du monde. Mais les régions du monde et les entreprises qui sont dans cette configuration appartiennent à des mondes darwiniens de fait, sans en avoir forcément conscience. Après tout, les espèces évoluent dans de tels mondes sans le savoir et sans avoir conscience des mécanismes de l'évolution. L'évolution biologique ou la pensée évolutionnaire se calent sur la troisième colonne – la moins comprise dans la majorité des cultures humaines, y compris dans le monde occidental. Depuis une quarantaine d'années, on assiste à une remise en cause des théories darwiniennes au nom des deux représentations idéelles dominantes des deux premières colonnes, le créationnisme et l'évolutionnisme transformiste, ce dernier très prégnant en Europe et plus encore en France. C'est d'autant plus surprenant dans une économie de l'innovation, au regard des questions environnementales et, ce qui est moins connu, des environnements numériques, comme l'intelligence artificielle dite moderne, inspirée de la biologie évolutionnaire. Il y a des mondes darwiniens pour toutes les espèces ; il y a des mondes darwiniens pour les intelligences artificielles et les objets connectés, mais, par on ne sait quel miracle, les sociétés humaines y échapperaient. Bizarre, vous avez dit bizarre…

Quand on évoque les inventions des agricultures vient l'idée de révolution néolithique. Selon la doxa transformiste, on nous affirme que, pour une raison jamais explicitée, à l'instar de l'augmentation de la hauteur de la couronne des arbres dans la parabole lamarckienne, la démographie augmente d'un coup après la fin de la dernière glaciation : réchauffement et libido débridée. Voilà nos ancêtres d'il y a 10 000 ans avec plus de bouches à nourrir. Alors, *eurêka*, après consultation des oracles, ils inventent les agricultures dans différentes parties du monde. En réalité, cette « révolution » a pris beaucoup plus de temps – de 9 000 à 3 000 ans avant J.-C. –, bien plus que notre histoire depuis les inventions des écritures, à peine 5 000 ans. Elle passe par des innovations techniques et idéelles considérables sur des durées tout aussi considérables : mythes, religions, statut des femmes, économie, politique… Pour reprendre le titre d'un livre célèbre de Jacques Cauvin, *Naissance des divinités, naissance de l'agriculture*. Il va en être de même avec la révolution numérique en cours, mais bien plus rapidement. On connaît déjà les grands prêtres, quelles seront les nouvelles divinités ?

## L'équilibre des marchés et le singe

La pensée économique dominante reste ainsi marquée par des concepts fossilisés, bien que de plus en plus remis en question, comme l'agent économique rationnel, l'équilibre des marchés, l'indifférence aux facteurs sociétaux ou environnementaux et l'idée que ne prévaut qu'un seul modèle mû par la croissance, les crises n'étant que des ajustements. Pour mémoire, citons une fois de plus *La Fin de l'histoire et le dernier homme* de Francis Fukuyama sur le triomphe ultime des sociétés libérales et démocratiques, ou encore *La Fin du travail* de Jeremy Rifkin dans les années 1990, ce qui n'a pas manqué du surprendre les anthropologues évolutionnistes.

L'agent économique rationnel postule des acteurs économiques parfaitement informés et agissant de la façon la plus efficace possible pour maximiser leurs profits. Pour prolonger l'exemple de la bourse et des esprits animaux, il y a aussi des esprits astronomiques, voire astrologiques, dépendant des calendriers. Passons sur le calendrier maya, supposé prévoir la fin de sa civilisation comme celle du monde, pour nous intéresser à notre calendrier grégorien. Nos sociétés sont saisies d'inquiétude à chaque fin de siècle – soupçonnons plus un trait de la psychologie collective qu'une loi cyclique immanente, des cavaliers de l'apocalypse de l'an mil au bug de l'an 2000. Changer le calendrier n'y fera rien. Ces angoisses procèdent de représentations du monde qui n'ont rien à voir avec des phénomènes naturels, comme les catastrophes naturelles. Elles sont purement anthropiques. Et au risque de surprendre, les grandes catastrophes naturelles n'affectent que les sociétés déjà en déliquescence. La formidable éruption du volcan Tambora en 1815 – l'« année sans été » – a frappé durement l'émergence de la révolution industrielle et des démocraties modernes, ne faisant que retarder une profonde transformation historique de nos sociétés. Cela pour dire que je ne nie aucunement les capacités des sociétés humaines à se transformer en dépit des circonstances ; la question est quand changer de modèle, surtout quand il a bénéficié d'un vrai succès historique ? Revenons à notre agent rationnel et à sa vocation à maximiser ses profits. Le jeu de l'ultimatum chez les singes et les « primitifs » montre que c'est un inconnu éthologique et anthropologique. Dans ce jeu, un individu propose un partage de ce qu'il a entre les mains, nourriture ou objet suscitant l'intérêt d'un congénère. Dans une expérience fameuse, deux singes capucins se trouvent côte à côte dans des cages contiguës : devant eux, une planche avec à chaque extrémité une corde, une pour chaque singe. On place un bol de nourriture. Celui qui a le bol devant lui s'aperçoit que, s'il tire tout seul, le bol tombe. Il sollicite alors son voisin, qui sait que le bol arrivera dans les mains de l'autre. Il doit collaborer. Celui qui attrape le bol partagera, mais en en gardant un peu plus pour lui. Deux raisons, une empathique et l'autre transactionnelle : et si le prochain coup, un bol plus gros se présente devant mon congénère ? Cette transaction lui garantit en outre de futures collaborations tout en restant honnête. C'est la fidélisation client.

Halte à l'anthropomorphisme ! Comment affirmer que des singes puissent avoir de telles représentations mentales ? Réemployons les mêmes capucins et demandons-leur cette fois de refaire les mêmes tâches, dont ils s'acquittent aisément. On les récompense avec des concombres, un salaire très correct. Ils continuent. À un moment, tout en faisant toujours la même chose, l'un des deux reçoit des raisins, une forte augmentation. L'autre avise immédiatement la discrimination et se met en grève. Comme pour la propension à garantir les gains et à parier sur les pertes, on retrouve les mêmes comportements légués par l'évolution chez différentes espèces, chimpanzés et humains. Chez ces derniers, l'anthropologie comparée montre qu'au cours des échanges, les protagonistes en position de négociation proposent en moyenne une répartition 60/40. Là aussi, à cela plusieurs raisons : respecter son vis-à-vis, s'assurer une bonne réputation et garantir de futures transactions intéressantes dans l'autre sens. En poussant cette logique, on arrive aux enjeux très complexes du don et à leurs tendances « inflationnistes ». Faire un don n'est pas seulement faire un cadeau, mais engager un récipiendaire à faire un contre-don plus valorisé ; un contrat moral et commercial. L'invention de la monnaie et du contrat commercial rompt avec la logique incrémentale du don. Mais, ce faisant, les transactions se sont déshumanisées, aboutissant à l'agent économique rationnel. Aujourd'hui, la quête du prix le plus bas, sans considération des chaînes de valeur, de moins en moins des conditions de vie des producteurs – le commerce équitable – et même de la valeur travail, conduit en partie aux problèmes que connaissent nos économies mondialisées. Le droit du consommateur, enfant bâtard de l'agent économique rationnel recherchant à maximiser ses profits, est un terrible assèchement anthropologique d'un fondement des sociétés humaines autour de l'échange.

Et le fameux équilibre des marchés caressés par la main invisible ? Il n'existe pas en réalité d'équilibre stable ou statique dans la nature, en raison des interactions entre les espèces, comme entre proies et prédateurs. Les prédateurs exercent une pression sélective sur les populations de proies, capturant les individus les plus faibles. Ce faisant, et bien inconsciemment, ils sélectionnent une population de proies de plus en plus adaptées à leur échapper. Par effet réversif s'ensuit une sélection sur les populations de prédateurs où les moins aptes se trouvent défavorisés, et ainsi de suite. C'est ainsi qu'en quelques millions d'années, on voit évoluer les populations d'antilopes et de guépards de plus en plus rapides. C'est exactement ce qui se passe entre les entreprises pour les produits et les services. Le marché pourrait rester stable avec des besoins définis, mais la compétition et l'arrivée de nouveaux acteurs, ce qu'on appelle aussi des innovations de rupture de marché, font que la course de la Reine rouge dans la parabole de Lewis Carroll ne cesse jamais. Dans l'exemple des antilopes et des guépards, il n'y a pas compétition pour les mêmes ressources. Simplement, à chaque génération apparaissent des individus différents sur lesquels s'exercent des pressions sélectives. S'ajoute à cela la compétition entre les espèces herbivores d'un côté et carnivores de l'autre pour les mêmes ressources. Il n'y a jamais d'équilibre statique, si ce n'est dans ces conceptions naïves de la nature, conceptions que l'on rencontre chez trop d'écologistes peu au fait des réalités de l'évolution, ce qui ne va pas sans problème pour les politiques de conservation des écosystèmes ou de développement durable.

La seule façon d'éviter cette réalité évolutionniste est d'organiser des économies planifiées et, pour éviter des perturbations, de veiller à éliminer toute variation. Comme dans les utopies, créer des individus identiques répartis dans ces catégories ou classes stables. Cela n'a jamais marché, car, à un moment ou à un autre, d'une façon ou d'une autre, interviennent des variations endogènes et des interactions exogènes. Pour les économies modernes, les principales variations proviennent des technologies – facteurs internes –, auxquelles s'ajoutent plus récemment des facteurs environnementaux et sociétaux – facteurs exogènes ou, plus précisément, considérés comme tels bien qu'en partie du fait des activités humaines. Depuis plus de deux décennies, la révolution numérique, l'économie de l'innovation, les innovations de rupture, le capital-risque, la fièvre des start-up et, une fois de plus, les problématiques sociétales et environnementales ont poussé l'économie dans des logiques évolutionnistes, mais au sens de Darwin et non pas de l'évolutionnisme classique. Quant à l'agent économique rationnel... *monkey business*.

Et pourtant, les espèces et les sociétés humaines ont toujours été dans des mondes évolutionnaires au sens de Darwin. Mais, si mon approche à la fois anthropologique et évolutionnaire recueille de l'attention à partir de sujets concrets autour des types d'innovations, des stratégies qualitatives ou quantitatives, sur les diversités, de fortes réticences se manifestent quand j'aborde les questions de management vu du côté des singes. En fait, dès que je sors de la « boîte à outils » et que je touche à des questions plus fondamentales sur ce que nous sommes et sur l'évolution humaine dégagée de ses scories antidarwiniennes et finalisées, ça coince.

*Est-ce que l'économie est compatible avec l'évolution ?*
L'idée de rapprocher ou pas la pensée économique – une affaire exclusivement humaine – et les théories de l'évolution biologique – loin d'être bien comprises – est récurrente depuis la fin du XIXe siècle. Cependant, ce qu'on appelle l'économie évolutionniste s'inscrit plus résolument du côté de l'évolutionnisme culturel que de celui de l'évolutionnisme biologique, avec, en toile de fond, les approches lamarckiennes et darwiniennes – en référence une fois de plus à Jean-Baptiste de Lamarck et à Charles Darwin.

Ce petit point d'histoire à propos de la famille Darwin, ces empêcheurs d'équilibre ou d'évolution en ligne droite. Charles rechignait à voir sa théorie appliquée aux affaires humaines. De son vivant, deux dérives émergent cependant, l'une qui donnera le « darwinisme social » avec Herbert Spencer du côté néolibéral, l'autre antidarwinienne avec Karl Marx du côté communiste – deux fléaux économiques, sociétaux et environnementaux depuis plus d'un siècle. Ainsi, toutes les détestations envers Darwin proviennent non pas de sa théorie, mais des dérives idéologiques de gauche et de droite qui ont été faites de son œuvre, de quoi soulever des oppositions tenaces, ce qui est encore le cas. Un autre Darwin s'avère intéressant, Erasmus, le grand-père de Charles. Ami, entre autres, d'Adam Smith, il a fondé avec des amis la *Lunar Society* (Société lunaire) à Birmingham, en 1765. Ce groupe d'amis invente tout simplement la révolution industrielle, animé par l'esprit des Lumières (idéel). Erasmus est le premier médecin moderne, poète, écologiste avant la lettre, déjà évolutionniste, passionné par les nouvelles technologies mues par l'électricité (il publie avec Benjamin Franklin) ou la vapeur (James Watt est de la partie), manageur de la première manufacture mécanisée – celle des célèbres faïences et porcelaines Wedgwood avec ses amis Matthew Boulton, premier entrepreneur moderne, et Josiah Wedgwood, l'inventeur du marketing –, militant farouche contre les inégalités envers les femmes et aussi contre l'esclavagisme, le tout teinté d'une sensibilité sociale. Rien de moins. Tout y est. À croire qu'on a perdu deux siècles ! On oublie souvent de revenir aux fondamentaux, en l'occurrence ceux du vrai libéralisme économique. De nos jours, cette approche libérale socialement et écologiquement responsable a fait l'objet d'un grand débat dans la revue *The Economist*, trop peu lue en France. Il en va des libéralismes comme des socialismes, dotés de sensibilités très différentes ; ainsi les *liberals* pointent-ils à gauche dans les pays anglo-saxons. Le manque de culture autour des libéralismes est aussi abyssal que la méconnaissance des théories de l'évolution.

Si les technologies et les moyens de production s'inscrivaient dans les questions d'économie des travaux fondateurs d'Adam Smith, de Karl Marx, de Joseph Schumpeter, cela n'est venu interférer que très récemment avec l'écologie. Dans les deux cas, les réflexions économiques et sociétales et, finalement, idéelles et politiques, concentrent des divergences d'interprétations. Les débats autour des intelligences artificielles comme des dérèglements climatiques et des biodiversités confrontent des conceptions diverses et souvent opposées issues de traditions anthropologiques plus profondes sur la place des humains dans l'ordre de la création, de la nature ou de l'évolution comme de leurs moyens d'action. Le champ très diversifié des théories économiques n'y échappe pas. Thorstein Veblen et Joseph Schumpeter comptent parmi les premiers économistes intéressés par ce rapprochement à la charnière du XIXe et du XXe siècle ; en fait, des pensées plus évolutionnistes que darwiniennes. On louera leur prudence épistémologique, d'autant que, si la pensée économique découle d'une riche histoire et de nombre d'écoles, il en va de même pour les théories biologiques de l'évolution. Terrain interdisciplinaire miné de chausse-trappes épistémologiques.

L'économie évolutionniste jouit d'un renouveau à la fin du XX$^e$ siècle (Richard Nelson et Sidney Winter) et à travers quelques protagonistes en France. Elle fait l'objet d'une revue dédiée depuis une trentaine d'années, *Journal of Evolutionary Economics*. Son grand éditeur allemand, Springer, publie aussi des revues sur la primatologie, la médecine évolutionniste. Pourtant, la mayonnaise ne prend pas à l'ouest du Rhin, où l'on ne trouvera rien de nouveau dans la guerre de tranchées contre la biologie et les théories de l'évolution. Il n'en reste pas moins que l'affaire est loin d'être simple. Comment passer de la simple métaphore à l'analogie – au mieux heuristique – à une véritable ontologie ?

Il y a continûment des changements conceptuels à la fois dans le champ des théories de l'évolution et dans celui des théories économiques. Les tentatives de rapprochement se fondent sur la perception de problématiques communes, mais qui, pour l'heure, n'ont pas complètement convaincu quant à leurs propositions. Le passage d'une économie évolutionniste/transformiste classique, avec ses concepts d'équilibre des marchés et d'agent économique rationnel, à une véritable économie évolutionnaire ne sera pas une mince affaire. Le début du XXI$^e$ siècle se caractérise par la fin des certitudes quant au désir d'un avenir maîtrisé par les humains. Le problème de l'incertitude ne vient pas de ce qu'est le monde, mais des croyances dans les certitudes. Les certitudes sont les sources de nos incertitudes. La pandémie et la guerre en Ukraine viennent nous le rappeler, en attendant les réactions d'une nature malmenée par nos agissements poussés par nos certitudes. Mais on avance.

Reste quand même la question fondamentale de la pertinence des théories de l'évolution dans le monde des entreprises. Un jour à Paris, alors que je rentre chez moi à moto, je vois apparaître sur un kiosque de presse une publicité pour le premier numéro de la *Harvard Business Review France* avec ce titre « Changer plus vite. Comment former votre entreprise à l'art de s'adapter », au-dessus de la photographie d'un caméléon. Elle annonce un article de John P. Kotter, l'un des papes de la Harvard Business School. Je me réjouis en constatant que son propos reprend un modèle de l'adaptation des espèces bien connu depuis les années 1980 sous l'impulsion d'un autre professeur de Harvard, mais d'un tout autre département, Stephen Jay Gould. Au fil des numéros de mon abonnement, j'y retrouverai nombre d'articles qui s'intéressent aux questions de RSE et beaucoup de couvertures présentant tel ou tel animal (mais pas de chimpanzés ni d'autres singes pour l'heure). Je n'ai pas l'impression que Kotter s'inspire de Gould. Quoi qu'il en soit, au fil des années, de plus en plus d'articles reprennent, avec d'autres mots, beaucoup de concepts et de modèles connus dans le champ des théories de l'évolution. Le point important est que je suis face à ce qu'on appelle de la consilience : le fait que des domaines indépendants de la connaissance convergent vers des analyses cohérentes qui dépassent la simple analogie ; les concepts, les modèles et les mécanismes sont les mêmes, ce qui signifie qu'ils ont une assise universelle, en l'occurrence des entités avec des variations, des innovations, des organisations, des routines, exploitant des ressources, des tendances à s'accroître et en compétition. Comme déjà évoqué, le rédacteur en chef de *HBR France* me connaît pour m'avoir interviewé sur l'évolution de l'homme quand il dirigeait une revue d'histoire. Sa principale collaboratrice suit mes travaux et mes interventions. J'aurai le bonheur de faire la conférence d'ouverture de la création du Harvard Business Club. Je l'ai déjà dit, dans les prochaines années, mes recherches seront consacrées au rapprochement des théories de l'évolution et du monde des entreprises.

Mon second livre destiné au monde économique et social, exactement dix ans après le précédent, rencontre un peu moins de succès que le premier, bien qu'honorable. *Les Chimpanzés et le télétravail*, c'est son titre, a le tort de mettre à l'affiche des singes, toujours l'allergie simiesque. J'avoue là une petite provocation. À force d'entendre les managers, les responsables des ressources humaines et les dirigeants s'inquiéter de la cohésion des équipes avec le travail à distance, de la culture d'entreprise, j'ai pris l'habitude de leur faire cette réponse : « Pas de panique, les chimpanzés savent faire ! » Cela peut être vexant, certes. Une autre raison de déplaisir est que mon nouvel essai heurte de front les « gourous » et tous experts du travail qui ne cessent de déclamer des idioties sur la fin du travail, le partage du travail, le fait que les machines vont se charger des tâches pénibles et répétitives, qu'elles vont nous remplacer, qu'on aura la possibilité de choisir ses horaires et d'avoir plus de loisirs, que le bonheur au travail va être le garant de jours heureux à la maison et en famille. Non ! Tout changement est un compromis, avec du meilleur et du pire, et pas pour les mêmes métiers et leurs tâches, plus encore entre les femmes et les hommes. Les prophètes de bonne aventure sont plus écoutés que les réalistes, qui plus est anthropologues, mais c'est tellement humain.

### *Le travail : une question d'anthropologie ?*

J'ai le plaisir d'ouvrir les premières assises de *Sens et Travail*, après avoir fait de même pour les aidants grâce à des amis fidèles qui m'invitent sur des sujets de société, parfois éloignés de mon socle de compétence. Je ne sais pas dire non, et cela me donne à chaque fois un sacré boulot, mais tellement intéressant, et toujours utile.

Est-ce que « sens et travail » constituent le propre de l'humanité – et pas que de l'homme, puisque les femmes ont toujours travaillé plus que les hommes –, entre « travailler pour vivre » et « vivre pour travailler » ? Absolument. La relation entre sens et travail vient d'abord du champ de la philosophie. À l'époque où naît l'anthropologie, dans la seconde moitié du XIX$^e$ siècle, Karl Marx et surtout Friedrich Engels s'intéressent justement à l'ontologie du travail. En d'autres termes, en quoi – selon l'expression d'Engels – le travail permet-il le passage du singe à l'humain ? Selon eux, grâce au travail – avec les outils, les techniques et les moyens de production –, les humains agissent sur la nature et se libèrent de ses contraintes. Le travail est donc libérateur. Une conception idéaliste – certainement pas partagée par les femmes, les hommes et les enfants travaillant dans des conditions terribles dans les usines et les mines de cette époque – et qui, paradoxe, s'inscrit résolument dans une perspective historique et matérialiste de l'émergence de l'humanité, en un mot, évolutionniste. On parle alors d'hominisation par l'outil et le travail. Karl Marx, lui, aura une autre conception du travail pensé comme un processus d'aliénation, une idée qui sera reprise par Hannah Arendt pour la condition de l'homme moderne. Celle-ci a prévalu, et non sans raison, jusqu'à nos jours, malgré l'ouverture anthropologique d'Engels. En fait, la réalité se décline alors en « travailler pour vivre » ou « vivre pour travailler », et non en « travailler pour exister ».

Cependant, il s'est opéré un changement considérable avec ma génération. L'accès aux études supérieures et l'émergence de nouveaux métiers permettent de choisir, notamment de sortir des traditions familiales, corporatistes ou de classe ; une rupture historique et anthropologique de reproduction sociale qui, au cours des dernières décennies, conduit à des concepts de bien-être, d'épanouissement, voire de bonheur au travail, ce qui était encore inconcevable jusqu'à la génération de mes parents. Cependant, gare aux illusions, il y a toujours une majorité de personnes qui travaillent pour vivre, et dans des conditions très difficiles. On s'en est rendu compte pendant la pandémie, avant de les renvoyer dans leur invisibilité sociale.

Et du côté de l'anthropologie ? La question du travail en tant que telle a été négligée, bien qu'elle apparaisse dans le champ de l'anthropologie économique, technique ou politique. On a étudié le travail en tant que moyen de survie, mais pas en tant que tel. Du côté de l'anthropologie évolutionniste – ma discipline –, ce n'est que depuis à peine deux décennies que nous comprenons les processus adaptatifs et coévolutifs entre notre évolution biologique, les environnements naturels et surtout nos environnements techniques et culturels, sans oublier leurs représentations.

Du côté de l'anthropologie sociale – qui n'est pas ma discipline –, le travail comme objet d'étude commence à être appréhendé tardivement, dans les années 1980. Sous l'impulsion de Maurice Godelier, on appelle à des recherches, mais, malgré les annonces et les intentions, naissent assez peu de travaux. Ce n'est que très récemment que des ouvrages collectifs – l'un en français (2021) et l'autre en anglais (2022) – ont proposé une synthèse avant de lancer un vrai programme de recherche anthropologique. Une anthropologie du travail émerge, et ce n'est pas sans relation avec les problématiques actuelles du travail.

Mais au fait, c'est quoi, le travail ? Pour l'anthropologue Bronislaw Malinowski (1884-1942), le travail est une activité symbolique ayant un but standardisé par tradition et voué à la satisfaction de besoins, la fabrication de moyens de produire et la création d'objets de luxe, la valeur et la renommée. Pour Maurice Godelier (né en 1934), le travail est la diversité de moyens inventés par l'homme pour réagir sur son environnement naturel et en extraire les moyens matériels de son existence sociale. Pour le sociologue Herbert Applebaum (né en 1925), c'est une activité de production qui transforme l'environnement physique afin de satisfaire les besoins humains. Pour d'autres sociologues, Philippe Laburthe-Tolra (1929-2016) ou Jean-Pierre Warnier (né en 1939), il désigne toute activité humaine intentionnelle aboutissant à la production de biens ou de services ayant valeur d'usage et d'échange. Au fil de ces définitions choisies, on perd le symbolique et le social pour arriver à ce que Maurice Godelier appelle une « définition abstraite du travail ». Au fil des révolutions industrielles, le travail est devenu un concept confondu avec celui d'emploi et rapporté à sa seule valeur d'échange, le salaire. Plus encore, quelques auteurs, comme Pierre-Yves Gomez (né en 1960), dénoncent un travail devenu invisible, un concept calé sur la rémunération. On constate la dissociation emploi, travail, rémunération. D'où les controverses récentes autour de la « valeur travail ». L'invisibilité du travail se traduit par sa seule valeur financière, avec les conséquences néfastes que l'on connaît sur les politiques des ressources humaines. On parle de plus en plus d'humain, mais les humains sont devenus les variables d'ajustement quantitatives. À cette invisibilité du travail rémunéré s'ajoute celle de toutes les tâches non rémunérées : le travail des femmes dans tous les aspects de la vie privée, celui des aidants, pardon, des aidantes – 46 % des salariés –, mais aussi les études, les assistances, les entraides... D'abord, il faut s'entendre sur les mots et ce qu'ils signifient. C'est quoi, travailler ? Qui travaille ? Qui fait tel ou tel travail ? Quel travail est valorisé ou pas ?

On connaît l'étymologie qui fait dériver travail de *tripalium*, dispositif de trois pieux pour équarrir des carcasses ou supplicier des humains. À cette idée de souffrance s'associe la conception péjorative du travail dans la pensée judéo-chrétienne, comme celle assortie à l'accouchement. Il y a cet aspect religieux chez les catholiques et les réformés : le travail comme damnation après l'expulsion du paradis et, pour les femmes, « tu accoucheras dans la douleur » ; pour les seconds, on parle de la religion du travail comme aux États-Unis (« vivre pour travailler »). Il y a une autre étymologie peu connue, *trabajo* en espagnol, qui s'appuie sur l'idée de « poutre » ou d'action, renvoyant à celle d'Engels sur nos actions par rapport à la nature. Car les représentations du travail varient selon les cultures et au fil de l'histoire. Dans la Grèce antique, il existait trois termes, selon les activités et leurs représentations sociales et symboliques. Dans le monde de la Rome antique, on distinguait le *labor* de l'*otium*, temps de loisir (le terme est réapparu récemment, puisque les machines, nous dit-on, vont nous affranchir du travail). Chez les Achuar, un peuple d'Amazonie, ou encore chez un peuple agricole du Lesotho en Afrique, on rencontre aussi trois termes : l'un pour désigner les tâches horticoles et artisanales de production ; un autre pour la chasse, la cueillette et la pêche ; un autre pour des activités salariées effectuées hors du groupe. En résumé : un terme pour les activités de production inscrites dans les modes d'activités traditionnels et leurs représentations sociales ; un autre pour ce qui est prélevé dans la nature et entre dans des représentations spirituelles ; un autre enfin réduit à la seule nécessité de la rémunération, hors de toute valeur sociale ou symbolique. Les mots et les choses autour du travail ont des représentations sociales et symboliques très différentes.

On aurait tort de croire que nos sociétés dites modernes se sont affranchies de ces composantes anthropologiques propres à chaque culture. L'anthropologue Alain Testart a montré comment, depuis 10 000 ans, les métiers des femmes et des hommes présentent de fortes composantes genrées autour des matières, des gestes, mais aussi de leurs valeurs sociales et symboliques. Aux femmes, les métiers employant les matières molles ou souples – peau, textiles –, avec des gestes déliés et en position statique. Aux hommes, les métiers sur les matières dures, avec des outils percutants, des gestes lancés et des activités en mobilité. Bien que les matières et les gestes ne s'expriment pas dans les métiers avec des interfaces numériques où tous les acteurs sont assis devant des écrans, ces fortes différences genrées s'imposent encore de nos jours, sans que les débats autour de la moindre représentation des femmes dans les métiers du numérique aient la conscience de ces contraintes anthropologiques. On se retrouve dans une situation ambiguë, avec à la fois des marqueurs anthropologiques sous-jacents peu connus et, aussi, une perte de signification anthropologique du travail. Il y a donc un fort besoin d'une anthropologie du travail, à la fois pour connaître les composantes séculaires encore déterminantes sur les métiers et les tâches et, plus encore, pour redonner du sens au travail et aux différentes formes de travail. N'est-il pas significatif qu'un article récent sur ce sujet de la *Harvard Business Review* se réfère à une des publications fondatrice de l'anthropologie sociale, *Essai sur le don* (1925) de Marcel Mauss ? Il est grand temps que l'anthropologie entre dans les entreprises et autour des entreprises, puisque nos sociétés persistent dans leurs archaïsmes envers ces dernières.

Cependant, il y a un immense contentieux entre la modernité et l'anthropologie. Au milieu des années 1970, l'anthropologue américain Marshall Sahlins (1930-2021), un *liberal*, publie *Âge de pierre, âge d'abondance*, où il propose une analyse comparée des économies et des temps d'activité parmi les dernières populations dites traditionnelles dans le monde. Il en ressort, en moyenne, que les femmes travaillent entre quatre et cinq heures par jour et les hommes une heure de moins en moyenne. Et quelles sont ces activités de survie ? La collecte, la chasse, la pêche, quelques opérations techniques, artisanales et artistiques, l'éducation des enfants, la cuisine… Finalement, ce que nous faisons ou espérons faire une fois sorti du travail, le week-end ou pendant les vacances.

Évidemment, le livre n'a pas du tout plu aux progressistes de tout poil, de droite comme de gauche, campés sur la conviction que ces peuples « primitifs » étaient restés au stade premier de l'évolution humaine. Je renvoie aussi à *Obélix et Compagnie* (1976), histoire de se détendre. Mais il n'est pas sûr que cela fasse rire tout le monde, aujourd'hui comme hier.

*Des archaïsmes anthropologiques*

Alors qu'elles entrent dans des mondes de plus en plus darwiniens, qu'il leur est de plus en plus difficile d'évoluer en raison du fardeau des représentations culturelles, les entreprises se trouvent toujours plus contraintes par les mondes lamarckiens des réglementations en tout genre. Car, si des entreprises disparaissent, les réglementations s'accumulent. La volonté peu farouche de « choc de simplification » s'est soldée par encore plus de tracasseries au cours de ces dernières décennies des plus coercitives envers les entreprises. Les mondes lamarckiens ne se simplifient jamais, que ce soit pour les entreprises, les artisans, les professions libérales, les chercheurs, les agriculteurs, les hôpitaux, pour toutes celles et ceux qui s'échinent à créer, produire et soigner, assister sans compter leurs heures. La créativité des entraves envers celles et ceux qui prennent des risques et s'impliquent corps et âme, sans compter leurs heures, est le cancer de nos sociétés. Mais on touche là une constante des sociétés humaines : la détestation de celles et ceux qui provoquent des changements, elles et ils venant perturber l'équilibre du cosmos. Roy Lewis a livré une parodie aussi subtile que désopilante de cette inertie anthropologique universelle dans *Pourquoi j'ai mangé mon père*.

Il en va de même pour les inventeurs et les entrepreneurs. Au fil de mes lectures, je tombe sur cet exemple retrouvé par un historien des civilisations et des techniques : un artisan de la métallurgie au temps de la Rome impériale avait trouvé un procédé pour produire un nouveau métal qu'on appellera plus tard l'aluminium ; il présente son innovation à l'empereur, qui le fait exécuter, craignant des troubles économiques et sociaux provoqués par les artisans utilisant le plomb. Petit clin d'œil de l'histoire, puisqu'une hypothèse de la cause du déclin de Rome serait due au saturnisme, la concentration de plomb dans les canalisations ou autres ouvrages. On trouve une histoire du même genre reprise avec humour et néanmoins sérieux par Goscinny, cette fois avec des menhirs dans *Obélix et Compagnie*, l'un des premiers livres sur le management publié en France.

De son côté, l'empire de Chine, et sa puissante administration, a toujours veillé à conserver pour son seul usage les innovations techniques, comme le papier, ou en restreindre les utilisations, comme pour la poudre. Ces quelques remarques veulent insister sur le fait que l'innovation, l'entreprise et l'entrepreneuriat se posent en contradiction avec les fondements anthropologiques des sociétés humaines et de leur rapport au cosmos. Ces mêmes fondements anthropologiques fossilisés justifient toutes les entraves faites aux entreprises soumises aux régimes des taxations en tout genre et, plus largement, aux chercheurs très mal rémunérés. Le fait que depuis deux décennies l'humanité soit entrée dans une civilisation entrepreneuriale à l'échelle mondiale, stimulée par la révolution numérique, constitue une rupture anthropologique et, de fait, une nouvelle phase de l'évolution de *Sapiens*. Reste à savoir si c'est pour le meilleur ou pour le pire.

Quand, en éthologie, on observe les comportements des individus dans un groupe social, on en distingue les causes immédiates et les causes ultimes. Les premières entrent dans le registre des réponses comportementales sollicitées par des facteurs de l'environnement, social ou physique. Les secondes sont celles qui, si sélectionnées, définissent de nouvelles adaptations. Nombre de dirigeantes et de dirigeants répondent à de multiples contraintes immédiates pour leurs entreprises ; il n'en manque pas et de plus en plus. C'est l'approche « boîte à outils » pour s'adapter aux circonstances immédiates. D'autres se montrent plus sensibles aux changements en devenir et regardent du côté des solutions ultimes susceptibles de les avantager dans un monde qui change. L'art du management, comme pour l'adaptation des espèces mais sans ménagement, s'articule entre ces causes immédiates et ultimes. Une tendance forte depuis la pandémie, stimulée là aussi par la numérisation avant la venue des intelligences artificielles et des robots, mais aussi par les questions sociales et environnementales.

Cependant, les vieux démons anthropologiques resurgissent, comme l'idée absurde de la fin du travail ou du remplacement de l'humain par les machines. Le syndrome de Terminator. Et les films de James Cameron deviennent prophétiques dans les esprits en mettant en scène les avatars poussant au désastre : les machines et les environnements, que ce soit sur la Terre ou d'autres planètes. Notons au passage combien la science-fiction est dystopique, assombrie par la froide poésie transhumaniste.

## *Des machines et des intelligences*

Ce petit questionnaire des angoisses mécaniques : est-ce que les machines sont meilleures que nous ? Évidemment, elles sont faites pour cela. Est-ce qu'elles vont nous remplacer ? Certainement et de plus en plus pour les tâches physiques. Il en est ainsi depuis presque trois siècles, ce qu'on appelle le premier âge des machines main-d'œuvre dans la succession des révolutions industrielles. Il commence à en être de même pour certaines tâches intellectuelles dans le deuxième âge des machines. Comme à la fin du premier opus de *Terminator*, la réindustrialisation se dispense de plus en plus des humains. Ce qu'on appelle les « usines noires » produisent sans agent humain parmi les machines. Toutes leurs actions sont gérées, contrôlées par des représentations numériques en trois dimensions, qu'on appelle des jumeaux numériques (*digital twins*), avec des robots et l'intelligence artificielle, en attendant les métavers. Une rupture considérable qui ne fait que s'amplifier autour du travail, des emplois et des rémunérations entre les « deux âges des machines », ce que leurs auteurs Andrew McAfee et Erik Brynjolfsson appellent la « grande coupure », en français. J'adore nos amis américains qui, lorsqu'il faut nommer un évènement conséquent, en viennent à la langue de Molière ou, plus pertinemment, de Racine.

Pendant la crise de la Covid, les usines de Wuhan, en Chine, d'où vient ce virus, ont continué à tourner. La classe ouvrière du temps des grandes luttes sociales a été remplacée par des machines dociles travaillant toutes les heures de la journée, du mois, des années et capables de gérer leur propre maintenance. Fiction au cinéma dans les salles obscures, réalité curieusement ignorée dans les controverses autour des relations entre les humains et les machines. Comme dans l'évolution, l'arrivée des machines et leur développement depuis la fin du XVIIIe siècle ont fait émerger de nouvelles classes sociales (parmi elles, le prolétariat) qui coévoluent avec les machines dans de nouveaux espaces, les usines, lieux concentrant les moyens de production. Une compétition implacable a fini par évincer les humains. C'est la condition tragique de la classe ouvrière, apparue avec les machines, dépendant d'elles et condamnée dès ses origines à être remplacée par elles. Une extinction qui se trouva accélérée par une politique de désindustrialisation pour des motifs économiques à courte vue et idéologiques à tout aussi courte vue. Voilà où mena le mépris des métiers manuels, encouragé par le projet stupide de 99 % d'une génération au baccalauréat... Et une partie de la gauche de s'étonner de son déclin après avoir méprisé les formations et les métiers manuels.

C'est désormais le tour des métiers intellectuels. Les cols blancs commencent à ressentir en effet ce que les cols-bleus ont connu. Question angoissante : est-ce que les machines sont plus intelligentes ? Réponse : cela dépend de ce qu'on entend par ce terme. L'intelligence humaine comme celle des animaux diffèrent de celle des machines. Mais, comme pour les tâches physiques, les machines sont meilleures que les humains pour certains travaux intellectuels, comme le traitement des données. Notre cerveau en fait autant, mais elles, elles le font beaucoup plus vite. Une vraie question, qui reste néanmoins biaisée par l'ignorance entretenue des autres intelligences, en l'occurrence celle des animaux (et non pas animale). Dans la culture francophone, l'intelligence se conçoit sur le modèle cartésien d'une entité qui gère nos fonctions mentales et nos comportements, ce que le philosophe Daniel Dennett appelle le « théâtre cartésien » : l'intelligence se conçoit comme un metteur en scène qui met en action des acteurs. Pour les Anglo-Saxons, l'une de ses acceptions importantes consiste à traiter des données, des informations, comme l'indiquent les dénominations de la CIA ou de l'Intelligence Service. D'ailleurs, sans en être expert, je constate que nos services de renseignement s'inscrivent dans des traditions très différentes, entre le Bureau des légendes et la NSA (National Security Agency), par exemple. Sur l'affaire de la prédiction de l'intervention des Russes en Ukraine, les services français et américains n'ont pas eu la même analyse. En me référant à ce que j'ai pu en lire, pour les services français, l'armée russe, aussi puissante qu'obsolète, n'avait pas les moyens de s'engager dans un conflit de grande ampleur dans la durée. Ce serait pour elle-même une grave erreur. La suite des évènements leur a donné raison. Du côté américain, les scénarios proposés par les logiciels d'intelligence artificielle donnaient une très forte probabilité d'intervention : ils vont attaquer. Deux modes de raisonnement très différents. On a pu voir, par ailleurs, que l'armée russe, malgré sa formidable puissance, n'est pas prête pour les guerres à venir conduites par des machines, la cyberguerre. Quand la guerre du premier âge des machines rencontre celle du deuxième âge des machines... On en oublierait l'ampleur des drames humains – terrifiant.

Les machines et les intelligences artificielles soulèvent de formidables questions anthropologiques, mais qui sont biaisées par des travers anthropologiques. L'idée aussi tenace que stupide qui suppose que les personnes jugées les plus intelligentes possèdent toutes les intelligences des autres n'arrange rien. Les joueurs d'échecs et de go sont très intelligents, personne ne le conteste. Alors, quand ils se font battre par des machines, surgit l'angoisse de considérer que ces machines nous surpassent en tout. Nous sommes échec sur certaines intelligences, mais pas mat sur toutes, loin de là. Nos problèmes existentiels avec les machines viennent moins des machines que de conceptions erronées des intelligences humaine, animale et artificielle.

D'ailleurs, les ordinateurs et leurs logiciels se chargent de tâches intellectuelles depuis des décennies. Alors, comment expliquer une telle panique avec l'intelligence artificielle ? Parce que notre culture loue le cerveau et méprise le corps : en traduction, les cols blancs, se considérant comme supérieurs aux cols-bleus, se trouvent à leur tour bousculés par les machines et leur intelligence à neurones artificiels. La barrière cartésienne a sauté. Les machines bousculent nos ontologies fondamentales, ce que les animaux n'avaient pas réussi à faire malgré les avancées spectaculaires de l'éthologie au cours des dernières décennies. La grève des scénaristes et des acteurs américains à l'été 2023 concerne certes des questions de droits pour la diffusion des films et des séries sur les plateformes, mais aussi les applications de l'intelligence artificielle appelées à s'amplifier. Du côté des acteurs, cela peut signifier capter leur voix et leur corps pour les mettre en scène dans d'autres réalisations, faire rejouer des acteurs célèbres décédés, le tout sans s'acquitter de droits... Côté scénario, ce qui se fait déjà, reprendre des scènes et des acteurs – comme ceux de *Game of Thrones* – et les recycler dans des « films » de compilation grâce à l'intelligence artificielle. Rien de spectaculaire encore à ce jour, certes. Pour l'heure, les scénaristes soulignent que l'intelligence artificielle ne fait que remanier du passé, ce qui existe déjà, ce qui était vrai... avant l'arrivée de ChatGPT, parmi d'autres IA génératives. Ces machines, comme on le voit déjà dans le domaine de l'art, produisent des diversités surprenantes de propositions, très souvent jugées fantaisistes, aberrantes, ridicules, *bull shit*. Peut-être. Mais c'est ignorer qu'elles s'inspirent de la biologie évolutionnaire, comme les algorithmes révolutionnaires : on parle de *darwinisme artificiel* et d'*espace digital darwinien*, comme l'IoT ou Internet des objets – les métavers sont déjà là. À partir du moment où des entités – des machines – produisent de la diversité (*machine learning* et surtout *deep learning*), qu'il y a sélection (logiciels apprenants), transmission, reproduction et diffusion (IoT, cloud, réseaux), on est dans des mondes darwiniens. Ce qu'a connu l'histoire des mouvements ouvriers depuis la mécanisation du textile avec les révoltes des luddistes (1811-1812) et les canuts (1831-1834-1848) advient aujourd'hui avec les métiers intellectuels. Ce mouvement ne cessera plus. Non pas qu'on n'arrête pas le progrès, mais comment faire en sorte que ce soit un progrès pour l'humanité ? Les potentialités sont tout simplement vertigineuses, à condition de savoir de quoi on parle et ce qu'on peut en faire. Car il en a toujours été ainsi au cours de l'évolution humaine, depuis deux millions d'années avec le feu et les outils. À propos du travail, notons qu'on ne connaît pas au cours de notre évolution d'exemple de révolution technologique généralisée ayant détruit plus d'activités qu'elle en a créé. On a observé que certaines populations émergeaient et d'autres disparaissaient, ce qui devrait interpeller urgemment le monde politique.

Les films comme *Her, IA, Ready Player One, I, Robot* et d'autres proposent une science-fiction qui existe en réalité déjà dans les laboratoires et même dans nos mœurs. Ils ne montrent pas encore ce qui pourrait arriver. Une question d'anthropologie aussi propre à l'Occident, qui trouble moins les cultures de l'Asie orientale. Leurs relations ontologiques fondamentales avec les animaux, considérés comme participant d'un même grand esprit, s'étendent aux machines, d'où leur passion et leur avance avec les robots humanoïdes ou animaux. Le très beau roman *Klara et le Soleil* de Kasuo Ishiguro, qui confronte la condition humaine à celle faite aux machines, ne peut être écrit que par un Japonais. Renversement ontologique profondément bouleversant.

## Les pinsons et les gilets jaunes

Nous ne sommes plus au seuil d'un grand changement, nous sommes en plein dedans. L'excellent essai de Jérôme Fourquet et Jean-Laurent Cassely *La France sous nos yeux* brosse l'évolution de la société française depuis les Trente Glorieuses, celle des babyboomers, mon histoire, ou encore le livre *Dis-moi ce que tu manges*, par Jean-Louis André, sur les changements autour de la table. Ils constatent une bipolarisation socio-économique de notre société, phénomène que j'avais décrit il y a déjà presque une décennie lorsque je chroniquais pour les journaux *Sud-Ouest* et *Les Échos*. La bipolarisation n'est autre que l'érosion des classes moyennes avec l'apparition de deux pôles socio-économiques regroupant d'un côté les moins nantis et de l'autre les plus en phase avec les changements en cours. Les « gilets jaunes » représentent cette partie de la population des classes moyennes menacées de déclassement.

Dans le superbe film *Master and Commander* de Peter Weir, on voit un jeune médecin qui, au gré des péripéties navales, se retrouve dans l'archipel des Galápagos. C'est Charles Darwin, certes un peu plus tard, en 1835, qui passa d'une île à l'autre de l'archipel. Il constate que la taille du corps et du bec des pinsons, dits aujourd'hui de Darwin, varie d'une île à l'autre. Les différences lui semblent significatives, bien qu'il ne dispose pas d'outils statistiques. De retour en Angleterre, l'ornithologue John Gould lui confirmera que chaque île abrite une espèce différente. Information capitale : Darwin comprend qu'à partir d'une population ancestrale venant du Chili – où il a voyagé auparavant –, des populations ont divergé morphologiquement, s'adaptant aux conditions locales, notamment pour l'accès aux nourritures. C'est ce qu'on appelle des divergences adaptatives. Les pinsons et Thomas Malthus sont le socle de la théorie darwinienne.

Presque un siècle et demi plus tard, un couple de chercheurs, Rosemary et Peter Grant, entreprend une étude longitudinale de trois décennies sur les pinsons des Galápagos. Ils montrent qu'on peut observer la sélection naturelle sur une courte période et même faire des hypothèses prédictives sur l'évolution des populations par voie de sélection naturelle. Dans un premier temps, les analyses statistiques descriptives révèlent une distribution très homogène des caractères, comme pour la taille du corps et du bec – ce qu'on appelle une courbe en cloche ou de Bell. La morphologie des pinsons se concentre autour d'une moyenne – c'est ce qui a une signification adaptative –, avec peu de variations de part et d'autre – les écarts types. Alors, au vu d'une telle figure, on se dit que ces populations de pinsons sont bien adaptées à leurs environnements respectifs. Tout à fait d'accord. Et si l'environnement vient à changer, en l'occurrence sous les effets du courant El Niño ? Quels sont les pinsons qui vont se retrouver en vilaine posture ? Ceux près de la moyenne ou ceux situés aux pôles extrêmes de la distribution ? Quand je pose cette question, une personne sur deux se trompe en répondant ceux près des extrêmes, alors que ce sont ceux situés dans la moyenne qui subissent le changement. Désavantagés dans les circonstances prévalant jusque-là, ceux des extrêmes deviennent avantagés si les nouvelles conditions le permettent. Les populations à plus petit bec et plus petit corps ou à plus gros bec et plus gros corps peuvent se retrouver sélectionnées. Si une seule de ces populations s'adapte, on parle de sélection dirigée ; si c'est le cas de deux populations, de sélections divergentes. On passe d'une distribution en dromadaire à une distribution en chameau : « Très bien, monsieur le paléoanthropologue, mais quel rapport avec nos sociétés ? Nous ne sommes pas des pinsons et encore moins aux Galápagos. »

On l'aura compris, quand l'environnement change, les mieux adaptés aux conditions antérieures deviennent les plus affectés. D'ailleurs, à la fin des années 1990, celles de la « fin de l'histoire », on pouvait alors affirmer que les pays qualifiés d'émergents, comme les BRICS – Brésil, Russie, Inde, Chine, Afrique du Sud –, allaient connaître la même évolution que nous, annonciatrice de nouvelles classes moyennes impatientes de consommer et d'adopter notre niveau de vie. Il en a été tout autrement : on voit aujourd'hui l'érosion des classes moyennes dans les sociétés occidentales ou occidentalisées, et aucune classe moyenne émerger chez les BRICS ou autres. La bipolarisation affecte toutes les nations, avec des personnes situées sur l'une ou l'autre bosse du chameau. Pour les sociétés occidentales, les moins nantis de la première bosse s'appauvrissent, avec un sentiment de déclassement et de perte d'espoir pour leurs enfants. Les autres, celles et ceux de la seconde bosse, acquièrent de plus en plus d'avantages – mérités ou pas, là n'est pas le sujet. La question des inégalités émerge dans ce contexte. Dans les pays qui ne sont plus dits émergents, les pauvres restent aussi pauvres, tandis qu'ils produisent des millionnaires et des milliardaires en série. Les industries du luxe se portent à merveille. Il n'y a jamais eu autant de gens riches sur cette Terre.

À propos d'inégalités, affirmer que celles-ci procèdent d'une sorte de volonté idéologique, à l'instar d'un Thomas Piketty qui en a fait son credo, fustigeant le capitalisme, me paraît insuffisant. Certes, nous vivons dans une économie libérale mondialisée. Une partie du libéralisme a conscience de ce problème, à ne pas confondre avec le néolibéralisme ou les libertariens, qui n'en ont cure. Nos sociétés, comme les pinsons, subissent un changement structurel courant dans l'évolution. Reste que nos sociétés ne supporteront pas longtemps la bipolarisation qui va en s'aggravant, même pour les plus nantis. Une étude américaine – *The Inner Level : How More Equal Societies Reduce Stress, Restore Sanity and Improve Everyone's Well-Being* de Kate Pickett et Richard Wilkinson (Pour vivre heureux, vivons égaux : comment l'égalité réduit le stress, préserve la santé mentale et améliore le bien-être de tous) – se pose la question de savoir dans quels pays ou régions du monde les gens vivent le mieux ou, plus exactement, ont le sentiment de bien vivre. Une méta-analyse fait ressortir comme premier critère les inégalités. Dans les pays inégalitaires, les plus riches ont des états psychologiques moins épanouis que les personnes modestes d'Europe, notamment d'Europe du Nord. Les inégalités ne sont pas bonnes, que ce soit pour l'économie ou nos états d'esprit.

J'aborde ce sujet sensible depuis plus du quinze ans, suscitant du scepticisme : « Tu n'y connais rien. Retourne chez tes australopithèques. » Pourtant, il suffit de suivre l'évolution des biens et des services dans les secteurs économiques qui ont accompagné la croissance des classes moyennes de ma génération : grandes surfaces de la distribution, compagnies aériennes, voitures, loisirs, vacances, habitat... De plus en plus *low cost* d'un côté, de plus en plus haute qualité et luxe de l'autre. La fin d'un modèle.

Il en va de même dans le paysage politique. Nos anciens partis de gouvernement – les républicains et les socialistes – ont subi un échec cuisant au cours des dernières élections. Qu'on les apprécie ou pas, ils ont plutôt bien accompagné l'évolution de nos sociétés et des classes moyennes depuis les Trente Glorieuses. Mais la succession des alternances récentes imposées par les électeurs traduit leur incapacité à comprendre et à apporter des solutions à la bipolarisation. La redistribution chère à la gauche et la théorie du ruissellement prônée par la droite néolibérale – et pas libérale au sens premier de la « société lunaire » socialement responsable – ne sont que des emplâtres sur des jambes bois. Le changement est beaucoup plus profond, et je n'identifie pas de solution politique capable d'y répondre. Il reste que la bipolarisation risque de faire converger les deux bosses pour des raisons très différentes, le populisme rejoignant l'élitisme néolibéral. Je ne suis pas un oiseau de mauvais augure. Il faut entendre le chant des pinsons avant que ne retentisse celui du cygne, car l'évolution se fait beaucoup plus rapidement qu'on ne le pense, et pas pour des raisons bien comprises.

*La main visible de la sélection naturelle*

Un des arguments princeps contre le rapprochement des théories de l'évolution, l'économie et les entreprises postule que leurs mécanismes ne s'appliquent pas aux affaires humaines ou que l'évolution va très lentement. Arguments de principe qui ont été récusés par la pandémie. Et l'évolution peut aller très vite, comme dans l'exemple des pinsons. Elle procède selon le modèle dit des équilibres ponctués : de longues périodes de relative stabilité – les équilibres dynamiques et la Reine rouge – entrecoupées par des phases de changements rapides – les ponctuations.

La pandémie a eu un effet ponctuel sur l'économie mondiale. Mais un tel évènement – une soudaine pandémie – distille l'idée que les changements ou évolutions rapides sont provoqués par des facteurs exogènes, perturbant les équilibres ou les trajectoires évolutionnistes. Plus étrange, la majorité des commentaires en appelle souvent au retour à une situation pré-Covid de 2019. L'évolution ne revient jamais en arrière. Comme la sélection naturelle, la pandémie n'a rien créé, elle a sélectionné – et quelque peu éliminé. Avant la pandémie, les entreprises engagées dans de vraies transformations numériques et RSE restaient minoritaires. On argue même que ce n'était pas dans leurs objectifs. Cependant, elles ont mieux supporté la crise et se sont retrouvées renforcées. Il y a eu sélection sur leur adaptabilité, qui repose sur une culture de transformation interne tout en étant sensible aux facteurs de changement externes, sociétaux et/ou environnementaux. De même, les pays ou les régions du monde affichant plus d'entraide et de solidarité ont mieux traversé la crise, comme l'Europe. Cette remarque pour insister sur un mécanisme ignoré de l'évolution : l'entraide ! La sélection naturelle n'est pas, selon le mot du poète Alfred Tennyson, « une sorcière aux griffes et aux crocs rouges de sang ».

Avant la pandémie, avec des approches différentes liées à leurs traditions culturelles respectives, les problématiques RSE (responsabilité sociale et environnementale) s'affirmaient dans le monde anglo-saxon comme sur le continent européen. Le débat *shareholders/stakeholders* – actionnaires/

parties prenantes – opposait les tenants d'un néolibéralisme centré seulement sur les affaires et indifférent aux facteurs sociétaux et environnementaux – la doctrine Milton Friedman – et un libéralisme responsable dans la lignée de la *Lunar Society*. En Europe et en France, cela passe par des réglementations qui viennent des institutions (loi PACTE). C'est à partir de ces facteurs qui ont favorisé ces entreprises, leurs communautés entrepreneuriales et leurs idéels qui s'y rapportent – qu'on appelle des systèmes de valeurs partagées – qu'on espère alors voir se développer un libéralisme conscient de ses intérêts. Réussir, c'est bien, mais, dans un écosystème qui se dégrade, cela ne dure pas longtemps. Tant pis pour la pureté morale de cette évolution, mais si cela marche...

Une autre objection au rapprochement des théories économiques et des théories de l'évolution tient aux processus d'innovation. Si les mutations sont aléatoires, contingentes, ce n'est pas le cas des actions humaines, où il y a intentionnalité, comme chez les ingénieurs et les entrepreneurs. Rien à voir avec les mutations aléatoires de la génétique ! Mais, pour comprendre la sélection naturelle, il n'est pas besoin de connaître la génétique ; seulement de constater qu'il y a toujours des variations, d'où qu'elles procèdent. En son temps, Darwin ne connaissait pas les gènes, il ignorait les sources des variations. De nos jours, ce sont les idées erronées sur la génétique et l'épigénétique qui polluent le débat. (Un jour, un inspecteur d'académie m'a soutenu que Darwin ne pouvait pas connaître l'évolution car il ne connaissait pas l'ADN ; il reste beaucoup à faire...). En fait, l'algorithme darwinien fonctionne en trois temps : production de variations (gènes ou start-up ; sérendipité, serial entrepreneurs ; intentionnelles ou pas ; contraintes ou contingentes) ; puis sélection ou pas (le problème des inventeurs ou des start-up) ; enfin développement et diversification, où interviennent d'autres logiques, plus lamarckiennes.

Autre constat évolutionnaire devenu prégnant dans le monde économique et social : la prise de conscience d'un monde écosystémique. Le concept d'écosystème des entreprises et des affaires n'est pas nouveau. Il réapparaît dans la littérature des entreprises, stimulé par les approches RSE. Il revient à la suite des défaillances de nos économies pendant la crise de la Covid-19 et la guerre en Ukraine. Il commence à en être de même avec les environnements affectés par les dérèglements climatiques et les disparitions des biodiversités. Cependant, on reste encore loin d'une véritable approche écosystémique. Un écosystème se compose d'une biocénose – l'ensemble des espèces d'une communauté écologique – et d'un biotope – les caractéristiques physiques ou non biologiques des habitats. On commence à peine à intégrer les conséquences négatives des dérèglements climatiques, évalués à des milliers de milliards de dollars à la suite du rapport Nicholas Stern. Il en est de même pour les biodiversités avec le rapport Partha Dasgupta – qui reste peu cité.

Cependant, on demeure encore loin d'une véritable approche écosystémique. Les changements climatiques comme les pertes de biodiversités sont évalués en référence à nos systèmes économiques actuels, ce que cela leur coûte en pertes potentielles ou en services rendus. Plus explicitement, on campe sur le postulat d'un écosystème humain affecté par des externalités négatives qu'il produit lui-même, mais sans penser de nouvelles économies intégrant ces changements (économies verte, bleue, circulaire…). Ce n'est pas très évolutionnaire, même si les mentalités évoluent.

Dans une logique d'écosystème, la question du travail et de l'emploi se perçoit très différemment. Les affirmations actuelles sur le remplacement ou encore le partage du travail ignorent une réalité de la dynamique des écosystèmes : plus il y a d'acteurs ou d'agents économiques, plus l'écosystème se diversifie, se consolide et résiste à des entrants perturbateurs.

Autrement dit, dans les économies où il y a plus de seniors qui travaillent, plus de juniors qui travaillent, plus de femmes qui travaillent, plus de diversités qui travaillent et plus de machines qui travaillent – comme les robots et les cobots –, les différentes populations d'agents économiques tendent à s'accroître, renforçant l'écosystème et son économie.

Plus que l'évolution encore mal comprise, le véritable défi pour les générations futures, pour la descendance avec modification, sera la coévolution entre les écosystèmes humains (comme les mégalopoles qui doivent verdir d'urgence), naturels (les derniers écosystèmes terrestres et marins à protéger et agrandir d'urgence) et l'écosystème numérique (IoT, espace digital darwinien qui créent leurs urgences) ; vers un super-écosystème mondial par les interactions entre la nature, les humains et les machines. La Terre est devenue un écoumène dont l'évolution exige une prise de conscience bien plus complexe que celle de l'hypothèse de Gaïa par James Lovelock (1919-2022).

*Les malheurs du succès*

Au fait, pourquoi y a-t-il toujours évolution ? Pourquoi les espèces et, *in fine*, les sociétés doivent-elles s'adapter ? Pourquoi n'existe-t-il jamais l'équilibre ? À ce propos, les sociétés occidentales se montrent très ambivalentes dans leur volonté de changer le monde tout en se fixant l'utopie d'atteindre un état final d'équilibre. Le paradis communiste ou l'illusion libérale de Francis Fukuyama. Notre propension messianique du paradis perdu ou du progrès pour un paradis à trouver. En citant Lévi-Strauss, nous avons souligné combien les cultures s'efforcent, par leurs mythes, leurs représentations du monde, leurs règles sociales de maintenir un équilibre idéel. Les sociétés de l'écriture, agricoles, marchandes, citadines ont inventé leurs idéels fondés sur la permanence des trois ordres – paysans, prêtres, guerriers/nobles –, justifiés par de grands systèmes religieux. Hier comme aujourd'hui, ces grands systèmes de pensée admettent difficilement le changement, surtout s'ils touchent aux dogmes garants de la stabilité, comme les sciences, à l'instar des créationnistes. Mais le capitalisme marchand des villes, les techniques, les sciences et la révolution industrielle imposent leur dynamique et, par voie de conséquence, un idéel du changement calé sur des schèmes évolutionnistes, de progrès orientés eux aussi vers un état final stable. Ces idéels évolutionnistes imposent leurs dogmes à toutes les sciences historiques, comme l'évolution humaine, et aux théories économiques. Les théories biologiques de l'évolution ne rentrent dans aucun de ces idéels.

Deux types de facteurs, on l'a déjà dit, forcent à l'évolution : les variations interindividuelles et l'environnement. L'adaptation se fait à la conjonction de ces facteurs, les uns endogènes, les autres exogènes. Pour nos sociétés, ce sont respectivement les technologies et l'environnement, tout en précisant que, si personne ne conteste la responsabilité humaine pour les premiers, ce n'est pas encore le cas pour les seconds. Et pourtant, les interactions techniques/environnements accompagnent toute l'évolution de la lignée humaine depuis deux millions d'années. Ce qui fut considéré comme de grandes avancées de l'aventure humaine par le passé devient source d'inquiétude de nos jours. On a une autre appréhension selon que c'est après ou selon qu'on est dedans ; et on y est. Cette fois, et contrairement au grand récit sur le triomphe de l'homme qui peut s'affranchir par sa volonté et son génie des contraintes hostiles de la nature, nous devons nous adapter à nous-mêmes, la nature passant du statut de marâtre hostile à celui de victime de l'hubris des humains. Retournement de paradigme et pas de retour au paradis.

D'un point de vue strictement évolutionnaire, les sociétés humaines ont inventé la coévolution bioculturelle, des capacités d'adaptation reposant à la fois sur les plasticités morphologique, physiologique et cognitive léguées par l'évolution et, aussi, sur la transformation de leurs environnements grâce aux techniques et à leurs usages. L'éthologue Jakob von Uexküll distingue les humains des animaux comme des transformateurs de monde par leurs inventions et leurs actions. Les premiers inventent pour mieux vivre – chasser, collecter, manger, se protéger de la pluie, du soleil, du froid, de la chaleur, des insectes... et aussi en modifiant leurs environnements avec des abris et autres constructions. Sur le plan anthropologique, cela s'accompagne de nouveaux idéels : l'ensemble des représentations d'une société dans ses rapports au cosmos, prosaïques et spirituels. Les représentations du monde ne sont pas les mêmes chez les peuples ayant des économies de chasse et de collecte, comparés aux peuples agricoles ou, plus récemment, entre la civilisation du premier âge des machines œuvre et celle en devenir du deuxième âge des machines cerveau-œuvre en quête de nouveaux idéels. Est-ce que l'intelligence artificielle générative va nous fournir ces nouveaux idéels ? Angoisse ontologique – le cauchemar de Martin Heidegger. En attendant, l'anthropologie montre l'articulation complexe entre les inventions de nouveaux moyens de production et les idéels associés. Cette adaptabilité spécifiquement humaine se traduit par le concept de *phénotype étendu* proposé par l'évolutionniste Richard Dawkins.

Petit rappel, à ce propos : ce que nous sommes provient de nos gènes – le génotype – et de nos interactions avec les milieux que nous traversons au cours de notre vie (utérus, sein maternel, contexte social, éducation, régime alimentaire, modes de vie, environnement, etc.) – le phénotype. Le « phénotype étendu » investit ce que les individus, les groupes, les sociétés mettent en œuvre pour assurer leur survie. Le moins qu'on puisse dire, ce que nos phénotypes individuels et collectifs ont changé à un rythme inédit au cours des dernières décennies. Et comme il en est toujours ainsi dans l'évolution, avec des adaptations avantageuses et d'autres désavantageuses : les mal-adaptations. L'évolution est toujours un compromis.

Mais les espèces humaines sont très plastiques. Les femmes et les hommes changent rapidement, que ce soit par la morphologie – la taille et la forme du corps –, la physiologie – les fonctions du corps – ou la cognition (les capacités intellectuelles). Depuis deux millions d'années, les technologies généralisées – *general purpose technologies* –, comme le feu hier ou le numérique de nos jours, transforment les sociétés humaines, avec des conséquences économiques, sociétales, démographiques, idéelles et écologiques considérables. Elles transforment aussi nos phénotypes, non sans conséquences sur l'économie. Avec l'invention du feu et de la cuisson, les *Homo erectus* d'il y a plus d'un million d'années ont acquis de plus grandes tailles corporelles, de plus gros cerveaux, ils ont augmenté leur démographie et étendu leurs implantations géographiques vers des latitudes et des altitudes toujours plus hautes. Une puissance écologique comme jamais dans l'histoire de la vie. Spectaculaire ! Et bien plus encore pour ma génération, celle des babyboomers. Mais notre puissance adaptative est devenue une puissance destructrice hypothéquant notre évolution en train de se faire.

Depuis que je suis né, la population mondiale a plus que triplé. Cette poussée démographique tient moins à une fécondité débridée qu'à l'allongement de la durée de vie d'une population qui résiste au vieillissement. En un demi-siècle, un gain d'espérance de vie de plus de deux décennies et – toujours en moyenne – dans un maintien en forme grâce au sport, à la médecine, à une meilleure alimentation, à de meilleures conditions de travail, à l'accès aux études supérieures, à la culture, à une longue vie affective... Fulgurant ! On parle alors de « succès » – et quel succès, notamment démographique, d'un point de vue strictement darwinien ! En France, une situation assortie de quelques inconvénients tout de même : le beau régime de retraites fondé sur une solidarité intergénérationnelle est désormais plombé par des seniors en pleine forme. Autre conséquence, la durée de vie du mariage, dont on ne se doutait pas qu'il pourrait durer aussi longtemps : la vie affective des babyboomers devient plus longue que l'espérance de vie de leurs arrière-grands-parents – avec ses joies et ses aléas.

Car on oublie toujours les conséquences de ce succès : la loi de Thomas Malthus. Plus une population a de succès, en l'occurrence à la fois quantitatif et qualitatif, plus elle affecte les environnements qui ont permis ce succès. Faire comprendre aux entreprises comme à la société en général que plus on a de succès, plus il devient urgent de changer est devenu mon sacerdoce : « Mais Pascal, tu as faux. Regarde l'évolution, regarde l'histoire, regarde ta génération, et même ta vie, quel succès ! » Certes, mais il y a au contraire matière à discuter. Réfléchir l'évolution aujourd'hui, ce n'est pas se gausser des succès antérieurs – sinon, nous ne serions pas là –, mais savoir si cela peut continuer ainsi : c'est la question fondamentale de la « descendance avec modification », selon l'expression de Charles Darwin, expliquée plus haut. Cette question devient alors : est-ce que ce qui a fait notre succès jusque-là sera efficient pour les générations futures ? On connaît désormais la réponse.

Un grand patron, fils de maraîcher comme moi, attentif à ce propos, me dit autour d'un verre, après ma conférence : « Je suis d'accord avec toi. Mais j'ai des actionnaires, et je ne suis pas sûr qu'ils entendent ce que tu nous dis. » Des études se sont intéressées aux entreprises centenaires, très majoritaires dans notre CAC 40. Si elles sont encore là et toujours très dynamiques, c'est qu'elles changent quand tout va bien. Car, quand cela va mal, il est trop tard. Pour nos sociétés, cela va de moins en moins bien, et on n'a plus beaucoup de temps. Les constats sont posés, on sait ce qu'il faut faire pour le climat et les biodiversités. Mais ils ne sont pas encore bien admis pour nos sociétés, et on cherche encore les solutions économiques et politiques. Toujours ce dilemme des rapports aux changements et le conflit entre les causes immédiates d'un système qui périclite et l'impératif des causes ultimes qui requièrent des changements devenant de plus en plus difficiles à mettre en mouvement. Ainsi, quand le président Emmanuel Macron dit que c'est « la fin de l'abondance », il réveille le spectre anti-Malthus, socle des idéologies de progrès de gauche comme de droite. On a vu la volée de bois vert qu'il a prise. Pourtant Thomas Malthus n'est pas l'affreux antisocial forgé par l'idéologie de gauche depuis Karl Marx – encore un maltraité par l'histoire, à l'instar de Darwin et d'autres –, pas plus qu'il ne justifie le darwinisme social de droite depuis Herbert Spencer. Ses considérations sur la démographie, les ressources et nos modes de vie s'affirment chaque année davantage avec l'avancée inquiétante de la « date du dépassement », le jour à partir duquel l'humanité a consommé plus de ressources que la Terre ne peut en renouveler. Notre crédit écologique s'épuise, et il est non renouvelable. Il ne fait aucun doute que la révolution industrielle comme les révolutions agricoles ont retardé l'échéance de Malthus. Mais, tel un huissier, il revient frapper à la porte du succès...

# Conclusion
## Quelle évolution !
## Quelle évolution ?

J'ai pour principe de ne jamais revenir en arrière. Les rares fois où je l'ai fait, voulant retrouver des traces de mon enfance, comme à Gennevilliers, j'ai éprouvé un profond sentiment de déception. Ces rares égarements vers mon passé n'avaient rien à voir avec la quête d'un grand jardin perdu à jamais porté par une sorte de nostalgie ou, pire, quelque désir de s'émouvoir sur mon itinéraire de vie. Mais à chaque fois, j'ai ressenti comme un choc avec un monde qui était si étroit, si gris et, par bien des aspects, plutôt misérable. Les madeleines de l'enfance n'ont pas le même goût selon la condition sociale de sa naissance ; j'aime toujours les radis. C'est là toute la joie de l'enfance, de vivre en se jouant des circonstances du moment. Puis la société nous saisit, nous emporte toujours plus loin des petits royaumes de jeux et d'innocence. Un côté Rousseau, sauf que je n'accuse pas la société de tous les maux. Ces changements n'ont eu de cesse de me bousculer comme de m'apporter des opportunités, sans compter toutes celles manquées. Je n'ai jamais eu de projet de carrière ou autre, seulement des itinéraires. Un regard rétrospectif montre que je me suis constamment intéressé à ce qui est émergent, que ce soit pour notre passé, notre présent et notre futur.

Ma génération contracte aujourd'hui la maladie de la jeunesse, maladie infantile des temps modernes que ne connaissent pas la plupart des sociétés. Au cours de la longue histoire de l'humanité, on naît dans une famille, un groupe social et on y passe sa vie, que la société soit patrilocale ou matrilocale. La notion de classe sociale est aussi un fait de notre modernité. Un concept ignoré des sociétés traditionnelles, qui ne sont pas pour autant purement égalitaires, comme les ethnies avec des castes. Pour les temps historiques, il y avait trois ordres qui, ancrés dans leurs certitudes millénaires, n'ont pas perçu la montée en puissance des villes, des bourgeois, des marchands, des banquiers, des clercs et de leurs corporations. Des classes sociales donc, aussitôt retranchées sur leurs statuts et leurs privilèges. Une nuit du 4-août n'y peut rien, un évènement historique pourtant considérable et encore plus d'un point de vue anthropologique. La Révolution française, radicale à bien des égards, l'est encore plus en tranchant ce qui tient des justifications par un discours des origines ; une révolution anthropologique. Depuis, et de manière récurrente, des systèmes idéologiques et politiques ont tenté d'établir des bases égalitaires éducatives ou rééducatives dès le plus jeune âge, sortant les enfants de leurs groupes familiaux, sans succès, à l'instar des Kibboutz en Israël pour un temps. Formidable inertie anthropologique de la reproduction.

Avant les temps modernes, la question des transfuges de classe ne se pose pas, si ce n'est pour les jeunes femmes qui, par les jeux des alliances et des arrangements, passent d'une férule patriarcale à une autre, changeant de corset social. Ce faisant, elles jouent un rôle considérable en emportant avec elles des éléments de culture depuis leur milieu familial originel. Comme pour l'évolution des populations humaines, elles migrent avec leurs gènes, leurs langues et leurs croyances. L'anthropologie, qui se limite à regarder les échanges de femmes comme l'Histoire qui les confine elle aussi dans leurs rôles de génitrices, occulte l'importance de leur rôle dans l'évolution de nos sociétés, plus encore celui des femmes indépendantes. On commence seulement à les sortir de l'invisibilité. Il en était ainsi du temps de mes parents. Mon père a reproduit son milieu, ma mère, comme tant de femmes depuis des siècles et des siècles, a migré géographiquement, mais dans le même milieu. Elle a imposé sa volonté pour ses enfants, non sans en payer le prix. Les femmes sont soit les tenantes des conservatismes sociaux, soit les maîtresses des révolutions domestiques, germes des révolutions sociales.

Les études historiques sur les migrations anciennes et récentes reconnaissent à peine l'importance des mobilités des femmes, ce qui vaut encore de nos jours, que ce soit pour les migrations forcées ou, dans nos sociétés modernes, pour des raisons liées aux études ou professionnelles. Les distances moyennes des migrations, qui se font majoritairement entre régions voisines, se calent sur celles des femmes. La vie de ma mère concentre leur histoire au XX$^e$ siècle.

L'école obligatoire et publique est le ferment de ces profondes transformations anthropologiques autour de la jeunesse, toujours rattrapées par l'inertie de la reproduction sociale. La méritocratie n'a duré qu'un temps, une ouverture dans laquelle ma génération s'est engouffrée et sans en avoir vraiment une conscience ni sociale ou politique. Dans toutes les cultures humaines s'imposent des règles coutumières qui imposent à chaque jeune sa place à venir dans la société : selon différentes formes de rituels d'initiation et de passage – ils sont plus nombreux pour les garçons et les jeunes hommes que pour les filles et les jeunes filles, si l'on en croit les observations rapportées par les ethnographes qui, il est vrai sont passés à côté des histoires de vie des femmes – ; coutumes soit biaisées par leur culture patriarcale soit en raison de pratiques plus ou moins secrètes sous le contrôle des femmes. Depuis le XVIII$^e$ siècle, les philosophes les plus éclairés insistent sur l'importance de l'éducation, notamment pour les filles et les jeunes femmes. Inventer et mettre en place une éducation publique sera le dessein des républiques et des démocraties, même si les filles et les jeunes femmes attendront plus d'un siècle pour bénéficier des mêmes accès que leurs camarades masculins. L'école obligatoire à des âges de plus en plus reculés et sortir les jeunes de leur contexte familial et social traditionnel s'imposent comme une des plus grandes révolutions anthropologiques de la modernité qui prendra toute son ampleur avec ma génération.

Je n'avais aucune idée de ce que j'allais devenir et, si cela avait été le cas, les conseillères et conseillers d'orientation, ces garde- chiourme de la reproduction sociale, m'auraient dissuadé de m'engager vers la physique théorique ou l'anthropologie. Ces agents de la sélection négative ne seront pas les seuls. Dans mon milieu social comme dans tous les autres retentissent tous les avertissements : « Ce n'est pas pour toi »; « Pour qui te prends-tu ? » ; « Quel prétentieux » ; « Tu n'as pas le niveau ; « tu n'a pas les codes [vrais sur ces derniers points] »... Une litanie qui accompagnera toutes les étapes de ma vie. Si je devais adopter une devise, ce serait bien sûr : « les chiens aboient et la caravane passe », mais non sans mordre au passage. Convié il y a quelques années à une remise des prix du Concours général, le maître de cérémonie me présente rapidement, évoquant mon passage par l'enseignement technique. Comme chaque personnalité remettait trois prix par discipline, l'un pour l'enseignement général, le second pour l'enseignement technique et le dernier pour l'enseignement professionnel, je me félicitais publiquement de cette reconnaissance égalitaire entre les filières. Après la cérémonie, personne ne m'a adressé la parole parmi les personnalités conviées. Un inspecteur général, membre du cabinet ministériel, venu en voiture avec chauffeur - la voiture officielle garée sur le trottoir juste devant l'entrée de la Sorbonne ; ce qui est rigoureusement interdit - refusa de me serrer la main.

Je suis et je reste un nomade social. Dans les milieux d'origine, on n'aime pas ceux qui partent, plus encore s'ils

## QUELLE ÉVOLUTION ! QUELLE ÉVOLUTION ?

« réussissent », mais selon quels critères ? Passer à la télévision ? Dans les autres milieux, ceux que j'ai traversés, un sentiment d'inquiétude se glissait dans les regards face à ces nomades, ces envahisseurs qui traversent les classes comme d'autres les frontières. Notre système éducatif dispose d'un arsenal efficace. Il y a les classements des établissements dont le rang est corrélé avec des quartiers où l'accès au logement est exorbitant, à moins de s'y rendre quotidiennement au prix de pénibles heures de transport ; la culture des filières élitistes avec le choix de certaines langues. Il y a les limites d'âges, les acquis obtenus plus jeunes étant considérés comme l'expression d'un génie précoce, le syndrome Mozart. Une aberration anthropologique qui ignore les variations des rythmes de croissance somatiques, cérébraux et sexuels. Plus j'avançais dans mes études, plus je voyais ces obstacles se dresser. Résultat, notre pays compte le plus grand nombre de redoublants avec en parallèle un problème de surdoués, sans oublier enfin le mauvais classement de notre système éducatif comparé à ceux des pays les plus riches. Enorme gâchis.

Je souris quand j'entends les experts clamer qu'on ne connaît pas les métiers de demain, jusqu'à en faire un motif d'inquiétude. Qu'il faudra changer de métiers plusieurs fois dans sa vie, et même se former tout au long de la vie. La belle affaire ! La grande majorité des métiers de notre époque n'existaient pas dans ma jeunesse. L'idée d'accéder à un métier pour la vie sans imaginer que ce qui a été obtenu dans ce contexte de changement ne viendra pas à changer à son tour participe d'une dissonance cognitive. L'esprit du temps a complètement changé. Faire des études ne s'inscrit pas dans une volonté de s'affranchir des métiers des générations précédentes. C'est un grand élan qui embarque toute la société. Finies les orientations définitives, les carrières prédéfinies. D'ailleurs, les jeunes des générations dites Y ou nées avec internet – les milléniaux – délaissent les modèles de la génération de leurs parents. Au regard de ces changements récents, j'ai été en avance sur mon temps : des itinéraires, pas de carrière.

Un ami, issu d'une famille immigrée de Sarcelles, a réussi un beau parcours scolaire et universitaire et créé une belle entreprise. Il désire désormais renvoyer l'ascenseur pour les jeunes de sa banlieue. Il existe une classe préparatoire pour les grandes écoles de commerce (on dit *business* de nos jours) dans cette grande ville de Seine-Saint-Denis. Mais les résultats n'y sont pas très bons. Il demandera alors à quelques personnalités de venir simplement faire une ou deux conférences par an. Ces jeunes ne nous connaissent pas, mais ils s'informent. Ces étudiants, découragés par le sentiment d'être relégués dans les cercles de l'enfer des banlieues, si loin et pourtant si proches de Paris, savent que ces quelques conférenciers ne sont pas des « seconds couteaux », qu'ils veulent venir à leur rencontre, chez eux. Ils reprendront confiance en eux. Les résultats ne se feront pas attendre, à mettre au crédit de l'ami et surtout des enseignants porteurs de ce projet. L'expérience a duré quelques années, le temps de muter ces formidables enseignants dans d'autres établissements plus prestigieux. Fin de l'histoire.

Parti aux Etats-Unis bien ignorant de ce qu'était ce pays, j'y ai découvert un tout autre monde éducatif, en tout cas dans l'enseignement supérieur. Je constatais avec surprise que les différences d'âge étaient parfois importantes entre étudiantes et étudiants en première année de médecine. Gardant le très mauvais souvenir de mon passage raté en classe préparatoire, je posais la question sur leurs modes d'intégration. L'acceptation sur dossier ne prenait pas pour critères premiers l'âge ou les origines sociales. Ce qui importait étaient les résultats scolaires, les motivations et aussi des expériences de vie, que ce soit dans le sport, les petits boulots, l'humanitaire, des engagements divers... Et, comme on l'a vu, une fois ces élèves acceptés, l'université devenait garante de leur réussite, ce qui fait la réputation des meilleures universités. Sélection et responsabilité au lieu d'élimination sans se poser la question des responsabilités.

Les Américains ont inventé une société qui n'a cure des origines et fonde la réussite sur le travail. Une réussite évaluée outre-Atlantique sur le niveau des revenus, ce que déteste notre vieux continent pétri de statuts et de privilèges. Ils ont aussi leurs systèmes de reproduction sociale, mais le jeu reste ouvert. Discutant de ces différences avec mes collègues américains, une amie me dit : « Ici, c'est la question raciale ; chez vous, le problème des classes ».

Pourquoi la théorie de Lamarck prévaut dans notre culture élitiste et pas celle de Darwin. Tout simplement, et ce cher Lamarck n'y est pour rien, parce que prévalent les conditions du milieu sur le développement des individus. Traduction politique : soit on améliore la société et on embarque les individus, notamment pour l'éducation – projet de Condorcet et bien d'autres, soit on ne change rien à la société au principe que si les élites sont des élites, c'est parce que leurs enfants ont grandi dans les meilleures conditions-le crédo du conservatisme. J'ai bénéficié du Lamarck de la Révolution française puis est revenu son spectre déformé. La philosophie de Darwin est tout autre, malgré des détournements idéologiques élitistes à l'instar de son cousin Francis Galton ou le darwinisme social d'Herbert Spencer. Pour les darwiniens, il n'y a pas de hiérarchie entre les populations, seulement des différences perçues comme autant de potentialités. Le génie ou la bêtise ne sont pas le propre de telle ou telle population ou classe sociale. Au fil d'une discussion avec Stephen Gould que j'ai peu rencontré, je lui demandais s'il avait un rapport de parenté avec le Gould de la conquête de l'Ouest, celui du chemin de fer, les « barons voleurs ». Petite provocation de ma part. Il me répondit en riant : « Tu sais, j'ai grandi avec un grand-père qui me lisait *Le Capital* de Marx quand j'étais sur ses genoux ». Je savais pour ses origines sociales, tellement en cohérence avec ses engagements, pas pour ses lectures de jeunesse.

La chute de notre système éducatif dans les classements internationaux ne semble pas troubler une Education nationale redevenue la championne de la reproduction sociale. D'ailleurs, les commentaires de nos élites accusent la pertinence des critères ; changer les critères plutôt que changer notre système. Il ne s'agit pas ici de l'expression d'une rancœur personnelle, c'est le constat cinglant de l'OCDE, tout en ayant le sentiment que ma génération est passée à temps. L'impression que l'ascenseur social se bloque au fur et à mesure qu'on monte les étages. Pire, que les étages s'effondrent après le passage de l'ascenseur.

La métaphore des étages qui chutent juste après le passage de l'ascenseur s'applique aux classes sociales, de celles de mes origines à aujourd'hui. J'ai vu se transformer le monde. Il y a eu d'abord la disparition des travailleurs et des travailleuses des champs et des fermes. En ce temps-là, les conditions de travail étaient dures. La majorité voulait partir pour la ville. Aujourd'hui, celles et ceux qui s'accrochent au monde agricole subissent des conditions de travail et de revenus qui se dégradent encore. Un suicide chaque jour. Toutes les exploitations agricoles que j'ai connues par la fréquentation de nos entourages–maraîchers, petits éleveurs, fermes polyvalentes, arboriculteurs, horticulteurs – survivent au bord du gouffre. Comment prospérer dans une société gérée par des administrations qui ne voient le monde qu'au travers de chiffres et de moyennes, incapables de comprendre les variations des saisons. Un ami agriculteur me dit un jour : « Tu sais, notre métier comporte plus de risques qu'au poker. Tout ce que nous entreprenons se confronte aux incertitudes et aux

## QUELLE ÉVOLUTION ! QUELLE ÉVOLUTION ?

aléas ». Ses enfants, qui ont fait des études supérieures, hésitent à reprendre sa belle exploitation.

Ma mère, malgré la détestation sociale du monde ouvrier par celui des maraîchers et des artisans, eut le courage de s'affranchir en allant à l'usine. A cette époque, les industries proposaient de plus en plus de biens qui amélioreront nos modes de vie tout en nous fournissant de nouveaux produits qui touchent aux loisirs, non sans exubérance avec les années « gadgets ». Comment imaginer que le monde industriel puisse décliner, emportant avec lui la plus grande partie de la classe ouvrière ? Sur la fin de sa « carrière », alors que je tentais d'entrer au CNRS, elle me raconta que ses « camarades » la considéraient comme une « bourgeoise » car elle vivait dans un pavillon et allait au travail en voiture. La preuve en était que son fils – moi – avait fait l'université, et allait devenir chercheur où il gagnerait 30 000 francs (4 200 €) par mois ! Nous sommes au début des années 1980, époque où les salaires des universitaires et des chercheurs restent encore décents, du niveau des cadres moyens du privé. Le mépris des élites pour les métiers de production est une chose ; les représentations sociologiques des classes laborieuses sur les études et les métiers intellectuels en est une autre, d'autant que leurs enfants, ceux obtenant des diplômes et accédant à des métiers considérés plus modernes, allaient bientôt subir le même déclin social.

J'ai connu les conditions de plus en plus exigeantes pour espérer un poste après le doctorat et la chute relative des salaires de l'enseignement supérieur et de la recherche, tout en espérant l'intégrer à plus de trente ans. Discutant à cette époque de cette question avec un patron d'une entreprise de taille moyenne, il me dit, affligé : « Tu as le salaire de ma secrétaire ».

Depuis le début du XXI$^e$ siècle, l'effet ascenseur qui détruit les étages passés touche les classes moyennes. Ma vie a avancé sur la bosse de plus en plus grosse du dromadaire des classes moyennes. Puis la mutation économique des dernières décennies transforma le dromadaire en chameau. Adieu les classes moyennes auxquelles on accédait avec un baccalauréat, quelques années d'études supérieures ou des formations professionnelles. C'est tout simplement l'évolution de nos sociétés depuis un demi-siècle avec le sentiment objectif qu'une partie de celles et ceux de ma génération s'en est bien sorti à condition de ne jamais s'arrêter. C'est la devise de la Reine rouge : courir le plus vite possible pour garder sa place. Vu comme cela, c'est une autre réalité du nomadisme social comme des transclasses et de leurs illusions de réussite. Que signifie être transclasse quand les classes ne cessent de changer, plus précisément, dans l'éventail des classes moyennes, les moins assurées glissant inéluctablement vers la première bosse du chameau ?

Devenu anthropologue, je ne m'étonnais pas de découvrir un trait universel propre à toutes les sociétés, celui de l'aversion pour les personnes qui, par leurs comportements, même les plus bénéfiques à un groupe, se distinguent par leur actions, même investies d'un certain prestige. Les professions de chercheurs se situent parmi les plus appréciées dans les enquêtes d'opinion, mais quant aux statuts et aux rémunérations, c'est une autre histoire. Dans les classes laborieuses, l'idée domine que tout est immuable, qu'on va travailler aux champs, à la mine ou à l'usine comme l'ont fait les parents et les grands parents. Pourtant, les manufactures et les usines ne sont apparues qu'il y a seulement deux siècles. Toujours ce travers psychologique des humains pour qui si on bénéficie d'un changement, on croit que cela ne changera plus. L'idée aussi, selon les canons d'une psychologie du développement qui remonte à Jean Piaget, que tout doit être acquis à un certain âge alors que nous appartenons à une espèce douée de l'aptitude d'apprendre à tous les âges. Ayant traversé

## QUELLE ÉVOLUTION ! QUELLE ÉVOLUTION ?

nombre de milieux sociaux, j'ai pu constater que moins les personnes sont formées ou diplômées, plus elles pensent que leurs métiers ne devraient pas changer alors que les personnes possédant les plus hautes qualifications ne cessent de se former. La question de la formation à tous les âges de la vie est au cœur de l'évolution des métiers actuels et à venir, qui, plus est, est excellente pour les capacités cognitives et le bien vieillir. La société est loin d'être exempte de reproches, mais tous les blocages participent de petites idéologies médiocres, de croyances stupides, de jalousies mesquines et de travers anthropologiques dans toutes les classes sociales. S'en affranchir pour soi et les autres, les fouler du pied... Question de choix de vie.

Les grands changements de ma génération s'accompagnent de gigantesques transformations des paysages ; j'en conserve l'impression que les immeubles ne cessent de me courir après comme à Gennevilliers, Argenteuil, Montigny-les-Cormeilles, Bruyères-sur-Oise et même Durham en Caroline du Nord. J'ai la chance d'avoir vécu dans des îlots préservés comme Enghien-les-Bains ou le quartier des Accates de Marseille, à l'ombre du Garlaban de Marcel Pagnol et ces dernières décennies, dans une grande maison entourée de plus d'un hectare dans le sud de la Picardie, le jardin retrouvé de mon enfance et, après un intermède marseillais, en haut d'une colline dans une maison au milieu d'un grand bois en Bretagne, tout proche de magnifique bourg de La Gacilly.

Hasard ou pas, nous y emménageons au moment du 20$^e$ anniversaire du festival de la Photographie qui a pour titre cette année-là : « La nature en héritage ». Mais quelle nature et quelle humanité ? D'un photographe l'autre, l'on voyage dans des mondes humains et naturels devenus des refuges, refuges des derniers lieux encore préservés de la forêt amazonienne, du Pantanal ou d'Afrique, subissant la terrible pression de l'expansion agricole, de l'élevage, des exploitations forestières et des dévastations minières -on rase la Terre, on éventre la Terre. Des peuples résistent, retrouvant leurs cultures traditionnelles et même une santé démographique tout en affirmant leur place sur une planète malade de la fièvre consumériste, mais pour combien de temps ? Les autres, expropriés, s'agglutinent dans les refuges miséreux des grandes villes aux développements erratiques. Ailleurs, près du cercle arctique, quelques peuples s'accrochent tant qu'ils le peuvent à leurs cultures, bousculés par les migrants venus prendre des métiers de forçat dans les mines et les usines. Quels espoirs de vie pour les enfants ? Je n'arrive pas à effacer de ma mémoire la terrible photographie de jeunes enfants, en slip, malingres, portant des lunettes noires, alignés en arc de cercle autour d'une lampe à rayons UV dans une pièce dépourvue de toute chaleur, leur seul soleil. On appelle cela l'héliothérapie, donner le soleil en thérapie. Même l'air est conditionné, quant à l'eau...

Le soleil se montre à peine au-dessus des mégalopoles, ses rayons butant sur des strates de pollutions. De jeunes enfants confinés pendant la pandémie ont vu pour la première fois notre étoile dans le ciel dégagé par le vent mauvais d'un coronavirus. Après notre expropriation dans les années 70, l'expansion urbaine n'a eu de cesse de me poursuivre, ce qui, mis à part ma famille et mon milieu social, n'était pas perçu comme une menace civilisationnelle. Tout au contraire, sortir des champs, des usines et des ateliers, obtenir un métier dans le secteur tertiaire, aller en ville portaient les espoirs d'une vie meilleure. La politique et l'ambiance œuvraient pour effacer tout ce qui tenait du passé récent. Vive les tables en formica, les fauteuils en skaï, le plastique ! Les centres villes subirent des destructions irréversibles pour laisser passer les voitures, les berges des grands fleuves seraient bétonnées. Paris échappera en partie au massacre, sauf ses quais de Seine, grâce à l'interdiction de construire des immeubles de plus de douze étages ou de plus de trente-sept mètres à partir de 1977. Si la tour Eiffel a nourri en son temps beaucoup de controverses avant de devenir l'emblème de Paris, il en est tout autre de la tour Montparnasse. Puis viendra la nouvelle métamorphose de la petite couronne qui en voit de toutes les couleurs, d'abord verte, puis rouge, maintenant hérissée de grands immeubles de bureaux et d'affaires, capturant le soleil avec leurs façades prétentieuses. À leurs pieds s'activent des fourmis humaines frénétiques écrasées par leurs ombres dominatrices. Il n'y a plus d'horizon.

D'autres changements s'affirment depuis la pandémie et le confinement. Les familles parisiennes avec enfants investissent de plus en plus la banlieue proche. Les pavillons en meulière avec leur petit jardin de mon enfance atteignent des prix astronomiques de même que, depuis plus longtemps, les ateliers des artisans ont été transformés en lofts, emblématiques de la gentrification ; un cancer pour les classes modestes qui subissent une expropriation d'un autre genre. On nous avait exproprié pour construire des logements ; désormais, on chasse seulement les gens modestes de leurs logements. La pandémie et le confinement ont étendu brutalement cette tendance à un niveau national. Les « Parisiens » débarquent des TGV, transposent leurs niveaux de vie dans les centres des grandes villes, faisant monter les prix de l'immobilier et créant un effet centrifuge qui repousse les classes laborieuses et moyennes dans les périphéries. Les villes de taille moyenne, encore récemment de simples villes-dortoirs, connaissent une belle renaissance, reliées cette fois aux grands centres urbains par les réseaux de TER. Les réseaux numériques pour travailler à distance et les réseaux ferrés pour travailler en présentiel dessinent une autre carte sociologique de la France. On ne « monte » plus à Paris pour gagner sa vie. Les villes moyennes, les petites villes et même les campagnes voient arriver les classes moyennes. Retournement de tendance, amorcé par la régionalisation autour de grandes cités si longtemps endormies sous la torpeur de la bourgeoisie traditionnelle. Bordeaux, Nantes, Strasbourg, Rennes, Lille sortent de la grisaille pour se disputer les places des meilleures villes où bien vivre, même la turbulente Marseille. Fini le temps des provinciaux et des « ploucs » ; restent cependant les « Parigots têtes de veau » tant qu'ils seront aussi arrogants envers le reste de la France.

On ne peut que se réjouir d'une capitale qui rompt enfin avec le phagocytage des diplômés et des talents. Mais quelles sont les personnes et les familles qui nourrissent ces nouveaux flux migratoires centrifuges ? Celles des classes moyennes avec femmes et hommes diplômés, à l'aise avec les nouvelles technologies, rompus à toutes les formes de travail et de collaboration en présentiel et en distanciel. Les classes dites CSP+, peu les classes CSP-. L'érosion des classes moyennes par le bas continue désormais avec une composante géographique. Quant aux classes laborieuses, les métiers dits de premier et de second rangs, tellement essentiels pendant le confinement, elles n'ont pas les moyens de s'installer dans les centres des villes, occupés par les plus riches ou dont les appartements sont dédiés aux locations touristiques. Il est effrayant de constater comme les inégalités de patrimoine immobilier se sont amplifiées, plus encore avec les réseaux locatifs. Que vont devenir les plus grandes villes ?

Des urbanistes et des architectes m'ont interpellé à plusieurs reprises sur la ville aujourd'hui et demain. La vie dans les grandes métropoles concentre les maladies civilisationnelles : les pollutions devenues les premières causes de morbidités, les maladies respiratoires comme les bronchiolites, les allergies, la perte de vision de loin, la sédentarité, l'obésité, l'isolement social, la baisse de la libido, etc. Les trottoirs et les rues sont envahis par les « smombies », contraction de smartphone et de zombie, un phénomène en lien avec une augmentation ahurissante des accidents urbains, sans oublier les pathologies cervicales à force d'avoir la tête penchée sur les écrans : c'est le chemin inverse de l'évolution de la bipédie. L'espérance de vie des citadins devient plus courte, encore une inversion de la tendance qui prévalait dans la première partie de ma vie. Alors on me posa cette question : à quoi ressemblerait la ville du futur selon un paléoanthropologue ? Je fis ces réponses : une ville où les enfants peuvent courir en liberté ; une ville où les femmes peuvent déambuler sans être importunées ni agressées de jour comme de nuit ; une ville péripatéticienne ; une ville où l'on peut voir le soleil le jour et la lune et les étoiles la nuit ; une ville plus verte et grouillante de petits animaux ; une ville où l'on entend les chants des oiseaux. Les projets de villes vertes, gérées grâce aux nouvelles technologies – *smart cities* et *smart territories* – et engagées dans des économies circulaires commencent de sortir de terre, mais le temps presse. On n'a pas toute l'évolution devant nous ! Il y a un siècle, Alphonse Allais préconisait de mettre les villes à la campagne, là où l'air y est tellement plus pur. L'idée est excellente, mais en l'inversant : les campagnes doivent retourner dans les villes. À ceci près que depuis la Renaissance, des utopies aux villes nouvelles de ma jeunesse, prévaut l'idéologie d'une cité hors de la nature et placée sous le sceau de l'architecture fonctionnelle, de ces habitations où les gens sont supposés trouver le bonheur idéalisé conçu par des architectes des classes bourgeoises convaincus d'apporter le bonheur au petit peuple ; des missionnaires sociaux en béton se vantant de concentrer le maximum de gens par unité de surface. Il y a une tendance totalitaire, comme dans toutes les utopies : on connaît les sensibilités politiques de Le Corbusier. À Marseille, on appelle la Cité radieuse l'immeuble du fada. Je sais, je touche à une icône pour les idéalistes qui ne vivent pas dans ces temples de la modernité...

Suivre et accompagner le monde des entreprises est une aventure fascinante pour un anthropologue. Par ma famille, je ne connaissais que les métiers les plus basiques des usines et, par ma belle-famille, l'univers des bureaux. Un point commun : les petits chefs et le management par le stress et l'humiliation ; sans oublier toutes les formes de harcèlement. Quand on sait que les personnes perdent la moitié de leurs aptitudes dans de telles conditions, on touche à des archaïsmes anthropologiques propres à notre culture arcboutée sur les statuts et les hiérarchies. Un harcèlement à tous les niveaux, comme la réticence, par exemple, à déléguer des tâches à distance. Heureusement, je suis témoin de grandes évolutions, aussi récentes que spectaculaires sur les mixités, les diversités, les conditions de travail et l'influence des jeunes générations réfractaires- et avec raison- aux méthodes d'un autre temps. Une autre évolution est plus inquiétante. Je vois arriver de tous côtés les gourous et les coachs du *feel good*, du bonheur en entreprise. Une psychologisation des ressources humaines qui, si elles participent d'un management plus humain – quand on y pense, cette expression trahit un profond malaise des pratiques -, tend aussi à conditionner les personnes pour prendre sur elles-mêmes, engager un processus d'acceptation. Je lui préfère les mises en action et en participation, qui entraînent de fait adhésion, consentements et engagements personnels et collectifs. Les babouins font cela très bien.

C'est systématique, quand on me présente, on affirme souvent que je vais parler du temps long de l'évolution, comme si elle prenait tout son temps justement. En fait, les périodes de changement sont rapides, des ponctuations. Les quelques décennies entre la Révolution française et la Restauration sont comparables à ce qu'a connu ma génération. Par mes origines paysannes, je suis passé le temps d'une vie du néolithique au métavers, et ce n'est pas terminé. Une évolution illustrée par celle des écrans ou encore des téléphones, déjà tellement datés dans les films. Une profonde évolution aussi dans le champ des théories de l'évolution et plus encore de l'évolution de la lignée humaine. Passer ainsi du modèle pré-Sapiens qui postulait les origines de *Sapiens* en Europe au berceau africain bousculant tous les racismes et qui fonde une égale dignité pour toutes les femmes et les hommes de la Terre. Vers la fin des années 1980, lors d'une conférence de l'archevêque Desmond Tutu, qui a tant combattu l'apartheid en Afrique du Sud, quelqu'un lui dit que se profilaient nos origines africaines grâces aux études de génétique historique. Il écouta puis après un silence, éclata de rire en s'exclamant : « Alors le racisme n'a aucun sens ! ». Quel bonheur d'être un paléoanthropologue.

Sur le sujet des théories de l'évolution, il faut saluer le travail de déconstruction du sexisme, du racisme et de l'espécisme – le rapport de domination aux autres êtres vivants-, entrepris par des femmes et des hommes anthropologues, éthologues et évolutionnistes au cours des dernières décennies : Lucy et les femmes sortent enfin du purgatoire de la seule évolution de l'homme ; ce que nous sommes provient de migrations et d'hybridations anciennes et récentes de plusieurs espèces humaines ; les grands singes sortent du purgatoire de l'exception anthropocentrique ; les espèces sont reconnues par leurs diversités, compagnes de notre évolution ; les changements d'environnement contraignent l'évolution des espèces alors même que l'humanité, au cours de son expansion, a contraint de plus en plus les environnements. La paléoanthropologie démontre notre unité d'origine et notre communauté de destin. L'*hominisation*, comme encore enseignée, n'a plus rien à voir avec une quelconque loi de l'évolution aboutissant au triomphe arrogant de *Sapiens* sur la Terre mais, dans l'esprit de Teilhard de Chardin, elle est une injonction éthique, celle d'une espèce qui prend conscience de sa place dans l'histoire de la vie et devient responsable de son devenir. Contresens durable et lourd de sens de la part des adorateurs de *Sapiens*.

Et la suite ? Depuis quelques temps, une partie des jeunes générations fustige les « babyboomers », les accusant de tous les torts à propos du changement climatique et des dégradations des environnements, parmi la très longue liste de leurs griefs. Il semble que se faire traiter de « boomer » sur les réseaux fustige une opinion datée. Vieux réflexe intergénérationnel si je m'en réfère à ma jeunesse, mais c'est un fait anthropologique assez récent dans l'histoire de l'humanité. Jusqu'à la génération de mes parents, les jeunes n'auraient pas osé critiquer leurs aînés. Alors les « babyboomers » ont-ils un bilan si catastrophique ? Ils ont cotisé pour les retraites de leurs aînés qui ne l'avaient pas beaucoup fait – c'est le principe de la retraite par répartition et, de nos jours, beaucoup d'entre eux continuent à travailler à la retraite, ce qui veut dire qu'ils continuent à cotiser non pour eux mais pour le pot commun- c'est mon cas et je ne m'en plains pas. J'entends que les conditions socio-économiques bénéficient d'un vent favorable. Quand je regarde ce qu'a été la vie de labeur de mes grands-parents, puis celle de mes parents, meilleure que la leur, ce qui vaut encore plus pour la mienne, cette amélioration ne doit rien à un doux vent porteur du progrès : les uns et les autres ont travaillé et sans se plaindre, espérant malgré les reproches intergénérationnels que la vie de leurs enfants serait meilleure. L'héritage est une chose, le faire fructifier en est une autre.

Alors je regarde autour de moi. Ce n'est que récemment que nous avons fait notre premier voyage en Grèce. Bien peu de « boomers » dans les aérogares, dans les cabines des avions, dans les hôtels et autres lieux de villégiature. Les enquêtes sur les voyages indiquent que ce sont les générations X, Y et déjà Z qui voyagent le plus, et en avion, une réalité inconcevable quand j'avais leur âge. Comme celle aussi de la consommation des écrans, des téléphones qui abiment toujours plus la planète. Cette précision de « boomer » opérée, il ne fait aucun doute que les premières alertes à propos des changements indésirables pour le climat et la nature se consolident dès les années 1970. Il faut attendre la fin des années 1980 pour voir la création du GIEC et plus récemment encore, 2012, pour les biodiversités. Mais est-ce là le fait d'une génération ou le fait d'une composante conservatrice à la fois de ma génération et des générations suivantes ? Après deux étés caniculaires, on n'a jamais autant entendu les climato-sceptiques, qui ne sont pas que des boomers. Cependant depuis quelques années, c'est donc très récent, la génération des boomers est la génération qui, dans les pays les plus développés, produit le plus de gaz à effet de serre, une double conséquence de leur démographie et de leur niveau de vie. Et s'ils prennent moins l'avion que les jeunes, trient mieux leur déchets et consomment plus local (ils cuisinent encore), ils utilisent plus la voiture et vivent dans de plus grandes résidences, coûteuses en énergie. Les jeunes prennent moins la voiture, dépensent moins en énergie (ils vivent dans de plus petites résidence), mais utilisent plus massivement les réseaux, très consommateurs d'énergie, et se livrent aux facilités de la *fast-fashion*, le textile étant très polluant. On le voit, il est difficile d'attribuer plus de satisfecit ou de reproches à telle ou telle génération. Tout le monde doit et devra faire des efforts pour protéger en l'occurrence la planète en surchauffe.

Le XXe siècle est incontestablement le siècle de la jeunesse après le massacre des jeunes hommes dans les tranchées, le paroxysme du terrible travers des sociétés patriarcales où les hommes âgés agissent pour écarter les jeunes hommes et accaparer les jeunes femmes. Des mouvements de jeunesse se formèrent, pour le meilleur et le pire, entre les deux guerres mondiales, embrigadés dans des idéologies mortifères. Encore un massacre de jeunes hommes et l'oppression des jeunes femmes, pendant l'Occupation et plus encore après la Libération. Puis arrive ma génération qui se révolte à la fin des années 1960 presque partout dans le monde, mais non pour les mêmes raisons aux Etats-Unis, en France, à Prague ou ailleurs. Ce fut une révolution contre l'ordre anthropologique phallocratique et gérontologique séculaire qui, depuis, n'a fait que s'amplifier, tout en ayant le sentiment de plus en plus fort de ne pas avoir de futur. Le slogan « No Future » apparaît dans les années 1980 avec la génération dite X, née entre 1965 et 1979 de parents ayant connu les fièvres libératrices des années 1960. La déprime des lendemains qui déchantent, en attendant d'autre genres musicaux comme autant d'hymnes générationnels. Lui succède la génération Y – mes enfants – née entre 1980 et 1994. Le Y vient de *why* qui signifie pourquoi en anglais. Cette génération veut comprendre, elle est celle de la série *Friends*, de la colocation, des amis, des projets collectifs s'ils ont du sens. Ils aiment leurs parents, la famille, tout en adoptant un mode de vie très différent. Pas de querelles de génération ; ils construisent la leur. Après la Y, les Z évidemment ou milléniaux, la génération d'internet et des réseaux, née entre 1995 et 2009. Elle se révolte contre ma génération, accusée de tous les maux qui frappent la planète et grève leur futur. Les raisons de ces révoltes et leurs égéries ont profondément changé en un siècle, de Lénine à Greta Thunberg. Une génération impatiente, qui ne tolère pas de ne pas obtenir ce qu'elle désire dans l'instant, en rupture totale avec les canaux d'informations et d'échanges des générations précédentes, qu'ils soient technologiques ou humains, la génération *tik tok*. Tout passe par les écrans avec un délitement des fondamentaux anthropologiques de toute société humaine. Que signifie pour elle

## QUELLE ÉVOLUTION ! QUELLE ÉVOLUTION ?

la parenté et la filiation en regard de la décomposition des familles au fil des décennies qui les précèdent ? Plus troublant, leur quête personnelle des origines. Aucun anthropologue n'aurait imaginé voir de jeunes générations, les Y et les Z, s'enquérir de leurs origines génétiques, rompant ainsi avec les structures de parentés et les règles de filiations, le fondement de toute société humaine. En témoigne l'essai du philosophe Peter Sloterdijk *Après nous le déluge* avec ce sous-titre *Les temps modernes comme expérience antigénéalogique*, qui pose ce constat, celui de jeunes générations qui désirent des origines qui leur conviennent. La fin de l'anthropologie, tout simplement.

Quel avenir donc ? Après les Z arrivent les Alpha, la génération de mes petits-enfants. Alors on recommence, on réécrit l'histoire et même l'évolution ? Nietzsche est de retour. Sauf si les transhumanistes trouvent la pilule de l'immortalité, les boomers auront tiré leur révérence avant 2050, à moins qu'ils ne soient recyclés dans des pilules nutritives comme dans le film de Richard Fleischer, le *Soleil vert* (1973). Comment se comportera ma génération face à la mort alors qu'elle a accompli les promesses du premier transhumanisme ? Défini par l'évolutionniste et premier secrétaire général de l'UNESCO Julian Huxley, ce transhumanisme se voulait un programme qui, par l'éducation, la santé, la médecine, la culture et l'habitat, permet d'exprimer les potentialités léguées par notre évolution, comme l'augmentation de l'espérance de vie en bonne santé. Cela a opéré, mais il reste la question de la fin de vie. Ma génération a acquis la maîtrise de la procréation et, sans être affirmatif, je pense qu'elle avance pour avoir la maîtrise de la fin de vie. Le sujet émerge en France, à la traîne sur ces questions de vie, alors que les pays voisins sont plus en avance. Je lis et j'entends des personnes de ma génération et des aînés évoquer l'approche de l'ultime échéance, avec sérénité. Il m'arrive d'y penser, sans plus. D'autres le font pour nous avec des mails publicitaires du genre : « Avez-vous pensé à vos obsèques ? ». Tout devient marchandise, un spectre anticivilisationnel dénoncé il y a presqu'un siècle par Walter Benjamin (décidément, la philosophie allemande). Ce sentiment quand même que cela peut durer encore, surtout quand j'ai le bonheur de me retrouver aux concerts de Santana, Joan Baez, Gil Gilberto, les Rolling Stones – Mick Jagger vient de fêter ses 80 ans. La vie des boomers a commencé en chanson et se terminera de la même façon, dans un rock d'enfer avec la grande faucheuse…

# Bibliographie

André, Jean-Louis. *Dis-moi ce que tu manges : une histoire de la France à table.* Odile Jacob, 2022.

D'Arcy Wood, Gillen. *L'année sans été. Tambora, 1816. Le volcan qui a changé le cours de l'histoire.* La découverte, 2016.

Attali, Jacques. *Une brève histoire de l'avenir.* Fayard, 2006.

Aubert, Jean-Eric et Landrieu, Josée. *Vers des Civilisations mondialisées ? De l'éthologie à la prospective.* Éditions de l'Aube, 2004.

Bellanger, Aurélien. *Le Vingtième Siècle.* Gallimard, 2023.

Beretti, Pierre, et Bloch, Alain. *Homo numericus au travail.* Economica, 2016.

Boulle, Pierre. *La Planète des singes.* Julliard, 1963.

Bourdieu, Pierre et Passeron, Jean-Claude. *Les Héritiers. Les étudiants et la culture.* Éditions de Minuit, 1964.

Bronner, Gérald. *Apocalypse cognitive. La face obscure de notre cerveau.* PUF, 2021.

Bronner, Gérald. *Les Origines. Pourquoi devient-on qui l'on est ?* Éditions Autrement, 2023.

Cahen, Philippe. *Signaux faibles, mode d'emploi. Déceler les tendances, anticiper les ruptures.* Éditions d'Organisation, 2010.

Cahen, Philippe. *Le Chaos de la prospective et comment s'en sortir.* Kawa, 2023.

Canto-Sperber, Monique. *Une École qui peut mieux faire.* Albin Michel, 2022.
Cauvin, Jacques. *Naissance des divinités, naissance de l'agriculture.* Éditions du CNRS, 2010.
Conrad, Joseph. *Le cœur des Ténèbres.* Le Livre de Poche, 2012 (1899).
Coppens, Yves. *Le Singe, l'Afrique et l'homme.* Fayard, 1983.
Dahlberg, Frances. *Woman the Gatherer.* Yale University Press, 1981.
Darwin, Charles. *Voyage d'un naturaliste autour du monde.* La Découverte, 2006 (1839).
Darwin, Charles. *The Formation of Vegetable Mould, through the Action of Worms, with Observations on their Habits.* John Murray, 1881.
Darwin, Charles. *L'Autobiographie.* Seuil, 2008 (1887).
David, Bruno. *Le Jour où j'ai compris. Itinéraire d'une prise de conscience environnementale.* Grasset, 2023.
Dawkins, Richard. *L'Horloger aveugle.* Robert Laffont, 1998 (1986).
Dawkins, Richard. *Le Gène égoïste.* Odile Jacob, 2003 (1976).
Dawkins, Richard. *The Extended Phenotype. The Long Reach of the Gene.* Oxford University Press, 2016.
Del Amo, Jean-Baptiste. *Règne animal.* Gallimard, 2016.
Diamond, Jared. *Effondrement. Comment les sociétés décident de leur disparition ou de leur survie.* Gallimard, 2005.
D'Iribarne, Philippe. *La logique de l'honneur. Gestion des entreprises et traditions nationales.* Seuil, 1989.
Doyle, Arthur Conan. *Le Monde Perdu.* Magnard, 2000 (1912).
Eribon, Didier. *Retour à Reims.* Champs Flammarion, 2018.
Fives, Carole. *Le Jour et l'heure.* JC Lattès, 2023.
Fourquet, Jérôme et Cassely, Jean-Laurent. *La France sous nos yeux. Économie, paysages, nouveaux modes de vie.* Points, 2022.

*BIBLIOGRAPHIE*

Godelier, Maurice. *La Production des Grands Hommes. Pouvoir et domination masculine chez les Baruya de Nouvelle-Guinée.* Fayard, 1982.
Godelier, Maurice. « Le travail et ses représentations ». *Journal des anthropologues*, 1981.
Gould, Stephen Jay. *Ontogeny and Phylogeny.* Belknap Press, 1977.
Gould, Stephen Jay. *Le Pouce du panda.* Seuil, 2014.
Gould, Stephen Jay. *La Mal-Mesure de l'homme.* Odile Jacob, 1997.
Heams, Thomas, Huneman, Philippe, Lecointre, Guillaume et Silberstein, Marc. *Les Mondes darwiniens. L'évolution de l'évolution.* Syllepse, 2009.
Houellebecq, Michel. *Les Particules élémentaires.* Flammarion, 1999.
Hrdy, Sarah Blaffer. *La Femme qui n'évoluait jamais.* Payot, 2002.
Huxley, Aldous. *Le Meilleur des mondes.* Pocket, 2017 (1932).
Huxley, Julian. *Towards a New Humanism.* UNESCO, 1957.
Ishiguro, Kazuo. *Klara et le Soleil.* Gallimard, 2021.
Johanson, Donald Carl et Edey, Maitland Armstrong. *Lucy. Une jeune femme de 3 500 000 ans.* Laffont, 1983.
Joncour, Serge. *Nature humaine.* Flammarion, 2020.
Kafka, Franz. *Un rapport pour une académie. Der Jude*, 1917.
Klein, Étienne. *Sauvons le Progrès. Dialogue avec Denis Lafay.* Éditions de l'Aube, 2017.
Lee, Richard B. et DeVore, Irvan. *Man the Hunter.* Routledge, 1969.
Lévi-Strauss, Claude. *Tristes Tropiques.* Plon, 1955.
Lévi-Strauss, Claude. *La Pensée sauvage.* Plon, 1962.
Lévi-Strauss, Claude. *Le Cru et le Cuit.* Plon, 1964.
Lewis, Roy. *Pourquoi j'ai mangé mon père.* Actes Sud, 1990 (1960).

Lovelock, James E. et Margulis, Lynn. « Atmospheric homeostasis by and for the biosphere: the gaia hypothesis ». *Tellus* vol. 26,1974.
Mauss, Marcel. *Essai sur le don. Forme et raison de l'échange dans les sociétés archaïques. Année sociologique,* 1925.
McAfee, Andrew et Brynjolfsson, Erik. *Le Deuxième Âge de la machine. Travail et prospérité à l'heure de la révolution technologique.* Odile Jacob, 2015.
Nelson, Richard R. et Winter, Sidney G. *An Evolutionary Theory of Economic Change.* Belknap Press, 1985.
Patino, Bruno. *La Civilisation du poisson rouge.* Grasset, 2019.
Pichery, Benjamin et L'Yvonnet, François. *Regards sur le sport.* INSEP/Le Pommier, 2010.
Pickett, Kate et Wilkinson, Richard. *Pour vivre heureux, vivons égaux !* Les Liens qui Libèrent, 2019.
Picq, Pascal. « Coévolutions urbaines », in *Stream 05. Nouvelles intelligences,* 2021.
Sahlins, Marshall. *Âge de pierre, âge d'abondance.* Gallimard, 1976.
Simpson, George Gaylord et Roe, Anne. *Quantitative Zoology.* McGraw-Hill,1939.
Sloterdijk, Peter. *Après nous le déluge. Les Temps modernes comme expérience antigénéalogique.* Payot, 2016.
Smith, Christopher U.M. et Arnott, Robert. *The Genius of Erasmus Darwin.* Ashgate, 2005.
Taguieff, Pierre-André. *Le Sens du progrès. Une approche historique et philosophique.* Flammarion, 2006.
Tavris, Carol. *The Mismeasure of Woman. Why Women Are Not the Better Sex, the Inferior Sex, or the Opposite Sex.* Touchstone, 1992.
Tesson, Sylvain. *La Panthère des neiges.* Gallimard, 2019.
Testart, Alain. *Les Chasseurs-cueilleurs ou l'origine des inégalités.* Société d'Ethnographie, 1982.

*BIBLIOGRAPHIE*

Testart, Alain. *Avant l'Histoire. L'évolution des sociétés, de Lascaux à Carnac.* Gallimard, 2012.
Testart, Alain. *L'Amazone et la cuisinière. Anthropologie de la division sexuelle du travail.* Gallimard, 2014.
Vercors. *Les Animaux dénaturés.* Albin Michel, 1952.
De Waal, Frans. *La Politique du chimpanzé.* Odile Jacob, 1995.
White, Anne T. *À la Découverte de la préhistoire.* Nathan, 1966.

## Table des matières

Introduction .................................................. 9
Préambule .................................................... 13

I. Gennevilliers – Le temps des radis ................ 21
II. Argenteuil – Le temps des coquelicots .......... 71
III. Enghien-les-Bains – La bohème .................. 109
IV. L'Amérique – *Lost in translation* ................ 131
V. Postdoctorale – Des os, des canines et du sexe ... 169
VI. Retour aux origines .................................. 245
VII. Heurs et malheurs de notre évolution ......... 311
VIII. Les femmes face à l'évolution de l'homme ... 361
IX. Un anthropologue en entreprise ................. 417

Conclusion. Quelle évolution ! Quelle évolution ? ... 483

Bibliographie ............................................... 505

Cet ouvrage a été mis en pages par

<pixellence>

CET OUVRAGE
A ÉTÉ ACHEVÉ D'IMPRIMER
SUR ROTO-PAGE
PAR L'IMPRIMERIE FLOCH
À MAYENNE EN OCTOBRE 2023

N° d'édition : 613141-0. N° d'impression : 103412
Dépôt légal : octobre 2023
Imprimé en France